U0674969

养老改革与人口理论经典译丛

OPTIMIZING the
Aging, Retirement, and Pensions Dilemma

Marida Bertocchi Sandra L. Schwartz William T. Ziemba

人口老龄化、
退休安排与养老金困境的优化

里达·伯托奇 桑德拉·L.施瓦茨 威廉·T.津巴 著

建国 李佳 译

三东北财经大学出版社
Dongbei University of Finance & Economics Press 大连

WILEY

辽宁省版权局著作权合同登记号：图字 06-2013-179 号

Marida Bertocchi, Sandra L. Schwartz, William T. Ziemba: Optimizing the Aging, Retirement, and Pensions Dilemma, original ISBN: 978-0-470-37734-5.

Copyright © 2010 by Marida Bertocchi, Sandra L. Schwartz, William T. Ziemba.

All rights reserved.

Published by John Wiley & Sons, Inc., Hoboken, New Jersey.

This translation published under license.

No part of this publication may be reproduced, stored in a retrieval system or transmitted in any form or by any means, electronic, mechanical, photocopying, recording, scanning, or otherwise, except as permitted under Section 107 or 108 of the 1976 United States Copyright Act, without either the prior written permission of the Publisher, or authorization through payment of the appropriate per-copy fee to the Copyright Clearance Center, Inc., 222 Rosewood Drive, Danvers, MA01923, 978-750-8400, fax 978-646-8600, or on the web at www. copyright. com. Requests to the Publisher for permission should be addressd to the Permissions Department, John Wiley & Sons, Inc., 111 River Street, Hoboken, NJ 07030, 201-748-6011, fax 201-748-6008, or online at www. wiley. com/go/permissions.

Copies of this book sold without a Wiley sticker on the cover are unauthorized and illegal.

本书简体中文翻译版由约翰·威立父子有限公司授权东北财经大学出版社独家出版发行。未经授权的本书出口将被视为违反版权法的行为。未经出版者预先书面许可，不得以任何方式复制或发行本书的任何部分。

版权所有，侵权必究。

图书在版编目（CIP）数据

人口老龄化、退休安排与养老金困境的优化／伯托奇（Bertocchi, M.）等著；赵建国，李佳译.
—大连：东北财经大学出版社，2015.3
（养老改革与人口理论经典译丛）
ISBN 978-7-5654-1544-9

Ⅰ.人… Ⅱ.①伯… ②赵… ③李… Ⅲ.退休金-劳动制度-研究 Ⅳ.F241.34

中国版本图书馆 CIP 数据核字（2014）第 112336 号

东北财经大学出版社出版发行
　　大连市黑石礁尖山街 217 号　邮政编码　116025
　　教学支持：（0411）84710309
　　营 销 部：（0411）84710711
　　总 编 室：（0411）84710523
　　网　　址：http：//www. dufep. cn
　　读者信箱：dufep @ dufe. edu. cn
大连图腾彩色印刷有限公司印刷

幅面尺寸：170mm×240mm　字数：400 千字　印张：20 3/4　插页：1
2015 年 3 月第 1 版　2015 年 3 月第 1 次印刷
责任编辑：刘东威　刘贤恩　　　责任校对：刘　斯
封面设计：张智波　　　　　　　版式设计：钟福建
定价：56.00 元

　　人口老龄化是当前世界各国面临的重要挑战，为应对这一挑战，在世界各国的养老保障体系设计或进行养老金制度改革中更加强调个人的养老责任，因此，积累制养老保险制度应运而生。但始于 2007 年的国际金融危机加重了各国的财务危机，促使人们再次对当前的养老保险制度进行反思。由于经济不景气，各种投资渠道收益率暴跌，经济危机过程中，积累制养老金损失惨重，这就迫使人们不得不重新思考我们的养老金改革该何去何从？我们能否改善现收现付制养老保险制度，确保其实现收入再分配功能的同时更具可持续性？怎样使积累制养老金保值增值，使老百姓的"保命钱"尽可能免受损失？在人口老龄化愈发严重的大背景下，政府、企业和个人又该如何理性决策，以有效地做出合理的退休安排呢？这些问题是摆在全世界社会保障领域亟待解决的难题。

　　纵观全世界改革趋势，养老保障制度改革主要有两种思路：一种是局部微调，另一种是整体改革。局部微调是指在不改变现行制度的前提下所实施的局部改革，包括延迟退休年龄、调整给付待遇、调整缴费基数和费率等。整体改革是指对现行制度进行根本性变革，主要体现在筹资方式和待遇计发方式方面，比如筹资方式由现收现付制向完全积累或部分积累转变，待遇计发方式由待遇确定制向缴费确定制转变，或者是两者的结合。目前，世界各国正在这两种改革的思路上不断探索。

　　与国外相比，中国的养老保障在制度层面和实践层面均具有特殊性。首先在制度层面，我国养老保险制度实行统账结合制，这种模式虽然兼具社会统筹和个人账户的优势，但在实际运行过程中存在很多风险，阻碍了我国基本养老保险制度的完善和发展，比如在当前"个人账户"空账运行的情况下，所谓的"统账结合"实质上仍然是"现收现付"，抵御人口老龄化的功能依旧有限。另外，包括由于转制成本和基金筹资困难导致巨额的养老基金缺口也是悬在政府头上的"达摩克利斯之剑"。其次体现在养老保险基金运营层面，由于资本市场不健全，不论是由全国社保基金理事会管理的全国社保基金，还是目前引起争论的是否该"入市"的地方社保基金，以及尚未真正运营的个人账户基金都面临贬值风险。此外，体现在养老资源方面，我国养老基金投资渠道较窄，没有形成完善的基金投资体系，导致政府、企业和个人尚未充分发挥自身优势作用。比如最近所倡导的"以房养老"建议就受到了诸多质疑，这一方面说明我国养老保障改革需要体制机制上的保障，另一方面也说明拓展我国的养老资源需要不断地进行理论和实践创新。这些问题都充分地说明政府对国民的退休安排并没有形成共识，缺乏长远规划。因而，这部有关养老问题专著的翻译出版，很好地回应了当前时代的要求，为广大读者提供了一本在时下国际经济危机背景下解惑养老改革问题的读物。

对于接下翻译马里达·伯托奇、桑德拉·L. 施瓦茨、威廉·T. 津巴这三位金融专家的精心之作，我本人诚惶诚恐，担心由于自己的专业知识积累不够或对养老金改革问题的认识不透，导致翻译的内容达不到原著作者想表达的意思。早在2002 年本人于清华大学做博士后研究工作时，就对养老金改革问题进行了重点关注，当年获批的博士后基金项目"养老保险收支监测预警系统研究"就围绕此议题进行过深入研究。这些年来，我本人也陆续在《财政研究》、《光明日报》、《中国人口科学》、《农业经济问题》、《战略与管理》、《财经问题研究》等国内重点和核心报刊上针对养老问题表达了自己的许多观点。同时，在东北财经大学 15 年的教学工作中，本人也在所开设的课程中大量涉入对养老问题的讲解和思考。因此，基于对理论先行的重要认识，再结合本人多年教学和科研工作的体会，本人又对承担马里达·伯托奇、桑德拉·L. 施瓦茨和威廉·T. 津巴三位专家的专著翻译工作感到非常幸运，终于有机会可以将国外同仁的重要思想整理出来，以飨读者。

在之前的教学科研工作中我们发现，专门研究如何对退休做出合理安排的相关国外论述在国内并不多见，特别是类似本书这样有研究深度的著述则更为少见。国内大多数研究是针对退休资产的介绍，缺乏更详尽的系统分析，从金融计量等视角的研究著作更为稀少。该书的作者马里达·伯托奇等三位学者在金融数学、资产配置等方面研究成果显著。马里达·伯托奇是贝加莫大学资产投资组合专家，出版了很多有关债券投资组合管理、资产配置、计量金融、经济和金融应用等方面的书籍。桑德拉·L. 施瓦茨从哥伦比亚大学获得涉及商业、经济和生态专业的跨学科博士学位，也出版或发表了许多关于能源政策、日本管理思想和经济、其他主题的书籍或论文。威廉·T. 津巴是英属哥伦比亚大学金融建模和随机最优专业的校友教授，他为诸如对冲基金、养老金和其他投资机构等金融机构提供咨询。在第一次拿到本书英文版并认真阅读时，我被书中丰富的内容、清晰的结构和活泼的文字所吸引。本书既有针对养老保障制度改革现实性问题的深刻探讨，又有非常专业性的学术分析。

所以说，这是一本有趣的书，说此书有趣是因为本书写作的内容直白而易懂，稍对养老问题和金融知识有所了解的读者，都可能对此书产生兴趣。当然，本书也有很重要的学术价值，书中对当前比较关心的养老与退休问题提出了诸多有意义的建议。本书分为三大部分，共 17 章。具体而言，本书第一部分论述了退休的几个相关问题，包括变化的人口结构和从待遇确定制向缴费确定制转变的养老金计划；讨论了不同的资产类别以及它们如何用于退休储蓄；分析了 2007—2009 年经济危机及其对退休资产和未来退休实践的影响。第二部分深入讨论了诸如有关政府所有的养老金资产配置、个体资产负债管理以及年金、保险的作用等内容。第三部分结合一个综合的分析模型框架探讨了相关议题。尽管模型在具体的实施过程中面临一定局限，但是此类模型提供了一个考虑未来各种不确定情景的优化养老金困境和退休安排计划。

总之，本书以一种直接的方式提供了当前有关退休争论的富有价值的建议，具有以下几个鲜明的特点：

（1）研究问题的现实性。本书立足国际金融危机背景，系统阐述了本次金融危机对养老安排的影响，研究问题具有非常重要的现实意义。本书既包括目前最新的养老保险制度改革相关实践分析，也详细论述了养老金改革中存在的诸多问题。

（2）研究内容的广泛性。本书围绕退休安排做了多个层面的阐述，包括养老保障制度的系统梳理，如首次对养老保险的最终工资制和平均工资制进行了系统对比，这具有重要的理论和现实意义；书中对养老资产的详细说明，也为我国养老资产的选择提供了现实的参考；在论述人口老龄化对资产配置影响的章节中，作者通过系统的计量经济分析，从宏观和微观两个层面向我们展示了研究的深度，方法先进，研究结果具有启发性；在对资产负债管理的分析中，作者通过对国家、企业和个人的资产负债管理进行分析，为推动各主体如何更好地做出相关养老制度安排提供了有益的政策参考。

（3）研究视角的新颖性。本书除了对养老保险制度及其养老资产的系统介绍以外，更从金融建模和随机规划等视角对相关具体问题加以模型化，为养老退休安排提供了更加明晰的思路，研究方法更加规范。如从人口老龄化视角分析对家庭资产配置和金融财务回报的影响，政府、企业和个人如何通过随机规划方法进行最优的资产配置等，都为我们研究养老保险基金的投资提供了全新视角。

本书对正处在人口老龄化加速发展的我国而言具有重要借鉴意义。退休安排不仅需要政府的政策支持，更需要政府的积极引导，同时也需要个人做出合理规划。由于政策和现实的限制，我国退休安排缺乏多样性，同时企业和个人尚未形成良好的投资理念。个人投资数据的缺乏也抑制了相关的理论和实践研究。因此，本书不论是在理论上，还是在相关实践方面都能为我国养老保险制度改革和如何合理做出退休安排提供政策参考。

本书涵盖内容比较广泛，既包括社会保障专业知识，也包含金融学、计量经济学、随机规划分析等专业知识，由于时间仓促和能力有限，书中错误在所难免，敬请各位读者批评指正，也恳请读者将阅读的体会和意见与本人交流。

再次由衷地感谢原书的三位作者，感谢东北财经大学出版社的编辑对书稿的认真润色和加工，以及为本书出版付出的辛苦和努力，特此感谢！

赵建国
2014 年 5 月 20 日

　　你生活在有趣的时代。

　　"成也萧何，败也萧何"，这个古老的中国典故既有褒义，也有贬义。正如趣味横生的时代亦是富有挑战性的时代。众多关于经济、社会及政治的争论，让我们生活的时代丰富而有趣。所谓金无足赤，退休计划作为众多争论问题之一，一方面我们可以因它而活得更长久，另一方面我们也可能为此付出代价。

　　2009 年，我们遭遇了自 20 世纪 30 年代以来最严重的经济危机，其导致养老金收入和储蓄的大量损失。要想从危机中重生，需要全球消费和储蓄模式的转变。如果你关注经济和金融领域，尤其涉及养老金和退休安排方面的相关争议，那么你一定确信我们的时代令人瞩目。类似股票适用于长线投资、指数交易型开放式基金更安全，这样的古老法则已经不能发挥保护资产价值的作用。甚至，与短期退休资产损失相伴随的是失业人数增加和其他资产（包括财产）价值的减少。当信贷收缩和经济显著下滑的时候，几乎所有资产之间关联性迅速增强。指望用于弥补融资缺口的退休储蓄，已经从许多单个投资工具转变成不同的资产配置。对企业债、交易型开放式私募基金和另类投资的重要修正意味着，弥补这些不足可能降低个人正在不断上升的长期失业风险。

　　OECD 和其他国家较为一致的认为退休理财教育现状需要改善，本书作为填补其不足的一个尝试，最初设想财富和资产负债随时间配置是一个主要问题。为退休积累足够的资源要考虑一系列复杂的决策，包括税收问题、未来工资的假设、转换工作时发生的潜在收入损失、缴费确定制养老金计划的资产配置、寿命、利率、通货膨胀、是否为退休购买年金等。上述决策均面临人口结构和社会因素的变动，包括不断增加的预期寿命和向缴费确定制的转变。面对不断上升的风险，以上问题均需要个人慎重做出决定。

　　个人为自己提供退休安排行为的缺点如下：不充足的储蓄，没有能力评估和处理风险，无法进行合理的资产配置，没有能力阅读和理解养老金报告，缺少退休所需要的基金决策，缺乏对寿命风险的认知等等。这本书的目的便是帮助个人为退休制订更好的计划，利用政府和公司实体来帮助他们，同时评估他们自己的资产负债风险。本书还论述了一些宏观的经济问题。例如，一个经济体是否可以在没有有效的资产投资时进行有效率的储蓄。我们建议与其设定一个退休年龄，不如考虑依靠工作能力制定分段退休政策，并逐步推进，一直持续到离预期死亡的一个有限时间。这可能是长期生命周期理念的重申。我们这样做的目的是希望当体质下降时也能够开辟继续工作的途径。

　　总而言之，本书的视角已经覆盖到目前全世界的经济危机以及它如何影响退休储蓄的讨论。我们正坐在一个潜在的退休定时炸弹上面，但是我们仍然有时间去缓解它——这正是本书所关心的。

目 录

第一部分

人口老龄化：
关于退休安排的争论

第 1 章

退休安排问题

我们从人口结构变动和退休演化过程开始讨论。

在过去几十年中，我们关于退休安排的承诺和政策已经多如牛毛。当我们想象停止工作进入退休生活时，已经不再是以往虚弱的老年人，而是仍年富力强的中年人，这也许是 60 岁。此时，我们在舒适的家中有丰富的业余生活，并且当我们需要卫生保健时可以随时得到提供，也没有什么财务方面的担心。一系列重要问题已经使得这种理想画面面临风险。首先是人口结构：我们活得更长了。其次是支付能力：公共和私人退休安排供给均面临着风险。

问题的根源

过去几十年，尽管没有事先做出安排，但作为不断变化的经济和社会问题的一系列应对方式，退休安排的社会供给明显增加了。退休和养老问题产生的根源主要来自几个方面：

1. 社会希望老年人避免陷入贫苦，保证当老年人由于年龄原因不能工作时获得收入。

2. 当愉快的老年生活面临不断变化的人口结构，随着更少的劳动者供养一名退休者时，年龄分布就变得头重脚轻。

3. 通过当前收入换取退休收入而采取的推迟劳资谈判的努力，导致企业养老金的出现。

问题 1 包括仁慈的本质，并反映了老年人独立于他们家庭的社会趋势，这些家庭的其他成员通常零散地居住在其他地区并且不再直接赡养他们。这就是社会保障立法的开端。重要的是尽管经济学被认为是自私的科学，但却反映了一种社会本能。

问题 2 随着时间变化而成为一个问题。现代的意识就是一个人不需要在其一生都进行工作。这引发了将收入转移到未来的各种办法。当退休金被首次给予的时候，人口是比较年轻的，开始有资格获取的人较少，待遇也是适度的。退休收入的完全减少使得该计划脱离了它的根基。

问题 3 同下面的危机类似：企业把艰难的决定推迟到未来，并且在短期内屈服于劳动者以避免劳动管理关系的长期问题——这对二者都不利，剥夺了经济的真正创新，并伴随着巨额的不可支付债务和深层的不信任。

　　所有的政府机构和企业已经在尝试纠正这些问题：在边际效率改进方面养老金计划已有所改变。例如，国家可能增加年限用于计算社会保障支付的基础（如法国将最佳计数年限从 10 年延长到 25 年）。这些措施尽管不能解决问题，但是能够使问题得到缓解（见第 8 章）。

　　本章我们首先观察人口结构的变化，然后探讨退休概念的演化和可用的退休资产，最后总结本书其余章节的路线图。

1.1　世界各国人口预期寿命和人口结构变化

　　我们来观察哈斯（Haas，2007）引自联合国编制的各种表格。这些表格都描述了一个人口结构变化的生动画面。表 1-1 显示，除印度外，其余所有被调查国家的生育率已经下降到替代率之下。日本最早，大约在 20 世纪 50 年代末期；中国最晚，自 1979 年开始实行计划生育政策，20 世纪 90 年代后其生育率也开始下降到替代率之下。

表 1-1		各国生育率
国家	2000—2005 年	出生率低于替代率年份
德国	1.32	1970—1975 年
日本	1.33	1955—1960 年
俄罗斯	1.33	1965—1970 年
英国	1.66	1970—1975 年
法国	1.87	1975—1980 年
中国	1.70	1990—1995 年
美国	2.04	1970—1975 年
印度	3.07	2025—2030 年
		（预测）

　　　　资料来源：Haas（2007）。

　　表 1-2 显示，1960—1965 年到 2000—2005 年期间预期寿命快速增长。这 40 年间已经平均增长了 14.5 年。中国增长了不止 30 年，而印度大约为 25 年。俄罗斯增长少于 1 年，如果去掉俄罗斯的话，平均预期寿命增长不少于 16 年。在当前的文化期待下，所有增加的年数理应被用于延迟退休年龄！

表 1-2 　　　　　　　　　　　　　预期寿命

国家	1950—1955 （年/岁）	2000—2005 年 （岁）	增长率 （%）
日本	63.9	81.9	28.17
法国	66.5	79.4	19.40
英国	69.2	78.3	13.15
德国	67.5	78.6	16.44
美国	68.9	77.3	12.19
中国	40.8	71.5	75.25
俄罗斯	64.5	65.4	1.40
印度	38.7	63.1	63.05

资料来源：Haas （2007）。

表 1-3 代表 1950 年、2000 年和所预测的 2050 年里 65 岁以上人口百分比。这些数据是令人震惊的！预计到 2050 年，这些国家 65 岁以上人口比重平均达到 25%。2 000年平均（未加权）比例已经为 12.8%，这意味着 65 岁以上年龄段人口所占比例增长了 1 倍。

表 1-3 　　　　　　　　**各国 65 岁以上人口 （%）**

国家	1950 年	2000 年	2050 年
印度	3.3	4.9	14.8
美国	8.3	12.3	20.6
俄罗斯	6.2	12.3	23.0
英国	10.7	15.9	23.2
中国	4.5	6.8	23.6
法国	11.4	16.3	27.1
德国	9.7	16.4	28.4
日本	4.9	17.2	35.9
平均比率	7.4	12.8	24.6

资料来源：Haas （2007）。

表 1-4 呈现了 1950 年、2000 年和所预测的 2050 年里所选国家的中值年龄。这些数据同样令人震惊！平均的（未加权）中值年龄从 1950 年的 28.3 预期增加到 2050 年的 44.5。开始最低中值年龄的四个国家增长幅度最大：日本增长了 1 倍多。起初中值年龄在 30 岁以上的西方国家增速较慢，但是水平仍然非常显著。

表1-4　　　　　　　　　　　　　各国年龄中值

国家	1950 年 （岁）	2000 年 （岁）	2050 年 （岁）	总百分比 变化（%）
日本	22.3	41.3	52.3	134.53
印度	20.4	23.4	38.7	89.71
中国	23.9	30.1	44.8	87.45
俄罗斯	25.0	36.4	43.5	74.00
美国	30.0	35.3	41.1	37.00
德国	35.4	40.0	47.4	33.90
法国	34.5	38.0	45.5	31.88
英国	34.6	37.7	42.9	23.99
平均值	28.3	35.3	44.5	64.1

资料来源：Haas（2007）。

表1-5 从另一个角度考察这些数据，呈现了不同国家的抚养比，即抚养每个
65 岁以上人口所需要的劳动者数量。同以上数据一致，该比例从 1950 年平均大约
为 10 变为 2000 年的 6.2，又下降到 2050 年的 2.6。图 1-1 动态描述了美国、欧洲
和日本等三个国家或地区随着时间变动的年龄分布情况。

表1-5　　　　　　　　　　各国人口抚养比（%）

国家	1950 年	2000 年	2050 年
印度	17.2	12.4	4.5
美国	7.8	5.4	3.0
俄罗斯	10.5	5.6	2.6
英国	6.2	4.1	2.6
中国	13.8	10.0	2.6
法国	5.8	4.0	2.1
德国	6.9	4.2	2.0
日本	12.1	4.0	1.4

资料来源：Haas（2007）。

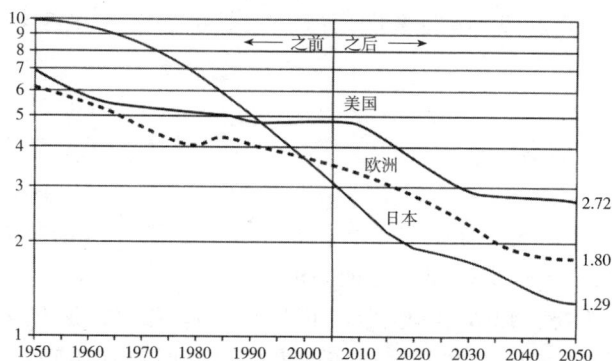

图 1-1　20 ~ 65 岁人口占 65 岁及以上人口的比率

Source：Data obtained from the U. N. Demographic Commission.

资料来源：Siegel（2008）。

通过上述数据，我们意识到劳动者的抚养负担可能越来越重，达到令人震惊的程度！但是，过去曾经有一段时间老龄人口也是一个人们关注的问题。欧洲于 20 世纪 20 年代到 50 年代的两次战争后失去了大量人口，并预计问题将随着人口老龄化而产生。例如，英国担心 65 岁以上人口比例将从 1931 年的 7. 2% 上升到 20 世纪 70 年代后期的 17. 5% 。然而这并没有发生，正如这些表格显示的，我们不能将这些老年人口视为没有生产效率甚至通过自身努力都不再有所贡献的人。65 岁属于相对高龄，仍能保持充沛的精力，甚至创造更高的生产率！稍后我们将回来讨论这个问题。

图 1-2 显示出最引人注目的老龄化对工作年龄分布的影响。这里主要选取日本的三个时间点，1950 年、2005 年和所预测的 2050 年，其形状已经从树状变成了风筝状。抚养子女的成本通常较少，对抚养孩子的税收激励和社区支持已有较长的历史，还包括学校和课后活动。但是在老年岁月，医疗保健和其他成本增长明显。起初，当人们退休仅仅要求满足需要时，赡养成本较低。现在伴随着积极退休的期望，赡养成本增加较多。

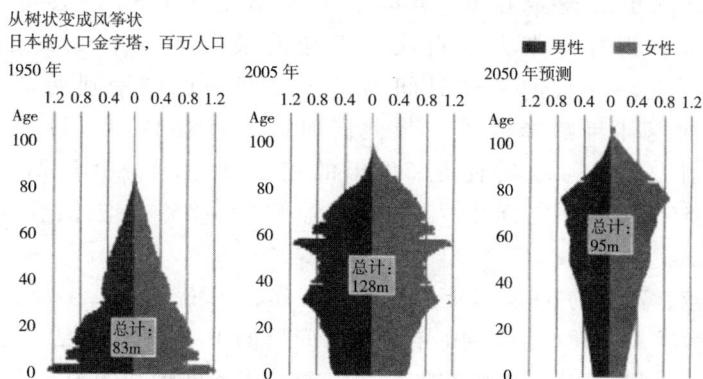

图 1-2　1950 年、2005 年、2050 年日本人口年龄结构的变化（m 表示百万）

Source：National Institute of Population and Social Security Research.

资料来源：*The Economist*，2007。

在第 10 章，Biffs 和 Blake 将考虑用融资工具确保个人和养老金计划能应对预期寿命风险。

1.2　退休安排的演化

人们过去常常尽可能工作，时常直到他们退休。为了在退休时保持身体健康，必须拥有可利用的资金来支持非工作期间的活动。

当退休出于必要，以及在现代卫生保健兴起之前，退休者的需求是极小的——保证他们舒适和得到赡养。现在的人们退休时更加年轻、更加健康，所以消费需求较高，并且现代卫生保健也能够为老年人提供更多的服务，因此所需花费更多。

第一个收入保障保险计划于 1881 年由俾斯麦建立，这是那个动荡的年代部分的反映。该计划在 70 岁支付保险，在这个年龄很少有工作的男性还活着（尽管俾斯麦自己在当时已经 74 岁）。其目的是保护那些身体上不能再工作的劳动者免于贫困，以及保护那些早逝男性劳动者的妻儿免受收入损失。1916 年该计划的最小年龄降到 65 岁，并成为美国社会保障制度的最初标准。

19 世纪初存在一些范围有限的职业计划。1884 年的比利时和 1861 年的意大利已经强制为海员提供保险。英国最早于 1859 年为海关和公务员提供该计划，支付工资的 1.67%，然后每年递增直到工资的 2/3，蓝领工人支付大约一半的费率。俾斯麦的计划首先是广泛的覆盖率（1889 年为 40%，1895 年为 54%）（Clark，Munnell，Orszag 2006）。战争期间净财富的毁灭和经济萧条促使欧洲努力建立更多的公共收入保障计划。

当初的退休年龄设定在 65 岁时，大多数的人都已经去世了。随着寿命的缓慢增加，退休时期大概占成人寿命的最后 10%；大约工作 40 年后有 5 年的退休生活。目前工作时间与退休时间的比例受到两部分影响而有所减小：平均退休年龄降低了，与此同时，寿命提高了。目前一些国家的人们仅仅工作 30 年，随后便是 30 年的退休生活（OECD 2008）。OECD国家年龄在 55~64 岁之间的人平均就业率为 48%（法国仅为 25%，瑞士为 70%）。

在 1880 年，75% 的 64 岁以上男性仍然工作，1950 年变成 47%，1998 年甚至少于 20%。然后人们开始期待 40 年工作时间后的 10 年退休生活。很明显，对于大多数人而言，退休远比工作更有吸引力。受益于不断增加的养老金和收入支持，他们有能力过上悠闲的退休生活。当 1961 年修改的社会保障立法允许 62 岁以较低的待遇退休后，极大地鼓励了人们加速退休。但考虑到仍有超过 20 年的预期寿命，这确实是才能的巨大浪费。

　　1930 年的一项研究预测，1990 年 64 岁以上人口占总人口的比例为 12.6%（低估了人口增长）。这项研究没有受到重视，因为退休需求被认为是较小的（物质需求、健康、舒适），所以他们低估了预期的变化。

　　大约75%的退休者从全职工作转到完全不工作，但在过去只要他们能够胜任，人们仍然会继续其他的工作，甚至转到农场的监督岗位。

　　过去 60 年，这种转变在美国是惊人的：1910 年，男性的平均退休年龄为 75 岁，1940 年为 68 岁，截止到 2001 年大约为 62 岁。1960 年，男性希望在 68 年的生命期内工作 50 年。在 2000 年他们在 76 年中仅仅工作 38 年。在最近的 1965 年，大约 2/3 的工人直到 65 岁甚至更老才开始领取养老金。现在，一半多的退休者在 62 岁甚至更早退休，3/4 的退休者在 65 岁之前领取第一份养老金支票（Toner 和 Rosenbaum 2005）。积极退休的理念被创造出来以后，退休已经占据了生命中的 20 年。企业养老金清晰地包含三方面：保险金（年老了就好比残疾人）、补偿金（忠实职业生涯的回报）、离职金（允许离职的补偿）。以上因素共同导致了整个系统负债的增加。在社会保险计划下，工人依靠退休、伤残和死亡获得家庭养老金的权利。这可以分解为，退休工人占 61%，伤残工人占 10%，退休且伤残工人家庭占 12%，已故工人的家属占 17%（Schwartz 和 Ziemba 2007）。

　　提前退休的趋势和退休时间的延长需要逆转。政策正在酝酿以顺应这种变化。可以预计的是最迟到 2030 年，所有发达国家的全额退休养老金开始领取的年龄将上升到 75 岁，并且健康退休者的收益实际上将低于目前的水平。的确，固定退休年龄对于体力和脑力条件尚可的人来说可以废除，以避免压在劳动人口身上的负担变得不可承受。

1.2.1　劳动力中老年人比重不断上升

　　劳动力正在老龄化：据统计局（BLS）预测，到 2014 年，55 岁以上劳动人口占劳动力总人口比重将达到20%，较 2007 年的 15% 有所上升。大多数就业增长来自服务部门，大多数的人将会在服务部门供职，他们将部分地取代年轻人（BLS 2004）。统计局报告还称，相对于完全退休，大约 1/2 的老年人仍会选择继续从事“桥梁”作用的工作。主要有两种劳动力：一是那些负担不起退休生活的人，一是那些想探索其他职业路径并想保持活力的人。养老金稀缺意味着较低的收益，尤其是对于提前退休者，更大的劳动力参与趋势将会增强（见图 1-3）。对个人储蓄如 401（k）计划和个人自有住房日益增加的依赖使得建立退休基金越发困难。统计局（BLS）预测“传统的退休将会是一个例外而不是一个法则”。在本书我们将探讨这些问题。

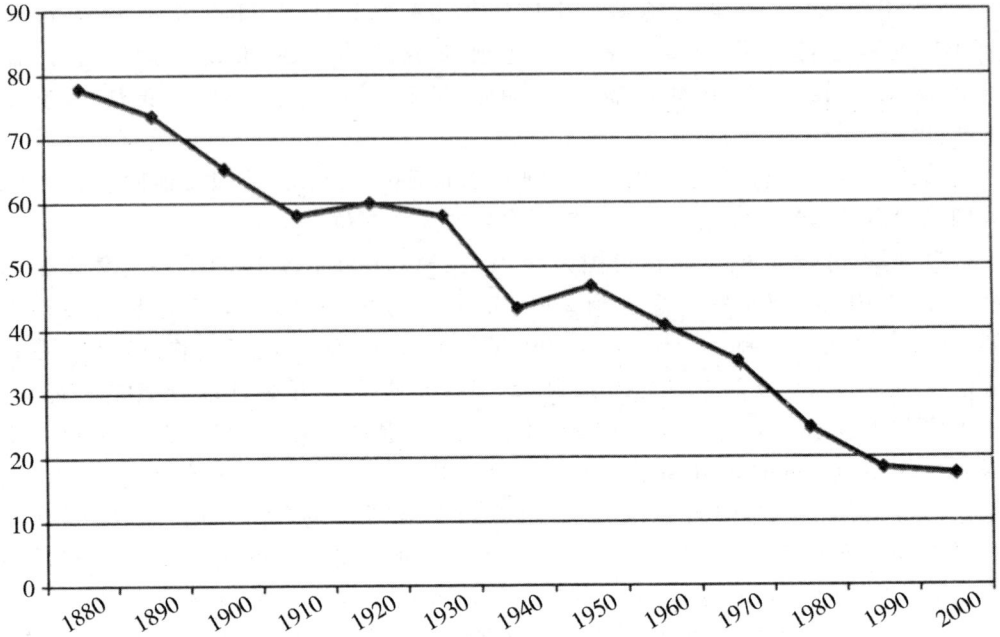

图 1-3   数十年来 65 岁及以上年龄男性人口的劳动力参与率（%）

资料来源：Short（2007）。

1.3   退休安排的供给

个体为退休进行储蓄有多种方式：公共养老金、职业养老金（待遇确定制（DB）和缴费确定制（DC），包括受保障和不受保障的）、个人退休储蓄。养老资产对金融市场和经济稳定的作用为退休问题提供了一个宏观视角。

1.3.1   最早期养老金

为军人提供养老金至少可以追溯到古罗马时期。军人的服务期较长：20 年。开始于马吕斯时代（大约公元前 100 年），通常给予军人法定的退休养家费。而到了奥古斯都时代，他们预计得到的养老补偿是 12 000 塞斯特斯，而非 900 塞斯特斯的年薪。他们也支持建立退休社区，经常鼓励退休军人在服役地定居（以避免大量失业士兵的返回）。类似于这样的组织在撒哈拉沙漠地区仍然存在，那里建有完整的城镇，划立民用区域、医院、浴室，配有医生等（Gowans 2007）。

在 17 世纪，如果普利茅斯殖民地居民因为保护部落抵制印第安人而受伤，当他不能工作的时候就被称为退休，然后将会得到一笔支撑他和家人生存的养老金。养老金通过税收建立基金。

美国第一个主要的退休计划是为内战后的联盟士兵准备的。这是一项非常慷慨的计划，替代收入的比例达到 30%（与社会保障相似），到 1902 年大约有 100 万人参与。截止到 1900 年，共有 21% 的 55 岁或者以上的白人男性领取养老金。同样，1900 年养老金计划占联邦预算的 30%。

1.3.2　早期企业养老金

在 1875 年，美国快递铁路公司实施了美国第一个私人养老金计划。一些银行、公共事业公司和制造业公司也紧随其后建立企业养老金退休计划。铁路部门为老员工提供有限的养老金作为鼓励员工顾虑退休保障的一种办法。强制退休比单独根据每个员工的个人健康进行处理的方式要容易一些。通用、杜邦和西屋电器也是养老金的早期提供者。它们退休计划的目的是激励员工的忠诚度，因为它们投资了大量的人力资本。

免税代码促进了企业养老金的发展。到 1926 年，员工收益事实上是完全免税的。

为控制战争期间的通货膨胀水平，1942 年的《工薪法案》冻结了工资。公司通常提供养老金和其他收益以努力吸引员工。养老金缴费也低于公司税收。1950 年，通用汽车的查尔斯·威尔逊创建了一个企业运营的养老金计划。他认为这将改善雇员关系，尽管起初遭到了全美汽车工人联合会的反对。威尔逊认为大公司的终身雇佣制将是标准做法，这也是提高员工忠诚度的一种方式。当时，养老金收益通常不归个人所有，所以如果工人离开公司将会失去养老金。他没有预计到，这些养老金将会成为公司的巨大负担（2008 年 12 月时通用已经有 136 亿美元的非积累的养老金负债，工资和计时养老金共有 845 亿美元资产和 981 亿美元负债）。

作为安抚员工不安情绪的贿赂品，企业养老金和医疗保险的增长并没有引起工资的较大增加。对于工资制的员工而言，这些有助于推迟收入和减少高边际税率的影响。不管哪种情况，它们都是在解决短期问题的同时引发了长期问题。养老金承诺使我们想起有关苏菲的一个故事：当被要求教一个大象说话时，纳斯鲁拉与国王达成了协议，将最后的期限设定为许多年后的一个时间……他知道在那个时期将会受一些其他事情的干扰，然后将不必履行承诺。终究，国王老了或可能去世，或者忘记了承诺。但是除非破产，不然没有简单的办法逃避企业养老金承诺。

1940—1950 年期间，普通工人私人养老金覆盖率从 7% 上升到将近 20%，同时私人医疗保险从 10% 上升到 50%。早期的养老金多数是现收现付制，德鲁克（1950）重点描述了这些养老金中的问题，在该论文中被称为"养老金的海市蜃楼"。当新的现收现付制养老金开始时，即使企业做出持续的支付，使它们无能为力的是与在职员工有关的巨额遗留成本。到 1960 年，私人养老金覆盖率增长到劳动力总人口的 30%（从 370 万人增长到 2 300 万人）。例如，在 1990 年，大约

57%的职业养老金福利属于最富有的20%家庭。在接下来的几十年将会看到，包括私人养老金制度和各种形式个人税收会推迟储蓄计划的建立。

1973年，全美汽车工人联合会成功获得了工作30年后开始带有全额养老金的提前退休权利。由于起初的养老金是社会保障的全部，这又产生了另一个问题，提前退休意味着劳动者没有资格获得社会保障，所以社会保障收益内又包括了一个增强型养老金，发展到后来，养老金成为了社会保障的补充。

洛温斯坦（Lowenstein 2008）提出了三种情况的企业和机构养老金，指出它们是如何在经济中产生了问题，如何在为之工作的工会和组织间产生了关系问题。这些例子讨论了养老金负债是如何将通用汽车、纽约地铁、圣地亚哥市引入破产的边缘。我们从这三个例子中能学到什么呢？

■ 20世纪中叶，作为对工资和价格失控的现实反应，企业养老金也增长了。

■ 美国企业已经为逃避公共社会安全网付出了高昂代价。工会每年会在较低水平上增加福利，如辞退时的补偿报酬在几轮谈判过后已经提高到工资的95%，并支付6个月。

■ 起初，企业养老金已经使得社会保障福利减少，但是随后便成为社会保障的补充，两者都是员工福利。

■ 当状况较好时，事实是企业利润减少了企业税收负债，推高了收益……不幸的是，状况好时最好缴税，当状况不好时，根本没有税收！

■ San Diego提出了另一个关于民间赞助的问题：如果一个城市通过诸如修建体育馆这样的方式来投资一个团队，而不通过类似于在董事会上拥有代表权这样的方式来阻止团队离开这个城市或者移到其他地方。事实上为什么不呢？

■ 早期公司的破产推动了养老退休保险公司的产生，养老金和卫生保健的承诺成本非常巨大，因此面临严重的问题时我们不得不求助——当实力雄厚的公司不能提供养老金时，养老受益担保公司已经成为这些弱者的承保人。

这些养老金倾向于以工作最后几年的工资为基础，所以为了提高养老金，允许工人在工作最后的几年额外加班。同样，英国一些临近退休而工资较低的教授，由于没有转投到其他大学，他们在工作的最后几年经常活动以获取短期的高工资和更高的长期养老金，并适时进行工龄买断。当在65岁强制退休时，一个得到20 000英镑的62岁老人能够得到每年10 000英镑的养老金增长及一个更高的退休一次性支付（30 000英镑）。第8章将讨论不同于最终工资的养老金转向终生养老金的可能。在这项计划中，你可以调整总的养老金或者保持不变。这将会避免仅仅为了增加养老金而诱发转换工作的行为。

1980年83%的大中型企业采用待遇确定制养老金计划，并且几乎所有的公司为全职员工和他们的家庭提供卫生保健。到2003年，仅有33%的大公司提供待遇确定制养老金计划，以及仅有58%的私人雇主提供任意形式的卫生保健。美国商业的全球优势为福利资本主义模式的成功奠定了基础。第二次世界大战后美国产出大约占全世界的一半。源于这种力量，企业能够制定价格进而获取剩余价值以建立养老基金。进而他们可以毫无压力地以待遇确定制养老金计划为工人的未来收入做出承诺。从 20 世纪 60 年代开始，盈利速度逐渐下降，这种优势开始受到挑战。不能制定垄断价格，这些剩余价值很难维持。一旦企业面临国际竞争，这些经济收益将面临风险，但雇主要花费一些时间来认识其风险，因而承诺依旧。然而随着工业的衰落，承诺被打破：首先是钢铁业和航空公司，现在是汽车业（Morris 2006）。

为了突出养老金承诺是如何公开终止的，洛温斯坦指出一个通用公司的退休员工从 1926 年开始工作，于 2006 年在其 111 岁时过世，他已经领取了 48 年的养老金和健康福利！另一个相似的例子来自美国的社会保障计划，其开始于 20 世纪 30 年代中叶。艾达·梅·福勒·拉德洛（Ida May Fuller Ludlow），佛蒙特州人，于 1940 年 1 月 31 日领取了第一份社会保障支票 00-000-001。她活到 100 岁，自己缴纳了 24.75 美元，却得到 22 889 美元。这里我们看见了最初的负担和赤字，这是由最初当制度开始实施时已经达到了他们的工作年限的社会保障接受者所造成的。到 2001 年，1/6 的美国人正在每月获取福利支票，包括老年人、伤残人士，或者是那些失去父母的孩子们（Schwartz 和 Ziemba 2007）。

1.3.3　退休资产

2007—2008 年的经济形势仍然提醒我们在危机时代储蓄会消失。储蓄机构一直是不安全的，尤其是对于低收入群体而言。一些国家转向发展邮政储蓄以确保低收入人群的储蓄账户安全。英国于 1861 年第一个建立储蓄存款。在那个时代，银行并非针对所有人而只为富人服务。后来，邮局提供了保险和年金。目前仍有一些国家的邮政储蓄机构提供储蓄这种重要的服务方式。美国于 1910—1966 年提供了类似的邮政储蓄。日本的邮政储蓄最为有名。它的邮局是世界上最大的储蓄银行，在 2006 年拥有 198 万亿日元（1.7 万亿美元）的存款，2009 年更多，尤其是美元存款，比日元的估值更高。日本邮局到目前已经有 10 年的私有化过程。举另外一个例子：2002 年，巴西的国家邮政服务同国家最大的私有银行（Bradesco）一起在邮局提供金融服务。这提示融资系统的演进是多么重要。

芒内尔（Munnell）等（2009a）表示退休储蓄额的下跌超乎预期。退休前收入 50 000 美元的典型劳动者，每年缴费 6%，与之相对应，雇主缴费 3%，那么他应该有 320 000 美元的储蓄，但实际上仅有 75 000 美元。他们依据可利用的关于退休的资源编制了国民退休风险指数（NRRI）。据他们估计，如果人们工作到 65 岁，并且年金化所有的资产，仍有 44% 的人处在风险中而不能保持他们退休前的生活水平。若将卫生保健成本也包括在其中，将会有 61% 的人处在风险中。表 1-6 显示了一个典型退休前家庭的财富。我们将在后面重新讨论这些资产类别。

表 1-6　2007 年一个典型家庭应对退休的财富（55～64 岁）

财富来源	金额（美元）	百分比（%）
主要房产	138 600	20
商业资产	15 900	2
金融资产	29 600	4
401（K）/IRA	50 500	7
待遇确定制	122 100	18
社会保障	298 900	44
其他非金融性资产	21 000	3
总计	676 500	100

资料来源：Munnell et al.（2009a）。

1.3.4　不同资产的退休贡献

盛行的金融投资提出建议，退休时家庭应该努力替代退休前收入的 65%～85%（Butrica，Goldwyn 和 Johnson 2005），但是这个估计似乎并没有什么科学依据。津巴（Ziemba 2003）提出了一个恰当的利用多期随机规划的生命周期资产负债分析，参见 Consigli（2007）和本书的第 9 章、第 14 章、第 15 章和第 16 章。住房和卫生保健是最大的两个支出类别，大约有 25% 的老人有抵押贷款——一些人通过它们为退休进行再融资，而对于那些没有资格获得抵押贷款的人，他们则通过反向抵押贷款为退休进行融资。

社会保障为退休融资的总体作用是模糊的。一项民意调研发现，对于还没有退休的人而言，仅有 20% 的美国人期盼社会保障能够成为当他们停止工作时的主要收入来源，39% 的退休者认为社会保障是他们的主要收入来源。社会保障似乎在整体融资方面变得不那么重要（见表 1-7）。利兰（Leland）和威尔格伦（Wilgoren 2005）在《纽约时报》报道了社会保障对老年人的作用，他们发现占人口 1/3 的低收入者，社会保障占到其收入的 90% 及以上；而 1/3 的高收入者，社会保障少于其收入的 50%；中间的 1/3 人群，社会保障占其收入的 50%～90%。由于社会保障替代他们退休前收入的一半甚至更少，所以对于那些完全依靠社会保障最低收入的 1/3 人口来说，将面临着生活水平的较大下降，同时他们通常不能获取其他存款以弥补这个缺口。为了突出这个差异，利兰和威尔格伦报道了一对兄弟获得待遇的差异：一个在各种低报酬岗位上每月获取 502 美元；另外一个和他的妻子，在当地学区有稳定工作，总共有 2 400 美元。

表 1-7	养老金中财务支持的主要来源
52%	401（k）养老金固定缴款计划、个人退休账户，以及为自谋职业者的"基奥计划"（Keogh plans）
31%	支付保障退休收益的企业年金计划
30%	国内股票
27%	社会保障

资料来源：Gallup Poll，April 2007。

目前的社会保障制度正在降低收入替代率。从 2000 年到 2030 年，低收入者的收入替代率设定已经从 55.5% 降低到 49.1%；中等收入者从 41.2% 降低到 36.5%；最高收入者从 27.3% 降低到 24%。同期的医疗保险费占社会保障金比例将会增大，从 6% 上升到 9.2%，2050 年增加较多，为 13.6%。税收优惠也将进一步侵蚀社会保障金。伴随着各种扣除和替代率的调整，2050 年的替代率对于 65 岁退休者而言仅有 26.9%，而 62 岁退休者则有 20.8%。

剩下的收入从何而来？在 2001 年，大约一半的美国家庭拥有一个 29 000 美元中值平衡的税收支持账户。年老的家庭在一定程度上的税收优惠储蓄更大，59% 的年龄在 55～64 岁的家庭拥有中介值为 55 000 美元的此类账户。不出所料，税收支持储蓄多集于高收入家庭；最高收入的 20% 人群占退休储蓄账户的 2/3。其中，中等收入分布的退休者严重依赖社会保障，从待遇确定制养老金的转移，到增加使用 401（k）计划，扩大了支付选择的重要性，使得储蓄转变成退休期间有保证的收入（Reno 2005）。

1980—2000 年期间，为了提高退休收入，可以增加兼职和正式工作的时间（多于 5% 份额），或从雇主养老金、社会保障和其他资产等获得稍多收益（社会保障局）。与此同时，也发生了从待遇确定制（DB）（从 60%～15%）计划向缴费确定制（DC）（从 18%～55%）计划的转变（两者都覆盖的比例从 22% 上升到 30%）。这显示出退休者融资风险的增加。

尽管住房资产所占净财富比重增加，但总储蓄却正在下降。艾丽西娅·芒内尔（Alicia Munnell）（波士顿大学退休研究中心主任）指出："按净财富增长计算，没有人享受更多，没有人能在自己 20 年的退休生活里自给自足。"该观点也被美联储在 2004 年的调查所支持，它指出仅仅低于一半的家庭持有退休账户。典型家庭的储蓄（包括退休账户）跌到了 23 000 美元，比 3 年前降低了 7 000 美元。如果一个家庭的户主为退休者，比较典型的储蓄则从 34 400 美元降低到 26 500 美元。此外，95% 的 55～64 岁的美国人中仅拥有 78 000 美元的任何形式的储蓄，这仅仅是他们中值年收入的 1.5 倍。

里奇（Rich）和波特（Porter 2006）报告说房屋财富通过反向抵押贷款增加退休基金（许多老年人以他们的收入而言是没有资格获得正常的抵押贷款的）。从

2001 年到 2004 年，家庭的净财富没有增长，从 93 100 美元变成 91 700 美元。同时总储蓄降低了 23%，房屋价值增长了 22%。在 2004 年，仅有 69% 多一点的美国人拥有自己的住房（76% 的退休家庭）。他们住宅价值的中值从 3 年前的 131 000 美元快速增长到 2004 年的 160 000 美元，增长了 22%（为退休者提供 130 000 美元的价值）。但缺少从他们的住房中获得权益的保险政策计划，这需要更多地呼吁。

▌本书之旅

第一部分，第 2 章研究了有关退休宏观经济的不同成本，并突出了从待遇确定制计划向缴费确定制计划转变的重要性，其将雇主的巨大风险转移到了雇员身上，也即退休者。第 3 章考察了退休安排的不同支柱和各种改革，包括社会保障改革的建议和危机前的养老困境等。第 4 章定义了不同资产类别，介绍了它们的历史收益和风险。第 5 章探讨了 2007—2009 年的经济危机及其对退休资产的影响。

第二部分是关于这些问题更深层次的分析。第 6 章研究人口老龄化对储蓄行为的作用。他们发现储蓄率有一个驼峰形状，即开始低，然后上升，最后下降。主要原因是，年轻工作者规划自己的事业，通过修炼技能以构建在未来的更高的预期收入并投资住房。正如我们所看见的，房屋所有权已经是预期退休收入的重要组成部分。第 7 章提出了一个可用于人寿和其他保险公司、养老基金和其他组织的连续时间代际盈余管理模型。第 8 章分析了从最终工资制到职业平均工资制转变的养老金计划，介绍了职业生涯平均养老金计划的一些优点，包括增进了不同类型工人间的养老金公平，减少了所赚收入达到顶峰后没有动力继续工作的可能性等。第 9 章提出了一个随机规划模型，以论证待遇确定制养老金制度存在的必要性。它揭示了大量的待遇确定制计划的产业集中度问题，包括产业问题和养老基金问题的相互影响，这被汽车行业的破产所证实。第 10 章评估了如何利用资本市场更有效率地处理强加在养老金和保险公司的寿命风险，这既提供了额外的市场容量和流动性，又增加了市场的透明度。第 11 章关注国家和州政府层面长期退休基金，其主要采用两种策略：增加个人缴费或为了提高收益而增加风险预测。第 12 章广泛讨论与退休有关的资产分解的争论，也包括自有公司股票、与住房有关的期权、年金、保险等风险的一系列研究。

第三部分带来了在一个无所不包的方法框架下的各种讨论。第 13 章讨论养老资产管理和专业投资者取得长期投资成功所带来的重要经验。第 14 章描述了一个成功的案例研究，一个改进的多期随机规划模型用于西曼（Siemen）的澳大利亚养老金计划，自 2000 年以来该模型就被养老金计划的制订者和实施者所用。第 15 章和 16 章构建并且实施了一个相似的个人资产负债动态模型。

第 17 章总结了在老龄化和退休安排困境中的关键问题。创新退休概念和退休基金是必要的。关照老年人和弱者不仅仅是家庭问题而且是社会问题，事实上它是社会文明程度的一个标志，是创造更多工作机会，实现真正服务的关键。我们正处在重新评估退休对经济和社会各个方面影响的关键时代。所以，为了解决这些问题，我们需要改变一种社会契约，即拥有长期休闲的退休期盼。

参考文献

Bureau of Labor Statistics. 2004. Labor Market Projections, BLS: 2004–14.

Butrica, B., J. H. Goldwyn, and R. W. Johnson. 2005. *Understanding Expenditure Patterns in Retirement.* CRR WP 2005–03.

Consigli, G. 2007. Asset-liability management for individual investors. *Handbook of Asset and Liability Modeling*, Volume 2: *Applications and Case Studies*, S. A. Zenios, W. T. Ziemba (eds.), Handbooks in Finance Series, North Holland, 751–827.

Drucker, P. F. 1950. The mirage of pensions, *Harper's Montnly*, February.

The *Economist.* 2007. Japan's changing demography. Cloud, or silver linings? July 26.

Gowans, A. 2007. Good retirement community takes a complicated recipe. May 7. www. theromanway. org/phpBB/viewtopic. php? t=374.

Haas, M. L. 2007. A geriatric peace? *International Security* 32 (1): 112–147.

Leland, J. , and J. Wilgoren. 2005. Living with Social Security: Small dreams and safety nets. *New York Times*, June 19.

Lowenstein, R. 2008. *While America Aged.* New York: Penguin Press.

Morris, C. R. 2006. *Apart at the Seams: The Collapse of Private Pension and Health Care Protections.* Century Foundation Press. www. socsec. org/publications. asp? pubid=553.

Munnell, A. H. , F. Golub-Sass, and D. Muldoon. 2009a An update on 401 (k) plans: insights from the 2007 SCF. CRR Number 9–5.

Munnell, A. , A. Webb, F. Golub-Sass, and D. Muldoon, 2009b. Long-term care costs and the National Retirement Risk Index. April, IB#9–7 CRR, Boston College.

OECD. 2008. Improving financial education and awareness on insurance and private pensions.

Reno, V. 2005. Payouts in individual accounts pose new questions. TIAA-CREF Policy Brief.

Rich, M. , and E. Porter. 2006. Increasingly, the home is paying for retirement. *New York Times*, February 24.

Schwartz, S. L. , and W. T. Ziemba. 2007. ALM in Social Security. In *Handbook of Asset and Liability Modeling*, Volume 2: *Applications and Case Studies.* S. A. Zenios and W. T. Ziemba (eds.) Handbooks in Finance Series, North Holland: 1069–1117.

Short, J. 2006. Confederate veteran pensions, occupation, and men's retirement in the new south. *Social Science History* 30 (1): 75–101.

Siegel, J. 2008. *Stocks for the Long Run*, 4th ed. McGraw-Hill.

Toner, R. , and D. E. Rosenbaum. 2005. In overhaul of Social Security, age is the elephant in the room. *New York Times*, June 12.

Ziemba, W. T. 2003. *The Stochastic Programming Approach to Asset Liability and Wealth Management.* AIMR.

第 2 章

养老金的不同成本：宏观和微观

由于人们在退休之后所需要的商品和服务必须来自于现有生产，所以说宏观问题尤为重要。

无论是养老金或者是社会保障，一个日益系统性的问题是当需要投资于研究开发和基础设施建设等时，人们认为退休金被封存了起来。日本丰田公司所用于研发新型汽车的资金达到通用汽车公司所花费资金的 2 倍，这是因为美国通用公司的基金被养老金、卫生保健以及游说活动所占用。所以，从本质上讲，尽管履行承诺至关重要，但养老金筹资使得问题更加严重。这是一个有关发现和为实际投资筹资的微观问题。

在之前的章节中，我们曾讨论过人口结构和退休的演变史。本章我们将分别从宏观和微观角度研究退休的某些成本。

2.1 退休的政府成本

政府的退休成本分为两个方面。一方面是社会养老金的直接成本预算，而另一方面则是由于公司和个人税收延迟养老金计划所导致的税收损失。

2005 年时，经济合作与发展组织（OECD）的平均养老金支出占国内生产总值的 7%，该支出达到 10% 以上的国家主要有奥地利、法国、德国、希腊以及意大利，这些国家见证了该支出的持续增长。而日本、波兰和葡萄牙在该方面的支出则是持续增长并达到 10%。奥地利、芬兰、法国、德国、意大利以及瑞典等六个高支出国家已经对自身的制度进行了改革，预计在未来将进一步缩小支出。一些国家如芬兰、卢森堡、荷兰和挪威已经减少了该项支出。匈牙利相对较高，由于该国不愿意拥有一个累进的再分配系统以改善贫困者收入水平，因此它必然会增加高收入者收入水平。代价是昂贵的，该支出在 2050 年将达到 17.5%（Martin 和 Whitehouse 2008）。

世界银行担心较高的缴费率很可能导致对正规经济发展的阻碍和逃税行为。通常养老金将收入分配给相对富裕的人，因此倾向于通过减少储蓄降低经济增长。世界银行建议各国建立三层养老金制度。其中第一层是为每一位劳动者提供完全基金的待遇确定（DC）制私人养老金。第二层则是为了直接减轻老年时期的贫困所提供的公共养老金计划。第三层则是一项企业或者个人的自愿储蓄计划。我们将会在第 3 章中研究探讨三层养老金制度。

2.2　养老金和资本形成

Singh（1996）关于现收现付制（PAYG）与完全基金制的争论主要集中于基金与私人养老金、资本市场发展、储蓄、资本形成和经济增长之间的关系。由此看来，新兴市场所投资的基金有助于发展当地的资本市场。（见 Reisen 1994 以及第 11 章）。发达国家也有可能投资于新兴市场！

然而，新兴经济体的资本市场在 1982 年到 1992 年之间的 10 年内，由不到 1 000 亿美元增长至 1 万亿美元，市场仍仅占国内生产总值的很小比例。与此同时，工业国家见证了市场资本从 3 万亿美元增长到 10 万亿美元。智利尝试了以市场为基础的 DC 个人养老金计划，其资本市场增长没有超出其他新兴市场范围，因此有许多方法促进资本市场的发展。

接下来的环节是促进资本市场发展能否引发资本形成和增长。Singh（1996）曾引用凯恩斯的话：

虽然投资市场的组织得到改善，然而，投机的支配风险却有所增加。在纽约——世界上最大的投资市场，投机所带来的影响是巨大的。当企业处在稳定增长时期出现泡沫时，投机者可能没有危害。但是当企业处于投机漩涡时出现泡沫时，其处境是很困难的。当一个国家的首都发展成为赌场活动的副产品时，这很有可能是工作出现了问题。

Allen 和 Gale（1995）分别比较了美国和德国的股票市场和银行储蓄的经济结果。在石油价格冲击的 20 世纪 70 年代，美国市场价格下跌一半，并且该现象维持了十年。那些为应对退休而将资金投资于股票的家庭，为了支付退休后的花费需要出售股票，减少消费。之后，在 20 世纪 80 年代，这一趋势得以逆转。市场资本卓有成效地增加了一倍，人们的生活水平也得以提高，而这关键就在于市场的波动性。与此同时，德国将资金全部存放在银行账户和债务工具中。银行储蓄的价值既没有显著下降也没有显著增加。退休人员能够如他们计划的那样消费，没有出现波动。

强大的资本市场真的能够刺激储蓄和消费，进而促进经济增长吗？1970 年至 1989 年期间，由于并购，美国和英国的股票市场对投资产生了负面影响。对于日本和德国来说，尽管影响较小但却是积极的。这四个国家经济增长的主要来源是留存收益。相对于购买新的股票，公司更加倾向于内部融资和债务（Singh 1996）。

表 2-1 向我们展示了全球 500 强企业中养老金资产和负债所占公司总市值的比例。表中纵列为赤字，它代表赤字占总负债与赤字之和的比重（该数字可以看成

是公司的总债务）。从中可以看出企业如何从养老金赤字中得到基金资产。该比例在日本、英国以及法国是非常高的。平均值以下是各种举债经营：日本和英国 1/3 公司一半的融资依靠养老金负债，日本更是远高于 20%。第 9 章将研究一个模型，该模型用以挽救美国通用汽车公司的养老金制度。

表 2-1　　　　　　　　2004 年世界 500 强企业的养老金负债和赤字状况

国家和地区	企业数量（个）	养老金负债（10 亿欧元）	养老金赤字（10 亿欧元）	负债占市场价值平均比重（%）	赤字占债务与赤字之和的比重（%）
美国	167	727	72	20.5	7.5
日本	58	294	126	29.0	26.7
英国	42	360	59	35.2	15.5
德国	18	166	79	40.5	21.7
加拿大	17	44	4	18.3	6.6
法国	17	52	19	15.0	15.8
瑞士	11	65	8	13.5	9.3
中国香港	1.7	0.2	3.4	0.0	
其他国家和地区	38	117	24		

资料来源：Clark, Munnell, and Orszag（2006）。

2.3　企业养老金监管

退休融资供给没有进行规划便开始特设。起初，企业养老金是不受管制的。公司可以使用它们所需的名义养老金义务作为内部融资，用于购买自己的股票并提高股票价值。当监管开始时有双重激励：一方面是确保承诺能够满足，另一方面是避免过多筹资而导致避税。在美国、英国和加拿大，公司要对资金不足负责，但当筹资过多时也必须返还。

2000 年金融危机之后，筹资规则变得更为严格：在美国，最高利率从 105% 增加到了 120%，因此降低了筹资需求，爱尔兰也有较长的校正期，加拿大也可能是这样。

2.3.1　美国监管

起初，养老金是疏于管理的。免税被授予符合要求的计划，缴费和收益也是免税的。然而，这并不是完全有利的，因此在 20 世纪 50 年代开始出现一些监管。

1958 年美国国会劳工部颁布了《福利和养老金披露法案》。此项法案要求充分披露所有的私人养老金计划。尽管该做法仿照证券监管，但其本质的区别是：员工的参与是由企业委员会而非个人所负责。此项法案需要提交一个包括收益和管理类型的计划。如果计划的人数超过 100 人，那么还将被要求提供一份年度报告。该项法案之后被 1974 年通过的《雇员退休收入保障法案》（Employee Retirement Income Security Act，ERISA）所取代。

斯图贝克汽车公司的破产使养老金承诺成为一纸空文。该项计划于 1950 年成立于与全美汽车工人联合会（UAW）讨价还价之后。它提前许诺了服务信用，总计约 1 800 万美元的无积累负债。随着时间的推移，他们所承诺的收益也在增加（每一次都增加了过去的服务收益），从而导致更多的无积累负债，每笔未来负债的摊销期超过 30 年。当斯图贝克公司于 1963 年关闭南本德汽车厂时，他们已经无法支付其承诺的养老金。60 岁或以上员工（约 3 600 人）得到了全额养老金。他们对养老金资产首次索赔共计 2 150 万美元，仅为其他的员工留下 250 万美元。那些为企业服务了 10 年时间的 40 ~ 59 岁之间的员工（4 000 人）仅得到一次性支付，价值仅为他们收益值的 15%。该组的平均年龄为 52 岁，并且服务时间平均长达 23 年。而其余的 2 900 人什么都没有得到。斯图贝克公司进行了整合重组并落户于安大略省汉密尔顿。详见 Bonsall（2000）所著的斯图贝克公司发展史及其破产。

斯图贝克公司破产案发生后，ERISA 于 1974 年颁布。尽管养老金计划不是必要的，但是一经制订，就需要被监管。此法案规定了归属、最低资金要求以及遗属津贴。依据《雇员退休收入保障法案》而建立的养老金收益担保公司（PBGC）为待遇确定制（DB）养老金计划提供终止保险，而不是全部的收益。

在 ERISA 颁布之前，养老金并非是既定的，而且也不提供给那些在未达到退休年龄就已离开职位的人们。目前既定享受退休金权利规定是在满 5 年的服务之后。缴费确定制养老金则是规定满 3 年的服务之后。随着时间的推移，制度也发生了改变，这使得公司制定养老金义务变得更为困难，并且在一定程度上促成了待遇确定制（DB）养老金计划的冻结以及被缴费确定制（DC）养老金计划所替代（更多的是后者）。

最初，要求允许多个筹资维度，公司分期偿还负债的时间可以超过 30 年。养老金负债将进行计算并按年摊销，资产也同样，账户每年应保证均衡。一直到 2006 年，这些账户仍是名义积分平衡，摊销也由 30 年期限缩短至 7 年期限，这需要按市值计算，而非按 5 年时间跨度的估值平滑。截至 2008 年，这些计划必须保证持有完全的基金。如果该账户没有完全的基金，那么摊销是不同于 7 年的。多雇主养老金计划（一般是行业计划）的监管相较于个人账户而言更为松散。例如，详见网站上所公布的 ERISA 条例。

计划余额规定落入保险精算的 100% 和流动负债的 150% 之间。不同的会计原则导致截然不同的承诺、对员工提供不同程度的保护、对企业利润的不同影响以及不同的税收支付（见 Kopcke 2006）。由于较低的限制，许多计划余额过量，从而妨碍了进一步的缴费。不幸的是，大部分的收益来自于市场价格，但是其后又会损失。来自计划的返回基金也要征税，例如，当被公司收购者蓄意接管时。会计类型包括：

累积给付义务（ABO）：基于当前的工资水准和服务所获养老金的现值，这是一种按照既定计划支付给停止工作的退休员工的养老金。

预计给付义务（PBO）：截止到退休之日的基于预计工资水准所获养老金的现值，但并不包括额外服务年限的积分。

常数缴费率（CCR）：缴纳薪水的一个固定比例以平滑年缴费。

举一个例子：一个工作年限为 15 年员工的年薪为 68 000 美元，假设还有额外 15 年服务年限以及 140 000 美元的最终薪金，其养老金将是 70 000 美元（最终薪金的一半），连续 20 年，折现率为 5%。15 年内所承诺的养老金现值是 830 000 美元。ABO：养老金将是 17 000 美元，也就是从目前工资的一半缩减到 15 年的服务积分以获取全额养老金。这意味着在 15 年内需要 202 000 美元，而现值是 97 000 美元。PBO：养老金将是 35 000 美元，也就是从最终工资的一半缩减到 15 年的服务积分。这意味着为了 200 000 美元的现值，在 15 年内需要 400 000 美元。

通过第一年的服务可以发现，ABO 将需要 1 600 美元，而 PBO 将需要 6 400 美元。这存在数额上的显著不同，并应注意到 PBO 仍将在最后 30 年的服务内以要求数量的一半进行筹资。由于将要退休雇员继续工作的比例由 5% 增加到 47%，ABO 的资金将大幅增加。ABO 和 PBO 的融资选择如图 2-1 所示。注意，二者的规模是不同的。图 2-2 比较了两种筹资策略下的资产积累率。

一个快速成长的公司可能有助于 ABO 水平的提高或避免待遇确定制（DB）养老金计划。一个成熟的公司更倾向于使用 PBO。然而，当建立 PBO 基金时，雇主将承担各种风险，包括劳动力成本的变化使得选择更加昂贵。随着旧计划的成熟，PBO 与 ABO 的比值接近于 1，1990 年时该数值为 125%，2004 年时仅为 107%。1985 年，积极员工与退休人员的比例是 80：20，但到 2004 年时，该数值接近于 1：1（CIEBA 2004）。

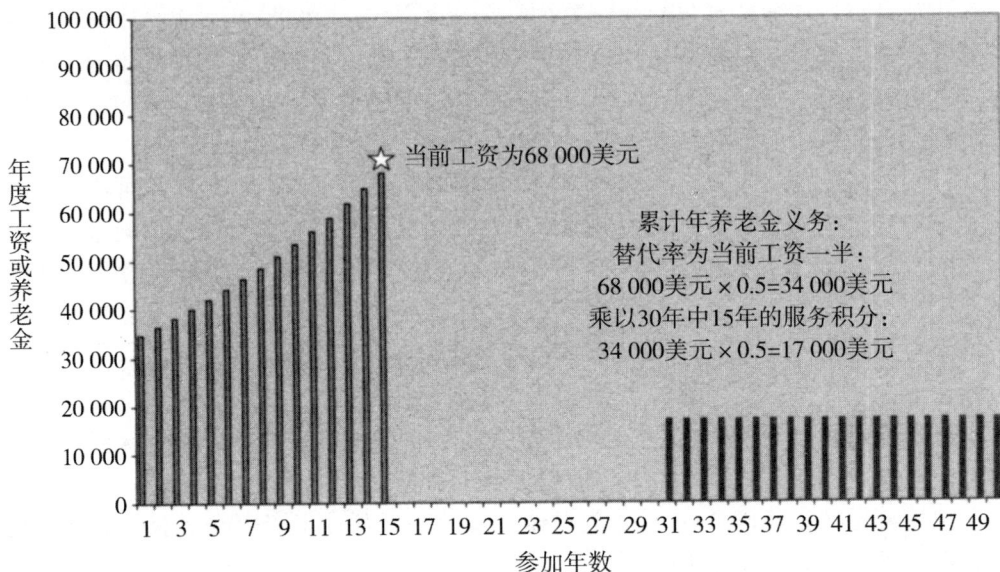

（a）ABO

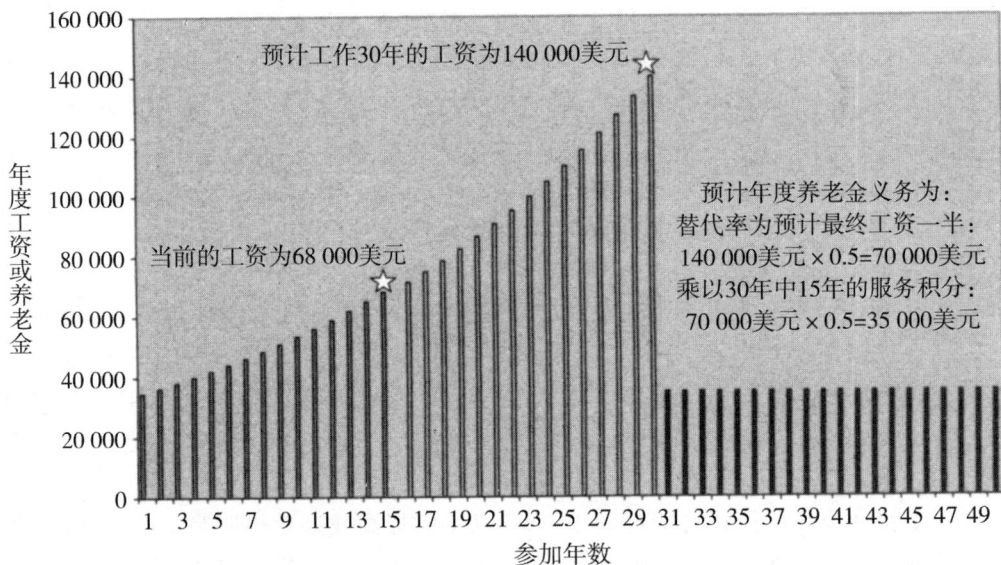

（b）PBO

图2-1　15年的工作期员工两种基金策略比较

资料来源：Kopcke（2007）。

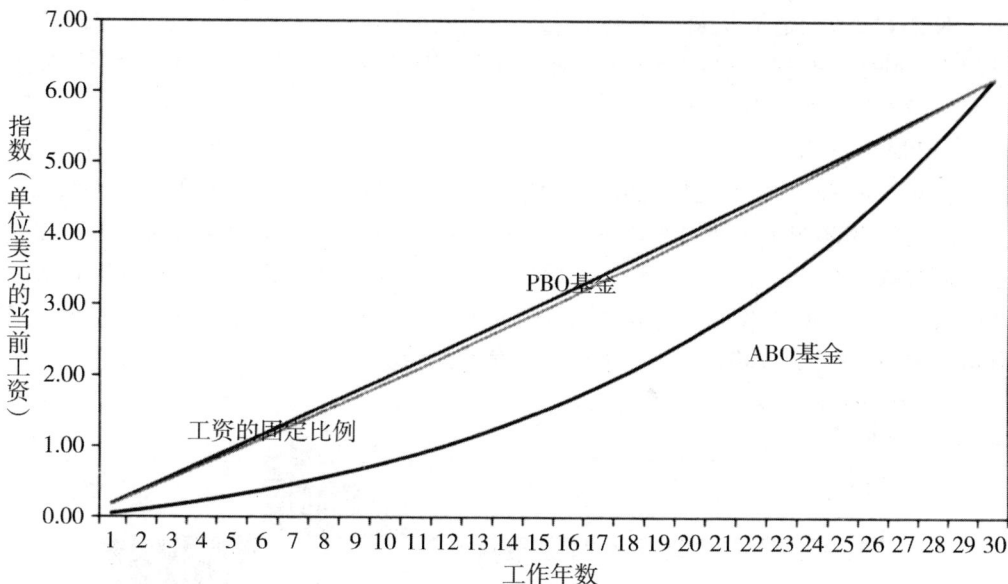

图 2-2　一个 15 年工作期的员工在 ABO 和 PBO 基金下的资产积累比较

资料来源：Kopcke（2007）。

　　DB 计划承诺的给付金额很高，它介于 1.5 倍到 4 倍工资之间。相比之下，国民账户资本重置成本（厂房和设备、软件、库存）是工资和薪金的 4 倍。显而易见，该笔数量的资金对于将其作为内部融资渠道之一的企业来说极具吸引力，尤其是倾向于内部融资而非债务融资的美国企业。Kopcke（2006）对战略选择进行分析并得出明确的结论，由于为了保护退休者的权利，同时让公司面临更少的选择和更多的监管，他们放弃 DB 计划的动力有所增加。

　　另一套有关限制工资覆盖的规章制度于 1986 年开始颁布执行。限制从 200 000 美元开始，由于通货膨胀已被指数化，于 1993 年增长至 235 840 美元。然后美国国会将限制下降到 150 000 美元，2002 年调整到 200 000 美元，公司还需将指数化考虑在内。这些规章制度使得这项计划的维持成本变得更加高昂（Munnell, Golub Sass 和 Muldoon 2009）。

　　养老金收益担保公司（PBGC）并非由政府出资。PBGC 收取保险费，持有接管计划的资产、任何它所覆盖的无积累负债以及投资收入。单一雇主计划保护 3 400 万在职职工和养老金计划的 28 800 名退休者。而综合雇主计划保护了 990 万在职职工和养老金计划的 1 540 名退休者。2009 年，PBGC 为终止待遇确定制养老金计划的大约 631 000 名退休人员支付了养老金收益。最初，PBGC 大量投资于债券，2007 年大幅度转移至股票领域。据估计，汽车业计划的资金缺口约达 770 亿美元，而其中 420 亿美元是由 PBGC 担保的。截至 2008 财年 9 月 30 日，已经损失了 23%，到 2009 年 4 月 30 日时已有 335 亿美元的赤字。当时它的资产配置是

30% 股票、68% 债券以及 2% 替代品，这些都来源于之前失败的养老金计划（PBGC 2009）。有报道称，养老金担保公司的资产配置目标是达到 45% 股票、45% 债券、10% 替代品（Wei 2008）。

当 PBGC 接管一项基金后就将承诺一个最大的支付额度，该项付款每年调整，且目前其设定一个 65 岁退休工人为每月 4 312.50 美元（或 51 750 美元一年）。[①]

截止到 2006 年底，据 PBGC 估计，投保 DB 计划的单一雇主在协议终止后需要总资金的缺口约达 2 250 亿美元。之后，PBGC 停止在其年度管理报告中发布所估计的数据。在《养老保险数据手册》中可以发现有关估计局限性的描述。图 2-3 显示了 1980 财年到 2007 财年 PBGC 持仓净额的情况。

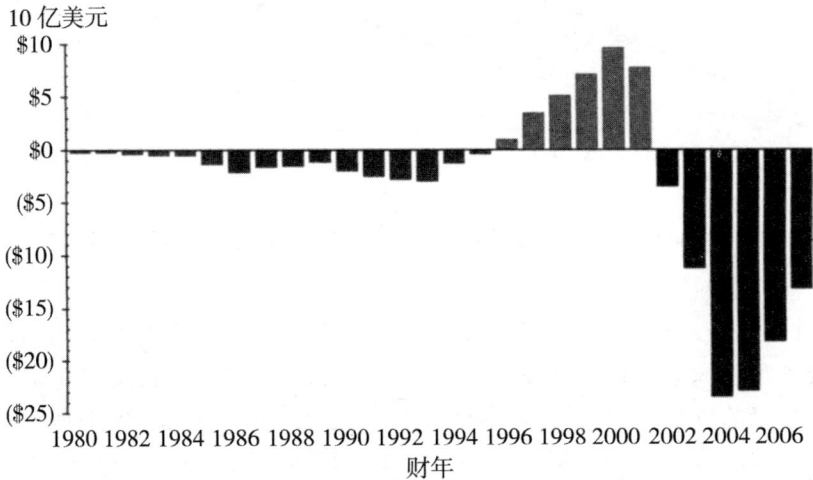

图 2-3　1980—2007 财年下的 PBGC 持仓净额，单一雇主计划

资料来源：PBGC（2007）。

很难得知 PBGC 达到平衡状态会怎样，因为破产导致破产公司的退休计划被实际收购往往需要许多年。例如，2008 年 9 月他们从 2007 年底的破产提交计划中接管了兰德麦克纳利计划（2 640 万美元，72% 资助）。

当 2008 年 7 月份股票价格只下降了 10% 时，瑞士信贷集团发布一份养老金报告：即使在第三季度和第四季度股票大跌之前，标准普尔 500 指数的企业养老金计划价值已经猛跌了 1 700 亿美元。这导致从 2007 年的 600 亿美元的盈余变成 1 100 亿美元的财政赤字。公司的资产负债表里应包含养老金基金的状况，且必须每年按市值计算。一些公司的给付义务远远超出其公司市值，比如美国通用汽车、福特公司、伊士曼柯达公司以及固特异轮胎公司。

Taub（2008）估计从 2007 年第二季度到 2008 年第二季度这一整年中，养老基金损失大约为 1 万亿美元，即约为 10%。当时任职于国会预算办公室（CBO）主

·　① 相反，英国银行的养老金计划从股票转出进而转向与指数关联的金边债券。

任 Peter Orszag 推测，截至 2008 年 10 月，在近一年半的时间内，养老金资产累计下跌可能总计达 2 万亿美元。国会预算办公室（CBO）估计，待遇确定制养老金计划损失约 15%，基金则从 99% 下降到大约 92%。相较于待遇确定制养老金计划而言，缴费确定制养老金计划更加倾向于股票（2/3 以上），因此，缴费确定制养老金计划损失更为严重。显然这部分是由个人承担，然而资金比率的下降必须符合企业或 PBGC 要求。

当英国于 2005 年 4 月 6 日成立英国养老金保障基金（PPF）时，为保障待遇确定制养老金总计为上万亿美元负债的安全，它们已有约 1 340 亿美元的赤字。PPF 将基于资金不足和偿债能力风险制订计划，而非强势补贴较弱资金不足计划的固定费率。这样更加公平，但是使得保险工作变得更加困难，因为弱者必须支付，这使得他们变得更加弱小（*The Economist* 2005）。

2.3.2　企业破产后那些未曾实现的承诺

Ralph Nader（2004）列出了一个关于未曾实现的养老金承诺清单：

改变计划规则：变为现金余额养老金计划，花费长期服务的带薪雇员预期养老金的一半，例如 AT&T。

改变有关子公司出售的计划：法律允许母公司将养老基金转移到分拆上市的子公司。例如，德莱塞兰德公司作为哈利伯顿公司的一个分支，接管了哈利伯顿公司的回笼基金。因为哈利伯顿公司否认其员工拥有全额提前退休养老金。

将员工重新分类：就像好事达公司将员工划分为保险代理人一样，将员工重新分类为承包商。

退休后的变化：通用汽车公司削减了接受提前退休计划的员工退休后所要提供的终生健康保险。

401（k）计划自有公司股票：MCI/WorldCom 被告知公司的股票是一个良好的投资，尽管高管们知道公司是在夸大其词，并且他们正在出售自己公司的股票。

《时代》杂志（2005）也写了一篇题为"破碎的承诺"的文章，突出了 DB 计划被废除的几个原因。

继美国联合航空公司和全美航空之后，达美航空和西北航空也申请破产以削减成本和延迟养老金分配。总体上，这几家航空公司的养老基金缺口达 220 亿美元。

10 月 8 日，美国最大的汽车零部件制造商德尔福公司申请破产保护，试图切断其退休人员的医疗保险和人寿保险收益，其养老金的资金缺口达 110 亿美元。美国汽车工人联合会让通用汽车公司取消了价值 10 亿美元退休人员的卫生保健收益。

从 1988 年到 2004 年，为 200 名或更多的工人提供退休人员医疗保险的公司所占份额由 66% 下降到 36%。

宝丽来是一个有趣的案例。从 1988 年开始，员工缴纳自己工资的 8% 给雇员持股计划（ESOP）用以防止收购，并提供了一个退休收益作为补充养老金。然而，

1995 年到 1998 年期间，该公司亏损 3.59 亿美元。当其股价几乎一文不值时，他们开始寻求破产保护。此时，其股价由 1997 年的 60 美元跌至比可口可乐公司在 2001 年 10 月时的股价还要低的价格，受托人以 9 美分的价格卖掉 ESOP 股票。6 000 名员工的价值达 3 亿美元退休账户彻底消失了。很多人的损失在 10 万美元到 20 万美元之间。2002 年，宝丽来以 2.55 亿美元，这仅相当于其一小部分的价值卖给合伙人。其中一部分是买家们以自己在宝丽来的 1.38 亿美元现金购买的，员工每人仅得到一张 4 美元的支票，他们损失了数万美元的员工持股计划的款项、健康福利和遣散费。宝丽来快速恢复盈利能力，新的管理者获得了每股价格 12.08 美元的收益（Time，2005）。

2.3.3　美国和欧盟职业年金计划监管对比

计划的归属使得劳动力流动成为可能，也能够促进就业保障。

在法国，雇主和雇员必须参与到直接归属于各行业和部门范围的计划。

如表 2-2 所示，养老金权利和规则的披露程度因国家而异。

表 2-2　　　　　　　　　　　　　　　**欧盟和美国归属期限**

归属期限	国家
即期	丹麦、法国、芬兰、西班牙、瑞典
1 年	比利时、荷兰
2 年	英国
5 年	奥地利、希腊、爱尔兰、意大利、美国
10 年	德国、卢森堡
没有相应规定	葡萄牙

资料来源：Cooper（2000）。

■ 英国和爱尔兰要求全面披露信息；然而，计划成员间仍存在理解上的差距。在英国，成员加入计划并非是强制性的，由于国家养老金待遇水平较低，所以退休金是重要的。

■ 葡萄牙规定只需要在政府公报上公布方案的构成。

■ 意大利则只要求监事会每年收到一份报告，并没有规定披露计划成员。

■ 瑞典只要求披露无积累的负债报告。

葡萄牙、意大利和瑞典之间的交流有限，但是方案的替代率较高。在其他国家，成员定期接收信息（Cooper 2000）。表 2-3 显示了最低基金要求。保险监管包括一个偿付能力的额外保证金，并可能有助于消除筹资水平的反周期性。Cooper 也建议额外的储备需要波动性资产。不同的国家也对它们如何对待无积累基金计划持有不同看法。在美国，无积累负债金额必须作为主要债务出现在资产负债表上，但历史已经证明，只有大约 1 美元的 10 美分被追缴。然而，在英国，未支付的分配费用作为延期支付对待，也被认为是与其他债权人共有的部分债务。

表 2-3　　　　　　最低基金要求（Minimum Funding Requirements，MFR）

国家	MFR 计算方法	基准	偿还时间
奥地利	无要求，多是账面储备		
比利时	ABO（Accumulated Benefit Obligation，累计给付义务），准市场价值养老基金资产由保险公司管理	即期的 7%	
丹麦	无要求，缴费确定供给		
芬兰	集中计划中的互助保险		
法国	集中计划中的互助保险		
德国	同保险公司的规定		
希腊	无要求		
爱尔兰	IBO		
意大利	无要求	已发行	3.5 年
卢森堡	新规定		
荷兰	ABO 大量储备或债券的市场价值 股票和财产的市场价值	实际价值的 4%	
波兰	ABO	4.5%	即期开始
西班牙	PBO 利润 4%（Projected Benefit Obligation，预计给付义务）	6%	10 年
瑞典	无要求，负债被有效保险		
英国	IBO 资产的市场价值	已发行	5 年或 1 年
美国	ABO 资产的市场价值	市场	10 年

资料来源：Cooper（2000）。

　　某些形式的破产保险通常是为了维护计划的安全性，但这些保险形式存在较大差异。例如在奥地利，企业必须储存 50% 的养老金债务作为资产负债表项目，当在破产时可能会提供一点帮助。Cooper 指出没有保障计划实际承担所提供保险的市场价值，所以保险机构的储备是有限度的。

　　各个国家间差异的另一个表现是会员代表的作用。在英国和爱尔兰，养老金被视为福利提供，所以由公司控制。在欧洲大陆，有成员代表权，也通常有国家代表权（Cooper 2000）。

2.4　缴费确定制（DC）和待遇确定制（DB）：风险转移

随着待遇确定制（DB）养老金计划的缺点越来越明显，私人计划已经转变为缴费确定制（DC）养老金计划。这将为个人理财计划增加许多风险，导致制订退休计划变得更加困难。

早期的企业养老金都采用 DB 计划。而引入 DC 计划则是用来帮助小企业和个体户为退休人员提供免税储蓄。这与有保障的养老金不尽相同，但是人们认为个人账户为合理替代 DB 养老金计划提供了可能。然而从历史的角度来看，大而健全的公司一直采用 DB 计划，却证明 DB 计划是一个负担，尤其是当市场价格下跌和缴费水平较高的时候。通过转变为 DB 计划，投资风险也转嫁到员工身上。

被接受的可选择的 DC 计划已经允许许多大型的公司停止 DB 计划，变为 DC 计划。Watson Wyatt 预测到 2014 年，DC 计划的资金将比 DB 计划多。DC 计划的规定很简单；公司基本上将钱存入到个人账户中。DC 计划的优点：规避破产的信用风险和改善了劳动力流动性。但是除了这些优点外，DC 计划也存在一些缺点。

Pierlot（2008）讨论了各种风险及其分布，见表 2-4 和图 2-4。

表 2-4　　　　　　　　　　DB 计划与 DC 计划风险分担比较

风险	描述	DB 雇员	DC 雇员	DB 雇主	DC 雇主
寿命	寿命长的养老金储蓄风险		是		
	成本增加的风险			是	
投资	波动性		是		是
	需要消耗储蓄的风险		是		是
基金	义务可能浮动或增加的风险	有时	是	是	
充分性	延迟或不得不接受更低生活保障标准的风险	是	是		
安全性	养老金不能给付的风险	是			
信托对象	合适标准失误带来负债的风险			是	是

资料来源：Pierlot（2008）。

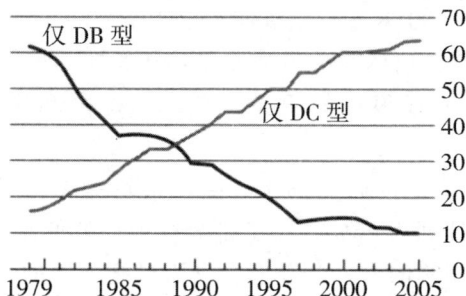

图 2-4　美国职工参加不同类型的养老金计划

资料来源：*The Economist*（2008），Employee Benefit Research Institute。

养老金的类型有：

1. 传统的 DB：雇主承诺收益和基金计划；大多数风险由雇主承担，除非基金过高；但雇主可能裁员或停止支付。

2. 公共部门的 DB：这些是共同发起的，所以雇员都冒着一定风险。因为工资可以随基金现状而有所变化，并且收益可以减少。然而，大部分的风险仍由雇主承担。

3. 现金结余：像 DC 计划有个人账户，但是由雇主承担最低收益风险。

4. 混合养老金（缴费确定制与待遇确定制的混合）：根据情况有所不同。

5. 工会（成员）建立的 DB：由工会管理和多个雇主缴费（汽车行业），所以对于雇主的风险类似于 DC 计划，工会则承担承诺收益所带来的风险。

6. 传统的 DC：雇员承担风险。

Pierlot 建议，DB 的设计应该像 DC 计划一样操作（见图 2-5）。雇主的缴费同 DC 计划一样，不同的是雇员知道自己的余额。因此，他们可以改变缴费，特别是在其职业生涯后期。他们也可以像自助基金养老金那样操作，包括对某特定目标的资助。

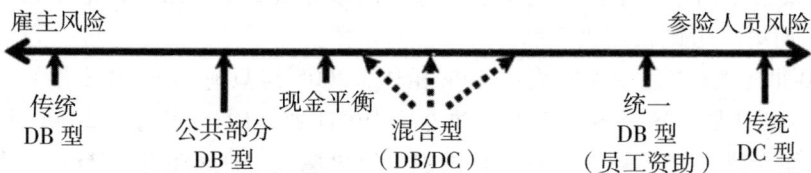

图 2-5　养老金的系列风险

资料来源：Pierlot（2008）。

从 DB 计划转变为 DC 计划存在着很多相关问题（*The Economist* 2008）：

■ DC 计划的缴费往往低于 DB 计划，但是管理成本通常较高。在英国，截至 2007 年 10 月雇主支付的 DB 计划平均水平为 14.2%；而 DC 计划支付平均水平只有 5.8%。员工将自己薪水的 3% 缴纳到 DC 计划，总数为 8.8%，而 DB 计划为 19.1%。2009 年，美国的 DC 计划缴费略高，为 9.8%。

■ 与最终工资计划 90% 的参与率相比，DC 计划参与率也较低，仅为 61%。工人不仅储蓄不足，还拒绝接受雇主的缴费（约为 6%，30 年内可能增加 300 000 美元，假设平均年薪为 25 000 美元，投资回报率为 7% ）。

■ 经过 40 年的缴费，退休收入可能是最终 DB 计划的一半。除非退休人员购买年金，否则在去世之前钱很可能用完（美国、德国和澳大利亚没有这样的要求）。

■ Watson Wyatt 估计，按照英国 DC 税率平均缴费 25 年可以获得最终工资 30% 的养老金，而 DB 计划为 66% 。尽管部分被他们的低缴费所抵消，但仍然有投资风险。这其中大约有 5% 的人，其养老金仅为最终工资的 15% 。

■ 2008 年由《养老和投资》杂志所做的一项关于美国 65 岁大型 DC 计划的调查发现，26% 资产在母公司的股份中。DB 计划如果有更专业的建议，那么就不会被轻易披露（详见第 12.1 节分析自有公司股票的最优性）。

■ 在 DC 计划中，员工没有准备好复杂的投资决策，这需要综合预测终生收入、资产回报、动态资产配置、税率、通货膨胀以及寿命等。他们无法在许多基金中选择，也根本做不出选择决策。

■ 近期的市场状况对员工的影响很大。2000 年加入 DC 计划的美国工人，当时正处于牛市，投资组合中将 72% 配置于股票市场；而那些于 2003 年加入计划的劳动者，在经历过漫长的熊市之后，资产配置只占到 48% 。一旦作出决定，就会出现惯性。先锋（一个基金管理集团）计划有不到 10% 的成员每年都会改变运行计划中的资产配置。

■ 所提供的计划结构无助于做出投资决策。他们通常关注缴费而不是最终目标。美世咨询调查的欧洲计划中，有超过 2/3 的计划没有正式目标。

■ 在一项研究中，实验者为三组员工提供了两种基金的选择。他们向第一组提供了股票和债券基金，第二组是股票和平衡型基金，第三组则是债券基金和平衡型基金。最常见的选择是两种基金五五分，但这导致了第二组中的股票占投资组合的 73% ，而第三组则仅占到 35% 。

与 20 世纪 80 年代中期时大约 40% 相比，2005 年只有 20% 的私营部门劳动力仍然参加 DB 计划。这意味着 3 万人放弃了 DB 计划，1985 年为 112 000 人，在 10 年内更可能会降为零。其中许多人是供职于历史悠久但逐渐衰退的行业。那时参与 401 (k) 税收计划的人大约有 70 万。美国联邦、州和当地政府雇员也被 DB 计划所覆盖。据估计，国家和地方 DB 计划的无积累负债甚至高于私营部门，而这些通常是增长最快的预算项目（Morris 2006）。

2.4.1　养老金、企业盈利和延期纳税

会计程序是复杂的。这其中存在着各种利益：政府想要创建退休保障，所以允许养老金缴费延期缴税。但是同时政府想要防止养老金出现税收漏洞，也并不鼓励太多的钱被搁置在养老金账户中。最后，很难避免养老基金绩效影响企业收益。净负债会影响损益表：当收入超过目标，负债减少，这相当于获得利润和缺口，增加

负债，从而降低利润。利率对负债也有影响：降低利率，负债将增加，这是由于基金的潜在收益下降。联合航空公司就是一个例子。问题不是基金管理没有回报而是低缴费和预计负债的利率。税收规则防止企业在顺境中持有过多的缴费以掩盖困境时所要解决的预期短缺。为了防止由于养老基金业绩而引起的利润波动，《雇员退休收入保障法案》（ERISA）允许多个平滑规则。

当计划被终止后，ERISA 尝试利用公平分配——按比例分配。终止后任何无积累负债都从资产负债表上除去，因此公司和它的其他债权人能直接获益。而老员工在这个转变中往往失去了重要的利益。

■ 2004 年，美国养老金资金短缺达到 98 亿美元，其中仅有 66 亿美元有担保。

■ 2005 年 12 月 31 日后，西尔斯控股公司停止其养老金计划的进一步增长。退休者不会受到影响。

■ IBM 和摩托罗拉停止为新员工提供传统养老金。IBM 已经削减了对当前员工的养老金计划。亚美亚公司在 2004 年初停止其养老金计划的增长。

■ 2005 年，通用汽车的在职员工与退休员工之比达到 1∶2.5。

■ 20 世纪 90 年代，美国大型钢铁企业因承担着沉重的养老义务而降低了在全球的竞争力，这其中也包括美国小型钢铁厂。

■ 2007 年，IBM 招收的员工都采用 401（k）计划，并对 ALW 管理提出 127 000 条财务建议，他们的计划成本为 5 000 万美元（Lusardi 2007）。

Munnell et al.（2009）表明，尽管私营部门劳动者养老金覆盖率保持在 50% 左右，养老金的类型已经从 DB 快速转变为 DC，参见图 2-6。

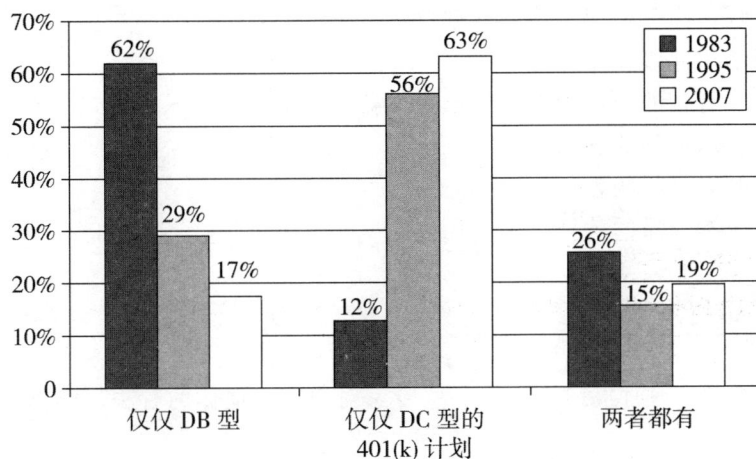

图 2-6　1983 年、1995 年、2007 年不同类型养老金计划下的员工养老金覆盖率

资料来源：Munnell et al.（2009）。

大约从 1981 年开始，由 DB 转变成 DC，并伴随着一系列的监管变化：

■ 将储蓄和利润分配账户转换到 401（k）的能力；这些计划最初被视为补充。

■ 新型 401（k）计划。

■ 由于破产以及监管政策的变化，新型 DB 计划得以停止，现有的 DB 计划得以中止。

长寿使得终身年金变得更加高昂，同时利率正在下降。

2.5　养老金计划的冻结

Butricia 等（2009）模型化了由 DB 大量加速转变为 DC 而对养老收入的影响。极端情形是，在接下来的 5 年，私人部门发起者将冻结包括州和地方的第三计划在内的所有计划。这将减少在 67 岁时的平均收入。这种影响对 1961 年到 1965 年组别冲击最大，因为他们的养老金没有过渡期就被冻结，同时他们也需要更多的时间做出调整，进行 DC 养老金的积累和个人储蓄。

冻结有许多类型：

强冻结：冻结所有增长，仅有的增长收益支付给退休者，85% 属于这种类型。

软冻结：允许当前的雇员从工资增长中获得额外的收益，而非服务，极少使用。

封闭冻结：对所有的新进入者封闭，13% 属于这种类型。

Munnell 和 Soto（2007）的一项研究识别了最可能冻结养老金计划的公司：

■ 有高信贷余额的计划

■ 资金不足的计划

■ 精算负债高于短期负债的计划

■ 公司信用评级较差

■ 非工会管辖的公司和计划内员工覆盖有限的公司

■ 面对全球竞争的公司

■ 研究开发有限的公司

■ 遗留成本高昂的计划

2.6　未来如何发展？

2009 年，《纽约时报》询问了一些专家对于未来退休的看法，以下是他们的一些评论：

■ Alicia Munnell 指出，针对新退休者收入层面的需求，如 401（k）计划，旨在作为一种对 DB 养老金计划的补充设计，而非一种主要的养老工具。针对这一层面，新的设计是用来取代退休前收入的 20%。在节俭储蓄计划被提供给联邦政府雇员之后，她提出了一些模式。作为退休方案一部分的低费方案，它类似于美国教师退休基金会的计划（TIAA-CREF）和 401（k）计划。TSP 曾管理着超过 400 万参与者的 1 910 亿美元，日常开销为每 1 000 美元 30 美分。参与者可以在多种基金或生命周期基金中选择，不同资产类别之间的分配可以根据时间范围而变化。参与者可以频繁改变他们的配置。表 2-5 展示了生命周期基金中各基金之间的资产分配。名称指的是目标年份，如 L2040 意味 2040 年左右所需的资金。政府证券和固定收入基金有良好的回报；然而在当前的危机中，股票基金和其他基金一样处于困境。Munnell 认为，识别这些风险有助于研究担保和风险分担。

表 2-5　　　　　TSP **生命周期基金：不同种类基金的分配状况**

收益		配置（%）				
2008 年		L2040	L2030	2020	2010	收益率
政府保障基金	3.75%	5	16	27	43	74
美国巴克莱债务指数基金	5.45%	10	9	8	7	6
巴克莱股指基金	-36.11%	43	38	34	27	12
巴克莱拓展市场指数基金	-38.32%	18	16	12	8	3
巴克莱 EAFA 指数基金	-42.43%	25	21	19	15	5

资料来源：TSP（2008）。

■ Teresa Ghilarducci，新社会研究学院的经济政策分析的主席，其也是《当我 64 岁时：养老金的阴谋和拯救大众的计划》一书的作者，回应了 Munnell，她认为设置了个人退休账户的 401（k）计划是一个失败的实验。她建议设立一个有保障的退休账户，所有工人和雇主缴费 2.5%。对此，他们就可以得到 600 美元的退税，这些将归于一个有担保的年收益率为 3% 的终生养老金，任何剩余的资金都将被分配。这些账户将确保退休人员不会入不敷出，通货膨胀也不会降低他们的购买力。加上社会保障全职人员长达 40 年的 40 000 美元的年缴费，他们将获得大约退休前收入的 71%。

■ David C. John，美国传统基金会高级研究员，他评论说"401（k）计划将可能被 401（k）计划替换"。他计划通过自动加入、可得的分阶段年金投资、免税代码的改变等修改 401（k）计划，直接将存款的税收优惠存入账户从而鼓励更多的储蓄。

■ Thomas C. Scott，斯科特财富管理的首席执行官，同时也是《系紧您的财务安全带》一书的作者，他认为未来将依靠于过去攒下的养老金而不是梦想成为一个"401（k）的百万富翁"。他希望看到出现新的、更为保守的金融产品以及政府实行积极措施鼓励自愿储蓄计划。年金是一个好主意，由于它们往往是复杂的，所以只有 5.5% 的家庭拥有年金。

■ Jacob F. Kirkegaard，彼得森国际经济研究所的研究员，他表示，2007 年 401（k）税收减免的储蓄金额达 460 亿美元，相当于相对富裕人口储蓄金额的

40% 。所以他希望看到出台一项涉及大众，而非支持风险投资的计划。

参考文献

Alva，M. 2005. Corporate pensions going away as old firms decline，struggle；Sound companies move to 401（k）s as weak ones dump pensions on gov't（A）. *Investor's Business Daily May* 26.

Allen，F.，and D. Gale. 1995. A welfare comparison of intermediaries and financial markets in Germany and the US. *European Economic Review* 39.

Bonsall，T. E. 2000. *More than They Promised：The Studebaker Story*. Stanford University Press.

Butrica，A.，H. M. Iams，K. E. Smith，and E. J. Toder. 2009. The disappearing defined benefit pension and its potential impact on the retirement incomes of boomers. CPP WP# 2009−2.

Clark，G. L.，A. H. Munnell，and J. M. Orszag（eds.）. 2006. *The Oxford Handbook of Pensions and Retirement Income*. Oxford University Press.

Committee on Investment of Employee Benefit Assets（CIEBA）. 2004. The US pension crisis：Evaluation and analysis of emerging defined benefit pension issues. Association for Financial Professionals，March.

Cooper，D. 2000. The regulation of occupational pension schemes in the EU and U. S. Working Paper，City University.

The Economist 2005. Pension safety net，a premium price. July 14.

The Economist 2008. The trouble with pensions：Falling short. June 12.

Kopcke，R. W. 2006. Managing the risk in pension plans and recent pension reforms. Public Policy Discussion Paper 06−7. Federal Reserve Bank of Boston.

Lusardi，A. 2007. "401（k）Pension Plans and Financial Advice：Should Companies Follow IBM's Initiative?"，Technical Note，Dartmouth.

Martin. J. P.，and E. Whitehouse. 2008. Reforming retirement-income systems：Lessons from the recent experiences of OECD countries. Institute for the Study of Labor. DP No. 3521（May）.

Morris，C. R. 2006. Apart at the seams：The collapse of private pension and health care protections Century Foundation Press. www. socsec. org/publications. asp？pubid＝553.

Munnell，A.，A. Golub-Sass，and N. Karamcheve. 2009. Strange but True：Free loan from Social Security. CRR IB#9−6，Boston College.

Munnell，A. H.，F. Golub-Sass，and D. Muldoon. 2009，An Update on 401（k）plans：insights from the 2007 SCF. CPP，Boston College.

Munnell, A. H. , and M. Soto. 2007. Why are companies freezing their pensions? CRR WP 2007–22.

Nader, R. 2004. Atrail of broken promises: Pension rights. CounterPunch www. counterpunch. org/nader03092004. html.

New York Times. 2009. So much for the 401 （k） . What's next? roomfordebate. com, March 25.

PBGC. 2009. PBGC deficit climbs. PBGC. 2007. Annual Management Report. May 20.

Pierlot, J. 2008. A pension in every pot: Better pensions for more Canadians. C. D. Howe Institute, No. 275, November.

Reisen, H. 1994. On the wealth of nations and retirees. *Finance and the International Economy.* In *Amex Bank Review Prize Essays.* Oxford University Press.

Singh, A. 1996. Pension reform, the stock market, capital formation and economic growth. A critical commentary on the World Bank's proposal. CEPA Working Paper.

Taub, S. 2008. The Bear Ate My Pension: $2 Trillion Worth, CFO. com, October 7.

Time, 2005. The broken promise, October 23.

Wei, S. 2008. Uncle Sam stocks up. *Wall Street Journal,* March 26.

第 3 章

退休的不同支柱：社会保障、企业养老金、补充养老金和私人储蓄

有些家庭具有代表性，因为他们应对退休的方式正处在风险中，即他们没有足够的资产应对退休生活，使得他们退休后的生活水平与工作时相近。依据资产结构，特别是养老金计划和在工作期间积累的退休储蓄形式的不同，他们所面临的风险程度也存在较大差异。这些风险由退休者、雇主，甚至是政府共同承担，但各国家也存在差异。本章将讨论退休的不同支柱及其在不同国家间如何变化。

3.1　退休支柱

一个国家退休的关键特征包括充足性与收入保险、公共性与私有性、企业与行业，或者工会责任与个人责任。大多数的退休方案混杂以上种种。这些特征给我们提供了退休的支柱或层面，从经济视角我们最好考虑比较宽泛的分类。

1. 强制性的再分配以便每个个体在退休时能够得到一个最低收入
2. 与工作期间的收入相关的强制保险
3. 自愿的企业或个人计划退休储蓄
4. 私人储蓄

第二点包含了所有待遇确定制类型计划，包括政府的，如社会保障，以及强制的企业待遇确定制（DB）养老金计划。有时企业的缴费确定制计划（DC）也包括在这里，但是这些分类正在不断地向第四点（私人储蓄）转移，尽管伴随着员工所承受的补充企业储蓄计划的风险。

社会保障主要包括第一点和第二点，其中人口结构和公共融资最激烈地纠缠在一起。用公共视角理解，它意味着退休收入的一个保障，并且期盼这个承诺能够被履行。其他支柱是职业计划和个人储蓄。保障要满足当前公众预期的退休收入可能困扰大多数国家。对于其他的每一种支柱也存在弱点或不确定性。但是违约将会是破坏性的，大公司养老金计划或者保险公司可以走向破产，使基金所有者一无所有，或者通过违背其义务避免破产。对于普通工人而言，积累和管理个人储蓄也是困难的。因此，社会保障是大多数人所依赖的最重要支柱。社会保障变动对政府而言意味着一种道德困境，因为公众期盼能够得到所许诺的收益。

退休支柱中的每一个都可以分类为公共与私有、DB 与 DC 以及强制与自愿，非此即彼。

不同国家的退休基金面临的脆弱性程度不同，每一个国家也是通过不同路径实现目前所依赖的社会保障制度。我们利用 OECD 国家的养老体系作跨国比较。

1. 安全网

再分配（最低生活水平）：所有的 OECD 国家都拥有某种形式的再分配养老金，它可能与工作年限有关，但与收入无关，可能需要经济状况调查或者总体的一个统一收费率，所有都是强制性的并且是公共融资。

2. DB 计划依赖于收入

两个国家（爱尔兰和新西兰）没有这个层面。四个国家拥有积分制制度（法国职业计划，德国、挪威、斯洛伐克公共计划）：缴费累计积分，退休时乘以一个积分值进而转换成 DB 制度。四个拥有私人职业计划（荷兰和瑞典是明确的 DB 计划；冰岛和瑞士设定了缴费率、最低收益率、年金率，其共同决定了 DB 制度）。下一个是 DC 制计划，其在退休时被转变成养老金。

3. 补充养老金（雇员和个人的）

起初，社会保障计划目的是第一点，即社会安全网，同时它也包括第二层面，即基于收入的保险，因此造成较大的负债。有趣的是，在欧洲第二层面是职业性的，而在北美则是政府主导的。

OECD 每年都报道各成员国的养老金制度，比较不同国家的收入替代率（名义替代率和实际替代率）、养老金财富（名义财富和实际财富）、不同核心目标（累进的和与收入相关的）、两种加权平均的养老金水平：养老金水平和财富与结构。关于养老金在不同收入范围是如何运作的描述，OECD 国家考察均值收入和这些收入的 0.5、0.75、1.5 和 2 倍。不同时间的收益在每一期都被标准化为平均收入的一个比例。

表 3-1 显示了一组 OECD 国家的强制性养老金的名义替代率。这里主要是男性。强制性养老金的平均替代率为 59%，希腊最高为 90%，最低为英国的 34.4%。对于低收入组而言，平均替代率为 73%，最高为丹麦的 120%，最低为德国的 40%。高收入组中爱尔兰替代率最低。扣除税收后，平均 11%，均高于 70%。对于低收入组而言，平均实际替代率为 83%；英语为母语的国家替代率最低，为 76%；北欧国家替代率最高，为 95%。对于女性而言，有些国家替代率水平有所降低，意大利为 78%，波兰为 73%。起初墨西哥的女性与男性有着相同的替代率，但后来中等收入组降低到 83%。这里反映了一些事实：女性通常比男性提前 5 年退休（60 岁而非 65 岁）并且寿命更长。但是女性通常赚的比男性少，所以女性实际的退休收入与男性相比较低。

税收对于决定实际替代率非常重要。希腊和土耳其的净替代率高于工资。改革降低了所承诺的社会养老金，其中男性降低约 22%，女性降低约 25%。

表 3-1　　　　　　　　　　　　　不同收入组的名义替代率

	中位数	0.5	0.75	1	1.5	2
希腊	95.7	95.7	95.7	95.7	95.7	95.7
卢森堡	90.3	99.8	92.1	88.3	84.5	82.5
丹麦	83.6	119.6	90.4	75.8	61.3	57.1
荷兰	81.7	80.6	81.5	81.9	82.4	82.6
西班牙	81.2	81.2	81.2	81.2	81.2	67.1
奥地利	80.1	80.1	80.1	80.1	78.5	58.8
冰岛	80.1	109.9	85.8	77.5	74.4	72.9
匈牙利	76.9	76.9	76.9	76.9	76.9	76.9
韩国	72.7	99.9	77.9	66.8	55.8	45.1
土耳其	72.5	72.5	72.5	72.5	72.5	72.5
意大利	67.9	67.9	67.9	67.9	67.9	67.9
瑞典	63.7	79.1	66.6	62.1	64.7	66.3
芬兰	63.4	71.3	63.4	63.4	63.4	63.4
瑞士	62.0	62.5	62.1	58.4	40.7	30.5
波兰	61.2	61.2	61.2	61.2	61.2	61.2
挪威	60.0	66.4	61.2	59.3	50.2	42.7
斯洛伐克	56.7	56.7	56.7	56.7	56.7	56.7
捷克	54.3	78.8	59.0	49.1	36.4	28.9
葡萄牙	54.3	70.4	54.5	54.1	53.4	52.7
法国	51.2	63.8	51.2	51.2	46.9	44.7
加拿大	49.5	75.4	54.4	43.9	29.6	22.2
澳大利亚	47.9	70.7	52.3	43.1	33.8	29.2
新西兰	46.8	79.5	53.0	39.7	26.5	19.9
美国	43.6	55.2	45.8	41.2	36.5	32.1
比利时	40.7	57.3	40.9	40.4	31.3	23.5
德国	39.9	39.9	39.9	39.9	39.9	30.0
爱尔兰	38.2	65.0	43.3	32.5	21.7	16.2
日本	36.8	47.8	38.9	34.4	29.9	27.2
墨西哥	36.6	52.8	37.3	35.8	34.4	33.6
英国	34.4	53.4	37.8	30.8	22.6	17.0
OECD 国家	60.8	73.0	62.7	58.7	53.7	49.2

资料来源：OECD（2007）。

OECD 采用的退休养老金财富度量方法比较独特，包括年龄资格、预期寿命、收益的再评估或指数化。其中卢森堡最高，男性为年收入的 18 倍，女性为 22 倍（787 000 美元）。最低的是爱尔兰、墨西哥、新西兰、英国和美国，为收入的 6 倍。大多数国家的年龄资格是 65 岁，美国、冰岛、挪威为 67 岁。低于 65 岁的有捷克共和国、法国（60）、匈牙利、韩国、斯洛伐克共和国和土耳其。见 OECD（2005）《养老金一瞥：OECD 国家的养老金政策》。见 2007 年的更新报道。

一些国家的工作年限也创造了差异。平均而言，减少 5 年将导致替代率降低 5%。但是美国的最长工作年限为 35 年，所以 5 年的变动并不会影响替代率。

OECD 国家在 65 岁时的平均预期余命男性为 16.9 年，女性为 21.6 年。在模型中，假设 DC 养老金的年收益率为 3.5%。

养老金体系的类别在表 3-2 中显示。一些国家对传统的 DB/DC 类型有所改进。具体有各种积分制计划。法国（职业的计划）、德国、挪威、斯洛伐克共和国（公共计划）通过养老金积分变量转变为退休时的积分制。意大利、波兰、瑞典的计划获得一个名义收益率，进而在退休时依据预期寿命进行转化。这些计划将在下面讨论。瑞士是一个混合系统，其中有一个强制的 DC 计划和一个最小收益率，所以这个计划模仿了 DB 计划（Queisser 等 2007）。

表 3-2　　　　　　　　　　　　OECD 国家的养老金体系

国家	第一层面	第二层面
澳大利亚	特定的	私人 DC
奥地利	特定的	公共 DB
比利时	最低补贴	公共 DB
加拿大	基础的+特定的	公共 DB
捷克	基础的	公共 DB
丹麦	基础的+特定的	公共+私人 DC 型
芬兰	特定的	公共 DB
法国	特定的+最低的	公共 DB+积分
德国	社会的	公共
希腊	最低的	公共 DB
匈牙利	—	公共 DB+私人 DC
冰岛	特定的	私人 DB
爱尔兰	基础的	—

续表

国家	第一层面	第二层面
意大利	社会救助	公共名义账户制
日本	基础的	公共 DB
韩国	基础的	公共 DB
卢森堡	基础的+最低的	公共 DB
墨西哥	特定的	私人 DC 型
荷兰	基础的	私人 DB 型
新西兰	基础的	—
挪威	基础的+特定的	公共积分
波兰	特定的	公共名义账户制+私人 DC
葡萄牙	最低的	公共 DB
斯洛伐克	最低的	公共 DB
西班牙	最低的	公共 DB
瑞典	特定的	公共名义账户制+私人（DB+DC）型
瑞士	特定的	公共 DB+私人积分确定
土耳其	最低的	公共 DB 型养老金
英国	基础的+特定的	公共 DB 型养老金
美国	特定的	公共 DB 型养老金

资料来源：Queisser et al.（2007）。

　　第一层面和第二层面分别与公共养老金及私人强制养老金的均衡在表 3-3 中显示。一些实行水平较高私人强制养老金的国家正在痛苦经受着危机。例如，澳大利亚已经被建议仅实行公共养老金。这个表格比较笼统地介绍了不同结构的某些方面，仅考虑第一层面和第二层面的强制计划。可见美国所有的养老金都是公共的，只有以收入为基础的社会保障是唯一强制的。加拿大唯一强制的也是公共养老金，同时许多人拥有企业年金和个人账户。在欧洲，私人计划，甚至私人补充计划有时也是强制的。组成丹麦和瑞典的第二层面私人 DC 计划中也包含职业计划。在法国，公共养老金由国家养老金（59.3%）和职业计划（37.5%）两部分组成。

表3-3　OECD国家第一层面和第二层面以及公共和私人强制性养老金之间的平衡

	第一层面				第二层面					
	确定来源	基础的	最低的	第一层面	公共型	私人DB型	私人DC型	公共层面	私人层面	替代率
墨西哥		11.9	4.3	16.2			83.9	32.3	83.9	36.6
冰岛	5.7	13.3		19.0		81.0		38.0	81.0	80.1
荷兰		38.2		38.2		61.8		76.4	61.8	81.7
丹麦	12.5	31.5		44.0			56.0	88.0	56.0	83.6
斯洛伐克			0.2	0.2	45.3		54.5	45.7	54.5	56.7
澳大利亚	45.8			45.8			54.2	91.6	54.2	47.9
波兰			0.3	0.3	48.8		50.9	49.4	50.9	61.2
瑞典			4.7	4.7	49.0	26.4	20.0	58.4	46.4	63.7
匈牙利				0.0	65.9		34.1	65.9	34.1	76.9
瑞士	0.1			0.1	68.4	31.5		68.6	31.5	62.0
挪威		30.1	0.4	30.5	58.5		11.1	119.5	11.1	60.0
希腊			0.1	0.1	99.9			100.0	0.0	95.7
卢森堡		13.4	0.1	13.5	86.6			100.0	0.0	90.3
西班牙			0.2	0.2	99.8			100.0	0.0	81.2
奥地利				0.0	100.0			100.0	0.0	80.1
韩国		52.0		52.0	48.1			100.0	0.0	72.7
土耳其			0.8	0.8	99.2			100.0	0.0	72.5
意大利	0.1			0.1	99.9			100.0	0.0	67.9
芬兰			1.5	1.5	98.5			100.0	0.0	63.4
捷克		17.2		17.2	82.8			100.0	0.0	54.3
葡萄牙			3.5	3.5	96.5			100.0	0.0	54.3
法国	1.3		1.9	3.2	96.8			100.0	0.0	51.2
加拿大	16.5	34.5		51.0	49.0			100.0	0.0	49.5
新西兰		100.0		100.0				100.0	0.0	46.8
美国				0.0	100.0			100.0	0.0	43.6
比利时			5.4	5.4	94.6			100.0	0.0	40.7
德国	1.1			1.1	98.9			100.0	0.0	39.9
爱尔兰		100.0		100.0				100.0	0.0	38.2
日本		40.2		40.2	59.8			100.0	0.0	36.8
英国	0.5	50.8	33.9	85.2	15.0			100.0	0.0	34.4
OECD国家	2.8	1.9	17.8	22.5	58.7	6.7	12.2	87.8	18.9	60.8

资料来源：Adapted from OECD（2007）。

　　在许多 OECD 国家，个人需要弥补以自愿性储蓄 58.7% 的平均替代率水平的差距。12 个实施强制计划国家低于平均水平：法国、捷克共和国、加拿大、澳大利亚、美国、比利时、德国、新西兰、墨西哥、日本、爱尔兰、英国，这些国家的缺口在法国的 7.5% 到英国的 28% 之间变化。自愿性计划也能够改善其他国家的替代率。表 3-4 显示的是自愿性私人养老金计划覆盖率的估计值。

表 3-4　　个人自愿养老金计划覆盖率

国家	覆盖率（%）
加拿大	64
德国	63
美国	55
爱尔兰	52
英国	51
挪威	45
日本	45
比利时	45
西班牙	40
捷克	40
奥地利	40
匈牙利	30
斯洛伐克	26
卢森堡	24
新西兰	22
芬兰	22
法国	20
意大利	10
葡萄牙	5

资料来源：Adapted from OECD（2007）。

3.2　OECD 养老金改革

最近的几十年，所有国家一直在对退休的收入结构进行改革。提高领取养老金年龄是最常见的改革方式。主要是反对过去一直较低的退休年龄：男性平均退休年龄从 1958 年的 64.5 岁降到 1993 年的 62.2 岁，女性则从 61.8 岁降低到 60.7 岁。改革的目的是在 65 岁时拥有 OECD 国家的全额养老金收益（或者是 67 岁，在丹麦、德国、冰岛、匈牙利、美国、英国）。但是，实际年龄可能更低，所以政策直接倾向于提高退休年龄，以不断提高老年工作者的劳动力参与率。自 20 世纪 90 年代以来，老年人群体的劳动力参与率有不断提高的趋势，英国工党政府已经制定其目标，即实现至少 100 万的老年工作者重回劳动力市场。但是这掩盖了涉及延长工作年限的一些非常实际的问题。

其他改变包括延长养老金计算的年限。如法国将最佳年限由 10 年变成 25 年。其他国家（芬兰、波兰、斯洛伐克共和国、瑞典）正在转变成利用终生收入（正如加拿大那样）确定养老金待遇。见表 3-5。东欧和中亚国家也正在转向终生收入。第 8 章将分析英国转向终生收入的全民养老金。

表 3-5　　　　**高收入 OECD 国家收入关联计划的收入度量和物价稳定**

高收入 OECD 国家	收入政策	物价稳定措施
澳大利亚	—	—
奥地利	最佳年限由 15 年变成 40 年	是的，由收入决定
比利时	一生平均值	价格
加拿大	一生平均值，包括 15% 的最差年份	平均收入
丹麦	—	—
芬兰	最后 10 年，变成一生平均值	价格的 50% 和平均收入的 50%，变为价格的 80% 和平均收入的 20%
法国	收入最高的 20 年，变为 25 年（公共的）一生平均值（职业积分）	价格（公共的）价格（职业的）
德国	一生平均值（积分）	平均收入；适时调整缴费和自愿性养老金潜在的缴费变化
希腊	最后 5 年	增加公共部门员工的养老金
冰岛	一生平均值（职业）	固定比率
爱尔兰	—	—

高收入 OECD 国家	收入政策	物价稳定措施
意大利	一生的平均值（名义账户）	变为 5 年 GDP 的增长均值
日本	一生平均值	平均收入
韩国	一生平均值	平均收入
卢森堡	一生平均值	平均收入
荷兰	一生平均值的 2/3 和最后计划的 1/3（职业）	平均收入（职业的）
新西兰	—	—
挪威	收入最高的 20 年（积分）	平均收入
葡萄牙	最后 15 年中收入最高的 10 年，变为一生平均值	75% 的价格和 25% 的最高真实增长率为 0.5% 的平均收入
西班牙	最后 15 年	退休前 2 年的价格
瑞典	一生平均值（名义账户），最后（职业计划）	根据人口调整的平均收入（名义账户）
瑞士	一生平均值（公共计划）一生平均值（职业）	平均收入指定的最低利率
英国	一生平均值	平均收入
美国	收入最高的 35 年	平均收入达到 60 岁；价格由 62 岁到 67 岁

资料来源：Martin and Whitehouse（2008）。

另一个策略是重新评估过去的收入，特别需要对通货膨胀进行平减处理。这能降低 40% 的养老金。反过来，养老金自身仅部分地与通货膨胀指数有关而与工资增长无关。

一些国家（匈牙利、墨西哥、波兰、斯洛伐克、瑞典）从 DB 制度转向 DC 制度。一些国家（意大利、波兰、瑞典）已经从 DB 制度转向名义账户制。最终的改革是将养老金转化为年金，这将便于对更长预期寿命变化做出自动调整。Martin 和 Whitehouse（2008）模拟分析了不同改革对低收入者和平均收入者的收入替代率的影响。

3.3　私人养老金角色变化

如匈牙利、墨西哥、波兰、斯洛伐克和瑞典等国家，并没有用强制的私人养老金计划替代部分的公共养老金。冰岛、瑞士和英国至少从 20 世纪 80 年代就实行了私人养老金计划。在丹麦、荷兰和瑞典的行业协议中，养老金至少覆盖了 80% 的劳动力（Martin 和 Whitehouse 2008，14 页）。其他国家也有非强制性私人养老金，见图 3-1。这其中的一些国家，总体替代率比原来有所下降。

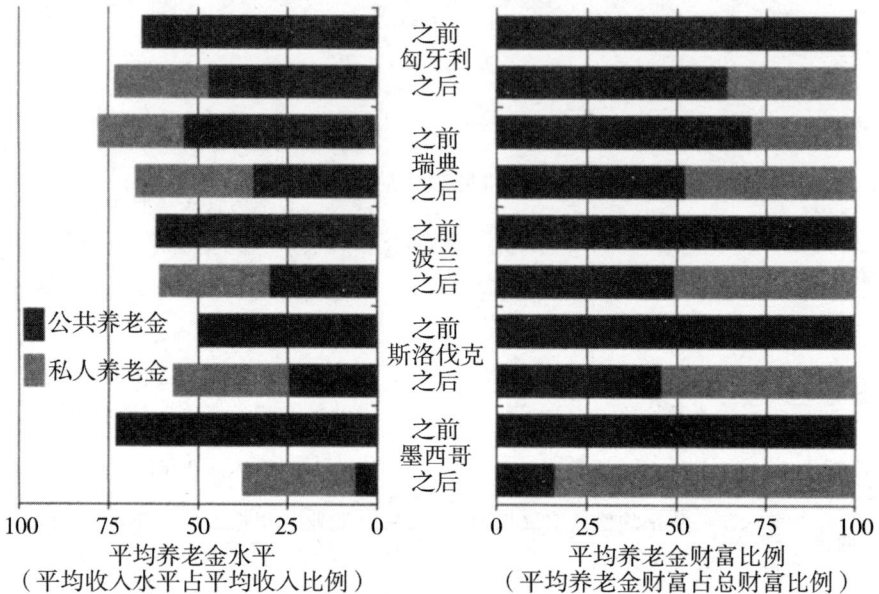

图 3-1　私人养老金的角色变化

资料来源：OECD（2007）。

员工和政府的成本可能比较高。表 3-6 显示了 2004 年养老金缴费率（员工和雇主）以及 2003 年老年人和遗属幸存者养老金公共支出的比例。匈牙利：26.5% 的名义收入，比 OECD 平均的 20% 要高，缴费率已经上升到 33.5%。在 1994—2004 年期间，仅有一些国家显著增加了它们的缴费率：加拿大几乎翻倍，韩国增加了 50%，芬兰增加了 15%，法国增加 12%。令人意外的是，一些国家实际上降低了它们的缴费率：日本和荷兰降低 15%，匈牙利降低 13%，斯洛伐克大约降低 9%。1990—2003 年间的预算负担变化较小，只有波兰上升 7%，斯洛伐克上升 6.5%，葡萄牙上升 5%，卢森堡和新西兰降低了约 3%。

表 3-6　　2004 年养老金缴费率（雇主和雇员）与 2003 年老年人和遗属
幸存者养老金公共支出比重（%）

国家	养老金缴费率（2004 年）	公共支出（2003 年）
澳大利亚	—	4.1
奥地利	22.8	13.2
比利时	16.4	9.3
加拿大	9.9	4.4
捷克	28	8
丹麦	—	7.2

国家	养老金缴费率（2004 年）	公共支出（2003 年）
芬兰	21.4	6.4
法国	24	12.3
德国	19.5	11.7
希腊	20	12.4
匈牙利	26.5	8.7
冰岛	—	4.2
爱尔兰	—	3.7
意大利	32.7	13.9
日本	13.9	9.3
韩国	9	1.4
卢森堡	16	6.5
墨西哥	—	1.2
荷兰	28.1	5.8
新西兰	—	4.5
挪威	—	7.4
波兰	32.5	12.4
葡萄牙	—	10.5
斯洛伐克	26	6.5
西班牙	28.3	8.4
瑞典	18.9	10.8
瑞士	9.8	7.2
土耳其	20	—
英国	—	6.1
美国	12.4	6.3
OECD 国家（21）	20	7.7

资料来源：Adapted from OECD（2007）。

3.3.1　OECD 养老金改革总结

OECD（2007）的一份报告研究了四个维度：融资（未来的收益将减少多少）、不同收入组的再分配效应、公共和私有之间的结构、继续工作的激励。大多数的国家已经将男性的退休年龄提高到 65 岁（美国、冰岛和挪威为 67 岁），有些国家设定女性与男性的退休年龄相同。其中法国的年龄资格最低，为 60 岁。

对提前退休进行惩罚和增加缴费年份也正在执行（OECD 2006）。一些国家正在对那些工作时间较长的人支付奖励或者更高水平的应计比率。

一些国家也增加了养老金计算的间隔年限（法国从 10 年变为 25 年；澳大利亚从 15 年变到 40 年；目前几乎使用了终生的收入）。

一些国家正在从 DB 制度向 DC 制度转变，作为其公共计划的一部分，有些则调整为有相同效果的积分制。此外，为了消除通货膨胀的影响，一些国家正在从工资指数化向价格部分指数化转变。其他国家正在从现收现付制向基金制转变，增加上限等。

但是伴随着改革，GDP 用于养老金的比重有所增加，OECD 国家的平均水平从 1990 年的 6.7% 上升到 2003 年的 7.7%。其中意大利最高，从 10.2% 提高到 13.9%。澳大利亚也较高，从 11.9% 变为 13.2%。但也有少部分国家有所降低，其中比较显著的是新西兰（－2.9）和芬兰（－1.7）。

私人养老金的作用越来越重要。在 11 个国家，私人养老金是强制养老金的一部分。自愿养老金也发挥了作用，其在 13 个国家作用较大（覆盖率大于 25%）。

有几个比较突出的问题：

1. 国家正在进行着改革，有些仍然比较滞后（所有国家都进行了一些改革）。
2. 改革比较缓慢。
3. 国家需要更多的私人储蓄。
4. 一些国家仍然在鼓励提前退休。
5. 老年人仍然面临着巨大的贫困风险。

3.4　社会养老金改革计划

改革社会养老保险的理念主要包括三个方面，一是改变缴费率、收益支付和退休年龄，二是通过挖掘股票风险收益提高信托基金的回报，三是努力尝试切断与固定货币支付的关联。本节接下来将根据 Schwartz 和 Ziemba（2007）的观点进行讨论。

我们将以美国为例重新解释这个问题：起初是对于早期的参与者有剩余的回报，并且劳动者和被赡养者的比例是较低的。由于早期的退休者没有在他们的工作期间实行基金缴费，因此现收现付的给付方式立即产生了赤字，并随着覆盖率逐渐扩大和人口逐渐增长而持续产生影响。Geanakopolos、Mitchell 和 Zeldes（1998）估计出向 1917 年之前出生的人进行的转移支付高达 15.7 万亿美元。目前随着更稳定的人口增长和预期寿命的极大提高，红利正在降低，缴费的回报率降低到稳态，萨缪尔森（1958）首次证实该比例等于工资总额的增长率，即劳动力增长和生产率提高之和。这已经是考虑改善覆盖整个经济体的回报，包括资本回报的办法。因此对于社会保障来说，这将需要一个直接的办法来促进资本形成。已经产生了在股票市场上进行基金投资的建议。不幸的是，目前股票市场投资和资本形成之间仍没有直接的联系。有两种不同的观点：一种观点是，对一部分缴费进行投资将会提高社会保障账户的积累；另一种观点则认为，这种影响将为零，由于增加的投资将会提高股价而使当前的所有者受益，但是随后当人们开始使用基金时股价就会受挫。所以问题不仅包括基金配置的财务争论，而且也包括创造足够的产品和服务以满足老年人需求的实际经济效应。

　　一个重要的争论内容是退休者所面临的风险类型：寿命风险、配偶生存风险、通货膨胀风险、投资风险等，尤其是他们如何承受。例如，生命年金是一个金融产品，它能将一个退休者的寿命风险和投资风险转移给保险公司，但是却面临着信用风险。

3.4.1　增加缴费、减少收益、延长工作年限

　　全世界的公共养老金计划都面临着和美国社会保障制度同样的问题，即受到人口结构的挑战。在许多情况下，可比国家的人口结构问题远高于抚养比。几乎所有的改革都遭到反对。

　　增加缴费率以提高储备基金将会为系统提供保障，以免出现制度违约，但这如同增加税收一样是对系统的消耗。一些欧洲国家较低的增长，主要原因可能是增加缴费导致消费下降、经济增长速度较低。模型模拟 OECD（2005）的结果显示，采取这些建议的改革（延迟退休年龄、较低的支付、增加缴费率）只能增加约 1% 所期望的私人储蓄。

　　通过延迟退休年龄降低负债。美国的退休年龄限制从 65 岁增加到 67 岁。但是延长退休年龄也面临阻碍。在日本和许多欧洲国家，最大的一个问题是随年龄增长的工资标准。在法国和德国，50～65 岁的人要比 25～30 岁的人赚得多。在英国，人们赚的差不多，就业的老年人口较高。可以看出在不同的欧洲国家，55～64 岁年龄的人失业率是持续不同的：英国 1990 年失业率大约 7%，而 2003 年仅为 3.3%，德国为 9.7%（原因可能与德国统一有关）。

　　平均退休年龄与老年工作者的就业率之间存在关系。瑞典拥有最高的 64 岁平均退休年龄，55～64 岁的劳动力参与率几乎为 70%，波兰拥有最低的 57 岁平均退休年龄，参与率为 25%。其他国家落在二者之间。瑞士是一个特例，其退休年龄为 61 岁，但是参与率差不多为 70%，与瑞典相近（*The Economist*，2006）。

　　也有社会因素限制工作年龄的延长。在一些国家，如中国，较早退休是制度性的，其中女性为 50 岁，男性为 55 岁，这能给年轻工作者提供一个好的职业路径，延迟退休年龄可能也意味着年轻的工人将停止监护老年人。

　　瑞士为那些在法定工作年龄外仍继续工作 5 年的人每年增加 5 000 瑞士法郎（3 825 美元）。这个效果非常明显：多于全部 60% 的 55～64 岁老年人继续工作，相比较而言，意大利和比利时比例则少于 30%。在英国，一个人不能从相同的雇主获得养老金和薪水；在美国，养老计划经常扣除那些退休后仍然工作或者每月工作时间超过 40 个小时的人的收益；在日本，企业需要按照签订一年期的续约合同重新雇用退休员工（*The Economist*，2006）。

　　Chateau 和 Chojnicki（2008）统计了 2000 年的人口分布，然后在生存状况、生育情况和移民状况等假设下推论了 2050 年的情况。表 3-7 为德国、法国和英国的

抚养率。

表 3-7　　　　　　　　　　　三个欧洲国家的人口抚养比（%）

		2000	2005	2010	2020	2040	2050
德国	60 岁及以上人口数占 20~59 岁人口数之比	41	46	47	56	77	81
	65 岁及以上人口数占 20~64 岁人口数之比	26	31%	34	38	58	57
法国	60 岁及以上人口数占 20~59 岁人口数之比	38	38	42	52	67	71
	65 岁及以上人口数占 20~64 岁人口数之比	27	28	28	35	49	51
英国	60 岁及以上人口数占 20~59 岁人口数之比	38	39	43	48	63	66
	65 岁及以上人口数占 20~64 岁人口数之比	26	27	28	33	46	47

资料来源：Chateau and Chojnicki（2008）。

他们的估计结果显示抚养比上升，如果退休被推迟，那么应给社会和工作结构更多的时间以适应工作变长和推迟退休的需要。

一个好的退休计划不应该阻碍那些想继续工作的人。

3.4.2　使用缴费购买股票而非政府债券

关于公共养老金问题的建议是，他们应该投资于政府债券而非股票，因为从长远看政府债券的年收益要多于 4%。第 11 章是关于主权养老计划的一个讨论。

一些国家正在将它们的社会养老金转向股票投资。加拿大 1977 年就这样做了。政府已经认识到加拿大人希望以更高的资产维持加拿大养老金计划。在 1997 年，联邦和州政府采纳了一个平衡的办法，一个更易管理的 9.9% 的缴费率（从 1966 年建立时的 1.8% 不断上升），进行改革以使该计划更具持续性。这存在收益的有限变动、缴费率的适度增加、市场投资资产池的创建以及为了最佳可能的回报率与政府保持距离的管理。这使得加拿大的养老金制度由现收现付制（PAYG）转变为部分积累制。市场投资政策由一个独立的组织所实施，加拿大养老金计划投资委员会（CPPIB）在 1998 年建立并于 1999 年开始投资。CPPIB 的做法反映了政策的根本性改变。CPPIB 先前的政策是以联邦政府的投资率将剩余基金投资于州政府债券。这是对各州进行利息率补贴的唯一投资组合，类似于美国的社会保障信托基金。CPPIB 的投资策略类似于加拿大的大型公共养老金计划，比如安大略省教师养老金计划和安大略省市政雇员退休计划。其投资规则是，要求对养老计划投资进行谨慎管理以有利于缴费者和受益者自由雇用独立的职业经理，在这些条件下可以投资于市场证券（包括国际的）的一个多样化投资组合。预计到 2017 年，加拿大养老金计划通过创建养老储备基金过渡到基金制所占的比例为 20%。它们的目标是获得 4.41% 的实际回报（通货膨胀调整后）。

OECD（2005）关于老龄化和养老金制度改革的报道中指出，将公共养老金转向市场投资同时也意味着风险向个体的转移。该报道建议，政府应该利用便利的新型金融工具使个人风险最小化，包括争议较大的可能增加持有成本的长期债务和指数债券。报道也注意到处理寿命风险的需要，关于此方面的更多讨论详见第 10 章。

养老资产也可以选择投资与社会相关的项目来扩大回报率以及老年人所消费产品和服务的能力——投资于卫生保健、卫生保健研究、公共交通系统和其他的基础设施工程。

支持股票的人认为"从长期看，股票从未贬值"。但这是股票指数或市场总体的表述。个人的股票已经贬值，企业走向破产。个体投资成功的可能性较小。他们倾向于挑选一些等权重的投资，因此作出了至关重要的机会设计；见 Benartzi 和 Thaler（2001）。但是，比如 Kallberg 和 Ziemba（1981）的研究显示，在样本外，$1/n$ 的策略表现要好于最优的投资组合。见第 4 章和第 13 章更多关于投资组合以及向专业投资者学习。

智利、澳大利亚、英格兰、墨西哥四个国家已经实行了某种形式的私有化，但这不是万能药。在执行的地方，私有化已经令人失望。但是在抱有极大热情的智利，该项计划仅覆盖了大约一半的劳动者，并且投资账户由于佣金和管理成本的高昂而并没有预想的那么丰厚。其平均收益仅为 5.1%，而不是在 1982—1999 年期间所预想的 11%，使得定期储蓄账户会有更高的回报。这意味着 41% 的有资格获取养老金的人会继续工作。在 2000 年，几乎员工退休缴费的 28%~33% 转化为费用。军人拥有强制性的私人账户，不再参与和继续获得原有的政府体系的养老金。研究揭示了智利养老金私有化的高管理费、低参与率、出乎意料的严重依赖不充足的安全保障和对政府而言的过高成本。这已经产生了极大的令人失望的结果，使很多的智利工作者没有可靠的退休计划。鉴于英国的费用也存在一些问题，因此，英国的养老金委员会警告不要模仿智利。

投资公司一定赚钱。Goolsbee（2004）计算了私人管理个人账户的成本很可能减少了 20% 的账户退休价值，在 75 年时间里其成本达到了将近 1 万亿美元。自从 1998 年英国工作者能够开放私人账户，金融中介的管理费用和市场成本已经占到投资收益的平均 43%。

若建议将部分 SSTF 资产投资于股市，则会增加基金资产低于需要支付的当前强制收益水平的可能性。在这种情况下，当前的纳税人可能成为最后的买单者。Constantinides，Donaldson 和 Mehra（2005）估计了看跌期权的成本能够保证弥补差额，他们利用现实的股本溢价调整了一个模型，并利用公式解释了由购买信托基金和其他现象所导致的证券收益的非平稳性。如果20%的基金资产用于股票，这是目前所讨论的最高水平，那么看跌期权的成本为GDP的1%或者相当于社会保障税暂时增长至多20%。如果收益的90%被担保，那么看跌期权的成本仅占GDP的0.03%。由于所有类似的看跌期权有负的期望价值，见Tompkins、Ziemba和Hodges（2008），因此，高昂的成本使它仅仅成为可供考虑选择的方式之一。其他的期权包括在最佳的对冲基金中的投资、良好记录的股票、预计有良好回报的其他资产，如2006年的石油和贸易，见4.11节Ziemba（2005）、Ziemba和Ziemba（2007）关于此类优秀投资者的研究。

　　欧洲国家政府在解决未来社会保障养老金问题中面临着双重挑战。和其他政府一样，它们必须解决由于不断增加的预期寿命而导致的养老成本上升的问题。这在劳动力自由流动的欧洲是比较复杂的。Feldstein（2001）和Holzmann（2003）研究了这个重要问题。他们分别得到了一个解决方案，即以名义缴费确定制作为核心基础，并结合完全积累制作为第二支柱。但是Holzmann并没有详细解释第二支柱，Feldstein建议建立个人投资账户。我们将在下面深入分析名义缴费确定制。

　　Feldstein（2001）预计，为健康成本融资，工资税率需要增加50%甚至更多。他模拟了收益的概率分布，以一生工作期间收入的6%为个人储蓄并且将储蓄投资在40~60个债券股票投资组合中作为社会保障基准。在退休时，累计的账户也将购买多种年金，也投资于40~60个债券投资股票组合中。在67岁时中等投资基础的年金是基准的两倍，尽管储蓄率仅为现收现付制下所需要的1/3。但是，也有约20%的可能所得较少，与获得至少4倍的杠杆收益的概率等同。

　　这些研究只显示转移到私人账户的可行性，并没有研究分析这些基金向市场转移的影响和随后的政府赤字增长。一方面，鉴于指数基金打败了75%的管理者，也很难预测未来的资金动向，因而在世界范围内定义一个良好的资产指数是明智的。但是，考虑到所需要的资产数量，人们仍然不清楚它们能否应该全部被投资于通胀值没有超过实际经济价值的指数。这是一个悖论，从边际角度上讲，指数是唯一最好的投资。但是，举个例子，如果标准普尔500指数占到了社会基金的绝大部分，那么它的收入分布将会改变。很明显，许多地方更需要投资来吸收这部分基金，并且使它们切实转化为实际的资本投资而不仅仅是通胀资产价值。然而通过运用一个固定的混合平衡计划的低成本交易型开放式基金（EIT）来阻止等权重的实施是困难的。见Mulvey（2010）。

3.5　养老金承诺反思：取消与货币价值的固定关联

　　重构社会保障制度以获取市场投资收益和某些退休收入保障有七个大的方

向。切断全部事先确定的退休时与货币担保的关联，将风险向退休者转移。有些人使用衍生证券以部分地保障资产价值，用不同的方式记录缴费确定制养老金，并未对它们进行市场价值的评估，以便支出时可以与当时的经济产出相关联。当责任变成相对的时，就排除了不能满足它们的可能性。这类计划被称为非融资缴费确定制。

3.5.1　Feldstein 担保型的个人退休账户（PRA）

如果社会保障缴费被投资于股票市场，所有参与者的退休收入将暴露于市场风险之下。Feldstein（2005）提出基于市场的方法来减少基于投资的社会保障风险，这也符合个人的风险偏好。他的计划是用基于投资的个人退休账户（PRA）替代传统的纯现收现付制（PAYG）计划，以实现更高的预期退休收入，以及实现以投资为基础的年金至少实现与现收现付制收益一样甚至更高的概率。在每年度的 PRA 储蓄的基础上购买担保。这个基本的合同将保证个人投资不受损失，也将保证每年节省的数额至少维持其实际价值，直到 66 岁。类似的这种担保由管理个人退休账户产品的公司提供（如互助基金、银行、保险公司等）。

Feldstein 建议实现无损失的 PRA 账户的最简单办法是将 TIPS（有保障实际收益的通胀保值类债券）和股票合并。它们之间的比率取决于储蓄者的年龄和有关到期日的 TIPS 收益率。例如，如果储蓄者年龄为 21 岁，TIPS 的实际回报为 2%，一个 1 000 美元的私人退休账户储蓄将会被分为 410 美元的 TIPS 和余下的 590 美元股票。工作年龄越长，积累 TIPS 的时间越少，因此最初储蓄的更多部分将投资于 TIPS。一个 40 岁的人每 1 000 美元的新储蓄将会有 598 美元投资于 TIPS。

当一个人到了 66 岁，每年积累的 PRA 账户将联合提供一个单独的退休基金，购买一个传统的年金。无损失办法在这个阶段也可以继续，年金提供者所提供的担保，即每年的年金支出将至少和个人退休基金一样多，这个担保可以用零实际回报率购买。其他的可以根据需要修改。

Feldstein 的研究证明担保成本非常大。如果社会真想担保退休保障的某种最低水平，那么成本最有效的方式就是比照现收现付制系统制定一个宏大的社会类型——自保险。对于这些较小的 PRAs，担保能否以更高的成本购买是不清楚的。此外，保险需求的增加也可能极大地增加成本。最后，那些最需要保险的人受益却可能最少。

3.5.2　NDC：名义的或非融资的缴费确定制

名义的或非融资的缴费确定制（NDC）和融资缴费确定制（FDC）截然不同，其取消了融资缴费与退休支付的联系。NDCs 设计的目的是减轻来自现收现付制系统负债的货币风险。一些国家已经有了此种形式的变形，见表 3-2。

在退休时，工作期间个人累计名义积分基于工作组别的缴费而非累计的融资缴费被转换成货币支付。只要参与工作并缴费，价值就会不断积累。这里没有完全受益年龄，但是当兑现年金时，所有新缴费会增加个体年金的规模。需要有一个最低的但非强制性的养老金年龄。在退休时，用账户余额除以所估计的预期余命来计算年金中的现金。

NDCs 体现了财政、政治、社会和经济的改革需要，同时能保持财政负担较低。Holzmann 和 Palmer（2003）回顾了这些制度的实行经验。瑞典（1994）、意大利（1995）、拉脱维亚和波兰都是早期的实践者。NDC 希望解决 20 世纪初养老金政策所面对的问题。

NDC 目的是平衡资产和负债，提供稳定性和可持续性。NDC 计划包含了缴费确定制和现收现付制（PAYG）计划。缴费依据个人收入的一个固定缴费率确定，并被记录在一个个人账户上，但它们并不是"基金"。NDC 根据缴费对收益做出调整，DB 根据许诺的收益对缴费进行调整。支付反映了预期寿命的提高、生产率（和实际工资）的提高和变动的人口结构。内部的收益率反映了这些因素而非金融市场的回报率。相同的组被同等对待，不同的组有不同的津贴待遇。当由于较少的工作人口（增加抚养比）导致总体缴费降低时，财政支出降低。因此，NDC 形成了对公共养老金承诺的一个约束，鼓励个人为退休进行储蓄。关于退休的累计积分的评估，会有更大的灵活性。如果人口结构或劳动生产率不佳，NDC 的实际货币化会更低。

NDC 收益是一个生命年金，其可以在最小退休年龄后的任意时间实现。在每一个时点发布的年金反映了预期余命，所以原则上，NDC 确实是一个公平的制度。它也将个人资源在其一生进行分配，作为国民（普遍的）现收现付制保险计划的一部分。它是一个非流动性的、个体的现金余额计划，同时通过对幸存者的资本再分配使年金成为一个保险计划。它实现了保险的功能，克服了比平均参与者寿命更长的个体风险。但是，它可能不能为老年人提供足够的资源。NDC 计划必须用某种形式的低收入支持计划作为补充，以最低收入或最低收益担保的形式来实行。

名义账户制（NDC）与积累的缴费确定制（DC）有何不同呢？大多数的现收现付制（PAYG）都有一些储备基金：在瑞典，储备基金大约是五年的支出，而在德国仅有数天的储备。一个关键的问题是，累计的余额是否被抵押以及拿什么做抵押。在一定意义上，NDC 是名义上的，并没有任何的抵押物，余额向未来的纳税人索取，并且金融工具不支持。积累的 DC 计划通常被理解为用物质资本作为抵押，大多数通过如商业债券或股票等金融工具。仅仅对于这些计划，我们使用词汇基金制。一些学者也称那些以政府债券作为抵押的 DC 计划为基金制。我们认为这是基金制的错用。尽管这种计划的收益所求是市场性的并有一个明确的利息率，但是它们没有代表物质资本的诉求。NDC 计划允许用一个中性的办法使 PAYG 计划的隐含债务变得明确，通过将 NDC 余额与政府债券相联系，并且关注未来的收益结果，从宏观层面上看缴费可能创造储蓄激励。但是，NDC 计划和传统的 DB 计划有着传统 PAYG 计划的重要宏观经济特征：NDC 计划并不以储蓄的形式积累实际资产，该资产对国民储蓄率、资本市场发展和经济增长的收益有潜在的影响。

NDC 计划并没有改变基本 PAYG 机制，即子女支付他们父母的养老金，也没有创造储蓄，除非产生了收益剩余，其反过来沉淀为储蓄。但是，由于 NDC 的收益与预期寿命（由于年金机制）、生育率和就业有关（通过名义利率，如果与缴费方案有关），因此，能够设定 NDC 计划自动对人口结构和宏观经济环境作出反应。甚至，NDC 计划有潜在重要的微观经济效应。它能够产生精算中性（由于每年的收益与生命期的缴费相一致）和精算中立（由于系统能够根据退休年龄作出自动调整）的印象。NDC 计划揭示了再分配问题，任何非缴费的积分都明确地标注在账单上。因为 NDC 计划改变了对养老金制度的印象，它使得人们依据账户而非权利进行思考，因此更容易产生向部分积累制过渡的心理。通过揭露第一支柱逐渐减弱的平衡性，这很可能对第二支柱和第三支柱创造储蓄的激励。NDC 计划使劳动者和管理者依据养老财富进行思考，可能使其提高在同一国家以及在不同国家间的可转移性。它能够实现人际间的转移（例如，夫妻之间），通过独立的养老金承诺缓解幸存者养老金的替代率。

NDC 计划需要政治议题之外的一些争论。它使名义退休年龄的作用最小化并允许在工作延长和取得一个较低水平的替代率之间有更灵活的选择。这种新的形式有利于养老金的改革，因为它引入了精算调整（由于是自动的）、退休年龄变化的迅速扩散（由于退休年龄的自由选择使负向效应最小化）、代际之间再分配变化等分析框架。

NDC 计划处理了退休余命，并着手应对生育率的缓慢变化。但是应对突然变化，例如婴儿潮和生育低谷的转变，仍然需要预付基金，因为老一代不能将整个负担转移给下一代。NDC 仍然是 PAYG 的，并不能改变基本的宏观经济特征，如增长、储蓄、资本市场的改进等。为了改变经济增长的路径，这些制度应该支撑改进的养老金第二支柱和第三支柱。

对于任何改革，关键是实施，这需要与利益相关者及训练有素的管理者进行有效沟通。NDC 的优点同时也是其缺点，如果经济遭受较大的波动，它也必须自动地调整为较低的支付，且仅仅在目前过高的税收问题被解决之后这些收益才能产生。最后，NDC 计划必须被看做是多支柱养老金计划的一部分，更应该关注整个系统如何运作，包括难以处理的职业组别：农民或非正规就业的人或发展中经济体的半正式农业者。引导人们适应收益仅依赖自己的缴费的意识，预期寿命决定了一生收益的大小，总体上，对于任何给定的缴费率和退休年龄，收益水平将会比传统的 NDB 计划要低——很可能显著较低。个体可以选择晚点退休和增加储蓄加以调整。重要的是个体的选择没有损害这个制度，否则可能导致更多的人在老年时坠入贫困水平以下。

3.5.2.1　欧洲范围内计划的协调

欧洲劳动力市场和金融市场进一步整合所面临的一个问题是单个国家基础上的养老金计划。Holzmann（2003，225 页）建议的计划是"（NDC）计划作为核心，协同补充的基金制计划和社会养老保险作为两翼"。这将平衡协调不同国家缴费率、收益和资格的偏好。向类似制度转变将面临很大挑战，我们明白对于一个独立国家来说这种转变是困难的，但是协同运作 NDC 和类似 NDC 计划的国家则需要利用非基金制度和半基金制度的传统计划整合发展——伴随着以往不同的缴费率、收益、资格和债务积压。此外，各种社会救助计划也务必从养老金计划中有效分离。在以前这也许是可能的，更多的国家需要整理过去的养老金问题进而转变到 NDC 计划，因此，对未来的挑战我们怀有极大的兴趣。

Henkel 创造了一个跨界的名义养老金计划。他花费了两年的时间利用 IPE（2009）五类养老金规则重构了积累了 24 亿欧元的养老金资产。

3.5.3　PAAW（个人年金平均工资保障），一个 NDC 的变化

Geanakopolos 和 Zeldes（2005）设计了基于个人账户（累进的个人账户或 PPA）和基于平均工资的衍生证券（个人年金平均工资的 PAAW）的养老金制度。在某种程度上，PPA 可以被定义为政府通过缴费的可变匹配以重新分配一生的退休积分，收入越高，所匹配缴费越低。这依赖于每年的基础缴费和终生总的缴费。PAAW 是证券化政府或债务的一个衍生品。每一个 PAAW 都给予在一个固定的时间 t（退休年龄）后，按照每年一个美元通胀的调整乘以在 t 时刻的经济总体的平均工资进行计算。个人可以用 PAAW 换取社会保障缴费，这些也可以在 PPAs 中实行。

PPA 通过代际之间风险的分担保证了代内之间的公平。如果年轻工作者做得非常好而获得较高的工资，那么老人就会从他们的 PAAWs 中获得较高的支付，否则相反。这样的一个计划保留了目前计划的核心，这将增加透明度、提升财产权利。由于账户是个人的，也降低了立法改变收益的政治风险。

起初的 PPAs 被要求以 PAAWs 持有所有财富，没有任何在金融市场上交易的机会。如果以这种方式运作，它类似于 NDC。如果 PAAW 可交易，那么一个真实值而非名义值将与之关联，除了社会保障外，个人能够为退休资产作出更好的安排，知道他们将会得到什么。为防止人们卖掉他们所有的 PAAWs，作者建议销售的极限是 10%，他们所要求的将会给该计划带来一个公平的价值，不会对其风险分担方面有所损坏。

3.5.3.1　PAAWs 和名义账户

立法要求典型的名义账户里的钱以工资增长率增长。截止到退休的年份，账户

里面的钱与下一代工作者的工资成一定比例。PAAWs 是真实证券并且能够被交易，所以其市场价格能够传递有用的信息。

一些论文已经建议创建相关新的金融证券。继 Geanakoplos 和 Zeldes 建议之后，一系列的论文随之建议创建相关的金融证券：例如，Shiller（1993）建议创建与 GDP 关联的证券；Blake 和 Burrows（2001）建议创建预期寿命或幸存者债券；Bohn（2002）和 Goetzmann（2005）建议创建累积工资相关的债券。

3.6　代际间的风险分担

Chauncey Starr 于 1999 年在位于加利福尼亚州的帕洛阿尔托电力研究所的一个会议演讲中指出，不确定下的计划是指由于最终的不确定性而产生的代际计划，其活动由已故的 Alan Manne 和 William Ziemba 组织，以纪念已故的 George Dantzig。Starr，美国电力研究协会名誉主席，他总结道"既不是科学，也不是技术、政治、宗教和任何意识形态自身会提供最佳的路径"……对于代际未来，他认识到了问题的困难。2009 年我们又有了数百亿债务的额外问题，美国、英国和其他国家为应对 2007—2009 年的信用危机，利用通货膨胀或其他方式来消除债务——任何一种办法都可能导致收入的再分配，如果在内部实施，那么再分配将会在这些国家内部发生；如果在外部实施，那么再分配将会在不同国家发生。

Starr 发现我们的历史记录显示了成功规划未来的不同结果，不可预知的事件通常左右着结局。Nassim Taleb（2007）将这些事件称为黑天鹅，我们在随机规划中特指这些事件为极端情景。尽管常态下明显受到这些极端事件的极大影响，Starr 却认为社会一定能塑造代际结果，这种结果通常作为短期决定呈现。在当代人试图塑造下一代的身份、边界和优先顺序时，有一个责任问题需要考虑。经济增长处于社会优先选择清单的顶端，而可悲的是，自然环境处于或接近于最低端，尤其是在发展中国家。在这当中还包括国家安全（包括军队）、确保个人安全的警察、公共卫生、教育和与环境相关的生存质量。所以从这种短期的政治承受性出发，我们可以用目标、约束和标的这三个要素对现状进行模型化。但是存在不可预知的、无法解释的和不可控的事件。Starr 尽管觉得未来规划存有噪声，但仍认为代际规划和模型的运用有价值。一代人大约间隔 25 年，新的革新和技术能够跨越 50 年，所以目前许多规划都是为子孙计划。也许我们能做的最好是没有任何害处并尽力留下计划的发展和改变的空间。

Gollier（2008）利用一系列的期望效用模型研究了 DC 计划的代际间风险分担和风险承担。他总结说较好的代际间的风险分担并没有减少每一代的风险，但是它增加了劳动者缴费的预期收益。Diamond（1977）、Gordon 和 Varian（1988）、Ball 和 Mankiw（2001）、Shiller（1993，2003）认为在竞争性的资本市场中，当代人没有能力与还未出生的人分担他们的风险，使得资本市场无效率。Gollier 检验了基金制能否解决这个无效率的问题。如果信托基金能够取消一代人的缴费和一代人的收益的相关性，那么这样的基金计划会使代际风险分担成为可能。

Gollier 通过研究管理代际间的交叉补贴分析决定退休收益政策和资产管理策略。他的模型保证了所有未来各代人都有一个最低的养老金收益保障。他假设基金率总是至少为 1，以便基金资产总是高于负债。每一代人每年缴费，持续 40 年，每一年新一代人出现、老一代人离去，所以这个模型是滚动的、无期限的。投资组合的选择是内生的，并且基于基金的储备。在这些假设下，萨缪尔森（1969）和莫顿（1969）的代表性模型表明，一个固定组合的短视政策是最优的。所以政策就是平衡固定组合，使得一个人能够在得到较高的股票回报后卖出，并在当前较低的股票回报时买入。股票回报率是 5.9%，标准误差是 13.6%，现金回报是 2%。他假设效用函数的负指数 $\gamma = 5$，因此，

$$u（w）= \frac{w^{1-\gamma}}{1-\gamma} = -0.25W^{-4}$$

这是一个保守的效应函数。我们这样理解，为避免对等的机会获得或损失财富的 10%，劳动者将支付 2.4% 的财富，这就是劳动者确定性等式。

信托基金由那些将股票引入基金以换取未来红利的股东管理和控制。最优模型决定了每年和每个偶然性资产的最优组合、新养老金领取者的收益支付、保险公司股东的红利分布。

最低保障约束减少了基金计划把风险转移给下一代人的能力。更好的代际风险分担使得社会更有效率地处理面对大额给定的股票溢价的集中风险。分配给新退休者的收益在不断增加，并且基金资产的市场价值呈凹形。对于个人退休账户，劳动者的最优选择为随着年龄增长不断减少养老金余额比例。

伴随着最低保障，基金也必须维持每期和每个经济情景的一个最低资本，其由当前缴费的这一代人所积累的资本作担保。偿付在每年年初开始，在养老金和红利支付之后，收到缴费之前。最低的资本金要求是 820y，y 代表劳动者的年缴费，最低收益是 40y。在时间 t，建立养老基金，基金来自于股东的股票，起初的缴费 $y_0 = 1638y$，从第 n 代生活的劳动者开始转换。

Gollier 计算了劳动者收益间的风险分担 b 与股东的红利 d 之间的关系，d = c−b，其中 c 表示基金每年的总体支付额。偿还能力的约束减少了低财富水平的风险承担，所以如果基金有递减的绝对风险厌恶，$-0.25W^{-4}$，那么就更加规避风险。在高财富水平，基金承受更多的投资组合风险，虽然增长率总是正的，但高水平储备金逐渐减少到零。这个模型迅速地积累了储备金，但由于偿付能力的约束造成对退休者的收益分配的锚铢必较。基金资产的目标份额是投资于股票 40% ~ 50%，当基金财富减少，其目标份额也将减少。分配给养老金的基金储备的 3.5% 作为最低保障的目标份额。

3.7　结论

养老金改革的建议为挑战个人退休计划指明了方向：
■ 随着预期寿命的增长延长退休年龄
■ 进一步减少提前退休的收益
■ 与价格指数而非收入关联
■ 切断收入关联的公共养老金，重构安全网内容（最低生活水平）

社会保障在市场经济和社会福利领域中的争论是重要的。我们必须返回到社会保障供给保险的最初目的——当人年老、体弱或者是不能工作时，将有一个安全网保护他们，通过收入的一般税收建立基金。这引发积极退休预期的可能性，通过将缴费获得的收益转到一个社会账户。观察数据我们可以清晰地看到，1/5 的年老者仅仅依靠社会保障，他们大多是比较贫困的，但是其他人不再工作的时候，仅用社会保障作为一种其他收入来源的补充。我们需要重视社会保障的困境，努力调整，使这个制度具有可持续性。

退休收入随着生命期内最后几年健康卫生成本的增加，以及总体而言抚养比的上升变得复杂——不仅仅被看做对社会保障的依赖，而是整体看做金融资源转化为当前所生产的产品和服务的真实需求。所以，当通过可操控的缴费、收益和退休年龄来应对社会保障危机时，更深的问题必须通过重新理解代际间的社会契约来解决。更进一步地说，最终存在一个合成谬误。产品和服务必须充足地生产以满足社会中所有参与者包括员工和退休者的需求。

3.8　案例研究：公共部门和私人养老金

Pierlot（2007）和 Munnell 和 Soto（2008）的研究显示了公共计划和私人计划养老金覆盖率间的差距。他们也尽可能地分析了一些可能性，指出了两个关键因素：一个是由雇主和雇员共同缴费，缴费率比私人 DC 计划要高；另一个是管理成本和计划顾问的费用较低。

3.8.1　政府计划差异：美国

Munnell 和 Soto（2007）发现州和地方政府的退休计划（公共）通常要远远好于私人计划，其提供了更好的待遇，依靠员工的缴费增加可利用的资产。2006 年，公共计划每个劳动者资产总额为 185 900 美元，是私人资产 84 800 美元的 2 倍多，其覆盖率分别为 76% 和 43%。

这些计划中退休资产重要部分加起来的总数如表 3-8 所示，其中联邦政府、州政府和地方政府共占退休资产池的 30%。也见第 11 章。Munnell 和 Soto（2007）

指出公共部门也提供 DC 计划作为补充，并且有些国家已经将它们作为主要计划。这些占额外的 5 000 亿美元，这里并不包括。

表 3-8　　　　　　　　　　　　2006 年退休计划资产

养老金类型	资产（万亿美元）	占比（%）
州和地方政府	3.0	22
联邦政府	1.1	8
私人部门 DB	2.2	16
私人部门 DC	3.3	24
IRAs	4.2	30
总计	13.8	100

资料来源：Munnell and Soto（2007）。

　　在公共部门员工的总退休资产中，DB 计划的作用更加重要。80% 的公共部门拥有 DB 计划，而 64% 私人部门拥有 DC 计划（6% 的公共部门和 26% 的私人部门两种计划都有）（Munnell 和 Soto2007）。公共计划通常允许替代社会保障，所以仅有 72% 的公共部门和 98% 的私人部门被社会保障覆盖。员工和雇主的缴费率如表 3-9 所示。

表 3-9 2006 年雇主和雇员的缴费率（%）

养老金计划	雇主	雇员
州和地方	7	5
私人 DB	8	0
私人 DC	3	6

资料来源：Munnell and Soto（2007）。

　　公共计划的管理费用非常低。代表性的私人 401（k）支付了全部基金的 1.7%，基金余额的 1.2%，标准普尔指数基金的 0.6%，而公共计划平均仅为 0.2%（Munnell 和 Soto 2007）。

　　Munnell 和 Soto 没有直接比较公共部门和私人部门劳动者的平等工作年限，但是他们所给出的例子是引人注目的：一个公共部门的劳动者服务 20 年后通常能够得到 20 000 美元的退休金。一个拥有最终 50 000 美元工资的私人部门劳动者则需要 401（k）计划中的 26 000 美元去购买年金以获得每年 20 000 美元的收益。更惊人的是，2004 年临近退休家庭的 401（k）余额中值仅为 60 000 美元。关于年金的更多讨论见 12.2 节。

3.8.2　政府计划差异：加拿大

Pierlot（2008）比较了两组退休储蓄：一个是公共部门，一个是私人部门。考虑到收入来源的充足性、退休储蓄方式的可得性，他解释了二者间较大的收益差异和不公平的待遇。如果我们继续解决退休问题，这些不公平将同样需要解决。表3-10比较了两组的退休收益。显然他们退休的定位相差甚远。

表 3-10　　　　　　　就业养老金的两组数据对比（包括政府的 CPP）

	公共部门	私人部门
退休	58 岁，工作满 30 年	62 岁，工作满 34 年
最终工资	50 000 美元	50 000 美元
退休储蓄价值	1 205 572 美元（每人 602 786 美元）	244 800 美元（每人 122 400 美元）
养老金价值	58 ~ 65 岁，指数化以后是 74 806 美元，65 岁及以上，指数化以后是 50 622 美元	购买指数年金指数化以后是 11 652 美元
持续时间	27 年	23 年

资料来源：Pierlot（2008 年）。

在美国，80% 的公共部门劳动者参加 DB 计划，而私人部门的职业养老金计划仅仅覆盖 23% 的工作者。其余的私人部门劳动者仅有 RRSPs（登记退休储蓄计划）、房屋净值、非庇护储蓄。公共部门计划通常占每个人退休前工资的 60% ~ 70%，并且是指数化以后。为了获得相同的收益，私人部门夫妻的储蓄差不多为公共部门的 2 倍。私人部门的劳动者被禁止参与由非雇主发起的计划，通常雇主发起的计划有更高的管理费用。税收规则和激励需要改变以保障该领域的公平性。Pierlot 的研究涉及了所有这些讨论。

避税的收入被限制于所赚收入的 18%——这仅仅是在私人计划中强制实施，公共部门或者雇主的 DB 计划中并没有。

这些由雇主发起的 DC 计划面临着较高的管理费用和较低的雇主缴费。对于自谋职业者而言，甚至那些小企业主或医生这样的专业人士也很难获取更多的收入。一个例子比较了赚取 60 000 美元的两个劳动者：公共部门的劳动者有 25 002 美元的退休储蓄空间，比没有计划的私人劳动者高两倍多（Pielot，2008）。工作期间获得收入的途径也将影响退休储蓄的范围。

3.8.3　从这些比较中我们能有什么启发？

类似于卫生保健争论，许多人都希望有机会参加议会成员喜欢的公共计划，作为改善退休准备的一种办法，许多人都主张公共养老金计划向私人开放。

▌参考文献▐

Ball, L., and N. G. Mankiw. 2001. Intergenerational risk sharing in the spirit of Arrow, Debreu and Rawls, with applications to social security design. Harvard Institute of Economic Research DP 1921.

Bernartzi, S., and R. H. Thaler. 2001. Naive diversification in defined contribution savings plans. *American Economic Review* 91 (1): 79–98.

Blake, D., and W. Burrows. 2001. Survivor bonds: Helping to hedge mortality risk. *Journal of Risk and Insurance* 68 (2) (June): 339–348.

Bohn, H. 2002. Retirement savings in an aging society: A case for innovative government debt management. In *Aging, Financial Markets and Monetary Policy* Springer.

Chateau, J., and X. Chojnicki, 2008. Disparities in pension financing in Europe: Economic and financial consequences. CEPII technical report No. 2006–09 (May 9).

Constantinides, G. M., J. B. Donaldson, and R. Mehra. 2005. Junior must pay: pricing the implicit put in privatizing Social Security, *Annals of Finance* 1: 1–34. Diamond, P. 1977. A framework for social security analysis, *Journal of Public Economics* 8: 275–298.

The Economist. 2006. Turning boomers into boomerangs. Feburary 16.

Feldstein, M. 2001. The future of social security pensions in Europe. NBER 8487. ——. 2005. Reducing the risk of investment-based social security. NBER 11084 (January).

Geanakoplos, J., O. S. Mitchell, and S. P. Zeldes. 1998. Would a privatized social security system really pay a higher rate of return? NBER WP No. 6713 (August).

Geanakoplos, J., and S. P. Zeldes. 2005. Reforming social security with progressive personal accounts. NBER 05–07.

Goetzmann, W. N. 2005. More social security, not less. Yale ICF Working Paper No. 05–05.

Gollier, C. 2008. Intergenerational risk-sharing and risk taking of a pension fund. *Journal of Public Economics* 92 (5–6): 1463–1485.

Goolsbee, A. 2004. The fees of private accounts and the impact of social security privatization on investment managers. Working paper. University of Chicago Graduate School of Business (September).

Gordon, R. H., and H. R. Varian. 1988. Intergenerational rish sharing. *Journal of Public Economics* 37: 185–202.

Holzmann, R. 2003. *Toward a Coordinated Pension System in Europe: Rationale and Potential Structure.* In Holzmann, R., and E. Palmer eds. 2003. *Pension Reform:*

Issues and Prospects for Non-Financial Defined Contribution (NDC) Schemes, Proceedings of the NDC Conference in Sandhamn, Sweden, September 28–30.

Holzmann, R., and E. Palmer, eds. 2003, *Pension Reform: Issues and Prospects for Non-Financial Defined Contribution (NDC) Schemes*, Proceedings of the NDC Conference in Sandhamn, Sweden, September 28–30.

IPE. 2009. Henkel creates global fiduciary pensions structure (27 April).

Kallberg, J. G., and W. T. Ziemba. 1981. Remarks on optimal portfolio selection. In *Methods of Operations Research*, eds. G. Bamberg and O. Opitz, 507–520. *Oelgeschlager* 44.

Martin, J. P., and E. Whitehouse. 2008. Reforming retirement-income systems: Lessons from the recent experiences of OECD countries. Institute for the Study of Labor DP. No. 3521 (May).

Merton, R. 1969. Lifetime portfolio selection under uncertainty: The continuous time case. *Review of Economics and Statistics* 51: 247–257.

Mulvey, J. 2010. Rebalancing gains in ETFs. In *The Kelly Criterion: Theory and Practice*, eds. L. C. MacLean, E. O. Thorp, and W. T. Ziemba. World Scientific. Munnell, A. H., and M. Soto. 2007. State and local pensions are different from private plans. CRR Number 1, (November).

OECD. 2005. Ageing and pension reform systems. Financial Market Trends Supplement 1.

OECD. 2005. Pensions at a glance: Public policies across OECD countries.

OECD, 2007. Pensions at a glance: Public policies across OECD countries.

Orszag, p. 1999. Individual accounts and Social Security: Does Social Security really provide a lower rate of return? Center on Budget and Policy Priorities, (March 9): 1.

Pierlot, J. 2008. A pension in every pot: Better pensions for more Canadians. C. D. Howe Institute, No. 275, (November).

Queisser, M., E. Whitehouse, and P. Whiteford. 2007. The public-private pension mix in OECD countries. MPRA paper 10344.

Samuelson, P. A. 1958. An exact consumption loan model of interest with or without the social contrivance of money. *Journal of Political Economy*.

Samuelson, P. A. 1969. Lifetime portfolio selection by dynamic stochastic programming. *Review of Economics and Statistics* 51: 239–246.

Schwartz, S. L., and W. T. Ziemba. 2007. ALM in Social Security, In *Handbook of Asset and Liability Modeling, Volume 2: Applications and Case Studies*. S. A. Zenios, W. T. Ziemba (eds.) Handbooks in Finance Series, North Holland: 1069–1117.

Shiller, R. J. 1993, *Macro Markets: Creating Institutions for Managing Society's Largest Economic Risks*. Oxford University Press.

——. 1999. Social security and institutions for intergenerational, intragenerational and international risk sharing. *Carnegie-Rochester Conference Series on Public Policy* 50: 165–204.

——. 2003. *The New Financial Order: Risk in the 21st Century*. Princeton University Press.

Taleb. N. 2007. *The Black Swan*. Random House.

Tompkins, R. G. , W. T. Ziemba, and S. H. Hodges. 2008. The favorite-longshot bias in S&P 500 futures options: The return to bets and the cost of insurance. In *Handbook of Sports and Lottery Markets*, eds. D. B. Hausch and W. T. Ziemba, 161 – 180. Handbooks in Finance, North Holland.

Ziemba, W. T. 2005. The symmetric downside risk Sharpe ratio and the evaluation of great investors and speculators. *Journal of Portfolio Management* (Fall): 108–122.

第 4 章

各类别资产的历史绩效和风险

一直以来，我们往往将退休储蓄分为五类：股票、债券、不动产、现金和商品。我们若增加资产类别，将国内外资产考虑在内，汇率风险的考量就变得很重要。如果我们将公司股票与其他股票区别开来，那资产数量、资产种类、策略和产品等会更加丰富。接下来，我们将讨论相关方面的文献以及各种资产类别组合的可能性和风险。在第14～16章我们使用资产和负债回报的情景和其他参数，运用投资者目标的动态优化方法，讨论如何将一项资产或一些资产一起放入到个人和企业资产负债模型中。

4.1 股票

图 4-1 显示了从 1899 年底到 2008 年底全球股票市场相对规模变化情况。1989年底，日本所占世界股票份额达到约 44% 的最高点，之后的 20 年中，日本失去其价值的大约 80%。表 4-1 显示了从 1802 年到 2006 年每年美国股市均值回归收益率。投资期限越长，长期的名义平均收益越接近于 8.3% 和 6.8% 的年实际回报率。经过观察得出，8.3% 的回报率中有 5.1% 是来自于股息。

截止到 1899 年

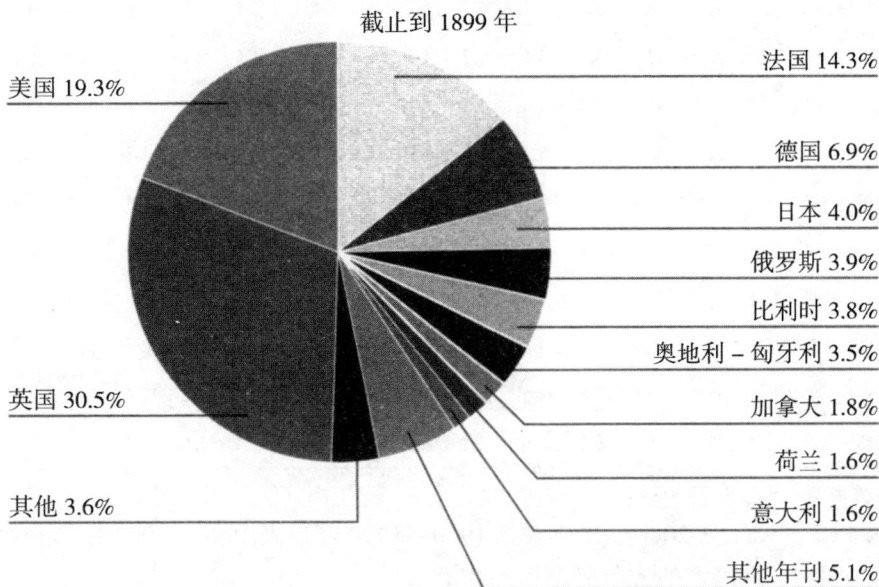

法国 14.3%
德国 6.9%
日本 4.0%
俄罗斯 3.9%
比利时 3.8%
奥地利－匈牙利 3.5%
加拿大 1.8%
荷兰 1.6%
意大利 1.6%
其他年刊 5.1%

美国 19.3%
英国 30.5%
其他 3.6%

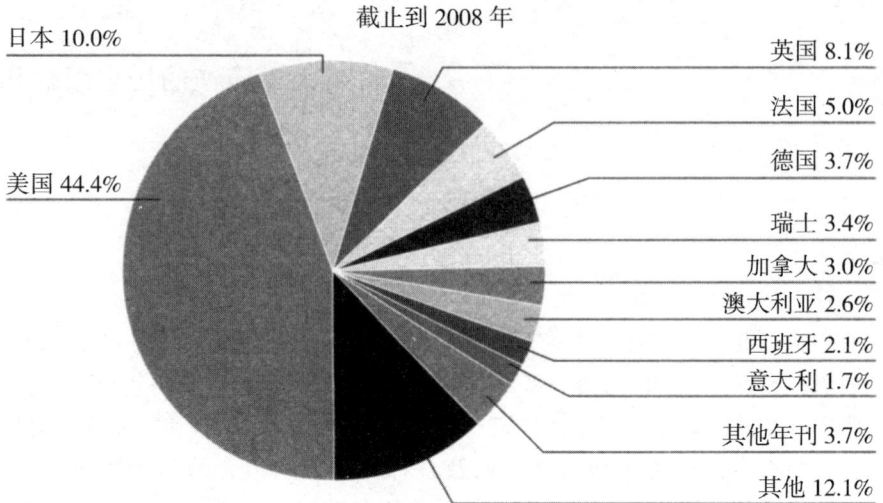

图 4-1　世界各国股票市场相对比重的变化情况

资料来源：Dimson，Marsh，Staunton（2009）。

表 4-1　　　　　　　1802—2006 年 12 月股票市场的年回报率（%）

Comp：以复利计算的年收益
Arith：算术平均回报率
Risk：算术平均回报率的标准差

		总体名义回报率			名义资本增值率				总体实际回报率			实际资本增值率				
		Comp	Arith	Risk	Comp	Arith	Risk	Div YLD	Comp	Arith	Risk	Comp	Arith	Risk	真实黄金收益率	CPI
时期	1802—2006	8.3	9.7	17.5	2.9	4.3	17.4	5.1	6.8	8.4	18.1	1.5	3.0	17.8	0.3	1.4
	1871—2006	8.9	10.5	18.5	4.2	5.8	18.3	4.5	6.7	8.4	18.8	2.1	3.9	18.5	0.4	2.0
主要	Ⅰ 1802—1870	7.1	8.1	15.5	0.3	1.3	15.4	6.4	7.0	8.3	16.9	0.1	1.4	16.4	0.2	0.1
分段	Ⅱ 1871—1925	7.2	8.4	15.7	1.9	3.1	16.1	5.2	6.6	7.9	16.8	1.3	2.7	17.1	-0.8	0.6
时期	Ⅲ 1926—2006	10.1	12.0	20.1	5.8	7.7	19.5	4.0	6.8	8.8	20.1	2.7	4.6	19.5	1.2	3.0
	1946—2005	11.2	12.5	16.9	7.4	8.6	16.3	3.6	6.9	8.4	17.4	3.2	4.6	16.8	0.5	4.0
二战	1946—1965	13.1	14.3	19.5	8.2	9.2	18.7	4.6	10.0	11.4	18.7	5.2	6.5	18.1	-2.7	2.8
后时	1966—1981	6.6	8.3	17.2	2.6	4.3	16.6	3.9	-0.4	1.4	17.1	-4.1	-2.4	16.7	8.8	7.0
期	1982—1999	17.3	18.0	12.5	13.8	14.5	12.4	3.1	13.6	14.3	12.6	10.2	10.9	12.6	-4.9	3.3
	1985—2006	12.4	13.6	15.6	9.8	11.0	15.1	2.4	8.4	10.3	15.4	6.6	7.7	14.9	0.3	3.0

资料来源：Siegel（2008）。

　　图 4-2 显示了从 2000—2008 年，1950—1999 年以及 1990—2008 年三个时期包括美国在内 19 个国家的实际股票回报率。

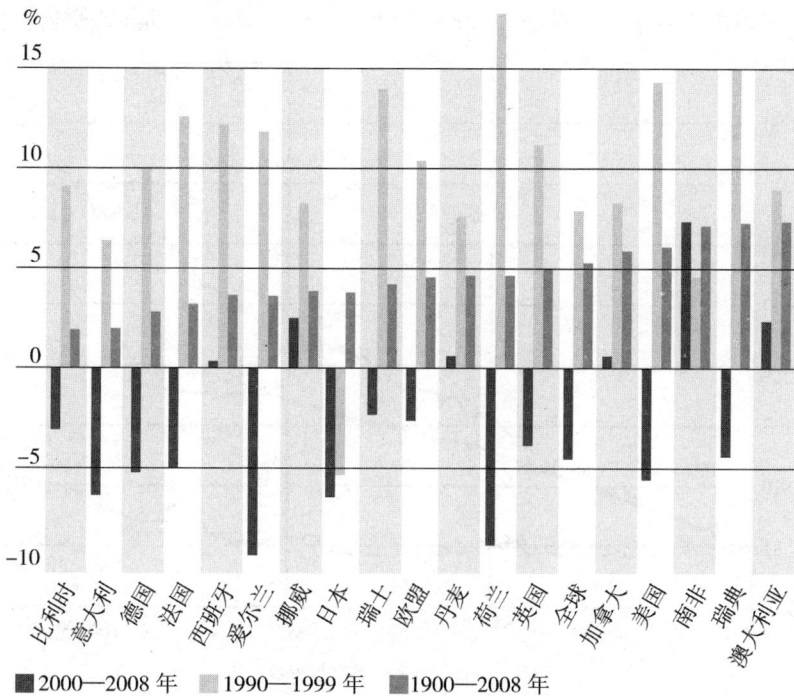

图 4-2　实际股票收益率

资料来源：Dimson, Marsh, Staunton（2009）。

图 4-3（a）显示了从 1802—2006 年美国股票包括股息的总体收益率。长期内股票获得了较高收益。然而，短时间内股票市场是有高风险的。图 4.3（b）显示了 1802—2006 年总实际收益指数。

图 4-4 和图 4-5 分别显示从 1900—2008 年和 1850—2008 年期间美国股票市场的实际回报率。1850—2008 年期间美国股票实际回报率平均为 6.2%，但是标准偏差却高达 33.8%。股票、债券和票据的平均收益为 6% 以及分别加上 1.7%、2.2%、1.0% 的资本收益和股息。

美国股市在不考虑分红的情况下，曾经有四个时期名义回报率为零，分别为 1899—1919 年，1929—1954 年，1964—1981 年和 1997—2009 年。相反，只有三个时期美国股票市场在不考虑分红的情况下有名义收益，分别为 1919—1929 年，1954—1964 年和 1981—1997 年。

图 4-6 显示了没有红利的以 2006 年美元价值为基础的 1885—2006 年 30 只股票道琼斯指数的平均实际回报率。图 4-7 显示了 1900—2008 年期间的实际回报。其呈现出强势的上升趋势。图中位置稍低的曲线显示道琼斯工业指数的名义价值。同时出现一条同样是处于上升趋势的曲线，但体现出波动性。股息的效应则呈现出一条较平稳的曲线，并提供总回报的大部分。事实上，尽管长时间内股指有所损失，但总体回报仍然是正的。Siegel（2008）指出，1900—2006 年间每 30 年股市的表现都好过债券；而每隔 10 年

和 20 年，股市表现好于债券最多。表 4-2 显示了 1871—2006 年期间的股息收益率。

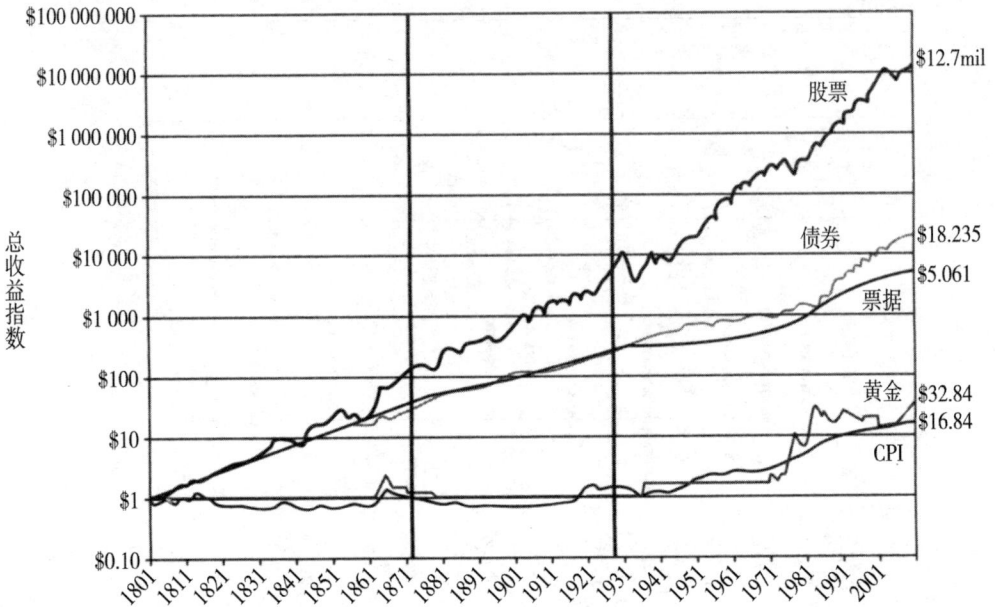

（a）1802—2006 年总名义收益指数

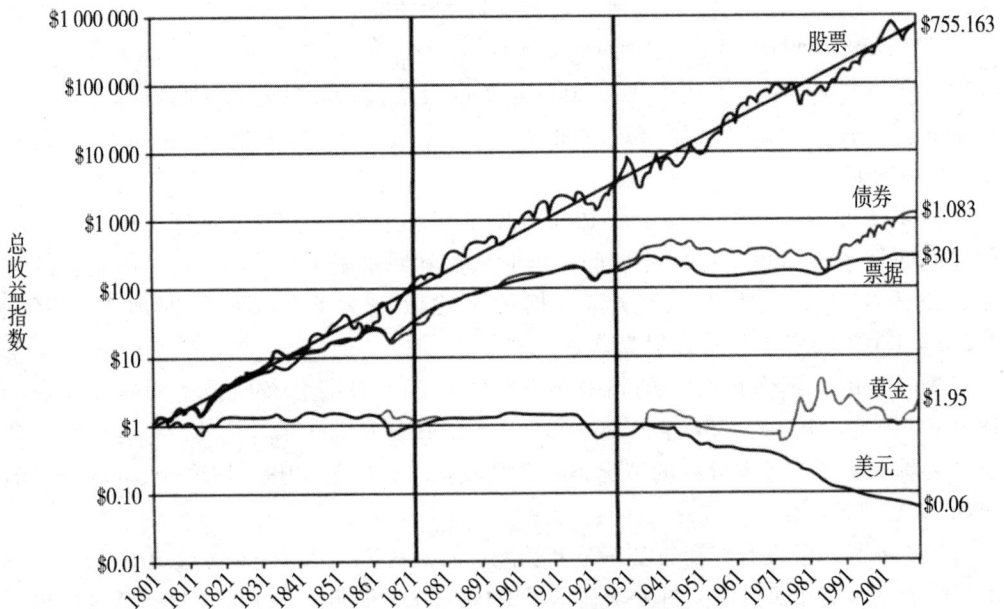

（b）1802—2006 年总实际收益指数

图 4-3　1802—2006 年美国股市与其他资产收益

资料来源：Siegel（2008）。

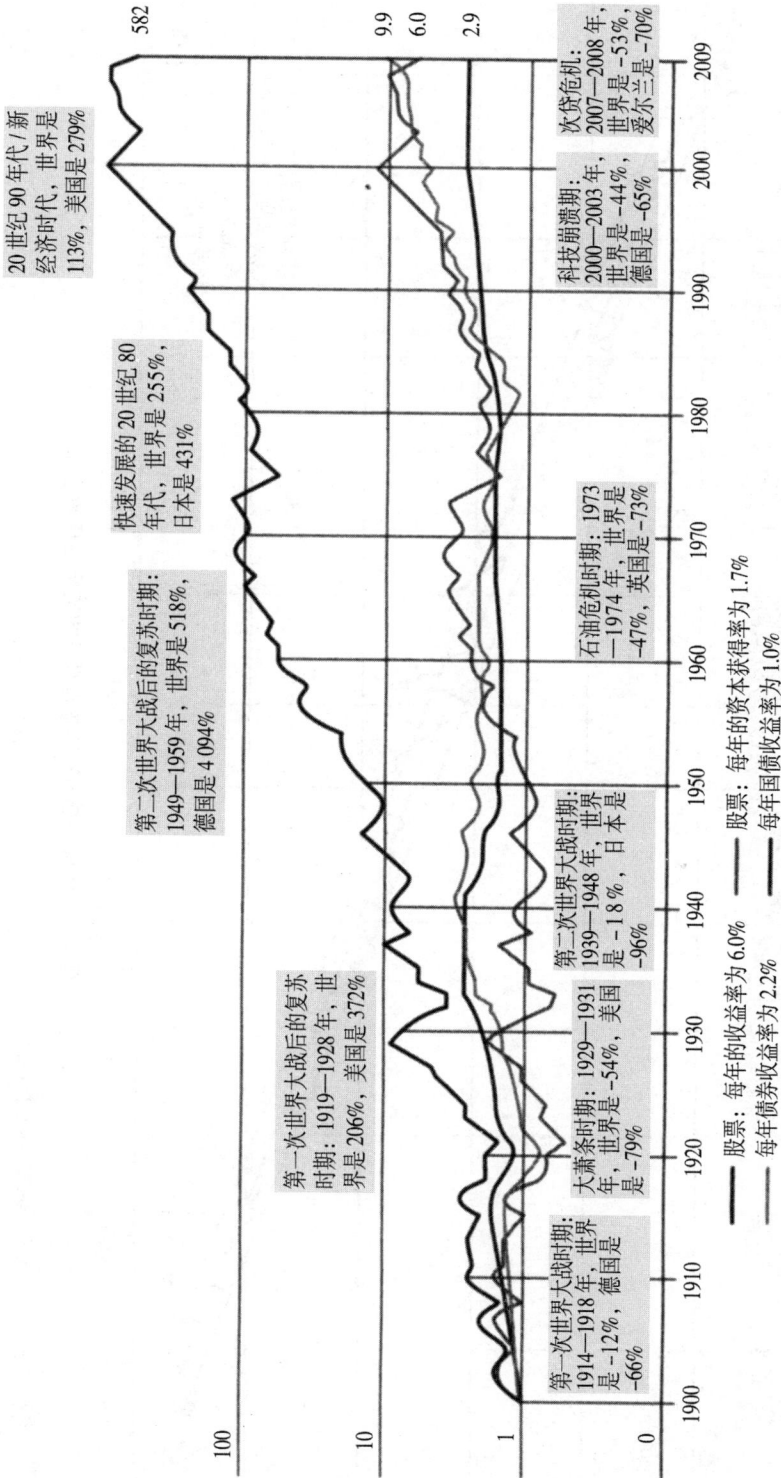

图 4-4　1900—2008 年美国累积的实际收益率

20 世纪 90 年代 / 新经济时代，世界是 113%，美国是 279%

快速发展的 20 世纪 80 年代，世界是 255%，日本是 431%

第二次世界大战后的复苏时期：1949—1959 年，世界是 518%，德国是 4 094%

第一次世界大战后的复苏时期：1919—1928 年，世界是 206%，美国是 372%

第一次世界大战时期：1914—1918 年，世界是 -12%，德国是 -66%

大萧条时期：1929—1931 年，美国是 -54%，世界是 -79%

第二次世界大战时期：1939—1948 年，世界是 -18%，日本是 -96%

石油危机时期：1973—1974 年，世界是 -47%，英国是 -73%

科技崩溃时期：2000—2003 年，世界是 -44%，德国是 -65%

次贷危机：2007—2008 年，世界是 -53%，爱尔兰是 -70%

582　9.9　6.0　2.9

—— 股票：每年的收益率为 6.0%

—— 每年债券收益率为 2.2%

—— 股票：每年的资本获得率为 1.7%

—— 每年国债收益率为 1.0%

资料来源：Dimson, Marsh, Staunton（2009）。

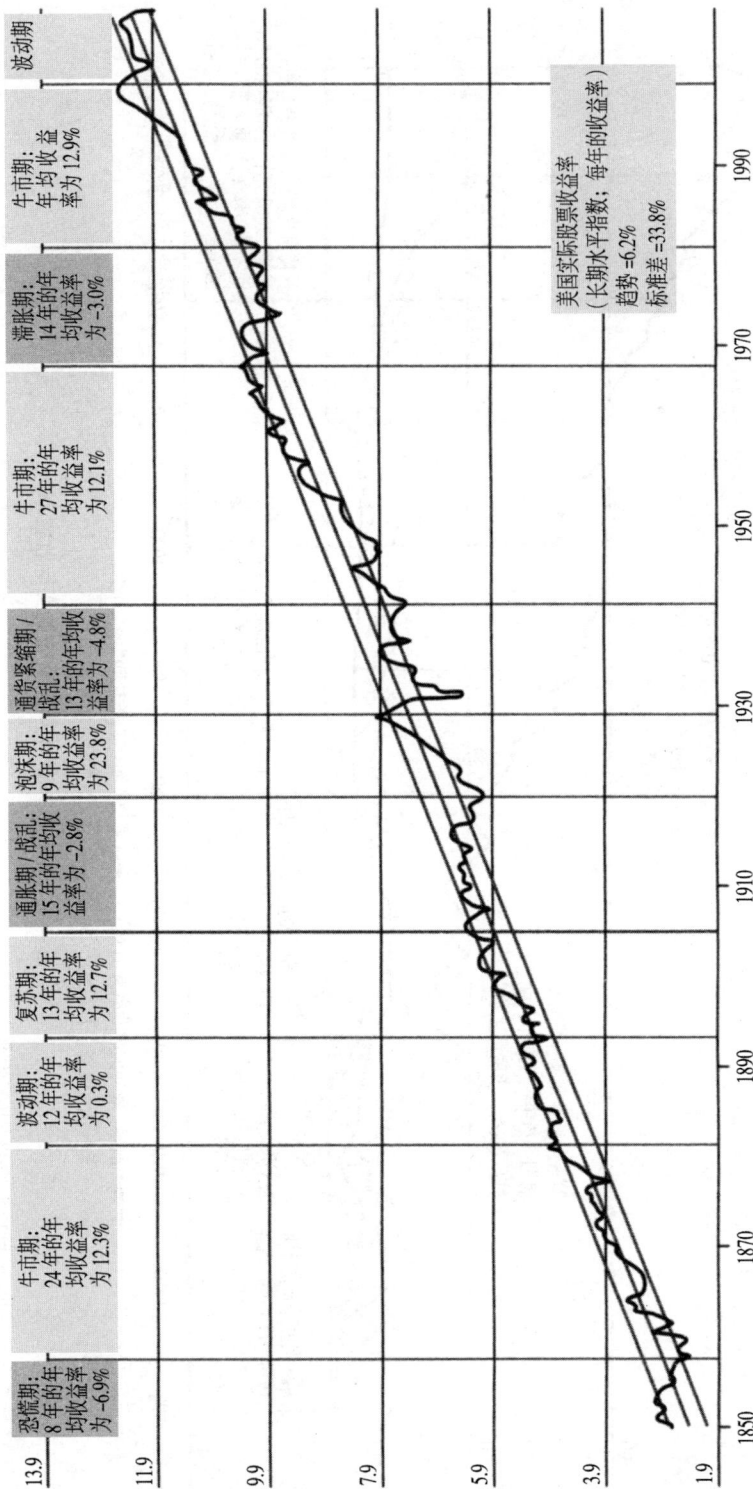

图 4-5　1850—2008 年美国累积的实际股票收益率

资料来源：Credit Suisse, Wilmot, J.（2009）。

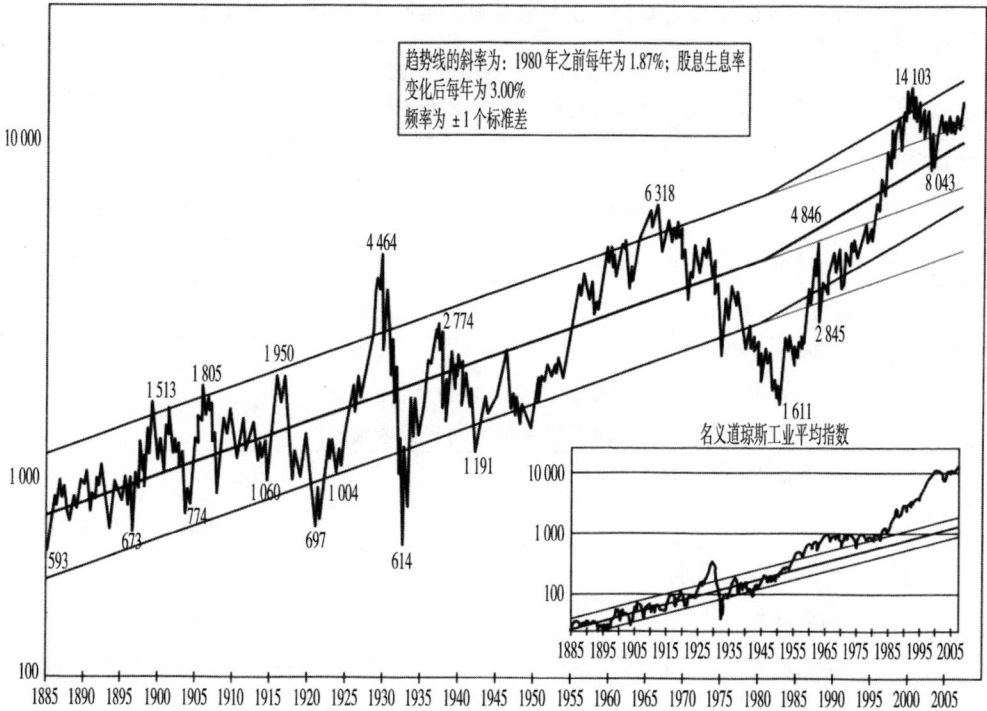

图 4-6　1885 年 2 月—2006 年 12 月道琼斯工业平均指数（以 2006 年的美元价格换算）

资料来源：Siegel（2008）。

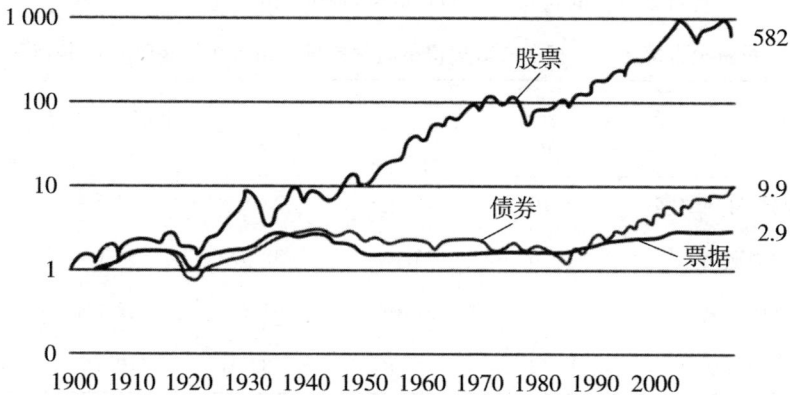

图 4-7　1900—2008 年的年度化绩效

资料来源：Dimson，Marsh，Staunton（2009）。

　　表 4-3 显示了 1925 年 12 月 31 日—1998 年 12 月 31 日，73 年期间的股票总回报率，表 4-4 则显示了基于风险规避的资产配置。详见 Kallberg and Ziemba（1983）基于风险规避计算投资组合的背景理论。对于长期投资而言，多建议投资股票。但多久才算是长期呢？我们在本书中将会多次提及这个问题。

表 4-2 1871—2006 年 12 月美国经济每股股息、每股收益和股票收益情况汇总

	实际 GDP 增长率	每股收益 实际增长率	每股股息 实际增长率	股息收益率*	股息支付率*
1871—2006	3.57%	1.88%	1.32%	4.58%	58.17%
1871—1945	3.97%	0.66%	0.74%	5.29%	66.78%
1946—2006	3.09%	3.40%	2.03%	3.53%	51.38%

* 表示中位数。

资料来源：Siegel（2008）。

表 4-3　　　　1925 年 12 月—1998 年 12 月

长期内股票带来的超额收益

资产类别	倍数
通胀	9 倍
短期无息国库券	15 倍
国库债券	44 倍
公司债券	61 倍
大盘股	2 351 倍
小盘股	5 117 倍

资料来源：Ibbotson（1999）in Swensen（2000）。

表 4-4 投资组合配置：根据历史数据得出的股票投资组合比例参照（R_A 指风险规避指数）

风险承受能力	R_A	持有时间			
		1 年	5 年	10 年	30 年
风险极端保守主义者	10	9.0%	22.0%	39.3%	71.4%
风险规避者	6	25.0%	38.7%	59.6%	89.5%
风险中立者	4	50.0%	61.6%	88.0%	116.2%
风险爱好者	2	75.0%	78.5%	110.1%	139.1%

资料来源：Siegel（2008）using theory from Kallberg and Ziemba（1983）。

我们知道，大多数时候股票价格会随着收入的变化而变动。当然，平均市盈率随着时间的推移以及市场敏感度的变化而变化，这可能导致长期超卖或超买状况。图 4-8 展示了 1871—2008 年期间美国股票的实际收益。

图 4-9 展示了 1900—2008 年期间不同国家股票的实际收益。澳大利亚、瑞典和南非最高，略高于美国和加拿大；许多欧洲国家（如比利时、意大利、德国、法国和西班牙）最低。

美国的实际每股利润（长期水平）

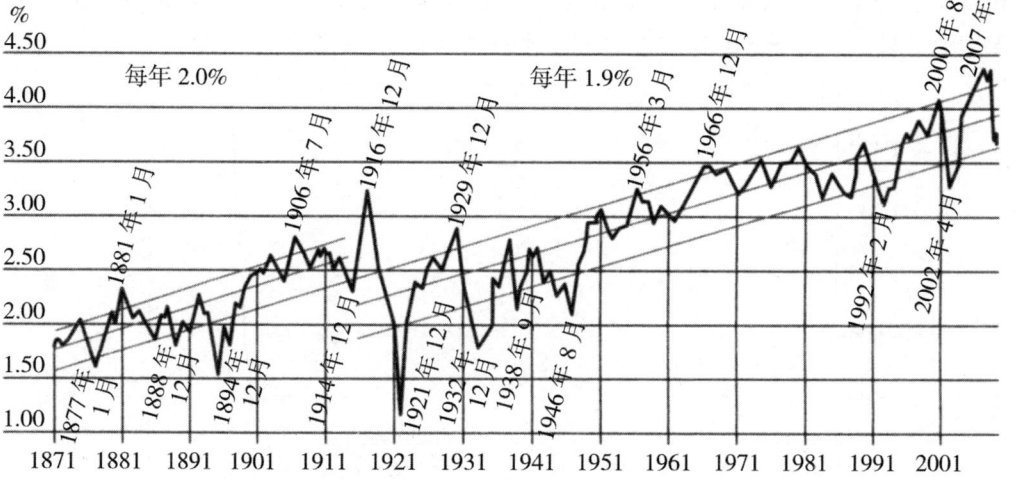

图 4-8　1871—2008 年美国实际每股利润

资料来源：Credit Suisse，Wilmot，J.（2009）。

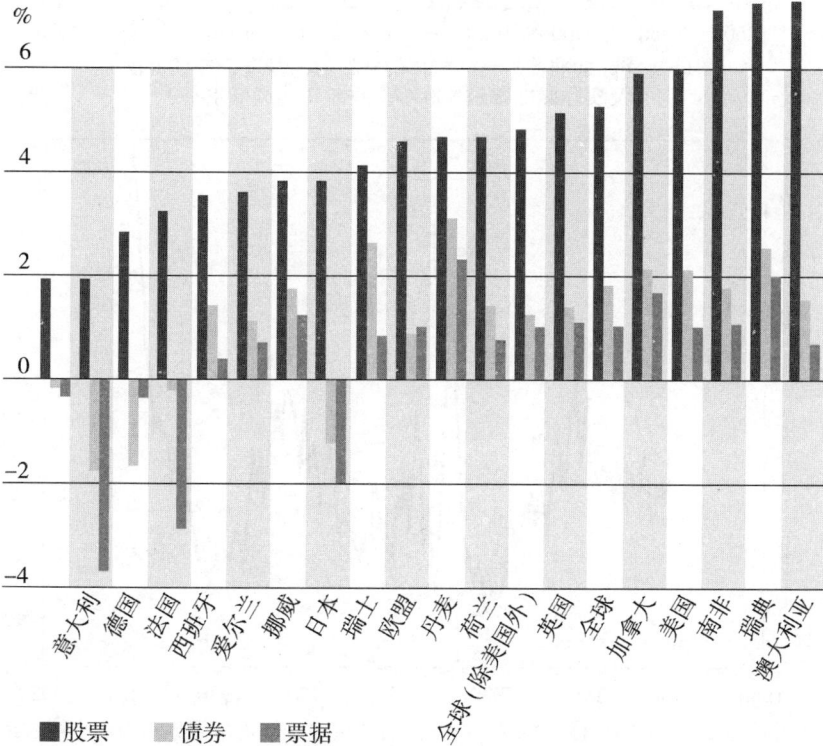

■ 股票　　□ 债券　　▨ 票据

图 4-9　1900—2008 年各国股票、债券和国债的实际收益率

资料来源：Dimson，Marsh，Staunton（2009）。

　　图 4-10a 显示在 2000—2003 年美国股市下跌之前的价格及收益。可以观察到，相较于缓慢增加的收益而言，价格的攀升是迅猛的。这在图 4-10b 和图 4-6 市盈率中有所体现。图 4-11 显示了 1871—2006 年期间的市盈率。

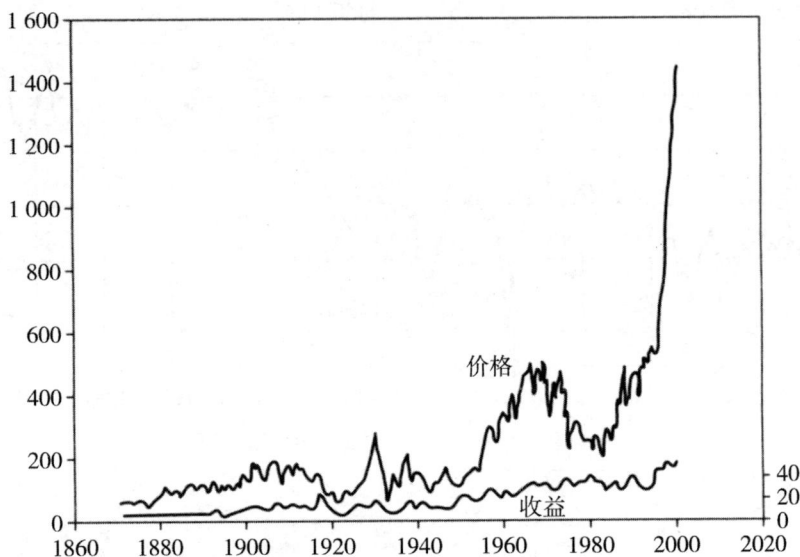

（a）实际标准普尔 500 综合价格指数（月度，连续上扬）
及实际标准普尔 500 综合收益（连续低水平）

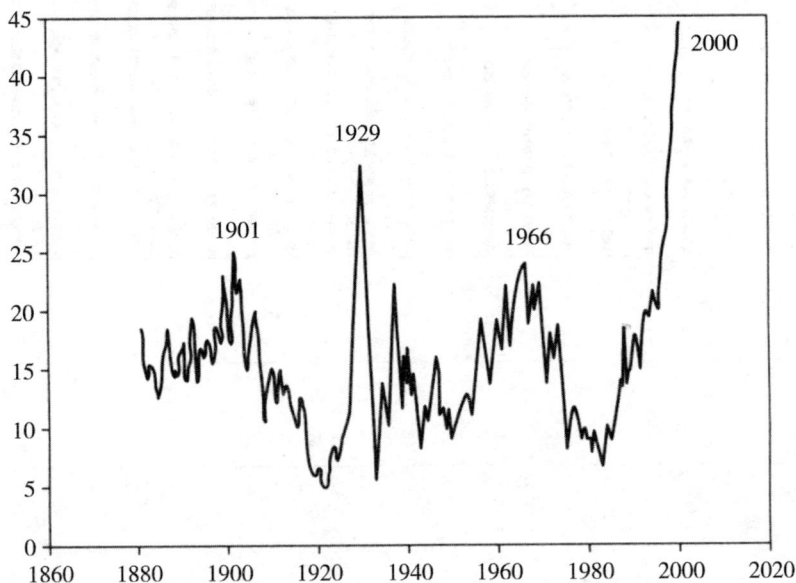

（b）十年以上实际标准普尔 500 收益的通货膨胀修正市盈率和移动平均数

图 4-10　1871 年 1 月—2000 年 1 月美国的股价、收益和市盈率
资料来源：Shiller（2000）。

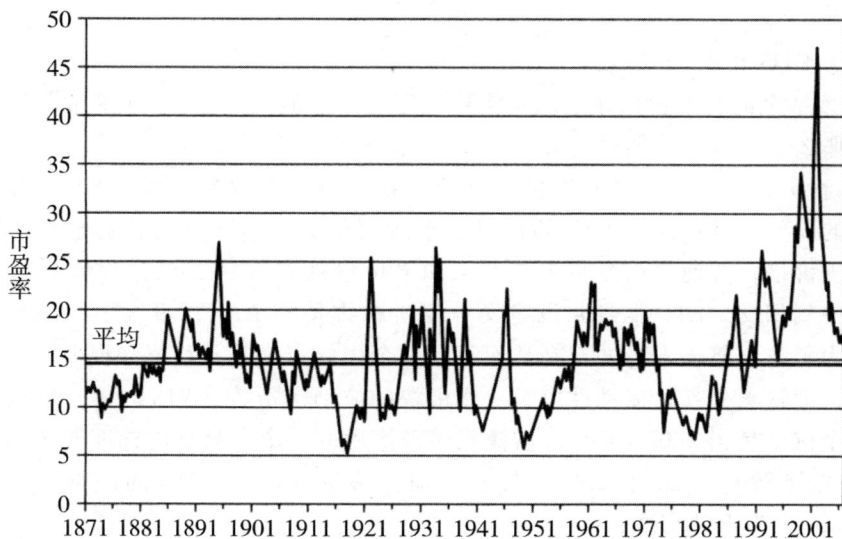

图 4-11　1871—2006 年基于最近 12 月报告收益的美国历史市盈率

资料来源：Siegel（2008）。

一个新的关键问题是是否有人知道如何在股票市场良好时进入，而在股票市场不好时选择债券和现金？4.3 节将会讨论处理这个问题的债券-股票法。

4.2　ETFs：交易型开放式指数基金

交易型开放式指数基金（ETFs）是一种特殊的指数基金。指数基金作为一种维持市场运转的廉价方式，颇受机构投资者欢迎。这个理论来源于 Sharpe（1994）、Lintner（1965）、Mossin（1966）的资本资产定价模型，并且该理论是效率市场理论的基石。大约在 1980 年，芝加哥大学 Gene Fama 教授的学生 Rex Sinquefield 和 David Booth 一同建立了指数基金公司 Dimension Fund Advisors。

尽管运行指数基金存在竞争，也需要支付一定的低额费用，但是仍可获得相当可观的利润。例如，商学研究所在 2008 年接受了 Booth 价值 3 亿美元的礼物之后，在芝加哥大学成立了布斯商学院。

从历史角度来看，指数基金起始于标准普尔 500，之后转移到其他指标，如罗素（Russell）2000 和远东指数（EAFE），现在则通过 ETFs 可以模拟大量的指数和策略。后者包括削减或者加倍削减标准普尔 500。2007—2009 年那些投资于一般长期指数基金的人损失较大，而其他的人则获得了收益。ETFs 交易像普通股票一样，包括 SPDRs 标准普尔 500 和纳斯达克 100 跟踪指数 QQQs。大量的 ETFs 允许个人投资者以最简单的方式持有复杂的投资头寸，包括国外投资、各种类型的对冲、投机和模仿策略，比如较低成本的耶鲁捐赠基金。当然，通常风险是存在的，因为你仅模仿耶鲁捐赠基金并不意味着你会得到他们的净收益，这依赖于大量细致的研究。

关于 ETFs 的几个要点：

1. 该基金的交易价格接近但不需要等于资产净值（NAV）。如果市场价格偏离 NAV，那么有套利的可能性会使价格倾向于 NAV。ETF 控股是透明的，且资产净值每 15 秒更新一次。如果 ETF 的价格超过其 NAV，授权参与者（APs）可以全力购买标的股票，并以高于 ETF 的价格卖出股票份额。申购赎回有助于推动资产净值接近于价格，并使授权参与者获益。如果价格跌破 NAV，该过程则与 APs 卖出篮子的份额相反。ETF 本身并没有义务将价格维持在 NAV，事实上，ETF 的结构设计是为了防止篮子本身的交易从而阻碍基金内的资本收益积累和损失。由于市场的动荡，即缺乏交易、流动性以及变化极快的波动率指数（VIX）等，导致活动失败。一个例子是当 2008 年 10 月雷曼兄弟破产后的 8 个交易日内标准普尔 500 指数从 1 166 降到 899，下跌了 23%。接着是债券市场和债券 ETFs 的严重错位。正如 Kay（2009）指出的那样：

正如 2008 年 10 月的那几天，市场恐慌在蔓延。由于缺乏新的价格，资产净值没有多大意义。基于旧的价格估计，频繁交易的 ETFs 能更好估计资产的真实价值。

在冲击中，基金持有人除非将基金打折，否则可能无法折现。

我们可以将此与典型的共同基金相对比，共同基金必须在每个交易日结束时赎回股份并发行新的股票，因此累积损失和收益都取决于价格。

2. ETFs 的费用比率相比大多数共同基金的费用比率较低。例如，SPDRs 对标准普尔 500 指数的费用比率每年为 0.12%，而先锋 500 指数基金（VANX）为 0.18%。其他 ETFs 的费用比率较高但仍然相对较低，对于购入和持有的投资者而言每年在 1% 以下。

相较于共同基金税收而言，ETFs 的税收可能更低。这两种基金都可以分配资本收益，但共同基金必须进行买卖以用于基金的购买和赎回。一些 ETF 基金都是由大指数套利者赎回的。但是大指数套利者是将 ETF 作为实物交换而不是直接购买基金的篮子。

3. 有很多种 ETFs 可供选择。智慧树金融公司利用 Jeremy Siegel 教授的研究，为全球模拟市场进行了融资，并运用了基于收益或股息收益等的基本指数。从历史角度来看，这些基本指标已经击败了标准普尔 500 指数，详见 Siegel（2008）。需要说明的是，基础标准普尔 500 指数的收益每年要超出加权标准普尔 500 常规价值的 1.5% ~ 2.0%。Ziemba（2003）观察了 2000—2003 年标准普尔 500 下跌的情况，指出虽然标准普尔 500 指数的加权值从顶部到底部下跌了约 50%，但同时加权标准普尔 500 指数几乎没有减少，所以这与智慧树金融公司得出的结果一致。

许多金融学家对此持有争议，如加州大学洛杉矶分校教授 Richard Roll 认为这些指标并非如均值-方差指标一样有效；详见 Levy and Roll（2009）。Rob Arnott 同样是对此持有不赞同态度的金融学家之一，也正是他首先提出了该看法。事实上，它只不过是一个模型，其中包含例如收益因素这样的根本性因素。理论上，一个积极管理的投资组合使用包含有 10 ~ 30 个因素的完整模型应该更好。Jacobs 和 Levy（1988）的一个大公司运用了类似思想，Ziemba 和 Schwartz（2000）也为日本做了类似的模型（见第 4.12 节对该模型的简要描述）。

摩根士丹利（MSCI）国家指数组成了有用的 ETFs，并且 RYDEX 的许多基金鼓励低手续费交易。基于货币因素以及地方和全球的经济形势对国家进行排序。哈佛教授 John Campell 提出了一个最简单的排序模型，其使用三个变量，短期（一年）动力、长期（十年）均值回归及由股息收益度量的价值。图 4-12 显示，结果最好的国家为日本和英国，最差为美国。图 4-13 显示出信息技术工业部门最好，金融部门最差。马萨诸塞州坎布里奇的阿洛斯瑞特（Arrowstreet）机构投资公司使用了类似思想。

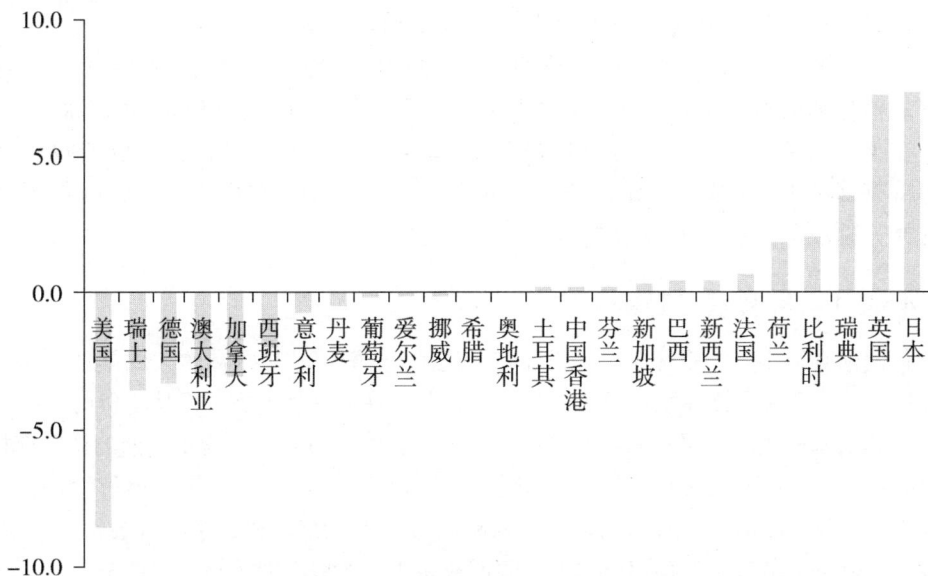

图 4-12　2009 年 4 月各国家和地区在职人员比重（%）（摩根士丹利资本国际公司世界指数）

资料来源：*Arrowstreet Journal*（2009）。

美林是股东，它可以用 100 股 10 美元的成本置换优先股。生物技术、半导体和宽带等业务部门也可以采取这种投资方式。

拥有许多股票和债券的 Barclay 公司在 ETF 领域非常活跃，其投资额占全球 ETFs 投资额的一半。但其余下的债券基金在 2008 年 9 月和 10 月也遭遇了一些流动性问题。在这种情况下，个人必须溢价购买。最近他们已经卖掉了共享部门。

耶鲁大学 Robert Shiller 教授支持 Macroshares，它是处理贸易和非流动市场的一种方式。这些基金都是成对的，当 100 美元为基础的市场下跌 2% 时，价高的基金应向价低的基金支付 2 美元。所以没有对冲的需要，但至关重要的是，高价基金

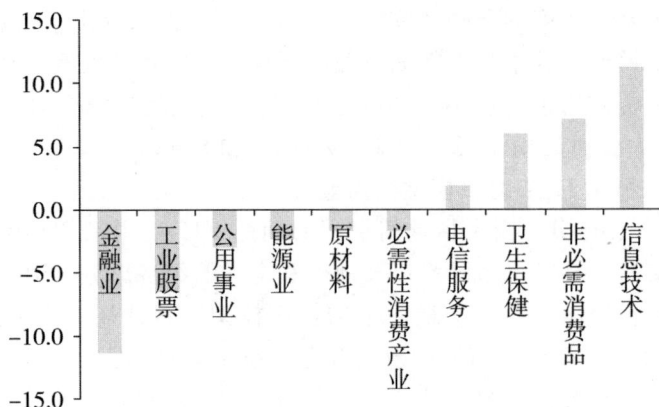

图 4-13　2009 年 4 月行业比重（％）（摩根士丹利资本国际公司世界指数）

资料来源：*Arrowstreet Journal*（2009）。

的投资者人数与低价基金的投资者人数相差无几。

正如本书的第 4.12 节中所讨论的，9 月和 10 月是在过去的 100 年里，全世界股市最糟糕的时候。但由于 ETFs 属于被动投资，因此你将会得到市场回报。

在美国甚至全球范围内有 500 种 ETFs 基金，人们有很多选择。巨资投资者手中都持有多种 ETFs 基金，如智慧树金融公司持有 36 种 ETF 基金。所以你可以多家选择，抑或只选择一种基金投资。

4.2.1　杠杆式 ETFs

首先你必须小心，就像沃伦·巴菲特所说的，"衍生品是财富的大规模杀伤手段。"也就是说，一个人应该谨慎和避免超额下注，并且在所有情况下，保持投资的多样性。

备兑认购期权和购买写入策略是相对安全的，并且有着与平均正预期的认股期权相同的优点。在到期日买入看涨股票和短期认购期权能够得到收益，并且能够缓冲买入看涨股票可能导致的损失。所以如果股票跌幅超过了保证金，那么个人就会损失。同样，收益的上限是卖出备兑认购期权加上认购期权减去购买股票时价格的保证金。

追踪 CBOE Buy Write Monthly（BXM）的基金，是标准普尔 500 基础上的买/写指数跟踪，其包括备兑认购期权基金（BEP）和激励共享的标准普尔 500 买写投资组合（PBP）。

具有保护性的认购期权等同于过去的投资组合保险，不同于可以下跌的期权，正如 1987 年 10 月发生的那样，可以说是一种认沽期权。你可以买入看涨股票和买入看跌期权。你支付保证金，所以获得去除保障金后的所有上涨收益；如果股票下跌，你将仅仅失去保证金。股票可以买自标准普尔 500、SPY 或者 SPDRs。我们知道，平均而言这是一个失败的策略，除非你能在像 2008 年 9 月和 10 月市场下跌之前那样做。第三种立场是为了对冲简单地买入看跌期权。

4.3　债券和固定收入

　　债券作为股票头寸的对冲是非常有用的。当股市下跌时，债券趋于上升，如图 4-14 和图 4-15 所示。尤其是 2000—2003 年和 2007—2009 年的股市下跌体现了其真实性。这便是通常建议养老基金和其他长期投资者应选择 40 ~ 60 只股票债券投资混合组合的主要原因。

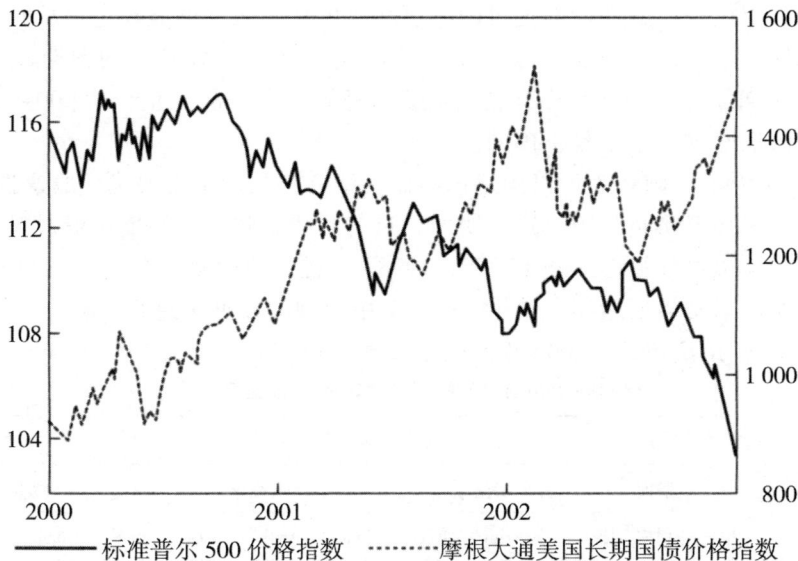

图 4-14　2000—2003 年标准普尔 500 指数和美国政府债券

　标准普尔 500 价格指数　……摩根大通美国长期国债价格指数

资料来源：Schroder Investment Management Ltd. （2002）。

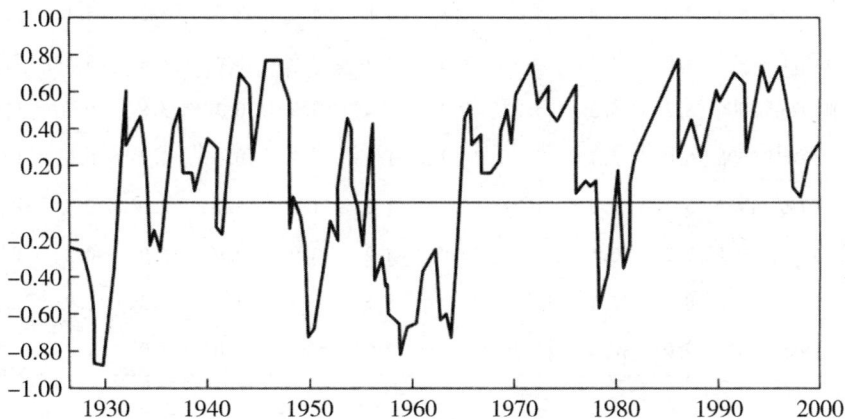

图 4-15　1925—2000 年美国股票与政府债券收益连续月度关联

资料来源：Schroder Investment Management Ltd. （2002）。

正如我们已经看到的。在图 4-3 中，债券作为一种长期的投资工具绩效远远低于名义的总股权和实际股权价值。因此，投资者必须注意不同投资类别的资产配置。

长期债券通常比短期债券有更高的回报。因此长期债券是"打击负债"的有用手段并能抵御未来负债。由于长期债券利率比票面利率更高些，因此短期损失变得并不重要。购买债券的目的是持有并支付未来即将到期的负债。

Van Antwerpen 等人（2004）认为，即使是当利率较低时，长期债券仍优于短期债券。其论点是：长期债券支付的息票利率更高，而且可能经过很长时间利率才会有实质性的增长。其分析结果表明，长期债券（其有着较高的预期收益和低风险）优于短期债券，特别是当有长期负债的时候。到目前为止，从 2004 年到 2009 年的数据已证明这一结论是正确的。

Bodie（1995）则认为可以构建债券投资组合，长期来看要优于股票投资组合。不幸的是，正如 Wilkie（1987）表明的，只有在特定收益的短期投资情况下，该观点是正确的。也可详见 Wilkie（1989，1998）。真正的问题是要随着时间的推移偿还负债，所以通常需要运用在第 14 ~16 章中出现的模型来进行计算。

表 4-5 显示了 1802—2006 年的固定收益回报率。

表 4-5　　　　　　1802—2006 年 12 月美国固定收入收益率（%）

			长期国债							短期国债		
		票面利率	名义收益率			实际收益率			票面利率	实际收益率		
			Comp	Arith	Risk	Comp	Arith	Risk		Comp	Arith	Risk
时期	1802—2006	4.8	5.0	5.1	6.2	3.5	3.9	8.8	4.3	2.8	3.0	6.0
	1871—2006	4.7	5.0	5.3	7.4	2.9	3.3	8.9	3.8	1.7	1.8	4.5
主要分段时期	I 1802—1870	4.9	4.9	4.9	2.8	4.8	5.1	8.3	5.2	5.1	5.4	7.7
	II 1871—1925	4.0	4.3	4.4	3.0	3.7	3.9	6.4	3.8	3.2	3.3	4.8
	III 1926—2006	5.2	5.5	5.8	9.2	2.4	2.9	10.3	3.8	0.7	0.8	4.0
二战后时期	1946—2005	6.0	5.7	6.2	10.2	1.6	2.2	10.9	4.7	0.6	0.6	3.2
	1946—1965	3.1	1.6	1.7	7.1	-1.2	-1.0	8.1	2.0	-0.8	-0.7	2.1
	1966—1981	7.2	2.5	2.8	12.0	-4.2	-3.9	12.9	6.9	-0.2	-0.1	2.4
	1982—1999	8.5	12.1	12.9	13.8	8.5	9.3	13.6	6.3	2.9	2.9	1.8
	1985—2006	7.0	10.4	11.0	12.3	7.2	7.7	12.0	4.9	1.7	1.8	2.1

资料来源：Siegel（2008）。

4.3.1　通胀保值债券（TIPS）

通胀保值债券（TIPS）是一种简单的债券方式，能使投资者免于遭受通货膨胀风险的危害。票面利率和本金根据消费者价格指数每半年进行调整。例如，太平洋投资管理公司（PIMCO）在 2009 年 6 月购买了两种债券，一种是到 2032 年 4 月 15 日，期限是 30 年的通胀保值债券，利率约为 1.64%；另一种是到 2018 年 1 月 15 日，期限为 10 年的通胀保值债券，利率是 1.06%，而到 2012 年 7 月 15 日，期限是 5 年的通胀保值债券的利率则是 0.0%。通胀保值债券的利率较低，是因为在某种意义上它是最安全的投资。通胀保值债券不仅具有普通国债的安全性，而且还免于遭受通胀的危害。在加拿大它们是为人所熟知的实际收益债券。

4.4　应对中期大崩盘预言的债券股票措施

　　提起债券股票措施，便可回想起 1987 年的美国，1990 年的日本，2000—2001 年、2002 年美国的崩盘。此想法是源于当作为衡量股票收益率高低的长期债券利率相较于价格收益太高时，几乎总会出现崩盘。那是因为债券和股票以战略资产配置的方式进行竞争。我们使用了 Ziemba 和 Schwartz（1991），Ziemba（2003），Berge、Consiglio 和 Ziemba（2007）以及 Ziemba 和 Ziemba（2007）提出的差分法，得出了不同结果。

　　图 4-16 使用比率或对数方法，其相当于现在的美联储模型。详见 Koivu、Pennanen 和 Ziemba（2005）。图 4-16 中 2002 年标准普尔 500 指数下跌 22%。

　　1988 年，Ziemba 在日本山一证券研究所的一个研究小组中开始使用这些方法。他们预测到 1987 年的崩盘，见表 4-6 和图 4-17，并且观察到所有三个危险区域违例均导致收益超过 10% 的下降。该方法同样也预测到 1990 年日本的崩盘，并在 1989 年末通过他的一个研究小组成员告诉山一证券的高管，但却被忽视了。山一证券研究所在 1995 年破产。如果他们当初听了 Ziemba 和他的研究组所说的话，那么研究所应该会免于破产。他们本可以花 100 万美元进行 1 个小时的咨询从而获得多于其花费 1 000 倍的利润，但他们认为回到家里享受快乐比倾听教授所得出的实验结果重要得多。Ziemba 怎么可能了解日本股票市场？事实上所有的经济学思想就在那，详见 Ziemba 和 Schwartz（1991）。Ziemba 真的很享受这些讲座、晚宴和高尔夫，但是他更为注重自己的想法被他人尊重采纳。

　　■ 伟大的经济学家保罗·萨缪尔森写信给津巴说：整个日本股票市场是像口香糖一样胶着在一起的。从某种程度上来说他是对的。津巴确实发现所有美国研究的异常现象、预测模型等方面仍适用于日本 1948—1988 年的数据（Ziemba 和 Schwartz，1991）。

　　■ 津巴发现从 1948—1988 年，每当测量日本市场处于危险区域时，日本市场的收益就将无一例外下跌 10% 甚至更多。这是 12/12，但是其他 8 个 10% 的下跌没有预测到。从 1948—1989 年，日经股票平均指数上涨了 221 倍日元和 550 倍美元，但也曾有过超过 10% 的下跌。1989 年末该模型在危险区域时的读数达到最高，并

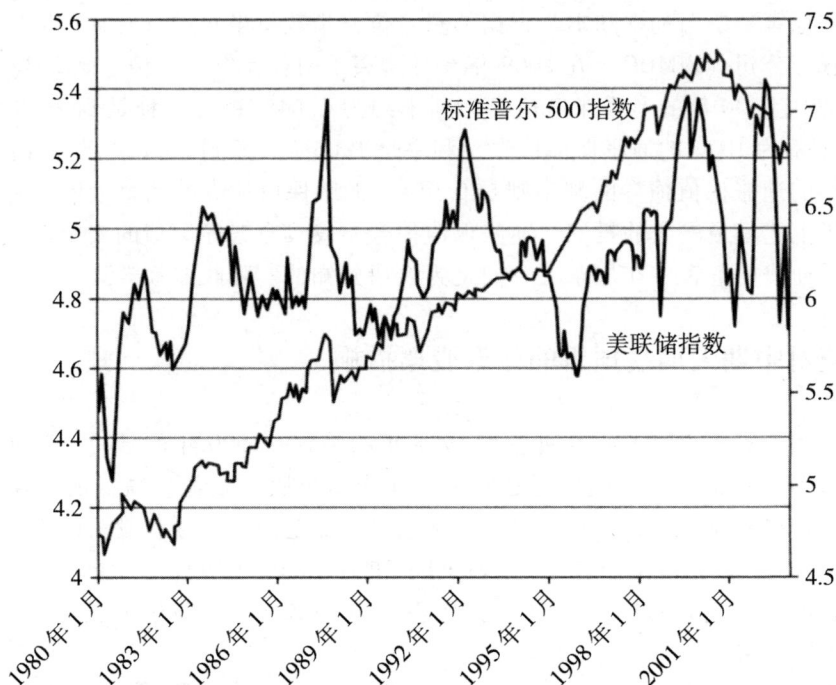

图4-16　美联储模型，1980—2002年债券-股票对数收益率

资料来源：Koivu, Pennanen, and Ziemba（2005）。

预测到从1990年1月开始的崩盘。

■ 1988年，乔治·索罗斯在债券股票模式进入危险区域并失去数百万之前做空了日本。他还在2000年因为做空太快而失去了数百万。但是无须担心，他已经创建并持续在网络上扩大，使得大多数年份收益达到数十亿。

■ 如果他一直等到1989年深秋，模型暗示做空的时候再做空，他将会赚到几百万。

■ 在不止一次的加息情况下，股市于1989年12月底达到顶峰。

■ 然后从1990年1月开始，第一个交易日后股市开始下跌，整体下降56%。

表4-6显示股票市场存在着极大的危险，因为30年期限的政府债券的收益率远远高于通常的股票市场收益率，而股票市场收益率往往是以去年的报告市盈率的倒数进行衡量，这些高利率总是导致股市崩盘。这里，危险指标在1987年4月超过了一个统计95%置信区间（标准普尔500指数为289.32），在8月和9月股市进一步深入危险区，但市场忽略了这个信号，于是在1987年10月最终股市崩溃。标准普尔500指数峰值为8月底时的329.36，但在1987年11月底时低至245.01，这是每月数值。在2007年10月19日，星期一崩盘时实际下降了22%的现金和29%的期货。长时间对不同国家的测量研究显示，危险区域的股票继续反弹，可以相当肯定的是，一旦它们进入欧元区最终会下跌，即在一年之

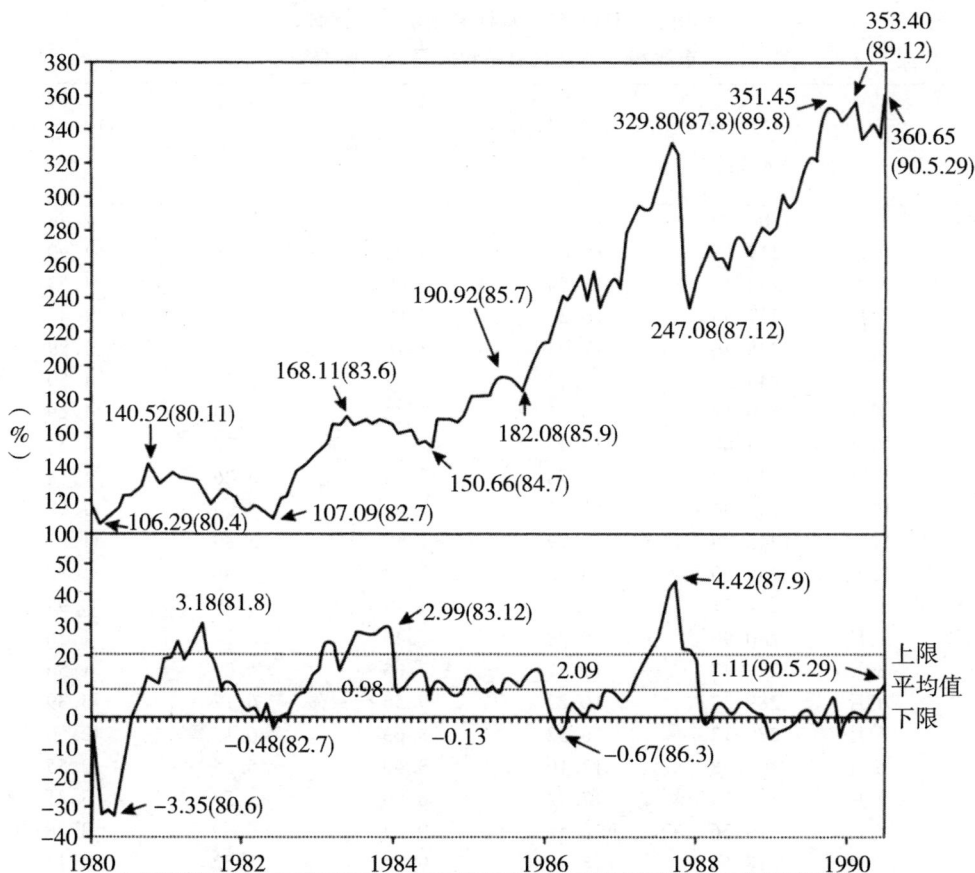

图 4-17　标准普尔 500 指数 1980—1990 年微差分模型的债券-股票收益率

资料来源：Ziemba and Schwartz（1991）。

日期/水平	扩散值，%	标准普尔 500 指数
1990 年 5 月 29 日	1.11	360.65
平均值	0.98	355.00
上限	2.09	415.00
下限	-0.13	309.00

内下跌 10% 或更多。同样，有一个类似的信号在 1999 年被大多数美国标准普尔 500 指数投资者所忽略，结果导致了 2000 年 8 月股市开始崩盘，2001 年 2 月股市变得疲软，稍后将对此进行讨论。从 1970 年到 2000 年五大市场关于该措施的研究（美国、日本、加拿大、德国和中国香港），详见 Berge、Consigli 和 Ziemba（2007）。简单规则如下：

表 4-6　　　　　　　　　　1984—1988 年 8 月标准普尔 500 指数、
市盈率、国债收益率和股票溢价收益率

		标准普尔500 指数	市盈率,%	(a)30 年期国债收益率,%	(b)每股收益率,%	(a) - (b),%
1986 年	1 月	208.19	14.63	9.32	6.84	2.48
	2 月	219.37	15.67	8.28	6.38	1.90
	3 月	232.33	16.50	7.59	6.06	1.53
	4 月	237.98	16.27	7.58	6.15	1.43
	5 月	238.46	17.03	7.76	5.87	1.89
	6 月	245.30	17.32	7.27	5.77	1.50
	7 月	240.18	16.31	7.42	6.13	1.29
	8 月	245.00	17.47	7.26	5.72	1.54
	9 月	238.27	15.98	7.64	6.26	1.38
	10 月	237.36	16.85	7.61	5.93	1.68
	11 月	245.09	16.99	7.40	5.89	1.51
	12 月	248.60	16.72	7.33	5.98	1.35
1987 年	1 月	264.51	15.42	7.47	6.49	0.98
	2 月	280.93	15.98	7.46	6.26	1.20
	3 月	292.47	16.41	7.65	6.09	1.56
	4 月	289.32	16.22	9.56	6.17	3.39
	5 月	289.12	16.32	8.63	6.13	2.50
	6 月	301.38	17.10	8.40	5.85	2.55
	7 月	310.09	17.92	8.89	5.58	3.31
	8 月	329.36	18.55	9.17	5.39	3.78
	9 月	318.66	18.10	9.66	5.52	4.14
	10 月	280.16	14.16	9.03	7.06	1.97
	11 月	245.01	13.78	8.90	7.26	1.64
	12 月	240.96	13.55	9.10	7.38	1.72
1988 年	1 月	250.48	12.81	8.40	7.81	0.59
	2 月	258.10	13.02	8.33	7.68	0.65
	3 月	265.74	13.42	8.74	7.45	1.29
	4 月	262.61	13.24	9.10	7.55	1.55
	5 月	256.20	12.92	9.24	7.74	1.50
	6 月	270.68	13.65	8.85	7.33	1.52
	7 月	269.44	13.59	9.18	7.36	1.82
	8 月	263.73	13.30	9.30	7.52	1.78

资料来源：Ziemba and Schwartz（1991）。

当债券股票收益率模型不是在危险区域时留在股票市场，而当模型在危险区域时持有现金。

以较低风险和较高的夏普指数约双倍买入和持有债券股票将会得到最终财富。

可以看出该方法虽能成功地预测到未来崩盘，但是何时、何种程度并没有准确的方式知晓。然而，长期均值回归表明，牛市时间越长，所要采取措施的代价越高昂，衰退的程度越深。可以将该方法作为经济计量体系的一部分以估计未来情景。

　　每当日本的传播超过 4.23（高于 95% 的置信度），立即就会出现崩盘现象。在 1989 年底，该方法处在危险区域。1990 年第一个交易日的日经平均指数达到峰值 38 916，股市开始下跌（第 21 次崩盘）。详见图 4-18。1990 年 5 月时的 4.88 意味着即使市场从 39 816 跌至 32 818，股市仍处于危险区域，下限为 17 303，上限为 23 754，所以 32 818 这个数值仍偏高，市场随后下跌低于此数值。2009 年低于 1989 年名义价格峰值的 80%，远低于 10 000。Ziemba 派 Iishi 到日本将这一结果告知山一证券的最高管理层并阐明 1989 年市场存在更大的危险，糟糕的是山一证券未听取，结果于 1995 年破产并最终不复存在。

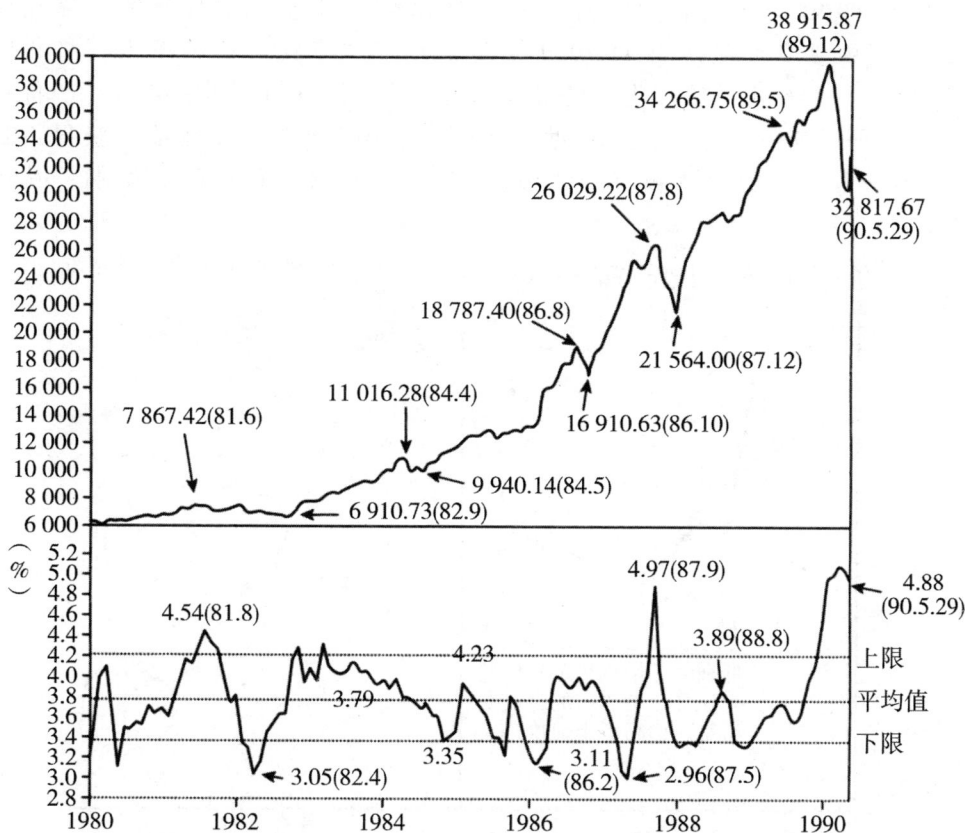

日期/水平	扩散值,%	NSA 值
1990 年 5 月 29 日	4.88	32 818
平均值	3.79	20 022
上限	4.23	23 754
下限	3.35	17 303

资料来源：Ziemba and Schwartz（1991）。

图 4-18　1980—1990 年 NSA 差分模型债券-股票收益

　　该模型还表明，截至 1990 年 5 月 29 日 4.88 的估值仍然很高。没过多久就出现了第 22 次崩盘。有趣的是，1990 年 10 月 1 日，接近于第 22 次崩盘时，NSA 为 20 222，而这几乎为均值。同时，图 4-17 所示为 1990 年 5 月 29 日依据标准普尔 500 进行计算所得的相同结果。事实上，自 1987 年 9 月时达到 4.42 的峰值之后，债券-股票收益率持续低于均值。然而，1990 年 5 月 29 日的峰值为 1.11，稍高于均值水平，并且是自 1987 年秋季以来最高的。

　　自 1990 年初以来，日本股市和房地产市场已经疲软长达 20 年，且到即将到来的 2009 年依然黯淡，这其中包含许多因素，如政治和经济等因素。但自 1990 年年初直到 8 月，利率却连续上升了 8 个月之久，详见图 4-19。图中垂直线显示自 1990 年 1 月 1 日开始下跌。这种过度杠杆化的经济紧缩太过极端。容易获得的廉价货币，导致 20 世纪 80 年代资产价格的飙升，而后进一步转变为 20 世纪 90 年代资产价格昂贵且难以获得。自 1990 年以来，经济和金融市场经历了 20 年的疲软和较低的利率期，从未恢复。

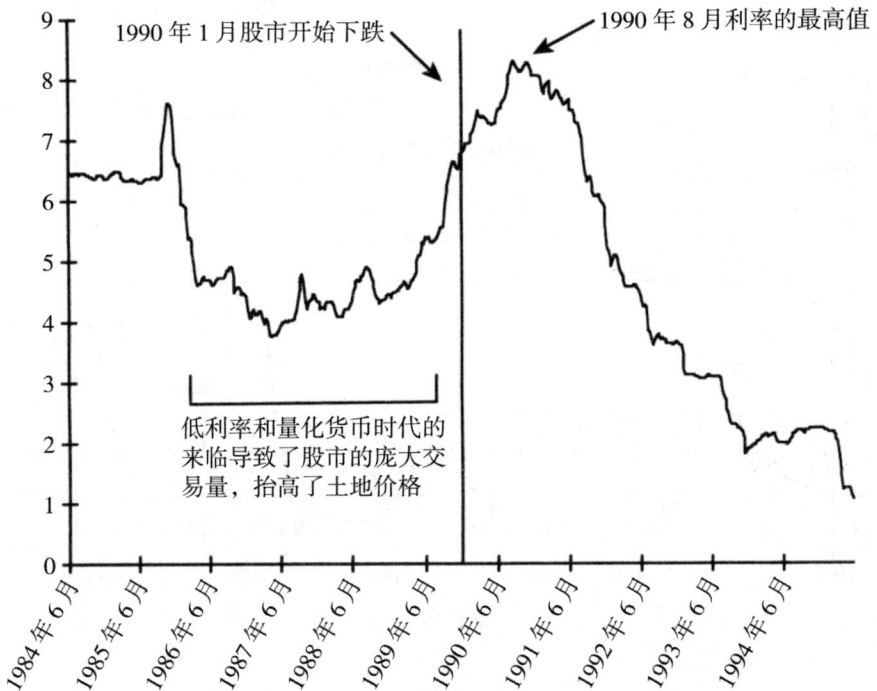

图 4-19　1984 年 6 月—1995 年 6 月日本的短期利率

4.4.1　2000—2003 年标准普尔 500 指数的崩盘

1995 年 1 月底，标准普尔 500 指数为 470.42。然而在 1996 年底，也就是艾伦·格林斯潘做出关于美国股票市场的非理性繁荣演讲的时期，标准普尔 500 指数为 750。标准普尔 500 指数于 2000 年 3 月 24 日达到 1 527.46，4 月 4 日跌至 1 356.56。之后在 9 月 1 日，也就是劳动节之前的星期五接近峰值，并达到 1 520。从 1999 年 4 月债券–股票崩盘模型开始处于危险区，并随着时间的推移而加深。同时，标准普尔 500 指数由 1998 年 12 月底的 1 229.23 上涨到 1999 年 12 月底的 1 460.25。期间市盈率持平，仅从 32.34 增加到 33.29，而长期债券的收益率从 5.47 上升到 6.69。在 2001 年 9 月 11 日之前，9 月 7 日标准普尔 500 指数跌至 1 085。

表 4-7 和图 4-20（a）对 1995 年 1 月到 1999 年 12 月进行了详细描述。1999 年 4 月传播达到 3，在 95% 的置信区间内达到危险区域，1999 年 12 月时升至 3.69。这正是崩盘设定的阶段，如图 4-21（a）所示，市场确实发生了崩盘。长期均值回归表明，1996—2000 年标准普尔 500 指数价值相较于 1991—1995 年时较高一些，后者那一时期的线性差值所得值与 2003 年 5 月时相近。

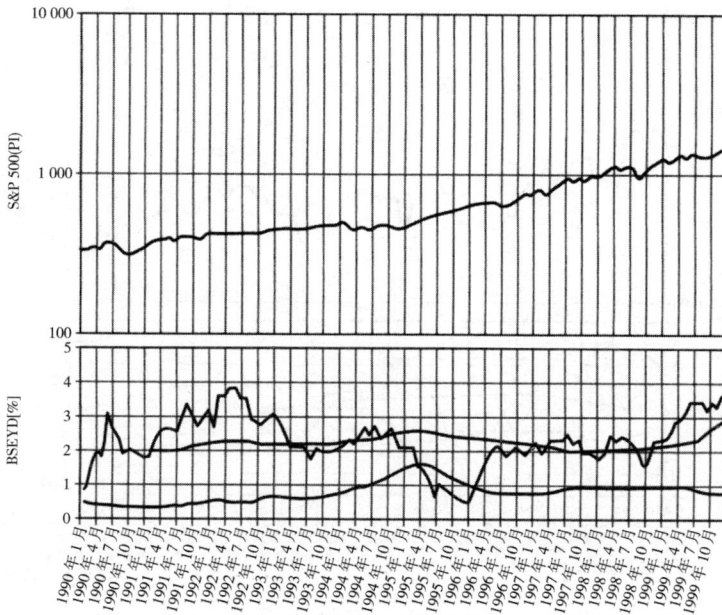

（a）1995—1999 年标准普尔 500 指数差分模型的债券 – 股票收益

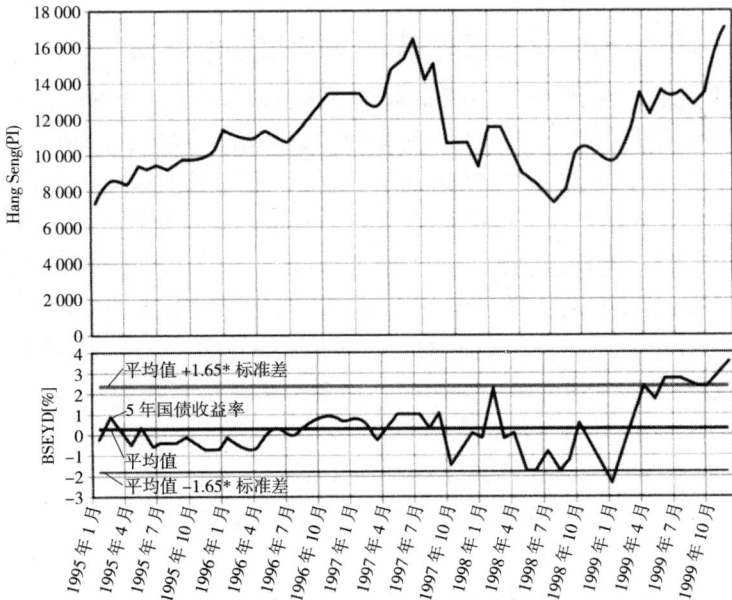

（b）1995—1999 年 5 年国债的恒生指数和 BSEYD
（通过 1994 年 10 月—1999 年 12 月计算 BSEYD 均值与标准差）

1990—1999 年 10 年国债的日经 225 指数和 BSEYD 变动情况
（BSEYD 平均值，SD 是 5 年平均值）

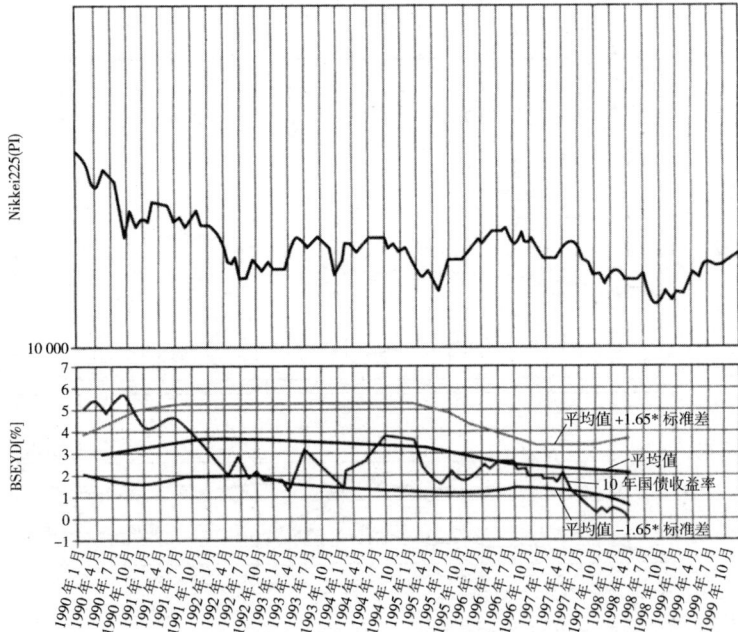

（c）10 年国债的日经股指平均值和 BSEYD
（通过 1994 年 10 月—1999 年 8 月的计算 BSEYD 均值与标准差）

图 4-20　标准普尔 500 指数、恒生指数和日经指数差分模型的债券-股票收益

资料来源：K. Berge and W. T. Ziemba（2006）。

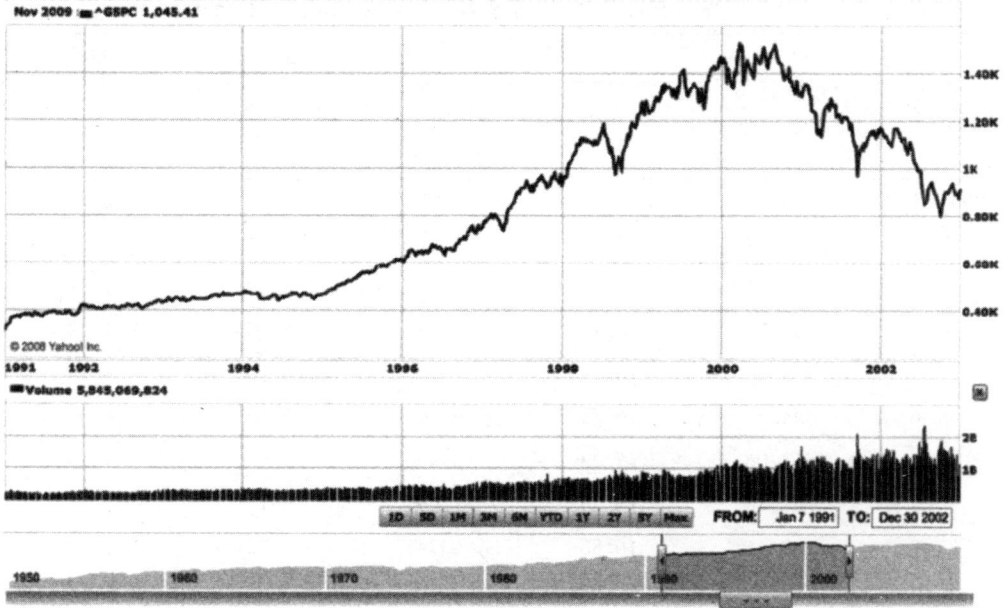

（a）1991—2002 年

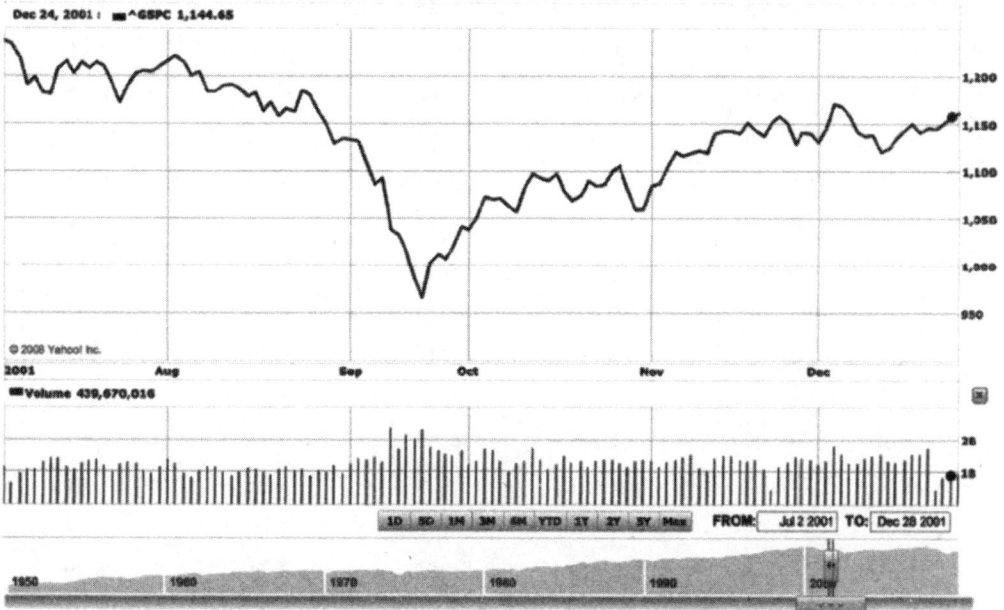

（b）2001 年 9 月 11 日前后

图 4-21　标准普尔 500 指数

资料来源：Yahoo! Finance。

表 4-7　　　　1995—1999 年标准普尔 500 债券和股票收益的差分模型结果

年份	月份	标准普尔 500 指数	a 市盈率，%	b 30 年国债 收益率，%	c=1/a 股票回报率，%	b-c 崩盘信号，%
1995	1 月	470.42	17.10	8.02	5.85	2.17
	2 月	487.39	17.75	7.81	5.63	2.18
	3 月	500.71	16.42	7.68	6.09	1.59
	4 月	514.71	16.73	7.48	5.98	1.50
	5 月	533.40	16.39	7.29	6.10	1.19
	6 月	544.75	16.68	6.66	6.00	0.66
	7 月	562.06	17.23	6.90	5.80	1.10
	8 月	561.88	16.20	7.00	6.17	0.83
	9 月	584.41	16.88	6.74	5.92	0.82
	10 月	581.50	16.92	6.55	5.91	0.64
	11 月	605.37	17.29	6.36	5.78	0.58
	12 月	615.93	17.47	6.25	5.72	0.53
1996	1 月	636.02	18.09	6.18	5.53	0.65
	2 月	640.43	18.86	6.46	5.30	1.16
	3 月	645.50	19.09	6.82	5.24	1.58
	4 月	654.17	19.15	7.07	5.22	1.85
	5 月	669.12	19.62	7.21	5.10	2.11
	6 月	670.63	19.52	7.30	5.12	2.18
	7 月	639.96	18.80	7.23	5.32	1.91
	8 月	651.99	19.08	7.17	5.24	1.93
	9 月	687.31	19.65	7.26	5.09	2.17
	10 月	705.27	20.08	6.95	4.98	1.97
	11 月	757.02	20.92	6.79	4.78	2.01
	12 月	740.74	20.86	6.73	4.79	1.94
1997	1 月	786.16	21.46	6.95	4.66	2.29
	2 月	790.82	20.51	6.85	4.88	1.97
	3 月	757.12	20.45	7.11	4.89	2.22
	4 月	801.34	20.69	7.23	4.83	2.40
	5 月	848.28	21.25	7.08	4.71	2.37
	6 月	885.14	22.09	6.93	4.53	2.40

续表

年份	月份	标准普尔500 指数	a 市盈率,%	b 30 年国债收益率,%	c = 1/a 股票回报率,%	b-c 崩盘信号,%
	7 月	954. 29	23. 67	6. 78	4. 22	2. 56
	8 月	899. 47	22. 53	6. 71	4. 44	2. 27
	9 月	947. 28	23. 29	6. 70	4. 29	2. 41
	10 月	914. 62	22. 67	6. 46	4. 41	2. 05
	11 月	955. 40	23. 45	6. 27	4. 26	2. 01
	12 月	970. 43	23. 88	6. 15	4. 19	1. 96
1998	1 月	980. 28	24. 05	6. 01	4. 16	1. 85
	2 月	1 049. 34	25. 09	6. 00	3. 99	2. 01
	3 月	1 101. 75	27. 71	6. 11	3. 61	2. 50
	4 月	1 111. 75	27. 56	6. 03	3. 63	2. 40
	5 月	1 090. 82	27. 62	6. 10	3. 62	2. 48
	6 月	1 133. 84	28. 65	5. 89	3. 49	2. 40
	7 月	1 120. 67	28. 46	5. 83	3. 51	2. 32
	8 月	97. 28	27. 42	5. 74	3. 65	2. 09
	9 月	1 017. 01	26. 10	5. 47	3. 83	1. 64
	10 月	1 098. 67	27. 41	5. 42	3. 65	1. 77
	11 月	1 163. 63	31. 15	5. 54	3. 21	2. 33
	12 月	1 229. 23	32. 34	5. 47	3. 09	2. 38
1999	1 月	1 279. 64	32. 64	5. 49	3. 06	2. 43
	2 月	1 238. 33	32. 91	5. 66	3. 04	2. 62
	3 月	1 286. 37	34. 11	5. 87	2. 93	2. 94
	4 月	1 335. 18	35. 82	5. 82	2. 79	3. 03
	5 月	1 301. 84	34. 60	6. 08	2. 89	3. 19
	6 月	1 372. 71	35. 77	6. 36	2. 80	3. 56
	7 月	1 328. 72	35. 58	6. 34	2. 81	3. 53
	8 月	1 320. 41	36. 00	6. 35	2. 78	3. 57
	9 月	1 282. 70	30. 92	6. 50	3. 23	3. 27
	10 月	1 362. 92	31. 61	6. 66	3. 16	3. 50
	11 月	1 388. 91	32. 24	6. 48	3. 10	3. 38
	12 月	1 469. 25	33. 29	6. 69	3. 00	3. 69

资料来源：Berge and Ziemba（2001）。

标准普尔 500 指数从 1998 年底的 1 229.23 和 1999 年底的 1 460.25，上升到 2000 年 3 月 24 日的 1 527.46；4 月 4 日时下跌至 1 356.56；9 月 1 日，标准普尔 500 指数回升至 1 420，略低于 4 月 7 日时的 1 516.35。市盈率较高，并且比较平缓，从 1998 年底的 32.34 上升至 1999 年底的 33.29。根据债券-股票收益差分模型分析，导致市场进入危险区域的因素是长期债券利率的上升，即 1999 年期间由 5.42 增加到 6.69。1999 年 4 月时为 3.03，传播率仍处于危险区域，且随时间推移逐渐进入更加危险的区域，并于 1999 年 12 月达到 3.69。

与此同时，恒生指数也处于危险区，如图 4-20 （b）所示。图 4-22 显示了纳斯达克 100 指数，指数越高，下跌越严重。但是，均值回归线显示 2002 年时的指数价值与 1991—2002 年的收益盈余相一致。

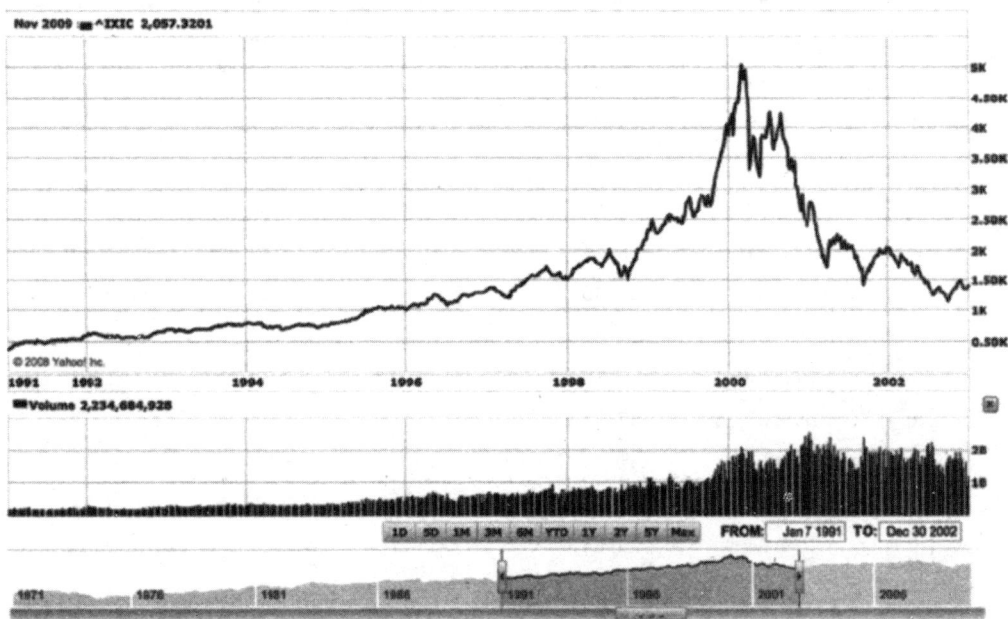

图 4-22　1990—2002 年的纳斯达克指数

资料来源：Yahoo! Finance。

日本的情况很难用该模型进行解释。因为其市盈率较高但利率接近于零，因此会出现一个接近 0-0 情况，所以，该模型似乎并不适用于 1999 年的日本。该模型不在危险区且收益率差异近于零。参见图 4-20 （c）。

标准普尔 500 指数从 2000 年 3 月时峰值的 l 527，戏剧性地下跌至 2000 年 9 月的 1 085，进一步的下跌出现在 2001 年和 2002 年。参见图 4-20 （c）。2003 年 5 月的最低点接近于 2002 年 10 月 10 日时的 768.63。这种下跌趋势类似于之前的崩盘。也有其他的信号：

历史经验表明，紧缩时期通常伴随着几个指标股价值的急剧下跌，然后是大盘

市场的缓慢下跌。(《环球邮报》，PaulBagnell，1999 年 11 月底)

图 4-23 显示了 1999 年和 2000 年期间加拿大多伦多证券交易所（TSE 300）的崛起，以及随后 2001 年和 2000 年的衰落。1999 年期间 TSE300 上涨了 31%，但若没有三支高市盈率、高价股的话，获益就只有 3%。北电网络即市场价值最大的得利者，其股价峰值达 120 美元，之后在 2002 年底时约为 1.70 美元，2003 年 3 月时约为 3 美元，而到 2009 年时低于 1 美元。

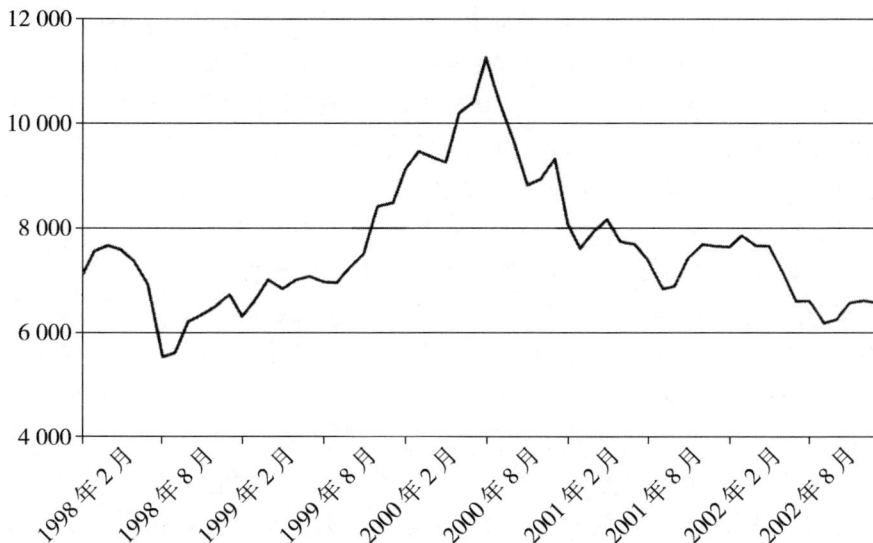

图 4-23　1998 年 2 月—2003 年 1 月多伦多股市交易量

股票收益集中于少数几个股票，它们的势头及规模是衡量股票绩效的关键变量，1997 年之前这种股票在欧洲和北美有所增加。表 4-8 显示 1998 年北美和欧洲的大盘股有着最高的回报，但在亚洲和日本，小盘股的表现优异。该情况与 1995—1999 年的情况相似，并与 1998 年和 1999 年的情况惊人的相似。

表 4-8　**MSCI 指数的基于五分位数分组市盈率**（12/31/1997—12/31/1998）

五分位数	全球 总收益			北美地区 总收益			欧洲地区 总收益			拉美地区 总收益			亚洲地区（日本除外） 总收益			日本 总收益		
	市盈率	每股盈利	总市值	市盈率	每股盈利	总市值	市盈率	每股盈利	总市值	市盈率	每股盈利	总市值	市盈率	每股盈利	总市值	市盈率	每股盈利	总市值
1（最高）	57	13%	48%	48	20%	63%	55	25%	53%	31	-38%	-31%	36	-6%	7%	134	8%	-5%
2	25	13%	45%	26	16%	43%	24	24%	25%	19	-32%	-21%	18	10%	10%	39	16%	16%
3	18	9%	30%	20	7%	24%	19	16%	32%	14	-38%	-28%	13	15%	11%	29	15%	12%
4	14	-1%	17%	17	1%	30%	15	-0.4%	35%	9	-34%	-37%	8	-2%	13%	22	28%	24%
5（最低）	8	3%	17%	13	-1%	11%	10	-3%	13%	5	-27%	-25%	5	19%	35%	14	38%	32%

耶鲁大学行为金融经济学家罗伯特·希勒（Robert Shiller 2000）有影响力的著

作《非理性繁荣》于 2000 年 4 月上市。这是一个抓准市场时机而取得的巨大成功的上市，特别是其看跌观点与图 4-20 和表 4-18 相符合。希勒的图 4-10（a）、（b）证明，2000 年时非常高的市盈率与收入相关，而在 1995—2000 年期间收入大部分增长，与表 4-7 所示标准普尔 500 指数相类似。罗伯特·希勒绘制的包含超过 100 年数据的图表非常有说服力，1996—2000 年期间股票市场相对于历史标准来说价格过高。

1. 我们应该可以采取措施，例如债券-股票差分或利用像希勒的图表研究来创建更好的方案。本书中，我们认为均值是收益分布最为重要的一部分，这里很明显，也正如图 4-14 中所示的 2000—2002 年期间的标准普尔 500 指数提醒我们的那样。我们将会在第 5 章中讨论 2003 年之后的债券-股票收益率差分模型。

2. 这种方法的危险程度也表明，方案所显示的收益的整个分布应该向左移向较低的和不稳定的回报。众所周知，随着市场下跌，股票波动性增强。Koivu、Pennanan 和 Ziemba（2005）提出了创建类似方案更好的方法。

3. 证据表明，长期来看，股票表现好于债券和短期国库券，以及长期投资的其余大多数金融资产，详见 Siegel（2008）、Dimson、Marsh 和 Staunton（2009）以及图 4-3（a）、4-3（b）和表 4-3。一般来说，通货膨胀时期股票表现优异，而通货紧缩时期则是债券表现较优，参见 Smith（1924）。那么为什么股票表现普遍优于债券呢？"一个主要的原因是企业保留盈利，在此基础上进而创造更多的收益和股息"（1925 年 J. M. 凯恩斯回顾史密斯（1924）并被巴菲特（2001）转引）。经济增长的时候，公司以与经济利润正相关的预期收入的固定成本借贷，所以从长远来看，股票作为经济的"晴雨表"，股市应该以生产率速度同步增长。

4. 偶尔会出现一长段时间内股票的表现不如另类资产。来自西格尔（2008）的图 4-3（b）显示出以 2006 年美元价格衡量，1885—2006 年的琼斯股票价格平均指数，图 4-14 显示的是 2000—2002 年期间指数。当债券表现优于股票时，正如后一个时期，它们通常与股票负相关，见图 4-15，其表现出变化的相关性。1982—1999 年期间，每年欧盟国家的股票收益超过债券 10%。问题是我们是否应该倒退回到两类资产反向变动的时期，或者是否仅仅表明这只是一个暂时现象。

此外，1802 年以来的美国和 1 700 年以来的英国历史表明，时间越长，这种优势越有可能发生。Siegel（2008）表明，1926—2006 年期间所有 30 年期限和大多数 20 年期限股票的表现都优于债券，超过 30 年期限的，以过去为基础，股票和短期债券收益超过 100% 是最优的（利用均值-方差模型）。Siegel 利用一系列风险容忍态度的衡量指标，如极端保守主义和风险承担。通过利用 Kallbergl-Ziemba（1983）的结果设计这些比较容易设计的指标，赋值 Arrow-Pratt 风险规避值，正如已经做的 Siegel 的表 4-4 中的第二栏。超过 100% 意味着较多持有股票或杠杆长期头寸，这将削减债券或现金。

4.5　对冲基金

对冲基金也是一种主要的投资方式。它独立于股票和其他市场，在所有市场都能产生正收益，并且无论是上涨、下跌或横盘。对冲基金是有利可图的，其运行收取 2% 特有的资产管理费，以及高水位系统的 20% 的净利润，然而这种激励费用只有在盈利的时候才会收取。但是如果对冲基金停止运营或再也没有达到更高水准，那么之前的费用通常不会返还。目前在 2009 年 6 月有许多对冲基金正处于这种情况，预计 2007 年时存在的对冲基金将有大约一半到 2010 年时将不复存在。但是最近对冲基金资本外逃有所放缓。根据对冲基金研究机构和 Eurekahedge 的数据，相较于 2008 年第 4 季度 778 家对冲基金倒闭，到 2009 年第 1 季度时有 376 家对冲基金倒闭，包含约有 9 050 只基金，参见 Gangahar（2009）。不过，普通对冲基金和组合式对冲基金通常收取额外 1% ～10% 的费用，在此基础上考虑各种费用，单个对冲基金是较好的投资选择。因此它们确实是富有的投资者、退休基金以及大学捐赠基金等最喜欢的投资方式。降低收费以确保新的永久性资本是有压力的。许多对冲基金都将新资金从 2＋20 减少至 1.5＋10，这将大大降低收费，参见 Brewster（2009）。低于基准的基金不提供奖励费，这是许多对冲基金通常表现不佳的一个因素。在某些情况下，例如加州公务员退休基金，在一年亏损后由收益良好的基金提供一项弥补性收入的费用。此外，利用不太昂贵的 ETFs 尽力复制对冲基金策略也是可能的，如卖空市场、双做空市场以及认购期权，Hasanbodzic 和 Lo（2007）研究如何能够复制以及讨论了一些此类 ETFs 的陷阱。

在选择对冲基金或组合式对冲基金时也有很多注意事项。尤其是重点考虑管理行为的风险承担能力。Kowenberg 和 Ziemba（2007）用连续时间理论模型及实证研究两种方式对管理行为进行了研究。

在连续时间模型中，他们研究激励费用和经理的投资基金如何影响对冲基金经理的投资策略。行为金融学的目标函数显示基金的损失超过其激励费用获取时点的回报收益。损失规避的经理随着较高的激励费用增加了基金投资策略的风险。然而，如果经理将自己一大部分的资金投入到基金之中（至少30%），承担的风险将大大降低。他们利用从 1977 年到 2000 年的苏黎世对冲基金的数据，对风险承担和激励费用之间的关系进行经验分析。设置奖励费的对冲基金明显有着较低的平均收益（净费用），然而下行风险与激励费用水平呈正相关关系。收取高额的激励费用的组合基金实现了相对较高的平均收益，但同时其风险也显著提升。

图 4-24 显示了关于三个不同层次（5%，20% 和 50%）的经理持有基金份额的激励费用方程风险损失隐含水平。在没有奖励费的情况下（β＝0），经理的隐含损失规避水平为 2.25。随着激励费用增加，基金经理隐含的损失规避水平开始下

降，这表明经理最好少关注损失，而更多地关注收益，因为在模型中假设了凸的补偿结构。如果经理自己拥有其中大部分基金，那么激励费用对隐性损失规避的负面影响会减小。

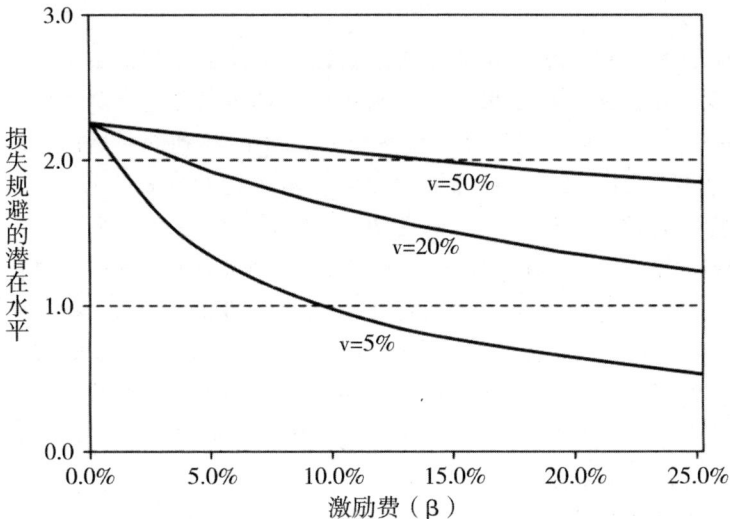

图 4-24   激励费用方程的潜在损失规避水平，固定费 $\alpha = 1\%$，
经理持有基金份额的不同水平（用 v 表示）的队列

资料来源：Kouwenberg and Ziemba（2007）。

图 4-25 显示基金经理需要承担更多的风险以应对不断增长的激励费用。当基金价值低于基准时，风险的增加更为明显。由于预期理论价值方程的结构，没有激励费用的基金经理所承担的风险将会增加，且基金价值较低时风险亦会增加，激励费用会放大这种行为。图 4-26 显示了改变经理自身持有基金份额 v 对最优投资策略的影响，假设激励费 β 为 20%。基金经理份额的增加可以完全改变风险承担。当份额为 10% 或更低时，激励费用的结果是经理行为极大地寻求风险。然而，当其所持股份有 30% 或更多时，投资策略就会与 100% 所有权的基础情况（没有激励费用）十分相似。

典型的对冲基金收取 20% 的激励费用。对于对冲基金投资者而言，了解此类收费安排的成本是重要的。激励费用可看成是对行使价 β（T）基金价值的看涨期权，投资者将其作为对基金经理额外的管理补偿。

图 4-27 描述了激励费用的 20% 作为基金经理持有股份的函数。激励费用 20% 值的范围为初始资金价值的 0% 到 17%，这取决于经理个人持有的股份。如果基金经理的基金股份是 100%，那么经理根本不必关心激励费用，也不必谨慎地进行管理，因为它就是个人账户。然而，当经理的基金股份变为零时，经理开始增加投资策略的风险以从激励费用合同中获得更多的利润，期权的价值也极大增加。

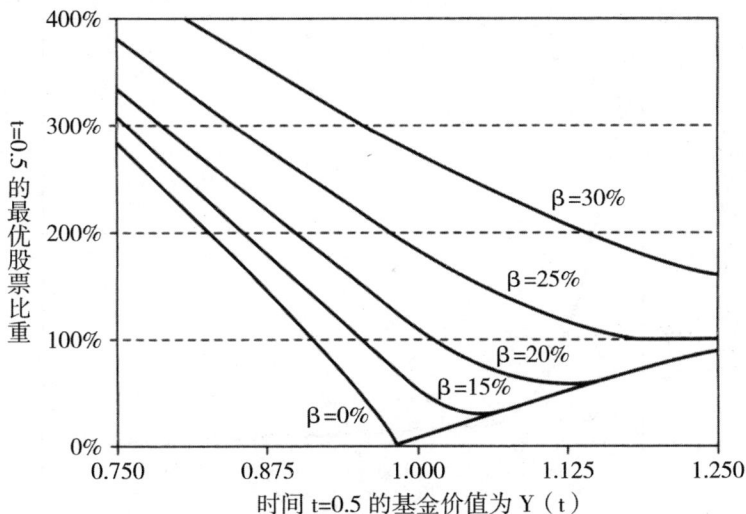

图 4-25　在时间 t 处基金值方程的最优股票比重，基金中经理持股 v = 20%，
不同标准的激励费的队列，用 β 表示

资料来源：Kouwenberg and Ziemba（2007）。

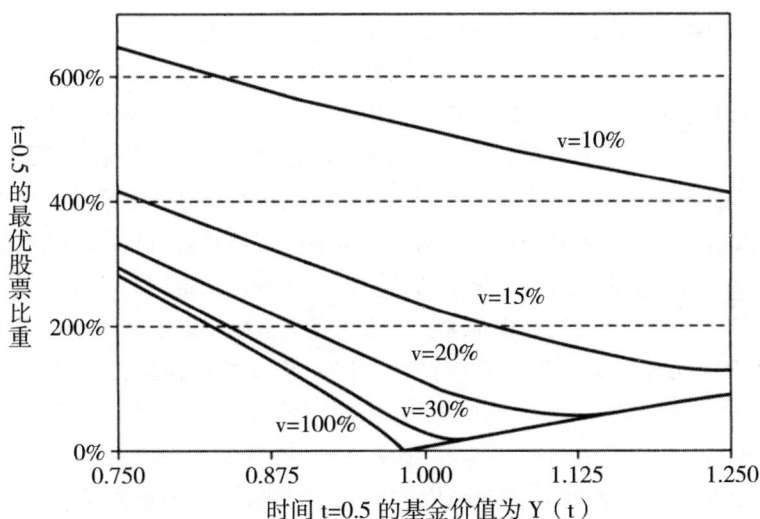

图 4-26　在时间 t 处基金值方程的最优股票比重，激励费 β = 20%，
经理持有基金份额的不同水平（用 v 表示）的队列

资料来源：Kouwenberg and Ziemba（2007）。

　　Kouwenberg 和 Ziemba（2007）使用苏黎世对冲基金（以前被称为 MAR 数据库），分析了带有激励费用的对冲基金经理在实践中是否承担更高的风险。他们使用一个关于激励费用水平和四个控制变量的风险截面回归方程。除了波动性以外，他们使用了可替代的风险度量，将最大跌幅和第一次下跌的时刻作为因变量。他们通过利用对数变换和偏态 T 误差分布校准了高度非正态的风险度量的截面分布。

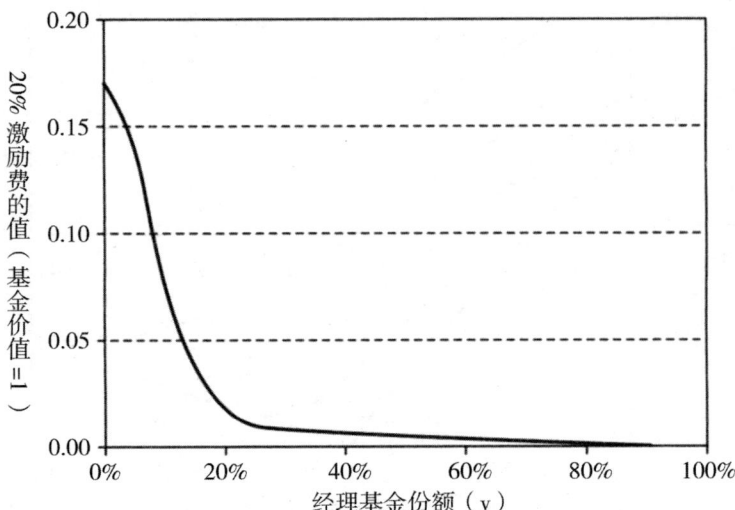

图 4-27　基金经理持股方程比例 20% 激励费的期权值

资料来源：Kouwenberg and Ziemba（2007）。

横截面分析表明包含奖励费的对冲基金显著低于均值收益（净费用）。风险度量，包括最大跌幅和第一次下跌时刻与激励费用水平呈正相关关系。而波动性与激励费用之间没有显著关系。在综合基金中，激励费用和所有的三个风险度量在 5% 显著性水平下都存在显著的正相关关系。具有较高激励费用的综合基金也有较高的平均收益率，风险承担较高，潜在收益也更多，但其对风险调整的绩效度量的影响是不显著的。针对这些结果的一个可能的解释是，含有激励费用的规避损失的综合基金经理选择风险更大的对冲基金篮子以增加看涨期权基金价值。另一种可能的解释是具有较高激励费的综合基金试图通过积极的对冲基金配置策略增加其价值，而低额激励费用的基金倾向于提供尽职调查服务和多样化。这两种解释很难理清，因为投资策略可能取决于激励费用水平。

基于他们的实证结果，投资者应该从激励费用安排的角度批判性地评估单个对冲基金。假设在其他条件相同的情况下，相较于没有激励费用的基金，20% 的激励费的存在使得基金平均费后收益减少了 2.93%（绝对减少）以及夏普比率下降 0.16。在综合基金中，激励费用对风险和利益的影响似乎都是向上的，对风险调整的绩效没有产生不良后果。20% 的激励费用的存在使得平均费后收益上升 2.87%，波动性增加 4.5%。然而，激励费用对基金的 α 和夏普比率没有产生显著影响。

一个有趣的悬而未决的问题是为什么个别对冲基金的激励费用和风险承担之间关系比较温和，而与综合基金关系比较强烈。适合本章的理论分析框架的一个可能解释是，单个对冲基金的经理比综合基金经理倾向于拥有自己更多的基金股份。其他的可能解释是在单个对冲基金经理中承受同龄组更大的压力，或是高门槛规定的差异。

LeSourd（2009）研究了 2008 年对冲基金的业绩，并利用 EDHEC 另类资产指数研究了过去 12 年里的不同对冲基金策略。甚至包括 2008 年这一最困难时期，大多数策略都亏损，但并非全部，超过一半的策略在过去的 10 年里累计净收益超过 100%（见图 4-28）。2008 年，组合式对冲基金下跌了 17%，这是在 1997 年 EDHEC 开始记录之后状况最糟的一年。对冲基金中，只有期货顾问和买空型投资者有正收益，而其他策略损失则从 -1.03（合并套利）到 -30.30（新兴市场）。表 4-9 展示了 2008 年以及 2007 年、3 年期和 10 年期的平均收益和累计收益。表 4-10 为从 1997 年到 2008 年单个年份的净收益率。

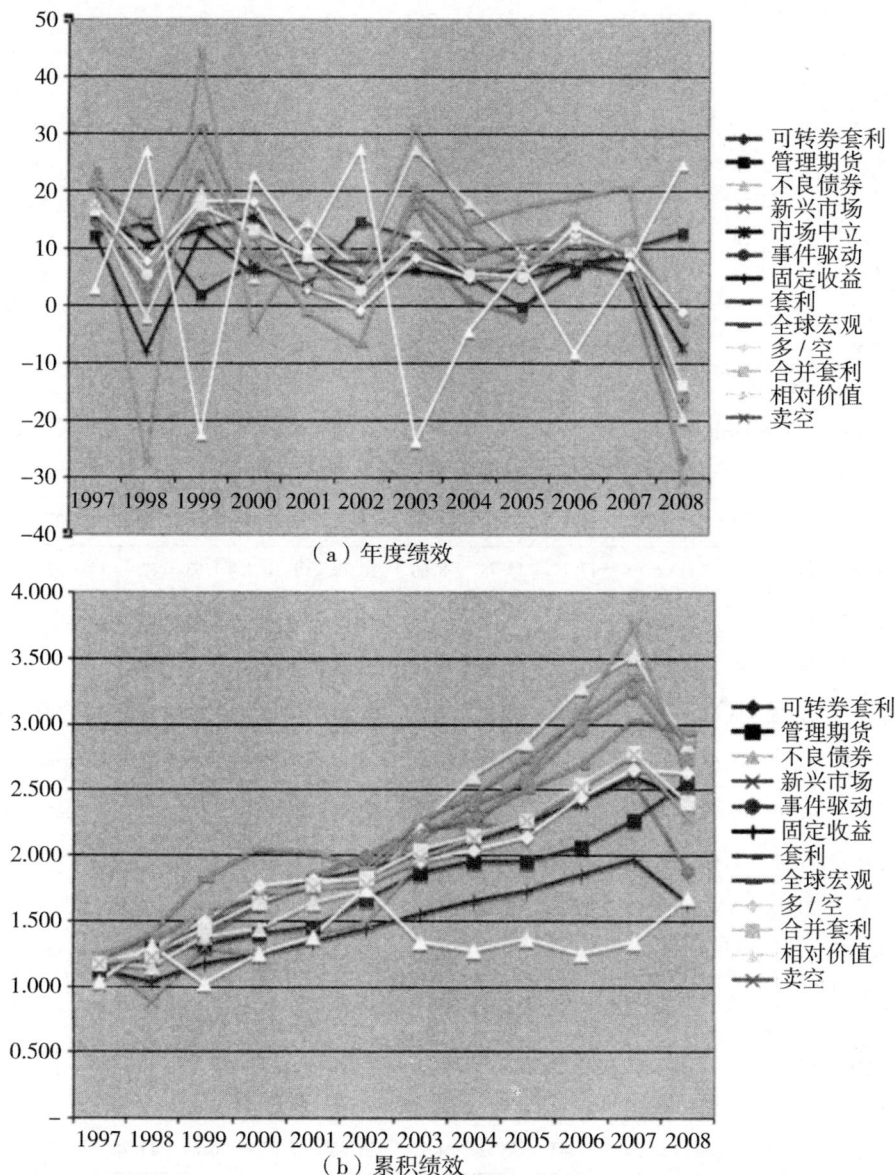

（a）年度绩效

（b）累积绩效

图 4-28　对冲基金的绩效

资料来源：LeSourd（2009）。

表 4-9　　　　2008 年长短期对冲基金策略的绩效比较 （%）

	2008 年度收益率*	2007 年度收益率*	3 年的平均收益率*（2006—2008）	3 年的总收益率（2006—2008）	10 年的平均收益率*（1998—2008）	10 年的总收益率（1999—2008）
可转券套利	-26.48	3.87	-5.02	-14.31	4.75	59.00
全球 CAT	12.78	9.89	10.40	34.55	7.39	104.02
不良债券	-19.40	7.16	-0.93	-2.76	9.28	142.93
新兴市场	-30.30	20.79	-1.69	-4.97	10.71	176.56
股票市场中性	-7.34	8.34	2.18	6.69	6.46	87.06
事件驱动	-16.20	9.65	1.06	3.23	8.06	117.12
固定收益套利	-16.80	6.01	-1.82	-5.35	4.65	57.48
全球宏观	-2.88	12.93	5.60	17.76	8.17	119.24
多/空	-15.57	10.53	0.05	0.14	7.00	96.79
合并套利	-1.03	9.11	6.63	21.23	7.46	105.33
相对价值	-13.70	9.43	1.44	4.39	6.80	93.07
短期卖空	24.72	7.38	9.04	29.66	3.02	34.64
组合基金	-17.08	10.07	-0.41	-1.23	6.22	82.83

* 年化统计数据。

数据来源：LeSourd （2009）。

表 4-10　　　　1997—2008 年对冲基金策略的年度业绩 （%）

	1997	1998	1999	2000	2001	2002	2003	2004	2005	2006	2007	2008
可转换套利	14.80	3.13	16.08	17.77	13.78	8.60	10.79	1.10	-1.93	12.32	3.87	-26.48
全球 CAT	12.27	14.29	1.80	7.31	3.52	14.58	11.64	5.18	-0.35	5.86	9.89	12.78
不良债券	16.67	-2.25	19.74	4.82	14.66	5.86	27.35	17.90	9.22	15.27	7.16	-19.40
新兴市场	22.56	-26.66	44.59	-3.81	12.52	5.76	31.27	14.31	17.20	18.85	20.79	-30.30
股票市场中性	15.44	10.58	13.17	15.36	8.19	4.72	6.28	4.71	6.52	7.49	8.34	-7.34
事件驱动	21.01	0.99	22.74	9.02	9.31	-1.07	20.47	12.44	7.30	15.48	9.65	-16.20
固定收益套利	12.43	-8.04	12.62	5.72	7.81	7.58	8.37	6.27	4.63	7.43	6.01	-16.80
全球宏观	23.91	8.42	15.72	8.17	5.50	4.98	17.26	4.59	9.50	7.48	12.93	-2.88
多/空	21.36	14.58	31.40	12.03	-1.20	-6.38	19.32	8.62	11.35	11.77	10.53	-15.57
合并套利	17.44	7.77	17.98	18.11	2.87	-0.88	8.34	4.83	4.95	13.70	9.11	-1.03
相对价值	16.53	5.28	17.17	13.36	8.61	2.78	12.13	5.72	5.23	11.84	9.43	-13.70
短期卖空	3.07	27.07	-22.55	22.79	10.19	27.27	-23.86	-4.66	7.26	-8.29	7.38	24.72
组合基金	17.40	4.18	28.51	7.83	3.52	1.25	11.46	7.07	6.80	11.25	10.07	-17.08

资料来源：LeSourd （2009）。

在 2006—2008 年期间，五种策略（可转债套利、不良证券、新兴市场、固定收益套利和综合基金）有负的平均收益率，而在同一时期只有四种策略的平均收益率达 5%（全球 CTA、全球宏观、并购套利以及卖空）。全球 CTA 和卖空，这两种积极策略相较于过去 10 年而言，其二者在最近 3 年内有较高的平均绩效。除了合并套利，其他策略短期内（最近 3 年内）的表现都弱于长期内（过去 10 年）的表现。并购套利的短期业绩只稍微弱于其长期业绩。

继 2007 年综合基金收益率为 10.07% 之后，2008 年综合基金的收益率为负值，为 -17.08%。而 2008 年也是综合基金年收益率为负值的第一年。2008 年的损失导致短期绩效（过去三年）下降到负值，为 -0.41%。从长期来看，该策略的平均收益率略高于 6%，却低于中期策略平均收益一个基本点（LeSourd，2009）。

2008 年期间，标准普尔 500 指数下跌了 37%，其中历史上最弱的月份损失较大，即 9 月份为 -9%；10 月份为 -17%；即使是在 11 月，通常是比较强劲的月份，标准普尔 500 指数依然下跌了 9%。2007 年，标准普尔 500 指数的总收益为 5.49%。相较于 2007 年的 9.66% 和 2006 年的 5.64% 波动，2008 年历史数据波动率较高，为 21%。但与标准普尔 500 指数期权的隐含波幅相比较却显得苍白无力，因为后者在 2008 年 10 月时高达 90%。

4.6　实物资产

耶鲁大学和哈佛大学捐赠使高校捐赠和养老基金的实物资产受到欢迎。木材、石油租赁以及各种财产投资都是成功的。实物资产在通货膨胀时期仍然能够保值。掌管哈佛大学捐款的 Mohammed El-Erian 先生在回报状况变坏之前便卸任离开。他写道，实物资产的回报在将来会变弱。例如，对于木材，那些利用历史管理不善而获得的利益已被获取。哈佛管理公司（HMC）对此进行改进；其他人紧随其后，哈佛管理公司将其出售并且将价值资本化。因此由于模仿而带来的竞争行为将限制未来的收益。

4.6.1　房地产投资信托基金（REITs）

房地产投资信托基金（real estate investment，REIT）是一种公司投资房地产而减少或消除了企业所得税的指定税收。为此 REIT 必须分配至少 90% 的收入，这可能是直接向投资者纳税。房地产投资信托基金旨在提供一种类似于共同基金提供给股票的投资结构。REITs 可以公共或私人持有。公共 REITs 可以像普通股一样在证券交易所上市。REITs 可以分类为股票、抵押或二者混合。REIT 的关键数据是其资产净值（NAV）、调整后营运资金（AFFO）以及可供分配的现金（CAD）。REITs 面临的挑战来自经济增速放缓和全球金融危机，在某些情况下将会降低股份价值的 40%~70%。

4.7 住房资产化

关于住房反向抵押贷款的调查和广告已经表明，许多人认为他们的房屋将支付他们的退休金。这种预期的准确性又是如何呢？

2002—2006 年房地产泡沫的存在使得许多投机者通过利用保证金购买额外的房屋而获利。2007—2009 年美国经济衰退重创了这些投机者，许多人申请破产管理。事实上，2009 年 1 月超过 1 000 万美元的美国房屋从一定意义上讲是贬值的，即其抵押贷款超过当前市场价值。

《文汇报》和 Poor's Case-Shiller 美国住房价格指数衡量了美国 10 个和 20 个大都市地区的价格指数。给出了美国各地房屋价值的变化估计。图 4-29（a）显示了迄今为止每月的 Poor's Case-Shiller 美国住房价格指数，图 4-29（b）则显示了历史价格指数。注意，到 2009 年 2 月房价已经下降到 2003 年第三季度的水平。

2007 年 12 月 1 日—2008 年 11 月 30 日期间，20 个地区价格创纪录地下跌了 18.2%，其中 2008 年 11 月下跌了 2.2%。房地产市场仍然存在大量的待售房屋，贷款标准也更为严格，并且止赎率也创下纪录。10 个大都会区价格一年内下跌了 19.1%，其中仅在 11 月内就下跌了 2.2%。10 个和 20 个大都市区房屋价格综合指数的高峰出现在 2006 年年中，之后（2009 年 2 月）分别下跌了 32% 和 30%。

涨幅较大的地区降幅也大，包括许多在加利福尼亚州、内华达州和佛罗里达州的城市。例如，从 2008 年 3 月—2009 年 3 月，旧金山房价下跌 43%。圣何塞和加州的其他地区也有类似的下跌。

贷款机构出售抵押，它们被削减、分割并捆绑打包，如 CMOs 和 CDOs，然后卖给那些并不清楚里面是什么只注重评级机构盖印的人。销售这些衍生债券，AAA 评级是最令人满意的。

如图 4-30 所示，起始于 1890 年的住房价格指数，表明 2004—2005 年的高价区导致了如图 4-29 中所示的目前下跌的状况。有连续 12 个月负收益。10 个和 20 个大都市区房屋价格下降，且 10 个大都市区房屋价格综合指数全部下降。Case-Shiller 指数和其他指数预测价格将从 2004—2005 年的峰值下跌达 25% ~ 35%。

截止到 2009 年第一季度末，住房价格的下跌已经导致超过 20% 的美国房主所欠债务超出他们房屋的价值。这意味着由 2008 年第四季度时的 1 630 万户家庭增至 2 040 万户家庭。即由 2008 年第三季度的 14.3% 和 2008 年第四季度的 17.6% 增至 21.9% 之多。一方面，房价下跌使得首次购房者和其他难以进入市场的人能够承担得起住房费用。另一方面，房屋净值的下降使得房主无法将自己的房屋视为自动提款机，房屋进行再融资的能力有所减弱，所以他们不能利用低利率。房屋负债比例最高的地区如表 4-11 所示。

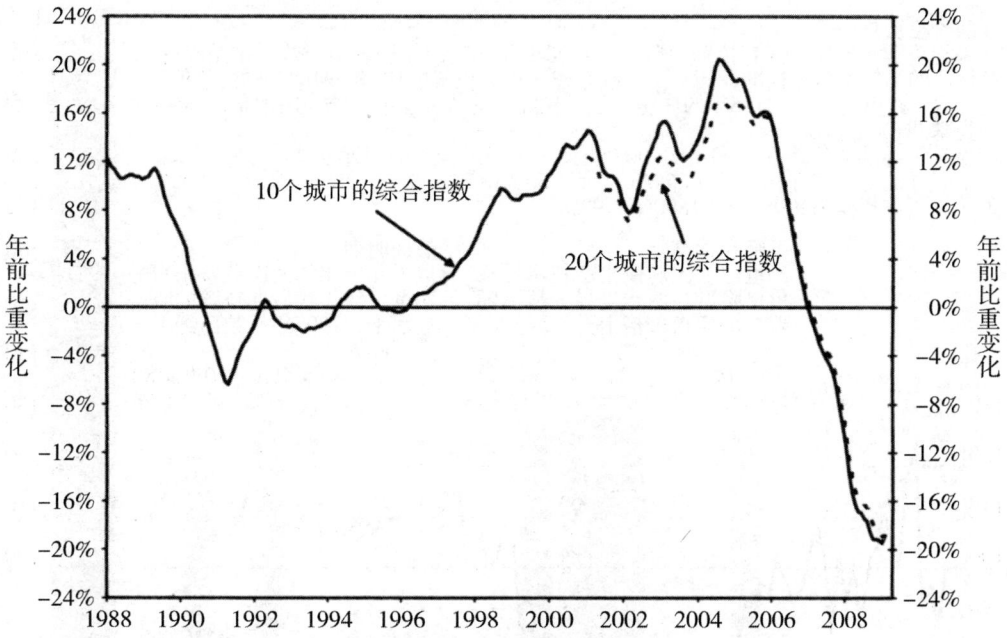

（a）在过去的十几年价格指数的变化

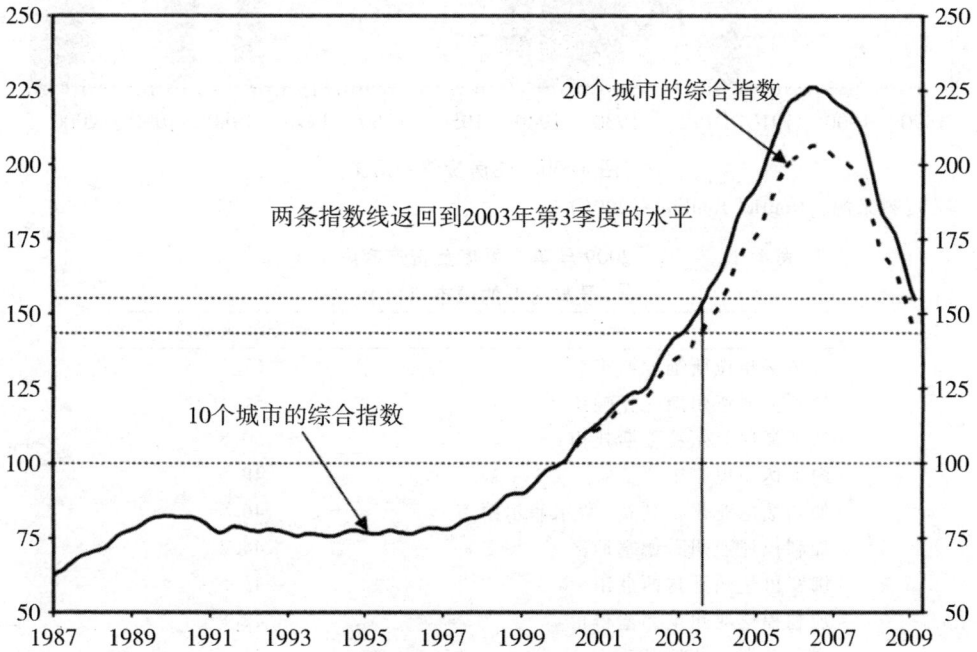

（b）价格指数，2000年=100

图 4-29　标准普尔/希勒住房价格指数

资料来源：S&P Press Release，April 28，2009；Standard &Poor's &Fiserv。

住房价格历史

耶鲁经济学家罗伯特·J.希勒创造了自1890年起的美国住房价格指数。这是以现存住房的销售价格为标准,而不是追踪新建筑作为投资的住房随时间变动的价值。它表明了跨度连续时间116年的住房价值,剔除了通货膨胀的影响。图中是以1890年为基期100的情况。

如果一个标准的住房在1890年卖100 000美元(经过今天的美元通货膨胀调整),一个同样的房子将在1920年卖66 000美元(60或指数规模),2006年则为199 000美元(指数规模为199,或比1890年高99%)。

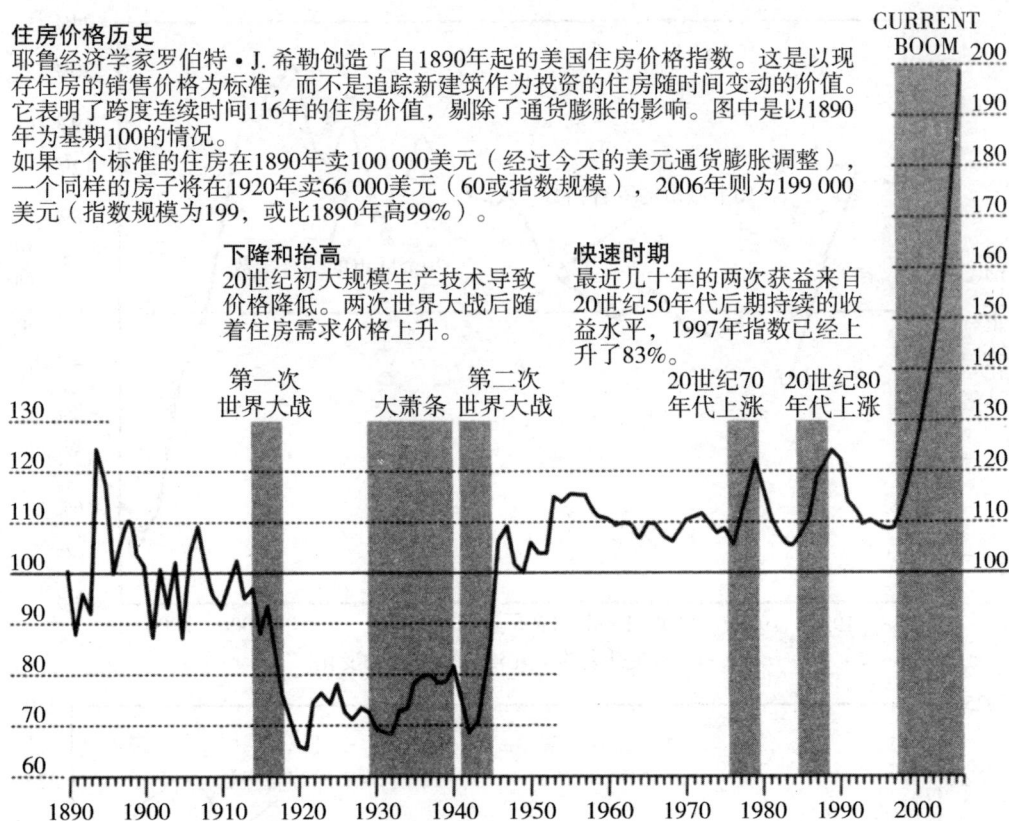

下降和抬高
20世纪初大规模生产技术导致价格降低。两次世界大战后随着住房需求价格上升。

快速时期
最近几十年的两次获益来自20世纪50年代后期持续的收益水平,1997年指数已经上升了83%。

CURRENT BOOM

第一次世界大战 大萧条 第二次世界大战 20世纪70年代上涨 20世纪80年代上涨

图4-30　住房价值的历史

资料来源:Nouriel Roubini(2006)。

表4-11　　　2009年第1季度负资产家庭
最高比例的城市(%)

地区	资产缩水比率
内华达州拉斯维加斯市	67.2
加利福尼亚州斯托克顿市	51.1
加利福尼亚州莫德斯托市	50.8
内华达州里诺市	48.5
加利福尼亚州委利贺-费尔菲尔德市	46.5
加利福尼亚州默德塞地区	44.4
佛罗里达州圣露西港市	43.5
加利福尼亚州里弗塞得市	42.8
阿利桑那州菲尼克斯市	41.7
佛罗里达州奥兰多市	41.7
美国平均值	21.9

资料来源:Simon and Hagerty(2009)。

由于房屋负债的大量存在使得消费主导型的复苏难以实现。在英国，下降是相似的。2008—2009 年期间伦敦的高端物业与上年同期值相比较下降了 20%。

4.8 黄金和其他商品

预测短期的黄金趋势是很困难的，因为其中的涨跌基于许多原因，而这些原因基于的理性模型又是很难解释的。在 2000—2003 年股市下跌时，当时黄金约为 200 美元/盎司，Gordon Brown 出售了大部分的英国黄金，其他中央银行也在出售黄金。但是中国正在大量积累特别是来自国内的黄金资源。然而，许多人提倡长期持有黄金，他们将其视为通货膨胀和通货紧缩时代保值品。同样，电视广告作为流行文化的一种传播媒介也在提醒我们，黄金储藏价值长达数千年时间，但有时黄金确实有优于其他商品之处。实际上，黄金的实际价值在 1980 年达到顶峰。图 4-3 显示 1802 年投资 1 美元黄金在 2002 年时仅值 14 美元。图 4-31 显示了从 2007 年 7 月 1 日到 2009 年 6 月 30 日的黄金价格行为，使用价格为每盎司黄金的 1/10 的 ETF GLD。但是黄金和其他贵重金属仍是有效的资产类别。图 4-32 显示截止到 2009 年 6 月 30 日以 ETF SLV 为代表的白银这两年的市场表现。白金可用于触媒转换器，而黄金和白银也是珍贵的珠宝。全世界的黄金供应量不是很大，加起来只可以填满巴黎的艾菲尔铁塔的地基。

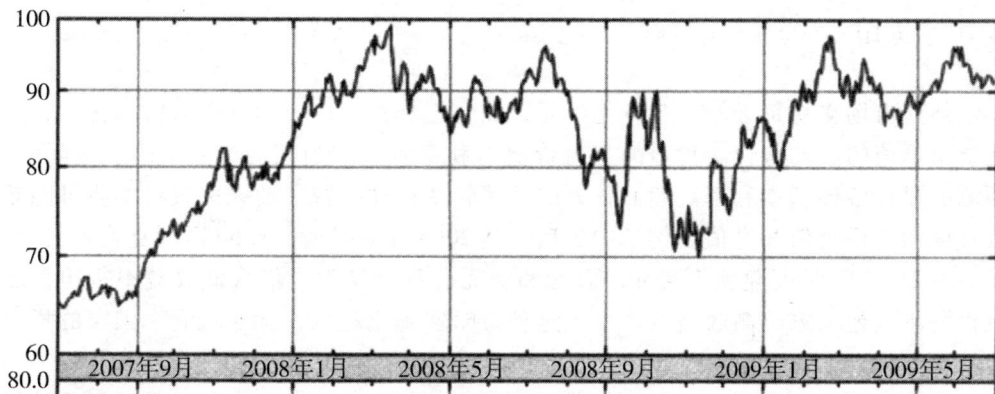

图 4-31 2009 年 6 月 30 日 SPDR 黄金份额（GLD）

资料来源：Yahoo!。

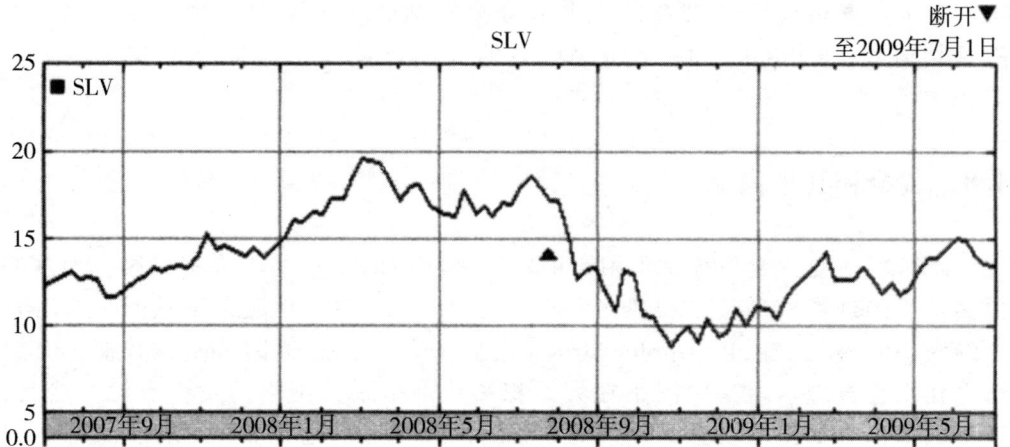

图 4-32　2009 年 6 月 30 日安硕白银指数基金

资料来源：Yahoo!。

4.9　私人股票和相关资产

本书第 13.1 节和第 13.1.1 节中所讨论的私人股票是以高校捐款为背景展开的，如耶鲁大学和哈佛大学。2008 年 6 月之前看似结果非常好，然而从那之后结果变得不容乐观。

4.10　货币

外汇市场交易每天超过 3 万亿美元，加之柜台买卖以及期货交易所的交易，因此货币价值的波动很快。货币的相对价值与利率有关：当期的、名义的、实际的、预测的以及各种基本利率。然而，人的情绪转变往往很快，商人的投机本质可能导致过度的货币贬值和升值。例子中的后者是 2008 年 6 月时，1.60 欧元兑换 1 美元，2008 年初 1.10 加元兑换 1 美元。日元和美元套利交易常为借入低收益率货币，之后投资于其他国家的高收益资产中。这种策略实施很顺利，除非低利率国家的货币像日本一样贬值。

图 4-33 （a）和图 4-33 （b）显示了从 2000 年 1 月到 2009 年 1 月期间各种货币兑换美元和欧元的变动情况。

尽管存在高额的政府债务和低利率，日元仍然具有优势。但是在 2009 年 4 月，基本利率的恶化致使日元的强势被打破。

加元、美元、澳元和新西兰元是与石油以及其他大宗商品的价格高度相关的。当 2008 年 7 月油价达到 147 美元/桶，这些货币的价格开始大跌，之后在 2008 年夏季油价跌至 32 美元/桶，此后，一直下跌，直到 2008 年秋季回升至 80 美元/桶

（见图 4-34）。

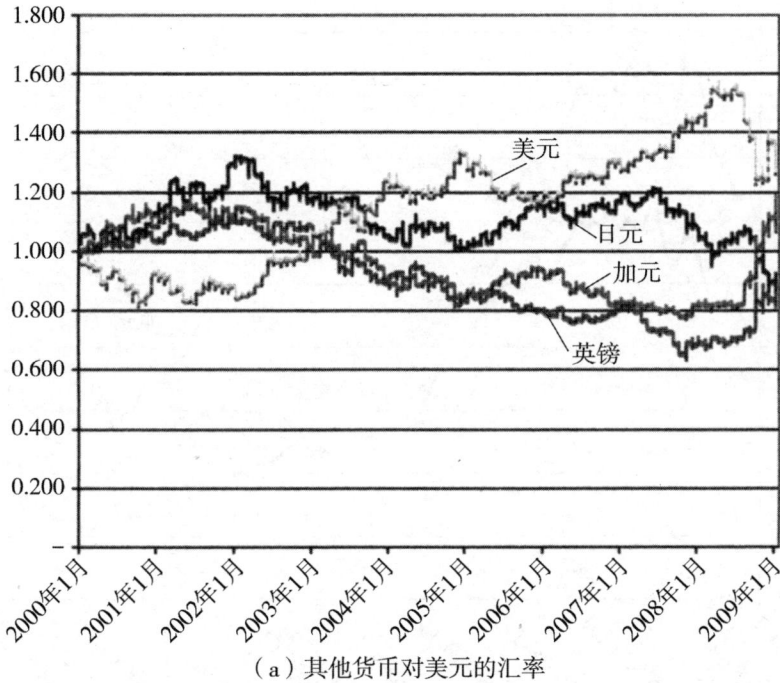

（a）其他货币对美元的汇率

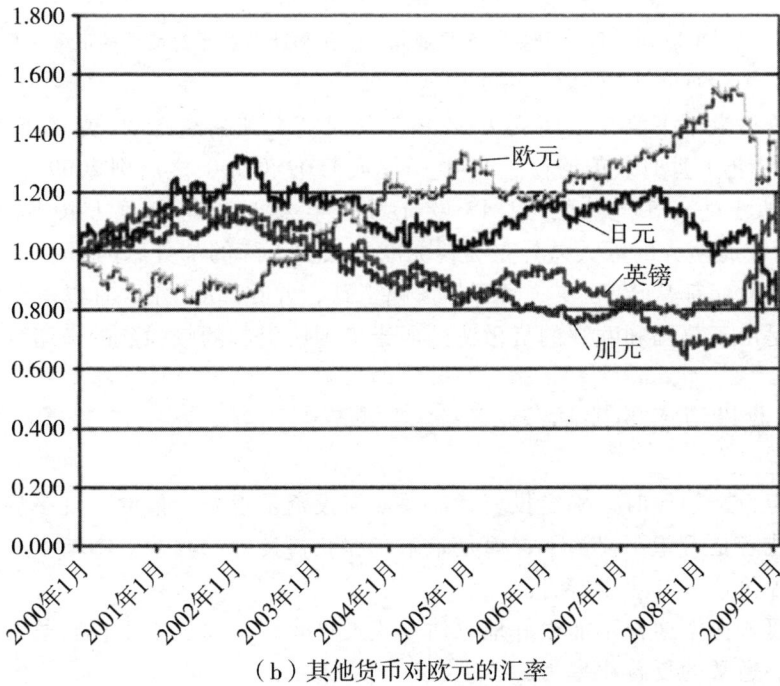

（b）其他货币对欧元的汇率

注：2000 年 1 月 = 100。

图 4-33　2000 年 1 月—2009 年 1 月的汇率变动情况

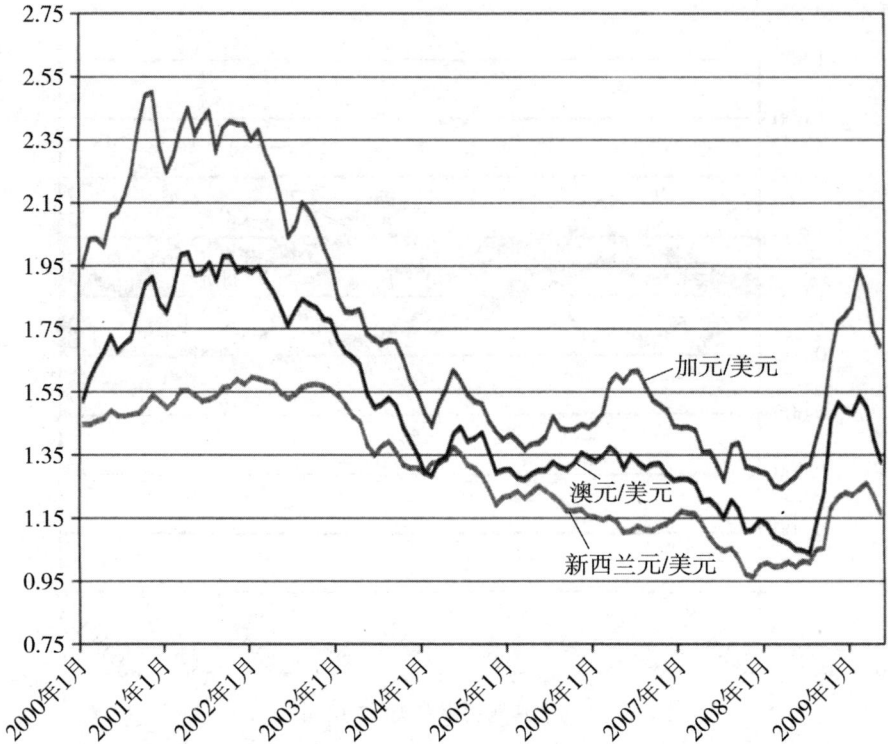

图4-34　2000年1月—2009年5月加元、澳元和新西兰元对美元的汇率，月度

资料来源：Pacific Exchange Rate Service，UBC。

英镑价格大幅下降，大约从2008年7月时的1英镑兑2.00美元和兑1.25欧元跌至2009年1月时1英镑仅兑1.40美元或1.09欧元，之后到2009年5月18日时1英镑则可兑1.53美元或1.13欧元。多年来1英镑可兑l.40欧元（见图4-34），而政府债务的巨大差异是英镑兑欧元大幅下降的部分原因。

英镑和欧元都从2008年7月开始大幅下跌，并在2009年5月以较低价兑换美元。部分是由于英国和欧洲的货币法则弱于美国所引起的较强烈的情绪变化。

4.11　专业投资者的评估

在确定投资领域时，确定投资者以及如何投资是很有价值的。许多投资者都不接受基金或者是希望不仅当下，而是未来能够获得良好的收益。本节中我们讨论如何公正地评价这些专业投资者。

运用夏普比率通常不能很好地评估专业投资者，而通过不干扰收益的一个修正可以做到。通常的夏普比率为：

$$S = \frac{\mu_p - r_f}{\sigma_p}$$

其中，μ_p 表示投资组合投资收益均值、r_f 表示无风险收益、σ_p 则表示投资组合的标准差，这些数据都是基于年度数据或较少频率数据的加总。S 是基于正态分布理论，且 S 不能准确度量高收益和低损失的专业投资者的分布。

　　Eling（2008），Eling、Schulmacher（2007）表明，夏普比率对于大多数共同基金来说是准确的，因为大多数共同基金很可能接近正态分布，并且大多数基金的相对排名仍然与大样本的非正态分布对冲基金相同。但是我们将会发现，这种情况并不适用于有着较大收益和极少亏损的专业投资者。

　　图 4-35 显示了 1985—2000 年期间一些专业投资者的回报率。表 4-12 显示了他们月度、季度、年度亏损的频率。我们发现，有大约 25% ~ 35% 的时间会出现月度或季度亏损。正如之前 Ziemba 和 Schwartz（1991）以及 Ziemba（2005）都提出了有关 DSSR 的思想，即下行的对称夏普比率，如表 4-13 所示。

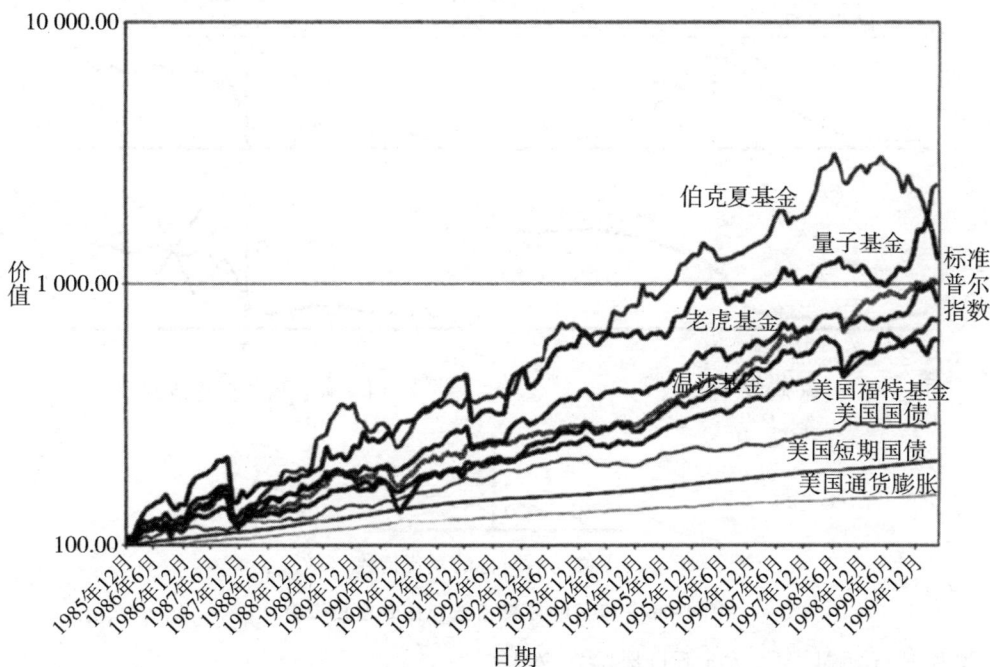

图 4-35　1985 年 12 月—2000 年 4 月乔治・内夫的温莎基金、美国福特基金、
朱利安・罗伯特森的老虎基金、乔治・索罗斯的量子基金、伯克夏基金
（1977—2000 年实现了年均 32% 的增长）、由沃伦・巴菲特运营的基金、
美国标准普尔 500 总收益指数等的财富水平

　　别的不说，我们先要确定是否沃伦・巴菲特通过伯克夏・哈撒韦公司进行投资确实更好，但小型基金会，尤其是在某些公平的方式下的福特基金会和哈佛捐赠基金。如图 4-36 所示。

　　在图 4-37 中，我们绘制了伯克夏・哈撒韦公司和福特基金会月度回报的直方图，并且用平滑曲线显示了亏损的月份以及盈利的月份。我们想对巴菲特的亏损而

表 4-12　　　　各种基金的负观察值、算术平均数和几何平均数汇总情况

	温莎基金	伯克夏基金	量子基金	老虎基金	美国福特基金	哈佛基金	标准普尔500指数基金	美国国债
172 个月中有损失的月数	61	58	53	56	44	—	56	54
57 个季度中有损失的季度数	14	15	16	11	10	11	10	15
14 年中有损失的年数	2	2	1	0	1	1	1	2

表 4-13　　　　1985—2000 年普通和对称下行

夏普年度测度指数比较

	普通	下行
美国福特基金	0.970	0.920
老虎基金	0.879	0.865
标准普尔 500 指数基金	0.797	0.696
伯克夏基金	0.773	0.917
量子基金	0.622	0.458
温莎基金	0.543	0.495

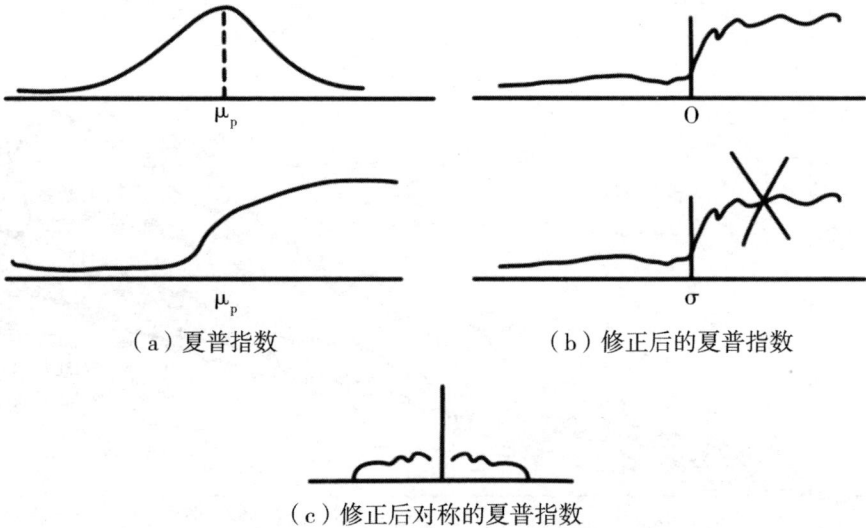

（a）夏普指数　　　　　　　（b）修正后的夏普指数

（c）修正后对称的夏普指数

图 4-36　修正的夏普指数评估专业投资者

非盈利进行惩罚。所以将下行风险定义为：

$$\sigma_{x-}^2 = \frac{\sum_{i=1}^{n}(x_i - \bar{x})_-^2}{n-1}$$

下行方差由 $\bar{x} = 0$ 测度，而非均值，所以能更准确地度量下行风险。为了得出总方差，我们需要使用两倍的下行方差。

伯克夏·哈撒韦公司是唯一上涨的基金，但是从季度数据来看，它仍然不敌福特基金会，哈佛基金会虽弱于福特但却强于伯克夏·哈撒韦公司。

为什么在这个时期伯克夏·哈撒韦公司的几何平均数远远高于福特或哈佛的数值？答案如图 4-37（a），（b）所示，即伯克夏·哈撒韦公司带有厚尾收益。

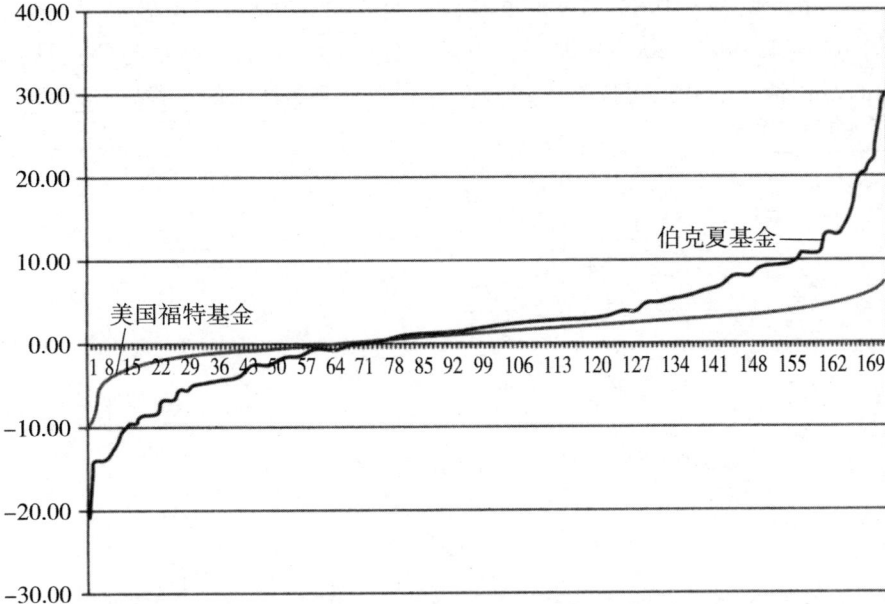

（a）1977年1月—2000年4月伯克夏基金与美国福特基金的月度收益分布曲线

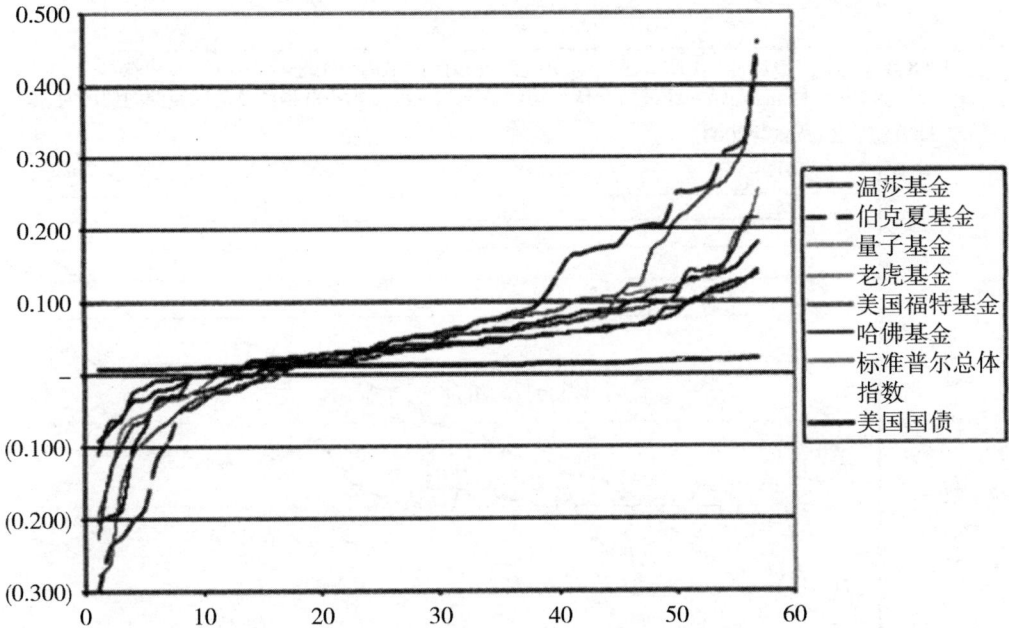

（b）1985年12月—2000年4月所有基金的季度收益分布曲线

图 4-37　伯克夏基金与其他基金的收益率对比

　　现在我们来研究两只优秀的基金。但不幸的是现在两只基金都不能投资。第一只基金是普林斯顿-纽波特（Princeton Newport），其 DDSR 为 13.8，反映其在 20 年中只出现过 3 个月的亏损且并没有季度或年度亏损。该基金由爱德华·索普

（Edward O. Thorp）先生于 1968—1988 年经营。图 4-38 和表 4-14 显示了结果。图 4-38（b）则显示 1997—2007 年期间，由索普经营的一只对冲基金与伯克夏·哈撒韦公司的对比情况。我们可以看出组合基金有一个更高回报的平稳路径。

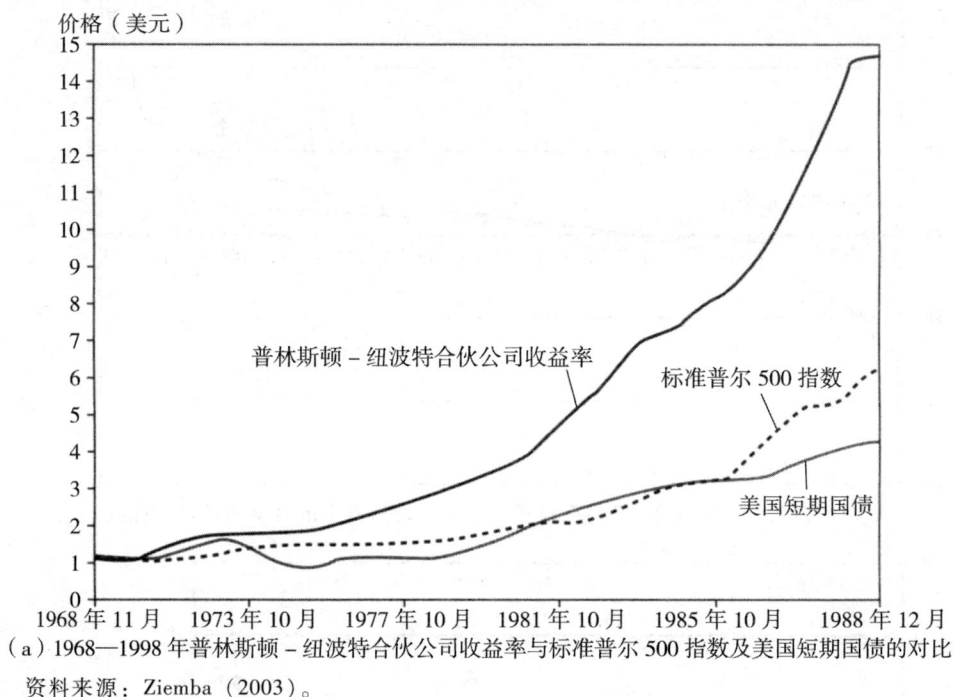

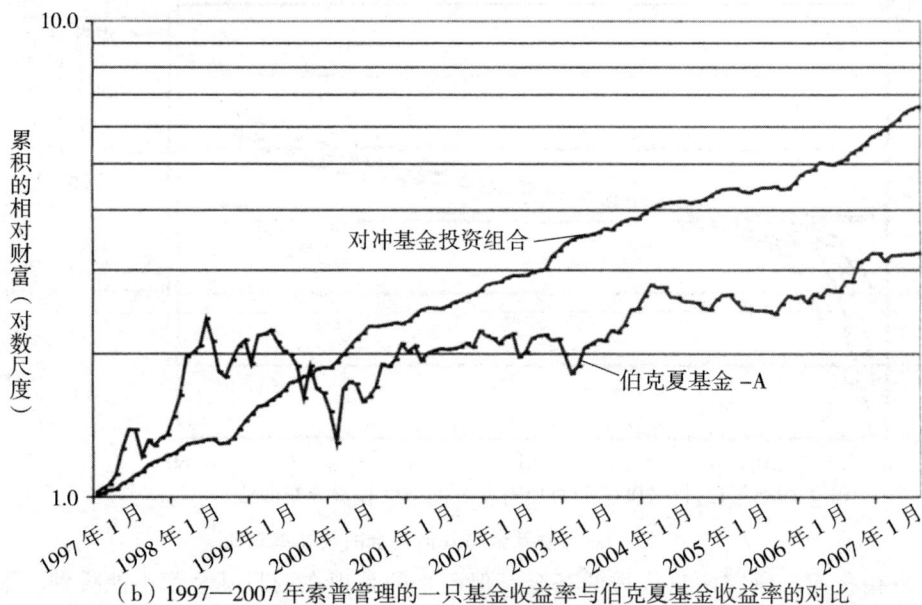

（a）1968—1998 年普林斯顿 - 纽波特合伙公司收益率与标准普尔 500 指数及美国短期国债的对比

资料来源：Ziemba（2003）。

（b）1997—2007 年索普管理的一只基金收益率与伯克夏基金收益率的对比

资料来源：E. O. Thorp private communication（2009）。

图 4-38　爱德华·索普管理的两只基金收益对比

表 4-14　　　1969 年 12 月 1 日—1988 年 12 月 31 日普林斯顿-纽波特对冲基金的记录

开始时间	结束时间	初始资本额（千美元）	收益/损失（千美元）	结束资本额（千美元）	增加资本额（千美元）	PNP 收益率（%）	标准普尔 500 指数基金收益率（%）	3 个月短期国债收益率（%）
1/11/1969	31/12/1969	1 400	57	1 457	544	4.1	4.7	3.0
1/01/1970	31/12/1970	2 001	364	2 365	737	18.2	4.0	6.2
1/01/1971	31/12/1971	3 102	1 281	4 383	1 944	41.3	14.3	4.4
1/01/1972	31/12/1972	6 327	1 046	7 373	1 134	16.5	19.0	4.6
1/01/1973	31/12/1973	8 507	711	9 218	(2 550)	8.4	-14.7	7.5
1/01/1974	31/12/1974	6 668	751	7 419	(70)	11.3	-26.5	7.9
1/01/1975	31/10/1975	7 349	961	8 310	596	13.0	34.3	5.1
1/11/1975	31/10/1976	8 906	1 793	10 699	1 106	20.1	20.1	5.2
1/11/1976	31/10/1977	11 805	2 350	14 155	3 843	19.9	-6.2	5.5
1/11/1977	31/10/1978	17 998	2 797	20 795	(635)	15.5	6.4	7.4
1/11/1978	31/10/1979	20 160	4 122	24 282	4 349	20.4	15.3	10.9
1/11/1979	31/10/1980	28 631	7 950	36 581	9 728	27.8	21.4	12.0
1/11/1980	31/10/1981	46 309	13 227	59 536	2 343	28.6	22.8	16.0
1/11/1981	31/10/1982	61 879	18 747	80 626	18 235	30.3	21.8	12.1
1/11/1982	31/10/1983	98 861	13 842	112 703	26 342	14.0	10.5	9.1
1/11/1983	31/10/1984	139 045	20 193	159 238	(6 195)	14.5	11.6	10.4
1/11/1984	31/10/1985	153 043	21 813	174 856	(40 244)	14.3	11.4	8.0
1/11/1985	31/10/1986	134 612	41 143	175 755	(21 727)	30.6	24.5	6.3
1/11/1986	31/12/1987	154 028	52 451	206 479	17 722	34.1	26.7	7.1
1/01/1988	31/12/1988	224 201	8 918	233 119	(232 118)	4.0	3.2	7.4
						1 382.0	545.5	345.0
						15.10	10.2	8.1

最后，我们将讨论世界上顶级对冲基金，即文艺复兴大奖章基金。前数学教授 James Simons 博士，他聘请技术人员设计和执行各种专利策略，其中涉及一些非常短期的几秒钟内即可进出的交易策略。从 1988 年缓慢开始，加州大学伯克利分校的 Elwyn Berylkamp 博士，就是帮助他以平稳的方式获得一些专利的人员之一。现在他们有大约 90 名员工，并收取很高的费用：5%+44%，实际上是大约收益的 50%。外行投资者（基金中仍然大约只有 6 名）以及员工是很少的。

文艺复兴大奖章基金的年度 DSSR 最高为 26.4，该数值是迄今为止我们见过的最高值。每年夏普指数为 1.68 算是不错的，但并不突出。DSSR 需要获得对冲基金真正的辉煌。图 4-39（a），（b）显示 1993 年 1 月—2005 年 4 月期间，月度收益和月收益率增加的直方图。后者显示损失很少，表 4-15 为月度、季度和年度的收益。在低迷的 2008 年其收益继续表现强劲，见表 4-16。

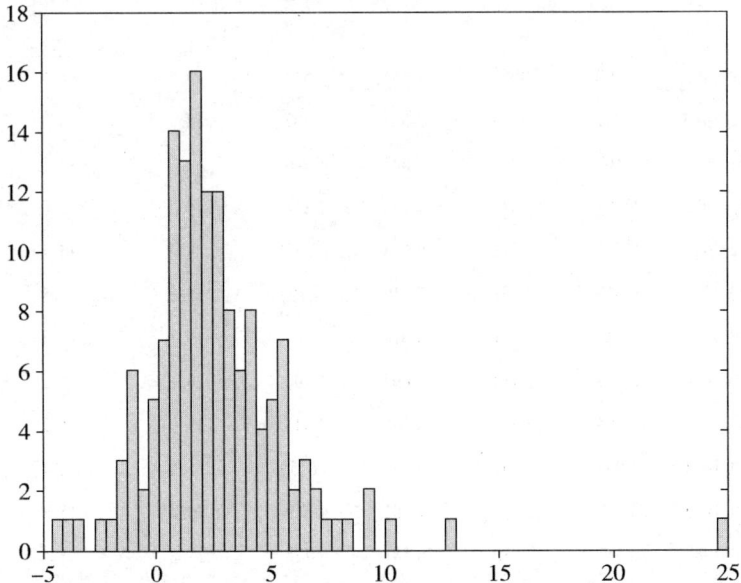

（a）1993 年 1 月—2005 年 4 月吉姆·西蒙管理的大奖章基金的月度收益率直方图

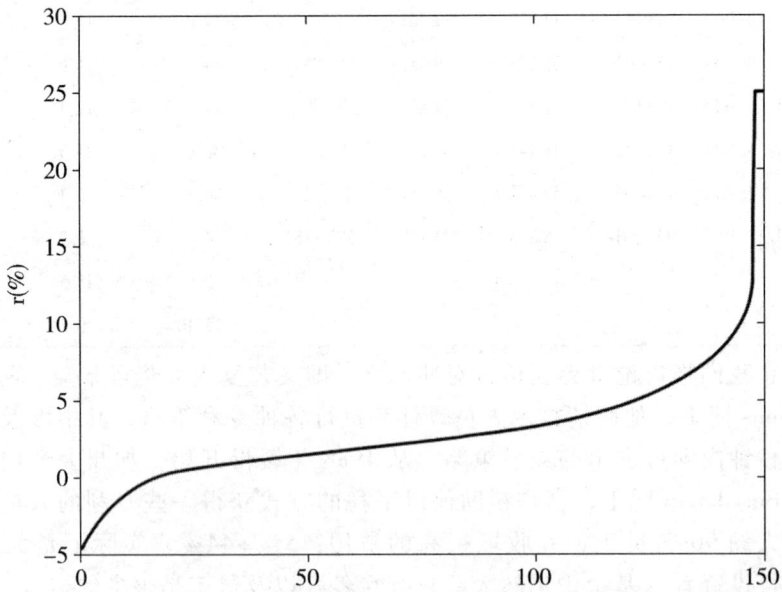

（b）1993 年 1 月—2005 年 4 月大奖章基金月度收益率的增长趋势

图 4-39　文艺复兴大奖章基金

资料来源：Ziemba and Ziemba（2007）。

表 4-15　　1993 年 1 月—2005 年 4 月大奖章基金年度、季度和月度净收入百分比（%）

	1993	1994	1995	1996	1997	1998	1999	2000	2001	2002	2003	2004	2005
年度	39.06	70.69	38.33	31.49	21.21	41.50	24.54	98.53	31.12	29.14	25.28	27.77	
季度													
第 1 季度	7.81	14.69	22.06	7.88	3.51	7.30	(0.25)	25.44	12.62	5.90	4.29	9.03	8.30
第 2 季度	25.06	35.48	4.84	1.40	6.60	7.60	6.70	20.51	5.64	7.20	6.59	3.88	
第 3 季度	4.04	11.19	3.62	10.82	8.37	9.69	6.88	8.58	7.60	8.91	8.77	5.71	
第 4 季度	(0.86)	(1.20)	4.31	8.44	1.41	11.73	9.48	20.93	2.42	4.44	3.62	6.72	
月份													
1 月	1.27	4.68	7.4	3.25	1.16	5.02	3.79	10.5	4.67	1.65	2.07	3.76	2.26
2 月	3.08	5.16	7.54	1.67	2.03	1.96	-2.44	9.37	2.13	3.03	2.53	1.97	2.86
3 月	3.28	4.19	5.68	2.77	0.29	0.21	-1.49	3.80	5.36	1.12	-0.35	3.05	2.96
4 月	6.89	2.42	4.10	0.44	1.01	0.61	3.22	9.78	2.97	3.81	1.78	0.86	0.95
5 月	3.74	5.66	5.53	0.22	4.08	4.56	1.64	7.24	2.44	1.11	3.44	2.61	
6 月	12.78	25.19	-4.57	0.73	1.36	2.28	1.71	2.37	0.15	2.13	1.24	0.37	
7 月	3.15	6.59	-1.28	4.24	5.45	-1.1	4.39	5.97	1.00	5.92	1.98	2.20	
8 月	-0.67	7.96	5.91	2.97	1.90	4.31	1.22	3.52	3.05	1.68	2.38	2.08	
9 月	1.54	-3.38	-0.89	3.25	0.85	6.33	1.15	-1.02	3.38	1.13	4.18	1.33	
10 月	1.88	-2.05	0.30	6.37	-1.11	5.33	2.76	6.71	1.89	1.15	0.35	2.39	
11 月	-1.51	-0.74	2.45	5.93	-0.22	2.26	5.42	8.66	0.17	1.42	1.42	3.03	
12 月	-1.20	1.62	1.52	-3.74	2.77	3.73	1.06	4.30	0.35	1.81	1.81	1.16	

资料来源：Ziemba and Ziemba（2007）。

表 4-16　　　　　　　　　　　2008 年 1—9 月对冲基金的发展情况

全球业绩最优的对冲基金

基金名	管理公司	对冲策略	收益率
大奖章基金	詹姆斯·西蒙斯，文艺复兴科技公司	多重	58.0%
保尔森增强优势基金	约翰·保尔森，保尔森基金公司	事件驱动	24.6%
克莱夫基金	克里斯蒂安·莱韦特，克莱夫资本管理公司	商品期货	19.4%
康马克全球宏观对冲基金	科尔姆·奥谢，康马克资本管理公司	全球宏观对冲	19.2%
克莱瑞姆基金	彼得·泰尔，克莱瑞姆资本管理公司	全球宏观对冲	18.9%
保尔森信用机会基金	约翰·保尔森，保尔森基金公司	信用套利	18.9%
霍斯曼欧洲人选择基金	斯蒂芬·罗伯特，霍斯曼资产管理公司	多/空	18.0%

续表

全球业绩最优的对冲基金

基金名	管理公司	对冲策略	收益率
霍斯曼全球基金	约翰·霍斯曼，霍斯曼资产管理公司	多/空	17.4%
保尔森信用机会基金Ⅱ	约翰·保尔森，保尔森基金公司	信用套利	15.8%
趋势追随基金	米歇尔·普莱特，勒达·布拉加，蓝冠资本管理公司	管理期货	15.7%

全球最盈利的对冲基金

基金名	管理公司	对冲	利润额（百万美元）
大奖章基金	詹姆斯·西蒙斯，文艺复兴科技公司	多重	1 427.7
保尔森增强优势基金	约翰·保尔森，保尔森基金公司	事件驱动	617.4
布勒旺-霍华德基金	艾伦·霍华德，布勒旺-霍华德资产管理基金公司	全球宏观对冲	489.3
趋势追随基金	米歇尔·普莱特，勒达·布拉加，蓝冠资本管理公司	管理期货	193.8
保尔森信用机会基金	约翰·保尔森，保尔森基金公司	信用套利	188.2
克莱瑞姆基金	彼得·泰尔，克莱瑞姆资本管理公司	全球宏观对冲	185.2
量化全球项目基金	杰弗里·伍德里夫，定量投资管理公司	管理期货	148.5
温顿期货基金	大卫·哈丁，温顿资本管理公司	管理期货	146.6
霍斯曼全球基金	约翰·霍斯曼，霍斯曼资产管理公司	多/空	123.5

数据来源：Bloomberg。

4.12　资产回报的基本法则和季节性反常

寻求股票和其他市场的超额回报率需要许多模型。一种方法是寻找异常：即可预测回报偏离有效市场理论的严格随机游走模型。当收益可以借助一系列独立或接近独立的可预测变量进行预测时，如价格收益比率、盈利意外、均值回归等，那么就属于基本性的异常。Keim 和 Ziemba（2000）的书中讨论了世界各国许多季节性的和基本性的异常。Hirsch（2009）一整年内每天都评论美国市场的各种季节性影响。

图 4-40 显示了这样一个模型，其由 Ziemba 和 Schwartz（2000）为日本设计，滚动月份最好的 50 只、100 只、500 只股票的样本外结果（见图 4-41），以及价格加权的日经 225 市场指数、1 000 只股票的东证指数加权值。他们的方法遵循了 Jacobs 和 Levy（1988），他们为美国也做了相似的模型。

1979 年 6 月—1989 年 8 月，基于 TSE-I 的 30 个因素的多变量（纯）效应 t 分布图

因素	因素的月度均值回归（%）	t- 统计量	显著性，双边检验
1　EST-LACT	0.00788	7.85	0.000
2　EPS	−0.00693	−3.65	0.000
3　RELSTR	−0.00645	−3.42	0.001
4　PDBR	−0.00397	−2.87	0.005
5　R-MAX24	0.00363	2.86	0.005
6　PER	0.00385	2.69	0.008
7　TMVLOG	−0.00429	−2.21	0.029

相对于当前价格的未来收益

月度价格的均值回归，通过月度残差和滞后的月度收益

价格与股价净值比变化测量

相对于先前 24 个月高点的当前价格

价格收益比率

小盘股效应

图 4-40　七个最优的预测变量

资料来源：Ziemba and Schwartz（1991）。

尤其从 Poterba 和 Summers（1988）以来，均值回归已经越来越普及，显示了作为第二和第三的最佳变量，他们查看了这些指标。我们发现 1989 年单个日本股票的均值回归，与美国股票结果类似，参见 Jegadeesh 和 Titman（1993）。第五个最佳变量是 R-MAX24，表明如果一只股票从他的 24 个月的最高点下跌太多，那么其后续表现也会比较差。其他 23 个变量增强了模型的预测力，但其中的七个是非常有用的。在日本 β 不是在这七个最好的预测变量范围中，但是在 30 个变量中排第 11 位。

假设交易成本为 1%，前 50 名、前 100 名、前 200 名……前 500 名的股票投资组合是由每月的调整资金组合所决定的。这些投资组合通过良好的方法击败了东证指数（所有 1 000 股的加权平均值加上东京的第一部分股

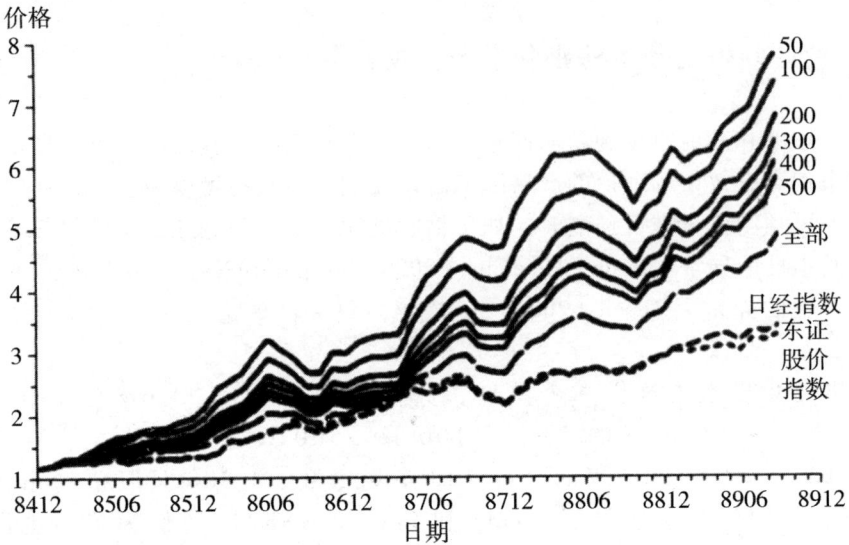

图 4-41　1984—1989 年样本外 30 个变量因素的模型预测

资料来源：Ziemba and Schwartz（1991）。

票）和日经指数（225 只主要股票的加权平均价格）。小公司运用不同于其他指标的优势指标取得成功，将第一部分的 1 000 只股票赋予同等权重进行度量。

　　许多公司设计了这样的模型，它们经常被称为统计套利模型。异常的第二个主要类型是基于季节性。典型的结果是小型股在 1 月已经获得了更高的回报，股票在期权到期之前和假日之前都会上涨等。9 月和 10 月往往是最糟糕的月份，因为通常伴随着大跌或崩盘。

　　图 4-42 和图 4-43 显示 1993—2008 年的标准普尔 500 指数大盘指数和罗素 2000 小型股指数应该利用 "*5 月卖出*" 或 "*离开*" 的股市策略。由观察可知，如果利用这一策略，那么就可以避免 2007 年和 2008 年时的股市大萧条。详尽的异常现象讨论超出了本书的范围，可参见 Keim、Ziemba（2000），Ziemba、Ziemba（2007）以及 Dzhabarov 和 Ziemba（2009）。

　　几种异常的策略被大多数成功的积极基金经理所运用。个人很难实施，尤其是因子模型，因为这需要大量的计算工作。但对于最小的投资者，这些策略也是有用的，其可使投资者警惕糟糕的 9 月，10 月后再考虑投资组合的调整。

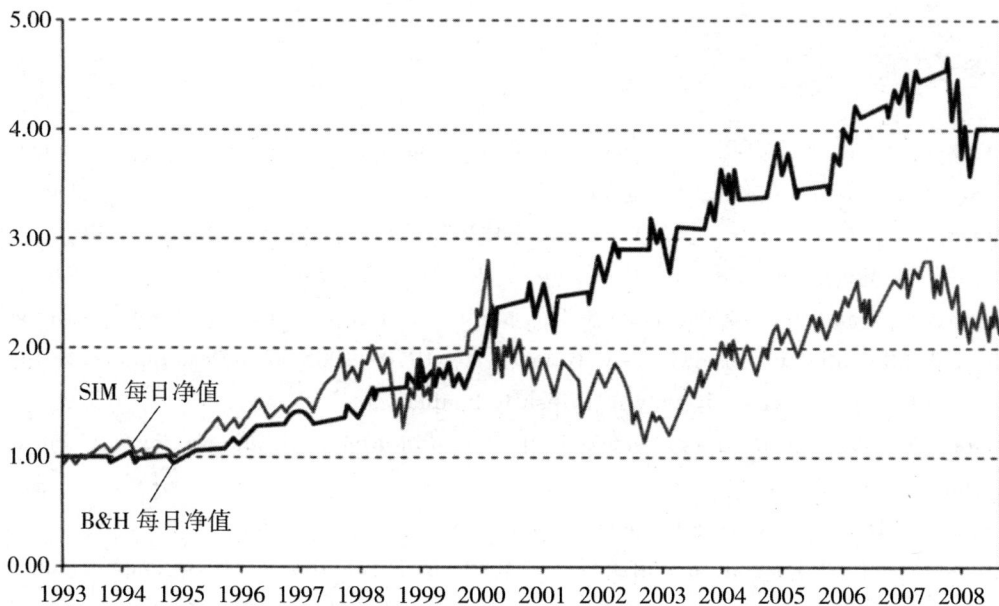

图 4-42　1993—2008 年,"5 月卖出"和"离开"结果,罗素 2000 期货
相对于买和持有,累计行业比较

资料来源:Dzahabrov and Ziemba(2009)。

注:在 10 月底前第 6 天进入。5 月第一天离开。

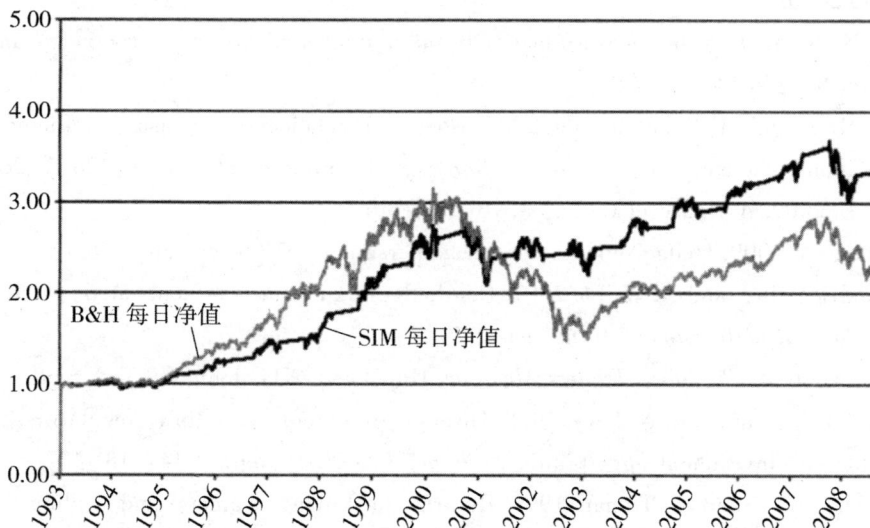

图 4-43　1993—2008 年,"5 月卖出"和"离开"结果,标准普尔 500 指数
相对于买和持有,累计行业比较

资料来源:Dzahabrov and Ziemba(2009)。

参考文献

Arrowstreet Journal. 2009. Investment outlook global/international equity strategy. *Arrowstreet Journal* 10, No. 2（Spring）.

Berge, K., G. Consigli, and W. T. Ziemba. 2008. The predictive ability of the bond stock earnings yield differential. *Journal of Portfolio Management*（Spring）: 63–80.

Berge, K., and W. T. Ziemba. 2006. The predictive ability of the bond stock earnings yield differential in worldwide equity markets, 1970–2005. Technical report, Sauder School of Business, University of British Columbia.

Bodie, Z. 1995. On the risks of stocks in the long run. *Financial Analysts Journal*（May–June）: 18–22.

Brewster, D. 2009. Hedge funds cut fees for investors. *FT. com*, May 10.

Buffett, W. B. 2001. Warren Buffett on the stock market. *Fortune*（10 December）: 80.

Dimson, E., P. Marsh, and M. Staunton. 2009. *Global Investment Returns Yearbook*. London: ABN-Ambro.

Dzahabrov, C., and W. T. Xiemba. 2009. Do seasonal anomalies still work? Working Paper. Shortened version to appear in *The Journal of Portfolio Management*, Spring 2010.

Eling, M. 2008. Does the measure matter in the mutual fund industry? *Financial Analysts Journal* 64, No. 3: 54–66.

Eling, M., and F. Schuhmacher. 2007. Does the choice of measure influence the foundation of hedge fund? *Journal of Banking and Finance* 31, No. 9: 2632–2647.

Faber, D. 2009. A House of Cards, CNBC, February 2.

Gangahar, A. 2009. Hedge fund comeback gathers steam. *FT. com*, June 16.

Hasanhodzic, J., and A. W. Lo. 2007. Can hedge-fund returns be replicated?: the linear case. *Journal of Investment Management* 5: 5–45.

Hirsch, Y. 2009. *The Stock Traders Almanac*. Hoboken, NJ: John Wiley & Sons.

Jacobs, B. I., and K. N. Levy. 1988. Disentangling equity return regularities: new insights and investment opportunities. *Financial Analysts Journal* 44: 18–43.

Jegadeesh, N., and S. Titman. 1993. Returns to buying winners and selling losers: implications for stock market efficiency. *Journal of Finance* 48: 65–91.

Kallberg, J. G., and W. T. Ziemba. 1983. Comparison of alternative utility functions in portfolio selection problems. *Management Science* 29: 1257–1276.

Kay, B. 2009. Has the ETF arbitrage mechanism failed? http: //news. morningstar. com/articlenet/article. aspx? id=283302.

Keim, D. B. , and W. T. Ziemba, eds. 2000. *Security Market Imperfections in World Wide Equity Markets*. Cambridge University Press.

Koivu, M. , T. Pennanen, and W. T. Ziemba. 2005. Cointegration analysis of the FED model. *Finance Research Letters* 2: 248–259.

Kouwenberg, R. , and W. T. Ziemba. 2007. Incentives and risk taking in hedge funds. *Journal of Banking and Finance* 31: 3291–3310.

LeSourd, V. 2009. Hedge fund performance in 2008. EDHED-Risk.

Levy, M. , and R. Roll. 2009. The market portfolio may be mean-variance efficient after all, Working Paper, UCLA.

Lintner, J. 1965. The valuation of risk assets and the selection of risky investments in stock portfolios and capital budgets. *Review of Economics and Statistics* 47: 13–37.

Mossin, J. 1996. Equilibrium in a capital asset market. *Econometrica* 34 (October): 768–83.

Mulvey, J. M. 2009. Applying Kelly and related strategies during turbulent markets. In *The Kelly Capital Growth Investment Criterion: Theory and Practice*, ed. L. C. MacLean, E. O. Thorp, and W. T. Ziemba (forthcoming) .

Poterba, J. M. , and L. H. Summers. 1988. Mean reversion in stock prices: evidence and implications. *Journal of Financial Economics* 22: 27–59.

Schwartz, S. L. , and W. T. Ziemba. 2000. Predicting Returns on the Tokyo Stock Exchange. In D. B. Keim, and W. T. Ziemba (eds.) . *Security Market Imperfections in World Wide Equity Markets*, Cambridge University Press, pp. 492–511.

Sharpe, W. F. 1994. The Sharpe ratio. *Journal of Portfolio Management* 21, No. 1: 49–58.

Shiller, R. 2000. *Irrational Exuberance*. Princeton University Press.

Siegel, J. 2008. *Stocks for the Long Run*, 4th ed. McGraw-Hill.

Simon, R. , and H. R. Hagerty. 2009. House price drops leave more underwater. *Wall Street Journal*, May 6.

Smith, E. L. 1924. Common Stocks as Long-Term Investments. Kila, MT: Kessinger Publishing Company.

Swensen, D. W. 2000. Pioneering portfolio management: an unconventional approach to institutional investments. The Free Press.

van Antwerpen, V. A. , J. P. Engel, H. M. Kat, and T. P. Kocken. 2004. Why investors should hold long-dated bonds, even when interest rates are low. Working Paper #0020, Alternative Investment Research Centre, Cass University.

Wilkie, A. D. 1987. An option pricing approach to bonus policy. *Journal of the Institute of Actuaries* 114: 2190.

——. 1995. On the risk of stocks in the long run: a response to Zvi Bodie, mimeo.

——. 1998. Why the long-term reduces the risk of investing in shares. *Proceedings of the 8th International AFSR Colloquium*, Cambridge, 16–17 (September): 525–538.

Wilmott, J. 2009. Possible futures. In *Credit Suisse Global Investment Returns Yearbook*.

Ziemba, W. T. 2003. *The Stochastic Programming Approach to Asset Liability and Wealth Management*, AIMR.

——. 2005. The symmetric downside risk Sharpe ratio and the evaluation of great investors and speculators. *Journal of Portfolio Management* (Fall): 108–122.

——, and S. L. Schwartz. 1991. *Invest Japan*. Probus.

Ziemba, R. E. S., and W. T. Ziemba. 2007. *Scenarios for Risk Management and Global Investment Strategies*. John Wiley & Sons.

第 5 章

当前的经济危机及其对退休决策的影响

对于在生育高峰期间出生的美国人来说存在一颗定时炸弹，即如何挽回养老储蓄的价值？退休只是退出当前生产工作。从 2009 年 3—9 月期间，股票市场的回升已经挽回了一些损失。

5.1 家庭和政府债务

从 2000 年到 2005—2007 年之间，随着房价的飙升，家庭债务也有所上升。1885 年时家庭债务占可支配收入的 60%（税后），到 20 世纪 90 年代早期则升至 80% 的份额。然而到 2007 年时该数字则飙升至 120%。2001—2004 年期间，约 40% 的家庭进行了抵押贷款，而有 25% 的家庭在这个过程中获取了股权。30 岁以下的年轻人以及 63 岁以上的老年人获取的股权率较低（分别为 15% 和 18%）。这些资金被用于消费（10.5%）、支付其他债务（23.5%）、住房改善（32.2%）和包括股票在内的投资（33.8%）。总之，原住宅的价值增加了 4.164 万亿美元，提取股本达 7 830 亿美元，消费则达 2 670 亿美元。如果持有同样的比率，从 2004 年到 2006 年房屋价值增加了 6.4 万亿美元，那么消费则高达约 4 100 亿美元。对于那些提取股权之后又将其用于消费的家庭来说，他们的净资产并没有增加。而当房产泡沫破裂时，他们将失去净资产，因为他们的资产价值下跌，而债务却有所增加。到 2008 年，那些进行反向抵押和提取财富的临近退休的工人们从这一转变中失去了 14% 的净财富。此外，他们可能会失去很多退休储蓄。对他们而言，重新获得退休储蓄价值这一时期最为艰难（Munnell 和 Soto 2008）。

从 1990 年到 2008 年，英国和美国的家庭债务与其可支配收入相比较高，并一直稳步上升。主要原因是两国房价的下降。加拿大和欧元区的负债较少，这其中有一部分原因是由于抵押贷款和其他贷款的标准更为严格。基本上任何进行房地产交易的人都可以从美国和英国的银行贷款，银行给他们错误的预期，使他们认为房地产价格将会持续上升。之后，房地产价值的下降对这些国家有更深的影响。表 5-1 给出了 2008 年时政府债务占国内生产总值的比率。日本和意大利债务比率最高。然而日本的公民拥有大量储蓄，这正使得债务风险有所缓解。意大利同英国一样面临着严重的财务困境。美国的一个巨大优势是美国政府在世界范围内的债务需求非常高，因此尽管存在一定风险，但美国依然不断发行债券，这样好于向别国借款而用赚取的外汇偿还。日本和英国的债务也主要集中于本国货币。

表 5-1　2008 年 G7 国家政府债务占 GDP 的比重（%）

加拿大	22
英国	33
法国	36
德国	43
美国	46
意大利	87
日本	88

资料来源：Globe and Mail，January 22，2009。

2007 年大约有 44% 的美国家庭参与到股票市场中，而 1994 年仅为 29%，即 8 800万个个人投资者。

这些个人投资者中超过一半的人年龄在 45 岁及以上，并且在这类投资者中有 1/3 在 65 岁以上（约 1 760 万人）。鉴于 2007—2009 年股票市场下跌大约 50%，因此，这些投资者赚回他们退休储蓄的机会有限。

5.2　崩盘模型对 2007—2009 年世界范围内的危机起到有益的警示作用了吗？

很遗憾答案是：不！

Ziemba 和 Ziemba（2007）分析了中国和冰岛，2007 年由于利率上升较多，已经接近了危险区域，因此，应该认为这两个国家在 2008 年处于危机中。但是正如我们看到的，这些国家并没有受到美国和全世界范围 2007—2009 年危机的影响。

表 5-2 显示了 2006 年 2 月、2007 年 6 月、2008 年 6 月以及 2009 年 5 月债券-股票收益率模型的计算。在所有的情况下都没有预测到未来将会发生的崩盘。你需要处于危险区域中+3 的位置。如此以来，10 年期债券利率将有可能大大增加并且市盈率将膨胀（更高的股票价格或者收益大大降低）。实际上两者似乎都不可能。即使在现今收益急剧下降情况下，测量结果显示依然没有处在危险区域。

表 5-2　导致当前美国经济危机的债券-股票收益模型计算

日期	长期债券 （10 年），%	市盈率	每股收益率， %	长期债券收益率- 每股收益率，%
2006 年 2 月	4.49	20	5	−0.56
2007 年 6 月	5.15	17	5.98	−0.74
2008 年 6 月	4.14	18	5.55	−1.41
2009 年 5 月	3.70	33.3	3.00	0.70

最后在 2008 年年末和 2009 年年初几个月，标准普尔 500 指数收益的 2008 年和 2009 年预期持续下降。出自 Mauldin（2009）的表 5-3 显示了这一戏剧性的下降过程。即使收益较低，模型仍未处于危险区。利率已大幅下降且短期利率接近零，然而想要接近如此低的挂牌汇率并非易事。清偿危机使得真实利率颇高且接近无穷大，因为对于大多数人来说信贷是不可用的，信用卡公司否认以前的信用额度并召回信用卡。

表 5-3　　　　2008 年和 2009 年的盈利预测调整，
以美元衡量的标准普尔 500 收益

日　期	收　益
2008 年	
2007 年 3 月	92.00
2007 年 12 月	84.00
2008 年 2 月	71.20
2008 年 6 月 1 日	68.93
2008 年 7 月 25 日	72.01
2008 年 9 月 30 日	60.00
2008 年 10 月 15 日	54.82
2009 年 2 月 20 日	26.23
2009 年 4 月 10 日	14.88
2009 年	
2008 年 3 月 20 日	81.52
2009 年 4 月 9 日	72.60
2008 年 6 月 25 日	70.13
2008 年 8 月 29 日	64.66
2008 年 9 月 10 日	58.87
2008 年 10 月 14 日	48.52
2009 年 2 月 1 日	42.00
2009 年 2 月 20 日	32.41
2009 年 4 月 10 日	28.51

资料来源：Mauldin（2009）。

截至本书出版时，2009 年 6 月时 10 年期的国债收益率约为 3.7%。所以债券-股票收益率模型未能阻止大部分股票价格的下跌，市盈率甚至达到 33.3！

出了什么问题? 这只是另一种类型的崩盘。2007—2009 年的崩溃并非是由于相对于收益来说较高的利率引起的。事实上,利率下降已经有一段时间了。崩盘发生前的几十年以及崩盘时期正是经济转型时期。然而消费支出通常占国内生产总值的很大一部分,尤其是在当人们从住房中收入股权的时候更为重要,因为人们将它们当作自动取款机。这既推动了经济,同时也为崩盘埋下了祸根。因为显然支出水平是不可持续的,尤其是当房价一旦开始疲软。同一时期,衍生产品数量的快速增长产生了巨大的流动性,同样是不可持续的。摆脱这种危机的方法是回归到能够支持实体经济的更为正常的债务工具。接下来让我们回顾危机的发展史。

5.3　次级债务危机及演变过程①

希望我们都是富有的并且等到房价摇摇欲坠的时候再退休

——华尔街内部邮件,2006 年 12 月 15 日

2004 年,约有 9 000 亿美元是通过再融资而从住房股权中收回的。

2001 年美国"9·11 事件"发生之后的第二天,美国市场变得脆弱。美联储主席艾伦·格林斯潘表示,他非常担心此事件对美国经济造成的后发效应。五天后,当股票市场重新开放时,利率有所下降。2002 年,美国总统乔治·沃克·布什说:"我们的目标是,每个人都能有个家。"他还提到了住房差距问题,即"3/4 的英裔美国人拥有住房,但只有不到 50% 的非洲裔和拉丁裔美国人拥有住房"(于住房和城市发展部所做演讲,2002 年 6 月 18 日,Faber(2009))。同时他将房屋所有权和国家安全联系到一起。

房地美和房利美创造了次级抵押贷款市场,它们当中约有一半的抵押贷款保险。起初这些是在严格的程序限定下产生的,但后来它们受到了来自行业和政府要求放松标准的政策压力。奥兰治县的企业家想要规避这些规则并且创建一个有利可图且不受监管的业务。当房地美和房利美遇上麻烦的时候,他们创造了次级抵押贷款的概念,任何人都可以随时获得贷款。实际收入和资产未经核查,抵押贷款急剧膨胀。不良信贷和无资产(或很多债务和负债)并不重要。这项工作使华尔街金融公司有极大的兴趣包装这些抵押贷款,然后给予 AAA 的投资等级。之后华尔街公司可以在世界范围内出售这些抵押贷款担保证券(CMO)。评级机构的费用由出售 CMO 的公司支付,而不是购买者支付。评级机构渴望有生意和回头客。因为设想房价不会下跌(1991—1992 年期间未下跌),这似乎是安全的。世界各地的投资者,为获得更高的回报,一味贪婪地购买这些证券。距离北极圈 150 英里的一个挪威小镇纳尔维克就是一个例子。他们因从一个在奥斯陆的代表那儿大量购买花旗银行的这类资产而失去 25% 的城镇资产。

---

① 为了获取更多的信息,本节利用了由 David Faber 主持的称为"不牢靠的计划"的 CNBC 程序。

与此同时，世界各地的房价轮番高速上涨，远远超过收入的增长。没钱的人也能够买房子，然后进行再融资和兑现来改善住房或者只是把钱花掉。事实上在2003—2007年期间很大一部分的美国居民消费是来自这一渠道。房子被假设一直增值6%～8%。但是房屋泡沫正在生成，2005—2006年期间美国房价达到顶峰。

包装成 AAA 级的抵押贷款 CMOs 和后来的 CDO（担保债务凭证，其包括未来收入流的任何资产）还在持续。

图 4-29 和图 4-30 回顾了历年住房价格。

抵押贷款业务进展良好。连未经培训的披萨派送员都成了抵押贷款经纪人。因为他们没有许可证，所以没有培训可言。一旦他们开始安排贷款，很快每个月就开始挣20 000美元，之后就会买昂贵的汽车。在加州南部有一位只有 3 年级教育水平的黎巴嫩移民，他有一家公司，他将奔驰汽车卖给了他的信贷员。在 2005—2006年的高峰期时，他每个月能挣到 500 万美元。当从 2005 年底房屋和房地产股票价格开始下跌时，违约增多，并且 CMOs 和 CDOs 价值急剧下跌。得克萨斯的一个对冲基金交易员意识到问题后，做出了 600% 的投资，即约 10 亿美元用来购买这些工具的保险，其大幅升值弥补了由于住房价格下跌产生的影响。

2004 年时另外一个起到推动作用的因素是，格林斯潘说市场需要"抵押贷款的新产品"。这包括在前一两年时利率较低或无利率的可调利率抵押贷款，利率增加了负债值。然后随着利率提高，负债增多，房价下跌更快，情况也变得更加困难，导致数以百万计的抵押贷款违约。这使得花他人的钱为自己买房子的美国梦就此破碎。

格林斯潘仍然坚称这种泡沫只是人类行为的一部分，并且会重复发生。美国联邦储备委员会也不需做什么来阻止其发生。阻碍房屋所有权是政治性错误。现在他承认，当他得知美国 20% 的抵押贷款为次级抵押贷款时非常震惊。有着数学基础和经济教育背景的格林斯潘以及 200 名拥有博士学位的员工都不能明白的CDO 产品，却使用它们对期权专家及其他部门的主管进行数学和金融的培训。哇！

然而问题是法规和谨慎放贷的实施之间存有差距。在加拿大和许多其他国家，单凭一个人无法申请到极端的次级抵押贷款。因此，房价也不可能会大幅下跌，同样，也不会出现大规模违约现象。不同于美国的无追索权贷款，加拿大借款人的风险较大，包括的不仅仅只是其抵押的财产，而是其所有资产。

5.3.1　声援金融部门：政策反应的评估

在过去的 25 年左右，随着美国和英国的实体生产部门衰落，缺乏监管的金融业反而得到了发展。利润开始集中在金融领域，它确实在资产证券化、利率互换以及工具间交换的信用违约等方面有所创新。对于金融行业来说，企业利润份额的增长就是其效果表现。从 1973 年到 1985 年，该领域获得大约 16% 的公司利润；20

世纪 90 年代，利润分成由 21% 增加到 31%，并且最近的 10 年中，增加到所有企业利润分成的 41% 之多。随着利润的增长，收入也有所增加。1948—1982 年，该领域的平均薪酬是国内私营行业均值的 99% ~ 108%。到 2007 年时则达到 181%（Johnson 2009）。

在全球经济危机时，美国联邦储备委员会、财政部、联邦政府以及英国和其他国家类似的机构对此分为好几个阶段并且有各种不同的应对措施。到 2009 年 6 月，放宽货币的政策效应（公开市场操作目前指的是量化宽松）和财政支出已经取得了一些成功，但这是有限的。不幸的是，很大一部分的政策应对仍然是扶持金融业超过实际生产行业。这不同于国有化银行的政策措施以及对金融业进行清算，资金直接已经分配给金融业以支持生存。

在某种程度上这是美联储和美国中央银行结构的一种反映。监理会的七名成员由总统委任，同时须获得参议院的批准。12 个独立注册地区银行的董事会是由美国联邦储备局任命的 3 个成员和成员银行所选出的 6 名成员组成的。纽约美联储主席在地区银行中也占有一席，并且经常与他们协商。2007 年 5 月，在亚特兰大联邦储备银行发表的讲话中，盖特纳说"金融创新能够提高量度以及风险管理的能力"，"相较于风险管理方面而言，从资本方面来看，大型的全球金融机构普遍较强"（引自 Becker 和 Morgenson 2009）。在这一点上，由于次贷危机损失，新世纪金融公司已经申请破产。7 月份时，美联储主席本·伯南克警告说，美国次贷危机损失可能高达 1 000 亿美元。

受到花旗集团和摩根大通公司的鼓励，盖特纳建议对银行实行新的宽松标准。然而，根据前英国监管机构卡勒姆·麦卡锡所言，问题是"银行对自身风险管理的能力有所高估，而人们往往却相信银行"（Becker 和 Morgenson 2009）。

同其他一些经济学家一样，诺贝尔奖获得者、哥伦比亚大学教授斯蒂格利茨曾担心，这种关系导致了行业本身管理哲学的形成及共享。这使得救市的目的是将大量的钱存到银行而不必考虑更广大范围的公众的风险（Becker and Morgenson 2009）。

为了减少目前危机的影响并防止其复发，经济学家、政治家、记者和商业领袖们都建议对一系列监管做出改变。然而，截至 2009 年 4 月，有许多提出的解决方案仍未实现。以 Simon Johnson 为代表的一些人希望限制机构规模的增长以形成易于管理的最佳规模，这样机构就不会大而不倒。当然这一标准很难确定，市场效率的保证需要市场进出自由。斯蒂格利茨建议限制银行杠杆率，而艾伦·格林斯潘则表示逐步增加有一定规模银行资本的要求会阻止规模过大，抵消其竞争优势。

影子银行系统是一个问题，因为它超出了规定，而且解决方案涵盖多种模式的监管。保罗·克鲁格曼希望监管机构能够像银行一样运作，与此相关的是，本·伯南克希望直接关闭影子银行系统中受困的金融机构，如投资银行和对冲基金。斯蒂格利茨建议恢复商业银行（储蓄）和投资银行分开的业务，投资银行是于 1933 年依据《格拉斯-斯蒂格尔法案》建立的，而在 1999 年时依据《金融服务现代化法案》废止。他也希望看到与长期绩效有关的而非是逐季度的管理层薪资水平。在处理当前危机的过程中，Niall Ferguson 和 Jeffrey Sachs 认为紧急救助前应先削减债券持有人及合约方数量。而 Nouriel Roubini 则认为应将失去偿付能力的银行进行国有化，清理不良贷款并出售。其他提议包括调节信用衍生品，以及确保它们有充足的交易资本交换以限制交易对手风险（Eric Dinallo）；在经济繁荣时期时，金融机构应向政府支付保险费，以换取处于低迷时期的保险金（Raghuram Rajan）；最低支付应为住房抵押贷款的 10%，且需要收入证明（Warren Buffett）。Michael Spence 和 Gordon Brown 建立了以帮助检测系统性风险为目的的预警系统。这将需要一个比 VAR 更好的模型（见 14 章）。

联合国委员会主席斯蒂格利茨教授接受了联合国大会让其提出治理全球经济危机的措施的任务。他们针对问题进行分析并就以下 10 点重要问题达成共识：

1. 金融行业的管制过于放宽。
2. 行业自律是不够的。
3. 金融体系在经济方面存在外部效应，因此，监管是必要的。
4. 衍生品和其他工具的复杂性要求更多的透明度并被充分告知其风险程度。
5. 不正当的动机会鼓励过度冒险行为和短视行为，结果将导致金融业危机。
6. 公司治理有助于改善欠佳的激励措施。
7. 银行因规模太大而不会倒闭，所以银行如果投机成功，那么盈利；如果投机失败，银行就将会陷入困境。
8. 有必要进行综合治理，否则会出现国家之间金融服务行业的不严格管制的底部竞争。
9. 反过来，那些监管不力的国家需要保护它们的经济。
10. 银行类机构之间的管理必须全面综合，从而避免底部竞争的发生。

这是全球性的危机。在全球化的时代，首先来说全球战略是必要的，但是政策只能在国家层次上进行。他们认为发达国家应该留出 1% 的刺激计划来帮助发展中国家。这种帮助应该是以拨款而非贷款的形式进行，并且应通过国际和地区渠道发放。此外，刺激计划的衍生品不应该受到贸易保护主义的阻碍以惠及贸易伙伴。全球金融体系规则的建立需要国际间的合作。最后还需要改革以美元为基础的储备货币体系（Stiglitz 2009）。

5.4　经济危机对退休预期的影响

不幸的是，有一部分养老金背负着众多的不良资产。Evans（2007）曾警告说，银行将具有最大风险的 CDOs 卖给公共养老金和国家信托基金。至今，另类投资回报很高，诱使贝尔斯登投资银行、美林证券公司、美联银行、花旗集团以及摩根士丹利投资公司投入资金。他们被告知 CDOs 最低有 20% 的年收益，但这是首先损失的部分，称为 CDOs 股权级，而整个投资也很容易亏损（它们未分级）。例如，加州公务员退休基金从花旗集团收购了 1.4 亿美元。在追踪这些 CDOs 回报中出现的困难因 CDO 经理在债券出售之后修改其内容而加剧了。表 5-4 将股本等级持有人和 CDO 的不良等级部分进行了对比。那些知道里面是什么的银行大多将其出售给对冲基金（其应该明白风险）和养老基金（其很可能不明白风险）。养老金管理委员会通常依赖于银行给出的建议，他们认为正在通过选择基金管理者而管理风险。

表 5-4   CDOs 购买方、投资等级、股票或不良等级（%）

投资者	投资等级	股本等级
银行，私人银行	55	32
资产管理公司	19	22
保险公司	18	19
养老基金	4	18
对冲基金	3	19
其他	1	—

资料来源：Evans（2007）。

公共养老基金购买了超过 5 亿美元的 CDOs 股份。

在向禁止购买垃圾评级资产的公众投资者出售不良资产的过程中，资产通常都被伪装成投资级别。贝尔斯登投资银行的例子就被称为保本：

[A] 养老基金希望购入价值 100 美元 CDO 股份。但是养老基金并没有直接购入，而是以 46 美元购入零息国债，而此国债 12 年内可以兑换 100 美元。债券与 54 美元的 CDO 股份相搭配。零息债券不支付利息：当债券到期时，投资者支付全额面值。

因为保本保证要偿还，所以它是 AAA 级。如果 CDO 不违约的话，每年收益将超过 9%。然而，如果将全部资金投进零息债券的话，那么这笔钱将在 12 年内增加一倍。

5 年的养老金收益在一年内被彻底花光。在近期颁布的基金规则中，这些损失将迫使计划"在当陷于困境中的公司需要依靠稀缺资源来生存的时候，从工资和就业中获得资金"产生（Millard 2009）。Watson Wyatt 估计 7 年内有一个 20

美元到 1 000 亿美元的缺口需要填补，公司还需要继续做出新的缴费。计划被终结一点也不稀奇，问题不在于资金不足本身，而是资金不足的公司走向破产。Millard 建议应建立类似英国的系统。这样养老金监管机构可以调节交易，并且不会迫使公司倒闭。表 5-5 为退休计划中股票下跌一年的情况（2007 年 10 月—2008 年 10 月）。

表 5-5　　　　2007 年 10 月 9 日—2009 年 4 月 9 日退养计划资产缩水情况　单位：万亿美元

退休计划的投资类型	10/09/2007	04/09/2009	缩水情况	缩水比例
养老金固定缴费计划	4.90	2.70	2.20	44.90%
IRAs	2.0	1.1	0.9	45.00%
个人养老金固定缴费计划	2.8	1.5	1.2	42.86%
联邦政府计划	0.2	0.1	0.1	50.00%
养老金固定收益计划	4.2	2.3	1.9	45.24%
个人养老金固定收益计划	1.8	1.0	0.8	44.44%
州和地方政府计划	2.4	1.3	1.1	45.83%
家庭非养老金资产	12.2	6.8	5.4	44.26%
其他	5.9	3.3	2.6	44.07%
总计	27.2	15.1	12.1	44.49%

资料来源：Munnell et al.（2009）。

Munnell 等人（2009a）也注意到，大多数的公司已经停止了 DC 计划的匹配缴费。主要包括西尔斯公司（305，08）、联邦快递（115，330）、联合包裹服务公司（100，368）、斯普林特（79，321）、克莱斯勒（32，900）、通用汽车（32，000）、摩托罗拉（30，076）以及福特汽车公司（22，600）。

此外，博客网站 pensionpulse 发布了越来越多的养老金问题；5 月的某一天列出以下几点全球养老金的紧张局势：

■ AbitibiBowater 公司试图单方面解除养老金收益的改进，这是在公司破产保护前集体协商一致的结果。

■ 加拿大航空公司寻求工会对"暂停或其他条件融资"的养老金赤字支持，其价值超过 30 亿加元（25 亿美元）。

■ 宾夕法尼亚州预计将发生教师养老金海啸。宾夕法尼亚州的公立学校员工退休制度（PSERS）损失了 30%，在接下来的几十年他们将面临创纪录的退休潮，需要各地区缴纳更多的资产。

■ 明尼苏达州教师要求 2.23 亿美元紧急救助的养老基金。

■ 俄亥俄州的 5 个公共养老金计划损失了近 1/4 的价值。

■ 罗得岛州城镇正面临日益增加的养老金负担的困扰。在过去的 5 年内，养老金缴费上涨了 50%，达到每年 1.49 亿美元。

■ 纽约市针对城市雇员提出了一个 5 层级雇员养老金计划。该计划将在未来 1 年内节省 2 亿美元，预计到 2030 年可节省 70 亿美元。

■ 马萨诸塞州的州长想要解除 10 名前议员的特殊养老金，因为这些养老金属于不当授予。

■ 在澳大利亚，富人的退休金税收削减一半以增加养老基金。

■ 2009 年第 1 季度，英国最大公司的养老金计划赤字几乎翻了一番，高达 610 亿英镑（910 亿美元）。

■ 寿命更长，意味着英国纳税人将不得不花费数十亿甚至更多英镑以资助公共部门养老金。

■ 周一，匈牙利国会投票削减退休金福利，并且将法定退休年龄从 62 岁逐渐提高至 65 岁。

Source：http：//pensionpulse. blogspot. com/2009/05/global-pension-tension. html.

5.4.1 计划发起人的麻烦

这场危机的影响使退休计划发起人回到了较低基金水平：至 2008 年底时养老基金降至 85%（参见图 5-1）。然而，计划可以满足眼前的任务并且随着股票市场完善能够再次赶超。但是，如果市场持续低迷，退休计划发起人将不得不增加养老金的缴费。因为，无资金准备的负债需要在 7 年时间内弥补。图 5-2 显示了收益加赤字摊销金额的显著影响。

如果公司无法弥补这一赤字，那么有许多项选择，正如我们之前所探讨的那样：裁员，这样一来既能降低当前的成本，又能避免未来的养老金负债；破产并将资金不足的养老金基金转移给养老金担保公司（PBGC）；冻结 DB 计划变成 DC 计划。

随着 401（k）计划开始更好地实施，并且当员工开始将这些政策视为社会保障的重要补充，经济危机便成了真正的挫折。此外，他们不打算扮演这一角色，而是建议建立新的补充计划以取代现有的雇员计划。

国际货币基金组织（2009）就经济衰退现象、原因及何时恢复进行了研究。研究发现，由于广泛存在的金融问题而引发的经济衰退需要很长时间才能得以恢复。在危机发生之前，商品、劳动力市场和住房价格存在泡沫。当危机来临时，债

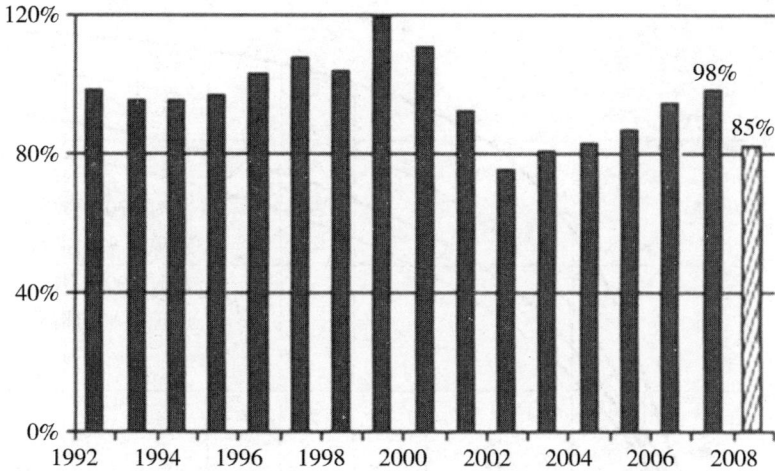

图 5-1   1992 年 10 月 9 日—2008 年私人部门 DB 计划筹资现状

资料来源：Munnell and colleagues（2008）。

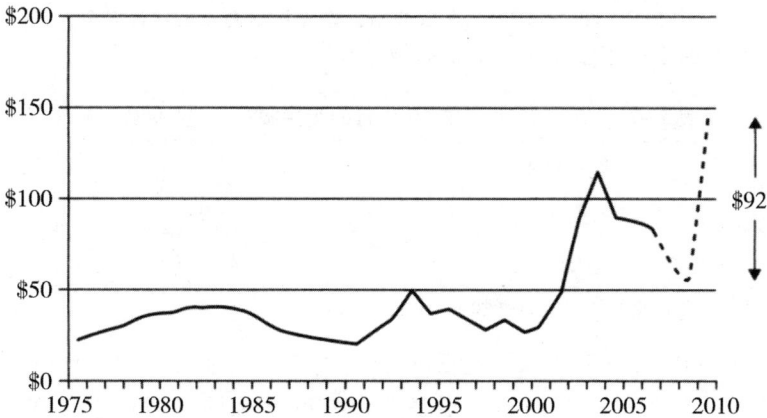

图 5-2   1975—2006 年 DB 计划实际缴费，十亿美元，2007—2009 年是预测值

资料来源：Munnell et al.（2008）。

务过剩去杠杆化需要很长一段时间。通常人们不得不储蓄，因此造成消费滞后；到那时，生产资料产能过剩，因此投资不能重振经济，货币政策也不会有效。此外，由于普遍存在经济衰退现象，增加出口无济于事。唯有财政政策有助于加速经济的恢复。

图 5-3 显示富时（FTSE）100 指数和道琼斯指数恢复的累积概率。富时 100 指数在 2015—2019 年期间恢复的可能性为 50%；至于道琼斯指数将在 2017—2020 年期间恢复。这足以说明损失的惨重性，参见表 5-6。这些计算都是基于崩盘后的历史数据。

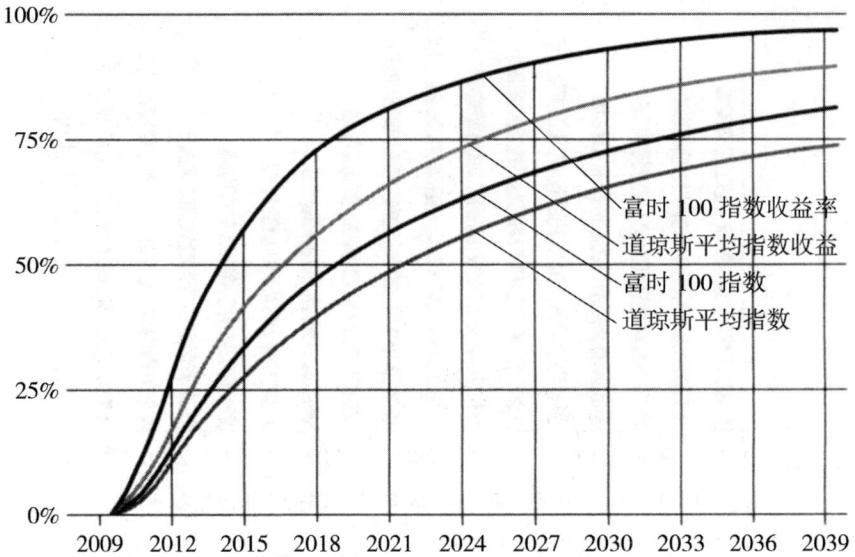

图5-3　2009年1月23日开始，恢复指数高点的累计概率

资料来源：Dimson, March, and Staunton（2009）。

表5-6　　　　　　　2008年前10个月的相关损失　　　　单位：亿美元

澳大利亚	2 000
英国	3 000
美国	22 000

资料来源：OECD（2008）。

然而自从2009年3月以来，指数上涨超过50%。截至2009年11月初，这些指数仅仅弥补了损失的一半左右。很多股市外的基金已经错过了这次上涨。事实上，推动此次上涨的动力是许多基金试图追涨的行为。反弹似乎是由于：

1. 3月份的显著下跌使得这部分反弹只是调整而已；

2. 由于股票市场提前预测了6个月或更多月份，预期有更好的经济消息；

3. 坏消息不会更坏的第二次派生效应；

4. 利率实质为零，所以股票似乎是比其他许多市场更好的选择，这些市场大多没有回报或者债券在较低利率下更有风险。

Brock（2009）就次贷救助及其长期效应进行了研究。他发现，刺激资金投入基础设施和投资，以提高其本身具有自然闭合性的生产率是至关重要的。通过这种方式，随着时间流逝，GDP的增长将超过债务。负债和GDP比率将恢复到一个可持续的水平。他认为将联邦预算（像所有的政府预算）分为两个独立的部分是至关重要的，即一部分显然是代表投资，并被认同，且在适当的时期摊销；另一部分则是转移支付和消费型支出。表5-7显示不同GDP与债务增长率对GDP/债务比率的影响。

| | 表 5-7 | 不同 GDP 与债务增长率
对 GDP/债务比率影响 | | | |

		GDP 增长率			
	债务	−1%	1%	2%	4%
2010	2%	0.9	0.9	0.9	0.9
2015		1.0	0.9	0.9	0.8
2025		1.0	1.0	0.9	0.8
2035		1.8	1.1	0.9	0.5
2045		2.4	1.2	0.9	0.4
2010	5%	0.9	0.9	0.9	0.9
2015		1.2	1.0	1.0	0.9
2025		2.1	1.5	1.4	1.0
2035		3.7	2.3	1.8	1.1
2045		6.7	3.3	2.4	1.2

资料来源：Brock（2009）。

5.5　养老金陷入麻烦中

大约 20 年前，澳大利亚养老金制度进行了重建，要求人们管理自己的养老金储蓄。它有三个支柱：雇主缴费约工资的 9% 到个人养老金账户的强制储蓄、员工自愿缴费以及国家养老金收入。2008 年，英国出台了类似于澳大利亚的新养老金计划。从 2012 年起，强制雇主缴费到劳动者养老基金中，员工承担其投资风险。见 Bendeich（2009）。

2008 年，OECD 约有 25% 的养老金储蓄价值亏损（总额近 1 万亿美元）。表5-6 为养老金储蓄损失最多的国家。图 5-4 为正常养老金收益与实际养老金收益之间的对比。

2007—2009 年期间，个人亏损高达 40%～50%。这迫使澳大利亚人申请国家养老金（2008 年第 4 季度国家养老金申请率上升 50%）。养老保障为每月 1 100 美元，这大约是一个工人平均工资的 20%。

OECD 估计养老基金损失达 20%，即 3.3 万亿美元。相对于股票市场而言，该损失比较适度，并且养老基金也趋于多样化，持有债券比例较大。他们估计截至 2007 年 12 月 13 日，22 个 OECD 国家所持有资产中，债券占到 50% 的比例，其中政府债券占 60%。基金中持有的股票份额较高的国家受到了最沉重的打击，如澳大利亚和爱尔兰。自 2009 年 3 月时的低迷之后，股市的反弹弥补了之前的一部分损失，但是崩盘使得一部分基金缩减了股票投资（见图 5-5）。

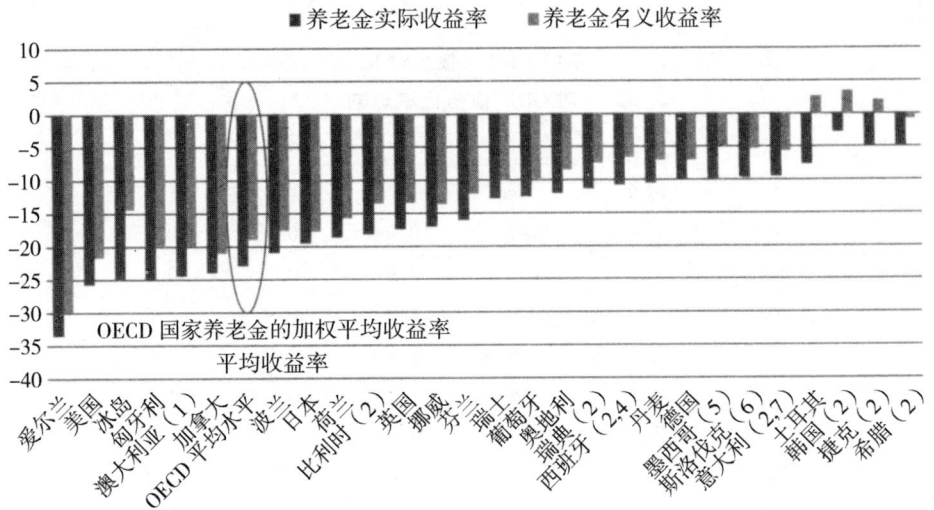

图 5-4　2008 年 1—10 月，OECD 各个国家养老金名义收益率和养老金实际收益率

资料来源：OECD（2008）。

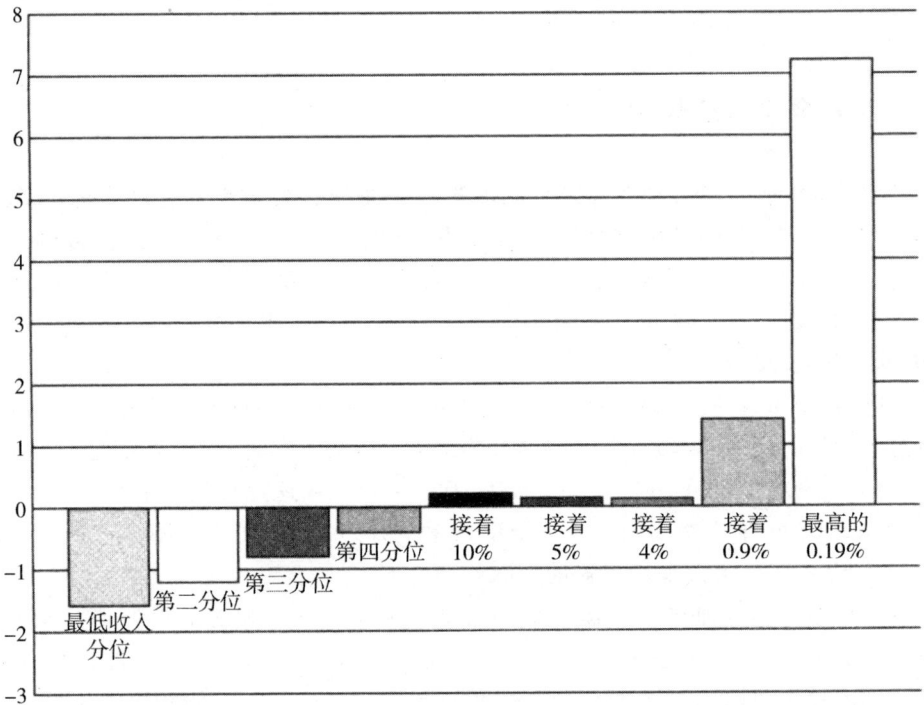

图 5-5　2002—2003 年所强调的最高分位点的实际收入收益

资料来源：Morris（2006）. Internal Revenue Service/New York Times, October 5, 2005。

注：这段时间的通货膨胀率为 2.3 %。

5.6　国家养老金

国家和地方政府养老金对于退休资产而言至关重要。事实上，相较于 45% 的私人部门的员工，80% 的国家和地方工人拥有养老金。大部分是 DB，公共部门为 80%，而私人部门为 40%。这些公共部门计划也比私人部门计划享有更多的保障，因为其受到各国政府的支持。但是作为私人养老金保障的 PSGB 设置了最高保险金额。

到 2004 年，国家养老基金的平均资产只能填补 80% 的负债，养老金缺口约为 2 840 亿美元，见图 5-6。其中，西弗吉尼亚州的比例差距最大，罗得岛州和康涅狄格州的总负债缺口最大。城市也出现类似缺口，其中费城差额最多，资产只能填补 53% 的养老金债务。卫生保健负债的缺口更大（《经济学家》2006）。2009 年 11 月，国家和地方养老金在损失 20% 或与去年同期相比损失 0.6 万亿美元后，缺口估计约 1 万亿美元。如此大的数额缺口使得一些政府难以从债券市场筹集资金。即使采用积极的投资策略也难以弥补这一缺口（McNichol 2009）。

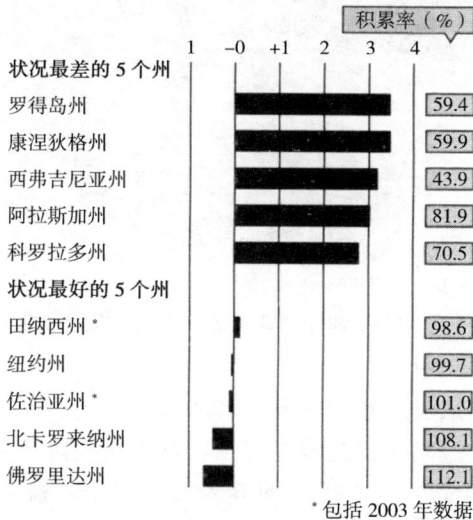

图 5-6　2004 财年无基金国家养老金负债（1 000 美元/人）
资料来源：*The Economist*（2006）。

5.7　股票风险溢价（ERP）的未来

员工福利资产投资委员会（CIEBA）（2004）曾提出一个问题：美国养老保险制度是否应该依靠长期的股票风险溢价（equity risk premium，ERP），使用可能产生最坏结果的计划还是比较中性的方案？高盛预测 ERP 在未来的 10 年内将会更低。摩根士丹利和高盛都引用了一份报告，表明养老金制度扭曲了股市泡沫。高盛和罗伯特·希勒估计，假设 ERP 为 2%，那么 10 年内的股票债券失败比率为2∶1，20 年内则为 4∶1，30 年内则为 95%。

在 2000 年的泡沫时期，私人养老金是净卖家，因为它们计划增加价值，并抛出股票以达到它们所需的水平。与此同时，公共养老金计划是净买家。摩根士丹利估计 2002 年市值计价规则的收益将减少 67%。

图 5-7 显示了股票所有权崩溃。DB 和 DC 计划共同占市场的 12%。然而，如图 5-8 所示，股票代表很大一部分的计划资产。

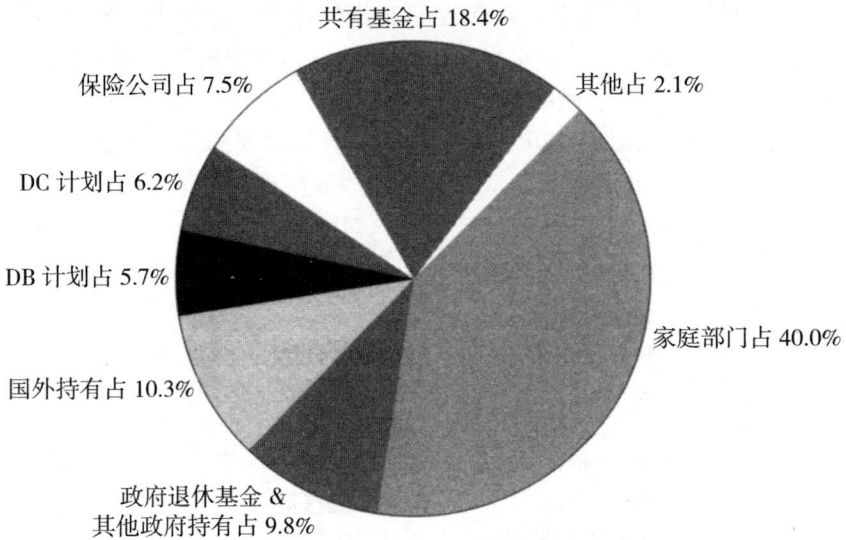

图 5-7　2002 年第 4 季度各部分流通股所占股份

资料来源：CIEBA（2004）。

摩根士丹利提出，从长远角度来看，2000 年时的泡沫危机实际上损害了计划。虽然看起来似乎是资金过剩，但是没有提供任何有关实际风险的信息。

图 5-9 显示了营销手段对所报告的养老金计划净收益的影响。摩根士丹利预测，针对这一潜在的趋势，计划将降低投资组合的风险以降低波动性的影响。

5.7.1　企业养老金计划冻结

截至 2008 年 5 月 11 日，有至少 16 家公司宣布冻结其传统的 DB 计划。相比而言，2008 年全年有 18 家公司。最近的一家公司是富国银行，它宣布将从 7 月 1 日起停止计划累计的收益（Block 2009）。这意味着长期雇员不会得到各种奖金，即提供足够劳动时间后，依据最后工作年份计算的收益。其中一部分原因是要求计划加入合适的基金。然而，除此之外，公司开始将 DB 计划视为巨大的负债。

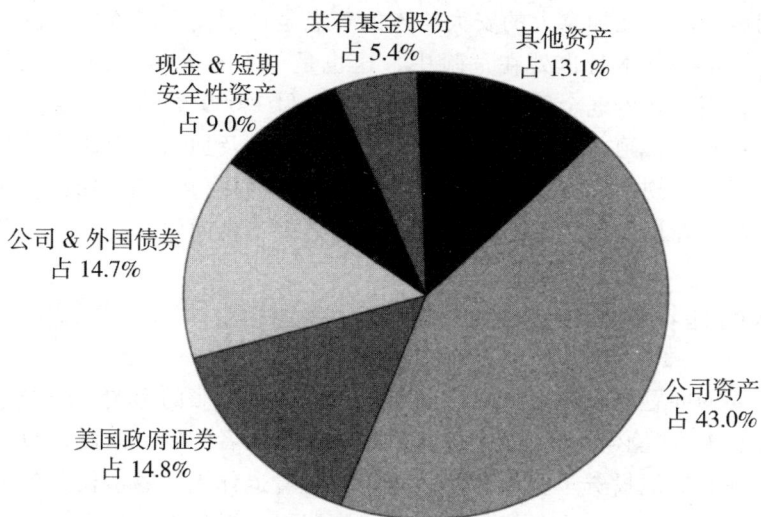

图 5-8　2002 年第 4 季度企业 DB 型养老基金资产构成

资料来源：CIEBA（2004）。

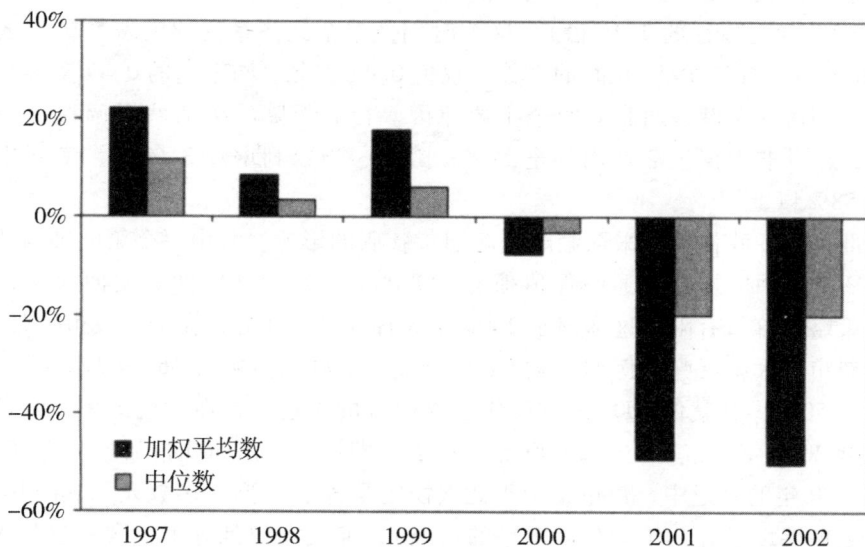

图 5-9　1997—2002 年，按市值计价收益的收入对养老金计划资产的估计影响

资料来源：CIEBA（2004）。

5.7.2　最终战略：破产

未来养老金的债务所带来的负担已经使一些公司走向破产。一旦破产，公司就将可以违背有关养老金和医疗保健的承诺。

在美国，4 400 万名工人所享有的 DB 计划是由一家准政府机构担保，即养老金收益担保公司（PBGC），而其本身也在亏损。

当公司破产时，在加拿大的安大略省的养老金计划安全网负责支付破产公司的退休养老金，但是其本身也处在危险中，这也是一个很大的同行业失误。自 1980 年成立时起，当企业养老金不足情况下它每月支付 1 000 美元的养老金，而且差额正在增加。在过去，阿尔戈马钢铁公司、梅西公司以及加拿大钢铁公司就面临这样的挑战。据报道，现在赤字达 1.02 亿美元，且政府面临来自于类似北电网络公司、汽车制造、制造业以及纸浆和造纸等行业的养老金支付问题。

5.8　未来的通货膨胀和养老金

一个重要的问题就是使退休财富和收入免受通货膨胀的影响。随着生产率的提高，经济增长无疑是必要的，但是这却不受个体劳动者控制。因此，我们一再强调退休储蓄必须有效地投资于实体经济，否则，随着退休人数的增长，需求与生产之间不能平衡，过量需求最终可能会导致通货膨胀。为退休做支撑需要商品和服务的不断增长。

政府统计数据显示，从 1982 年 12 月到 2007 年 12 月，老年人的通胀率平均上涨了 3.30%（是以往的 2.25 倍）。这个时期，整个经济系统的消费物价指数平均值为 3%。这意味着 1983 年时的 1 美元仅值 0.44 美元，与平均的 0.47 美元形成对照。住房和医疗保健是通胀的两个主要原因。社会保障与生活费用调整（COLA）相联系，但并非占据生活费用的全比率。因此，当福利增加 31% 时，实际生活成本提高 58% 以上。

除此之外，我们可以采取策略缓解通货膨胀的影响。其中一个策略即为我们此前在 4.3.1 节中所提到的通胀保值债券（TIPS）。鉴于 TIPS 的真实回报率仍然很低，该策略的价值有限。这本书于 2009 年 6 月封笔。此后，在美国股市的带领下，全球股票市场大幅反弹。例如，3 月初标准普尔 500 指数触底 666 区域，所以下跌总数超过 50%，其就像 2000—2003 年衰退期时的表现。在那次衰退中，复苏呈 V 型，且到 2007 年时市场处于 2 000 点的高点，即标准普尔 500 指数超过 1 500。在 2007—2009 年的衰退中，讨论集中于此次恢复是否呈 V 型（多数人不认同），U 型在恢复之前要度过好几年（最高概率的情况），抑或者像是有第二次衰退的 W 型，就像 1930 年初那样。虽然依旧有裁员、住房价格和商业房地产下跌以及经济等方面其他坏消息，但是结合较低利率的情况，3 月被视为适宜买入的时机。行情变好、持现金观望者增多以及不想错过市场复苏的人所产生的动量效应都参与其中。9 月底，标准普尔 500 指数已经恢复到 1 070 区域，超过了 50% 的恢复程度。许多其他国家的本国货币大幅反弹，美元有所贬值。此次复苏对于一些依赖它们的退休者有所帮助。买入和持有的投资组合也只下跌 25% 左右。但是那些在底部套现或杠杆化的人则损失重大。但是此次复苏仍然无法弥补损失，退休形势依然不堪一击。

参考文献

Becker, J., and G. Morgenson. 2009. Geithner, member and overseer of finance club. *New York Times*, April 27.

Bendeich, M. 2009. Pension system reels from meltdown. *G&M*, February 1.

Block, S. 2009. More companies freeze pension. *USA Today*, May 11.

Brock, H. 2009. The end game draws nigh—The future evolution of the debt-to-GDP ratio. In *Outside the Box*, ed. J. Mauldin, May 18.

Committee on Investment of Employee Benefit Assets (CIEBA). 2004. The US pension crisis: Evaluation and analysis of emerging defined benefit pension issues. Association for Financial Professionals, March.

Dimson, E., P. Marsh, and M. Staunton. 2009. *Global Investment Returns Yearbook*. ABNAmbro, London.

The Economist. 2006. Public-sector pensions: The known unknowns. November 16.

Evans, D. 2007. The poison in your pension. *Bloomberg Market*, July.

IMF. 2009. *World Economic Outlook.*

Johnson, S. 2009. The quiet coup. *The Atlantic*, May.

Mauldin, J. 2009. Is that recovery we see? John Mauldin's Weekly E-Letter, April 10.

McNichol, D. 2009. State and local pension gap may be $1 trillion, Kramer says. Bloomberg. com, November 5.

Millard, C. 2009. Vampire pensions could be a corporate nightmare. *Financial Times*, April 18.

Morris, C. R. 2006. Apart at the Seams: The collapse of private pension and health care protections. Century Foundation Press available at www. socsec. org/publications. asp? pubid = 553.

Munnell, A. H., J. -P. Aubry, and D. Muldoon. 2008. The financial crisis and private defined benefit plans. CRR Number 8–18.

Munnell, A. H., F. Golub-Sass, and D. Muldoon. 2009a. An update on 401 (k) plans: insights from the 2007 SCF, CRR Number 95.

Munnell, A. H., and M. Soto. 2008. The housing bubble and retirement security. CRR IB#8-12, August.

OECD. 2008. Pension markets in focus. December.

Stiglitz, J. E. 2009. A real cure for the global economic crackup. *The Nation*, July 13, 12–14.

Ziemba, R. E. S., and W. T. Ziemba. 2007. *Scenarios for Risk Management and Global Investment Strategies*, John Wiley & Sons.

第二部分

特殊问题与模型

第 6 章

人口老龄化对家庭证券投资组合和资产回报的影响

Costanza Torricelli
意大利摩德纳·雷焦·艾米利亚大学
Marianna Brunetti
意大利罗马第二大学

6.1 引言

　　本章的重点是对关于家庭证券投资组合及其相关理论的文献综述。为方便起见，此章节的理论假设不是建立在一个养老基金机构的基础上，而是建立在以家庭为单位的长期消费决策和证券投资组合决策的基础上。[①] 在此特殊的关系中，本章突出的重点是利用模型分析人口老龄化对家庭证券投资组合乃至资产收益的影响，尤其关注家庭投资组合的财务分布状况。近年来，研究人口发展趋势的学者们采用理论或者实证的研究方法，通过宏观和微观的研究视角，写出了大量观点各异、内容丰富的好文章，为人口学的发展做出了突出贡献。

　　人口老龄化对家庭投资组合影响的可能性取决于前文所说的投资组合的多样性，这里的多样性除了指收入、财产、教育和家庭规模等因素外，主要还是由做出相关金融决策的家庭成员的年龄所决定的。这种投资组合的多样性在股票市场的投资领域和资产配置领域表现得都比较明显，并且在实证和理论方面都有研究，为出现的问题提供了详细依据，并找出了一个合理的解释。

　　我们认为，要以一个有效的方法理解整个问题的话，首先，应先分析数据中常见的规律，其次考虑如何根据对投资组合特征的观察做出相应证券投资组合的选择。实际上，近些年来大多数的理论模型都是莫顿–萨缪尔森理想模型的逐步拓展，目的是要区别于其他学者（例如，Curcuru 等，2009；Gomes 和 Michaelides，2005）的预测模型，去解释有据可循的规律。

　　历史上相关研究文献的发展给我们提供了本章结构的思路。6.2 节我们回顾了

---

① 本书的其他章节将采用机构的立场，资产负债管理模型的说明见第 7 章、第 9 章、第 10 章以及 14～16 章。

之前的研究：首先，我们利用一个微观的视角来研究以家庭为单位的证券投资组合，然后再以宏观的角度简要回顾了一下人口老龄化对金融市场和资产收益可能产生的影响。6.3 节是对理论模型的综述，阐述了家庭证券投资组合的微观理论基础以及常规性的含义。最后一节是总结章节，并提出几个开放的研究问题。

6.2 实证分析

自 20 世纪 90 年代中期开始，人口老龄化和金融市场之间的关系便引发了社会上激烈的讨论，促进实证研究在研究方法、研究数据和研究结果方面呈现多样化发展趋势。

本节我们将回顾微观和宏观两种不同视角下的经济学。用微观视角研究人口老龄化与金融投资组合①间的关系是我们的侧重点，我们会先对相关知识进行重温，然后再做深入拓展研究（6.2.1 节）。如果从总水平上考虑，大多数此类研究的基础表明，金融市场对老龄化的人口最敏感，即资产崩盘假设（AMH）：一个大的工作年龄组别，比如婴儿潮，首先抬高了金融资产的需求（累计的退休融资），因此对金融资产的价格造成上涨的压力，然后随着少数在职劳动者开始卖掉金融资产，引起资产价格降低的压力。因此，6.2.2 节我们将回顾一些宏观视角的研究，考察老龄化对金融市场及其资产回报的可能影响。

6.2.1 微观视角的经验证据

本节我们将讨论以评估老龄化对家庭金融投资组合选择影响为目的的一些经验研究。当把评估资产分配的投资组合作为年龄的一个函数时，必须面临一个重要的识别问题，由于金融问题的选择同时受到三个不同但相关因素的影响，即年龄、时间和组别。时间因素指做出决定的特殊时期。例如，一个好的（不好的）时期，其投资回报不仅能增加（减少）家庭的平均金融财富，而且也可能改变其（资产的）平均分配额。组别效应是指关注出生的时代可能对个体投资选择的影响。正如 Poterba（2001）指出：

在大萧条之前出生的人可能比其后出生的人有更强烈的储蓄意愿，反映了他们所经受的严重经济困难和金融财产损失。

最后，年龄效应捕捉了生命周期的金融财富分配效应。因此，识别问题可以归结如下：在任意时间 t，在 c 年出生的人的年龄是 a_t，$a_t = t - c$。由于年龄（a_t）、时间（t）和组别效应（c）彼此之间是线性组合，它们不能被单独识别。② 解决办法是剔除三个因素中的一个，然后尽量评估余下的两个，时间序列或单独的截面数据

---

① 关注于储蓄和财富积累的生命周期模式，超出了本章的范围。这方面的文献回顾可见 Bosworth 等 (1991)、Browning 和 Lusardi（1996）。
② 关于这个问题的研究见 Ameriks 和 Zeldes（2004）。

每次只允许描述其中的一个，而面板数据或重复的截面数据能够分别估计这三种效应中的两个。[①]

　　现在我们回顾投资组合融资决策与集约边际的投资组合有关的文献，即多少金融财富用于配置风险资产（配置决定），并且是那些考虑广义边际收益的资产，即是否持有或根本不持有风险资产（参与决定）。

　　所有这些文献的基本框架是生命周期理论，论述应该随着年龄变化的金融债券投资组合的最优配置展开，共有以下特征：（1）文献比较新，原因是近年来基础数据（主要是调查）的可得性提高；（2）某种程度上，文献都发现了年龄对家庭投资组合决定的相关效应的证据。

　　在利用 1963 年至今的消费者金融性特征调查数据和 1983—1986 年的消费者金融数据进行研究的学者里（SCF），Yoo（1994a）是最早研究年龄在投资组合选择中作用的学者之一。他发现随着年龄增长，个人追求高风险（安全）资产急剧减少（增加），并且平均的投资组合，包括现金、债券和股票在所分析的五类不同组别（25~34，35~44，45~54，55~64，65+）中的分配是不同的：工作期间现金持有比例减少，随后增加，但是这些债券和股票的持有呈现了相反模式的变化，退休前持续增加，退休后减少。为了将年龄效应从其他家庭特征中分离，假设有下面的 tobit 回归方程：

$$\alpha_i = \beta_0 + \beta_1 Pop_i^{25~34} + \beta_2 Pop_i^{35~44} + \beta_3 Pop_i^{45~54} + \beta_4 Pop_i^{55~64} + \beta_5 Pop_i^{65+} + \beta_6 Kids_i +$$

$$\beta_7 Adults_i + \beta_8 Male_i + \beta_9 White_i + \beta_{10} Married_i + \beta_{11} HS_i + \beta_{12} Col_i + \beta_{13} Y_i + \beta_{14} W_i + \varepsilon_i \qquad (6.1)$$

其中，α_i 为所持有三种资产中每种投资组合比例（现金、债券和股票），ε_i 代表随机误差项。解释变量包括年龄组虚拟变量（$Pop_i^{25~34}$，…，Pop_i^{65+}）、性别（Male）、婚姻状态（Married），中学（HS）和大学（Col）教育以及家庭中孩子（Kids）和成人（Adult）的数量、收入（Y）和财富（W）。结果显示，年龄是决定证券投资组合的一个重要因素，其与生命周期模型一致，工作期间股票持有比例增加，但在退休后减少。

　　Bodie 和 Crane（1997）使用了一个不同的数据库，即 1996 年美国教师退休基金会（TIAA-CREF），该数据便于在个体层面而非家庭层面进行分析。作者引入了四种净资产模式和四个年龄分组，总共分 16 组，并且考察了四类资产模式（现金、免税证券、应税债券和股票）。他们发现，股票比例随年龄同步反向变化。这个结果进一步被 OLS 多元回归方程所支持。在该方程中，股票份额在一系列变量的基础上进行回归，包括年龄、净资产、房产所有权、工作类别、教育、性别和婚姻状态。结果显示，颇有意义的是在 95% 的显著性水平下，每增加一岁，风险资产的持有比例减少 0.6%，这与通常所认可的投资原则相一致，即股票比例随着年

　　[①]　在年龄对家庭证券投资组合选择（微观层面）作用的研究中，例如本节所描述的这些，通常收集不同时间和家庭的面板数据。但用于研究人口老龄化对金融市场影响的数据中（总水平，6.2.2 节），额外的维度通常还包括不同国家的时间因素。

龄增长每年降低 1% (见 Malkiel, 1996)。

　　Tin (1998) 也利用美国的数据, 选取 1991 年收入调查与分配方案设计数据 (SIPP), 在生命周期框架下研究了家庭对金融资产的需求。作者运用的 OLS 估计方程如下:

$$\log m_i = \beta_0 + \beta_1 \log w_i + \beta_2 \log \pi_i + \sum_{n=1}^{N} \delta_n \log \pi_{ni} + \alpha S_i + \varepsilon_i \tag{6.2}$$

其中, m_i 是家庭 i 资产需求数量; w_i 是家庭的劳动收入、财富或净资产; π_i 为所持资产的机会成本; 同样的 π_{ni} 是价格或使用第 n 种资产而非 m_i 的成本; S_i 是一组社会人口控制变量; ε 为误差项。回归方程分析了几种资产 (包括无息和有息的收入支票账户、货币市场存款、定期存单、政府和公司债券、股票和共同基金) 和三个家庭组别 (青年, 35 岁以下; 中年, 35～59 岁; 老年, 60 岁及以上)。作者的结论为:

　　结果显示青年、中年和老年家庭之间持有金融资产的偏好存在显著差异……劳动收入和资产需求之间具有相关性, 这是生命周期假说通常持有的观点。

　　最有影响力的关于年龄-金融文献是由 James Poterba 贡献的。在 Poterba (2001) 中, 作者分析一个简化 OLG 模型的含义, 该模型描述了人口结构变量和资本价格间的关联。在此框架中, 作者检验了自 1995 年起美国 SCF 数据的公司股票持有的年龄属性、净金融资产、不同组别的个人净资产。他揭示了在 30～60 岁年龄组间人口资产持有达到最高峰, 60 岁之后轻微地减少的规律, 尽管 "在较大的年龄时平均资产仅有一个有限度的降低"。接下来, 分析从单个截面数据向重复截面数据转变 (1983、1986, 1989、1992 和 1995SCF), 假设有下面的回归方程:

$$y_{it} = \sum_{j=1}^{13} \alpha_j Age_{ijt} + \sum_{c=1}^{12} \gamma_c Cohort_{ict} + \varepsilon_{it} \tag{6.3}$$

其中, 因变量是投资者 i 在时间 t 所持有的普通股票、净金融资产或净价值水平; Age_{ijt} 是 5 岁一组的虚拟变量 (从 15～19 岁一直到 75 岁及以上); $Cohort_{ict}$ 特指 5 年的生日组 (从 1971—1975 年到 1925 年以前)。通过用这种方式, 作者集中关注年龄和组别效应, 而隐含没有时间效应的假设。对于系数 α_j, Poterba (2001) 指出 "令人意外的是所估计的年龄结构对资产持有存在一个令人意外的较小影响"。事实上, 中年人后期的资产持有率和退休者的资产持有率也没有什么不同: 就前者而言其值在 32 500 美元左右, 而后者在 28 000～25 000 美元附近。进一步说, 对于净金融资产 "在老年阶段并没有实质地降低"。

　　相反, Bellante 和 Green (2004) 认为, 年龄是决定投资组合配置的重要决定因素。作者专门检验了对于老年人的生命周期风险规避假说。使用 1993—1994 年那些至少有一个成员是 70 岁或者以上的一组美国家庭单一截面数据, 作者假设了包括若干个 OLS (最小二乘法) 回归方程:

$$\alpha_i = \beta_0 + \beta_1 \ln (NW)_i + \beta_2 [\ln (NW)_i]^2 + \beta_3 Age_i \ln (W)_i + \beta_4 Female_i + \beta_5 Male_i +$$
$$\beta_6 Health_i + \beta_7 Non\text{-}White_i + \beta_8 HS_i + \beta_9 College_i + \beta_{10} Kids_i + \varepsilon_i \tag{6.4}$$

其中，α_i 是家庭 i 金融投资组合中风险资产比例；ln（NW）是净财富的对数；Age 是户主的年龄减去 65；Kids 是孩子的数量；Female 和 Male 是单身男性或女性家庭的虚拟变量；Health、Non-White、HS、College 分别为低健康水平、非白人种族和最高教育水平的虚拟变量。总体上，除了 β_5 和 β_{10} 之外的所有系数都是显著的，并显示了可预期的迹象。特别地，年龄系数为负并且高度显著，表明随着年龄增长风险资产的持有比例在降低：即老年人有更强的风险规避意识。

目前的研究报道主要集中在配置决定方面，但是有些研究已经对投资组合决策的广义边际（也就是决定是否持有风险资产（参与决定））和集约边际（也就是决策考虑持有多少金融风险资产）进行了区别。

这里有一个例子是 Poterba 和 Samwick（2001），其主要关注年龄和组别效应，研究美国家庭的年龄和投资组合结构间的关系，分析风险资产持有的决定以及净资产分配给风险资产的比例。他们利用 1983 年、1989 年和 1992 年的 SCF 数据估计了下面回归方程：

$$y_{it} = \alpha + \sum \beta_n Age_{in} + \sum \gamma_m Cohort_{im} + \varepsilon_{ij} \tag{6.5}$$

其中，Age 为户主是否在相关年龄组别的虚拟变量，Cohort 为户主属于相关组别的虚拟变量，y_{ij} 代表家庭 i 所持有的资产 j（应税股票、所有股票、免税债券、应税债券、税收延期账户、银行账户、其他金融资产），作为家庭是否有正的资产组别的数量（probit 估计）或每个组别 j 所持有的家庭总金融资产的比例（tobit 估计）。对于直接持有的股票，作者发现了统计显著的年龄效应和组别效应：对于前者，持有的概率和持有风险资产的比例随着生命周期表现出驼峰分布形态；对于后者，老年组看似更喜欢持有股票，所以总体上，相较于年轻人，老年人参与投资和决定投资组合配置的态度倾向于不断增加投资风险。

Amerks 和 Zeldes（2004）通过单独的分析对以下概念进行了深入区分：（1）股票所有权；（2）股票投资组合比例；（3）股票所有权条件的股票投资组合比例。对于每一个投资组合决策，作者基于来自美国的 SCF（1989、1992、1995 和 1998）和 TIAA-CREF 数据（1987—1999）对年龄-组别-时间效应的识别问题进行分析，通过一系列的回归方程（（1）为 probit 回归，（2）和（3）为最小二乘法回归），其中假设没有组别效应（也就是，解释变量仅仅包括时间和年龄虚拟变量），或者假设没有时间效应（也就是，解释变量仅仅包括年龄和组别虚拟变量）。他们的结果归纳如下：假设没有时间效应，基本上所考虑的所有三种决策都表现出随年龄增长而增加的投资模型（其中广义边际投资决策仅在 58 岁之前增加，退休后变缓），这与金融咨询师的主流观点不一致。相反，如果假设没有组别效应，决定是否拥有风险资产和无条件的股票投资组合比例则随着年龄增长呈现驼峰分布，但当仅仅考虑有条件股票持有的投资组合比例时，年龄效应似乎消失。因此，投资组合配置的年龄效应所依据的证据取决于识别假设。然而，基于简约性和可信性论断，作者认为，在此类分析中时间效应通常应该被考虑，因而建议组别效应应该被排除。结论是年龄在广义边际上强烈影响投资组合决策，但是一旦决定持有风险资产，年龄对将多少金融财富分配给这些资产没有实际影响。

Coile 和 Milligan（2006）分析研究了美国家庭的普通投资组合，尤其对关注其在退休后的演变做出了进一步贡献，作者再次对参与和配置决策进行了区分。考虑了五种资产类别：（1）主要宅邸；（2）车辆；（3）金融风险资产，包括债券、个人退休账户（IRAs）和股票；（4）银行存款；（5）商业和其他不动产。作者利用了 1992—2002 年期间的 6 轮美国健康和退休研究（HRS）数据，估计了下面的面板回归方程：

$$\alpha_{it} = \beta_0 + \beta_1 Age_{it} + \beta_2 X_{it} + \gamma_t + \varepsilon_{it} \tag{6.6}$$

其中，因变量既是家庭持有资产类别（参与决策）的虚拟变量，又是总资产中每种资产类的比例或每种资产类持有的美元数目（配置决策）。解释变量包括轮次的虚拟变量（γ_t）、家庭老年成员年龄（Age_{it}）和一系列控制变量（X_{it}），包括婚姻状态、居住地、宗教、种族、美国出生和教育分组。除了银行存款的所有资产、年龄系数显著为负数，也就是说，除了银行存款，年老的家庭一般更可能拥有较低的所有权概率和较低的资产份额或美元数目。Coile 和 Milligan（2006）指出：

银行存款的多少是由其他基于风险收益资产所决定，然而随着年龄增长，家庭资产的比例越来越多地投入其中……这很可能是暂时的结果，比如由于意外收获的保险金、一次性养老金或从变卖住房所得的收入，通过银行账户转移到其他资产类别。或者，金融安排的复杂性将会使得老年人，尤其针对那些精力和体力都减弱的人，选择那些更容易管理的投资组合。

基于以上事实，作者得出结论，即对于长期而言，赞同年龄对资产配置具有较大影响的观点。

近年来，不仅针对美国，学术界也开始研究在其他国家中年龄对家庭投资组合的影响。

Guiso 等（2002）整理了一些国家的相关文献，即 Alessie 等针对荷兰的，Banks 和 Tanner（2002）针对英国的，Bertaut 和 Starr-McCluer（2002）针对美国的，Eymann 和 Brsch-Supan（2002）针对德国的，Guiso 和 Jappelli（2002）针对意大利的。所有的经验分析基本上遵循相同的方法。首先，金融资产被分为三个广泛意义上的风险组别："安全"（比如银行存款）、"相对安全"（比如政府债券）、"风险"（比如股票）。其中，不同国家间的定义可能略有不同。其次，对于包括狭义和广义的投资组合决策，作者均实行探究性和计量性分析。对于广义的投资组合决策，作者考察不同年龄组别的普通家庭投资组合。除了荷兰和德国的例子，至少对于参与决策而言，清晰可见驼峰状的年龄分布。以美国为例，Bertant 和 Starr-McCluer（2002）指出，年龄在 45～64 岁之间的家庭平均风险投资资产的比例达到高峰，但是对于年轻人和年老者则逐渐减少。同样，Guiso 和 Jappelli（2002）观察了意大利家庭投资风险资产的比例，30 岁时增长 15% 左右，中等年龄低于 20%，

60～69 岁的组别又重新回落到 10% 左右，70 岁以上的人少于 7%。相反，Eymann
和 Börsch-Supan（2002）针对德国以及 Alessie 等（2002）针对芬兰的报告显示，
年老者似乎更愿意持有风险资产。对于计量经济的分析，国家调查数据被用于截面
数据或面板数据回归分析，其中因变量是一个二元变量（参与决策）或者是金融
财富投资于某些资产的比例（配置决策）。解释变量包括其他所有的对影响投资组
合选择起作用的家庭特征，包括年龄、净财富、收入、性别、教育水平，尽管准确
的定义在不同的国家存在差异。例如，Guiso 和 Jappelli（2002）关于意大利的例子
估计（包括截面数据和面板数据）：

$$\alpha_i = \beta_0 + \beta_1 A_i + \beta_2 \frac{A_i^2}{1\ 000} + \beta_3 Y_i + \beta_4 \frac{Y_i^2}{1\ 000} + \beta_5 W_i + \beta_6 \frac{W_i^2}{1\ 000} + \beta_7 Size_i + \beta_8 Kids_i + \beta_9 Married_i +$$

$$\beta_{10} Male_i + \beta_{11} South_i + \beta_{12} Edu_i + \beta_{13} u_i + \beta_{14} Bank_i + T + \varepsilon_i \tag{6.7}$$

其中，因变量依次是虚拟变量或风险资产投资的比例，解释变量包括户主的年龄
（A）、家庭收入（Y）、财富（W），包括线性和二次函数项、家庭规模（Size）、
孩子数目（Kids）、婚姻状态的虚拟变量（Married）、性别（Male）、居住地的地理
位置（South）、户主的教育水平（Edu）、平均失业率（u）、银行扩散指数
（Bank）、居住省份的年限虚拟变量（T）。Bertaut 和 Starr-McCluer（2002）以美国
为例进行了估计：

$$\alpha_i = \beta_0 + \beta_1 A_i^{<35} + \beta_2 A_i^{55\sim64} + \beta_3 A_i^{65+} + \beta_4 \ln(Y_i) + \beta_5 \ln(W_i) + \beta_6 NonWhite_i + \beta_7 HS_i +$$

$$\beta_8 Col_i + \beta_9 Married_i + \beta_{10} Female_i + \beta_{11} Self_i + \beta_{12} DBPens_i + \beta_{13} RET_i + \beta_{14} u_i + T + \varepsilon \tag{6.8}$$

其中，因变量也是参与决策的虚拟变量或风险资产投资配置的比例，解释变量包括
年龄组别的虚拟变量（$A_i^{<35}$、$A_i^{55\sim64}$、A_i^{65+}）、收入的对数（$\ln(Y_i)$）和财富的对
数（$\ln(W_i)$），以及非白人（NonWhite）、教育最高水平（HS 为高中，Col 为大
学）、婚姻状态和性别（Married、Female）、自谋职业（Self）、退休（RET）和待
遇确定制养老金的所有者（DBPens）等虚拟变量、居住地的失业率（u）。除了
Dutch 外，其余所有研究结论均确认了年龄在做出是否持有风险资产的决定中起到
非常重要的作用，尽管一旦采取决策后年龄因素对最终的投资组合配置只有较小的
影响。例如，Guiso 和 Jappelli（2002）在其参与的报告中指出，二元回归方程中显
示年龄系数显著不为零且数值较大（持有风险资产的概率在 25～40 岁之间增长了
4%，但在 40～70 岁之间下降了 8%），但是在配置决定方程中，结果仍然显著，
但是数值明显较小。Banks 和 Tanner（2002）报告了英国的相似结论，持有风险资
产的概率在 60～69 岁组别急剧地增加，但随后降低。

　　Cerny 等人（2005）构建了一个 OLG 模型，其中理性的有远见的家庭会在风
险和安全金融资产以及住房之间进行资产的优化配置。经模型校对应用于英国经济
后，作者模拟了不同情景，研究发现，所有情况下的最优投资组合随着年龄显著变
化：老年家庭的投资组合通常表现出不动产比例的减少以及对金融资产投资比例的
增加，其中在后者的安全资产中，随着家庭年龄增长投资风险资产倾向急剧增加。

Brunetti 和 Torricelli（2007）运用 1995—2004 年间的意大利银行的家庭收入和财富（SHIW）数据分析了意大利家庭的资产投资组合。作者首先对金融资产分组为相对安全的组别和市场风险组别，然后检验按年龄分组的家庭的普通投资组合。为了描述年龄对投资组合选择的可能影响，通过年龄分组和 NW 四分位点，考察年龄效应在不同的经济条件下是否能够持续。此外，单独考察了最富有的 5% 家庭。结果显示，尽管 1995—2004 的 10 年时间里发生了几次变化，但是普通的意大利家庭投资组合配置与生命周期理论一致：中等年龄的家庭拥有风险较大的投资组合，但是老年家庭不倾向于投资有风险的金融工具，而是转向更安全的资产投资。除了最富有的 5% 家庭外，年龄效应在所有的 NW 分位点存在，因此作者得出结论，年龄对投资组合选择的影响是否明显取决于经济条件和过去几十年中所分析的市场变化。Brunetti 和 Torricelli（2009）报告了中间的分位点上明显驼峰分布的年龄效应，分析的时期拓展到 1995—2006 年。

Frijins 等（2008）引入了一个将各种行为金融概念与个人投资者的投资组合选择相联系的模型，并收集调查数据（关于大学生和雇员），尤其检验社会人口因素（如年龄和性别）是如何影响投资组合选择的。市场条件（如风险回报权衡）和个体因素在投资组合选择中起到了重要作用，尤其是对于后者而言，他们发现老年投资者更倾向于投资更多风险资产的证据。

综上，除了极少的例子之外（如 Poterba 2001），年龄是投资组合决策最关键的因素，尽管根据生命周期模型的投资组合决策的形成可能略有不同（例如，驼峰分布而非线性），这取决于研究的关注点（参与决策还是配置决策）以及使用的数据库。

6.2.2　宏观视角的实证分析

回顾之前章节研究的投资组合的年龄效应，人口年龄结构的变动可能转化为某些金融资产的不同总需求，并对其价格和收益产生直接影响。正如资产崩盘假设（AMH）所指出的，这种担心意味着金融市场可能受到不断加深的人口"银色浪潮"的显著影响。

从实证的角度看，这个问题主要是通过回归分析加以处理，目的是评估一些金融资产的价格、收益和一系列人口统计度量间的相关程度。但是，金融变量通常非常不稳定，同时人口结构变量典型地变化缓慢：结果是分析的统计能力降低，需要增加可靠估计的观测值。[①] 一些文献面对这个问题通过运用尽可能长的时间序列分析（考虑到数据的可得性）。其他的文献将分析转向来自不同国家观测值的面板数据库。

这些研究都是高度多样化的，不仅仅体现在所采取的数据和所运用的估计方

法，模型设定也是如此：因变量通常用资产价格、资产收益或股权风险溢价表示，解释变量可能仅包括人口统计变量或者人口统计、经济变量和金融变量，最后，人口统计度量选择也不同，一些研究采用工作人口的平均年龄或老年抚养比，而其他指的是不同年龄分组占总人口的比例。现在报道的根据经验分析的证据没有统一的结论：起初一些文献做出评论，也仅仅发现人口老龄化和金融资产回报间比较微弱的关系，同时其他报告证实了对资产崩盘假说（AMH）的担忧。

James Poterba 已经深入研究了人口老龄化和金融资产回报间的关系。Poterba（2002）基于 7 轮的 SCF（1983，1986，1989，1992）数据检验了年龄-财富的分布，整合数据对 2000—2050 年间美国人口的演进进行了估计，以预测未来金融资产的总资产需求。他的结论是"婴儿潮一代人的老龄化并没有导致资产需求的显著降低"，因此不支持资产崩盘假说（AMH）。Poterba（2001）也检验了人口老龄化结构和资产价格及回报的历史关系，通过估计下面的回归方程：

$$r_t = \beta_0 + \beta_1 \text{Demo}_t + \varepsilon_t \tag{6.9}$$

其中，因变量为短期国库债券、长期政府债券或股票等的实际收益，Demo 代表几个人口统计测度，即中等年龄、成年人口的平均年龄（例如，20 岁或者以上），或 40 ~64 岁占总的成人和退休者（65 岁及以上）比例。回归方程利用了三个国家不同时期跨度的数据进行了估计：美国（全部样本，1926—1999，第二次世界大战后时期，1947—1999）、加拿大（1961—1997 年的股票和 1950—1997 年的固定收入工具）、英国（1961—1996 年的股票和 1950—1996 年的固定收入资产）。对于美国，作者发现了反映资产回报和人口统计结构关系的细节证据，其中最好的结果是从固定收入市场获得的，其利用 40 ~64 岁占总人口的比例作为人口统计测度。回归系数表明：

在关键的资产积累年份，人口比例的增长……将观察到较低的收益回报。

尽管有着难以置信的较大影响，该现象可能与遗漏变量问题有关。例如，加拿大，回归系数仅对固定收入资产统计显著并且实际回报和中等年龄呈正相关关系。但是英国的结果显示了负相关和通常不显著的系数，其"进一步弱化了人口结构变动和资产回报呈现系统性相关关系的声明"。对于美国，Poterba（2001）也研究了人口统计变量（Demo）和经公司红利（P/D）标准化的股票价格间的关系，下面的公式是估计包括水平序列和一阶差分的回归方程：

$$\left(\frac{P}{D}\right)_t = \beta_0 + \beta_1 \text{Demo}_t + \varepsilon_t \tag{6.10}$$

在水平方程中，几个人口统计变量是显著的，尽管不能排除"虚假回归"的可能性。相反，在一阶差分方程回归分析中，五组中只有两组的系数是统计显著的。

Poterba（2004）利用美国 1926—2003 年期间的数据，通过估计方程 6.10 设定的差分方程，得出了关于人口年龄结构、资产价格和收益间历史性关系的新结论。与以往研究类似，结果来自整个样本时期或第二次世界大战后样本时期样本（如

1947—2003 年），但是人口统计测量的考虑为：（1）40～64 岁人口占总人口比例；（2）65 岁以上人口占总人口比例；（3）40～64 岁人口占成人人口比例；（4）65 岁以上人口占成人人口比例。大多数估计系数的结果是非显著的，至少在过去的 70 年时间里，为资产回报和人口年龄结构关系提供了反面证据。但是，当估计下面模型时结果稍微不同：

$$\left(\frac{P}{D}\right)_t = \beta_0 + \beta_1 \text{Demo}_t + \beta_2 Z_t + \varepsilon_t \tag{6.11}$$

其中，Z_t 代表一组额外的变量，包括控制变量（例如，实际利率和经济增长率）。人口统计变量的系数通常为正并且是显著的，但是当同样的回归方程以一阶差分的形式回归时，系数又变得不显著，这引起了对先前研究结论稳健性的质疑。

　　Ballante 和 Green（2004）报告了年龄对投资组合决定的显著影响（见之前章节）；就资产崩盘假说（AMH）而言，他们同意 Poterba（2001，2004）的观点并且怀疑可能发生在总体水平上的最终结果。他们的论述是：

　　关于证券市场"崩盘"的担心可能被过分地夸大了，因为处于退休年龄的员工，他们看起来并没有较大的倾向卖掉他们的风险资产，市场中的投资极大地转向风险资产的担心可能是没有根据的。

　　Gao（2006）也基本得到了相同的结论，通过双重分析的方法检验了老龄化对金融市场价格的可能影响。首先，依据 SCF（1992—2004 年）和 HRS（1994—2004 年）数据，退休者拥有较大负储蓄的可能性被证实。尤其，探究性分析显示退休者没有真正清算他们的资产，如果有，出于遗产动机以及与长期风险对冲的需求，资产的负储蓄逐渐发生。进一步地说，几乎 2/3 的婴儿潮出生的人的金融资产都集中在最富有的 10% 的家庭的投资组合中，其年龄对资产配置的效应一般不显著（见 Guiso 等（2002）或 Brunetti 和 Torricelli（2007））。基于这个观察，作者得出结论，资产崩盘假说很可能是无效的。然后，金融和人口统计的动态间历史关系进一步通过估计下面的回归方程加以检验：

$$r_t = \beta_0 + \beta_1 DY_{t-1} + \beta_2 TS_{t-1} + \beta_3 \text{DefSpread}_t + \beta_4 \Delta IP_{t+1} + \beta_5 \text{Demo}_t + \varepsilon_t \tag{6.12}$$

其中，r_t 是股票年实际收益，解释变量包括红利收益（DY_{t-1}）、利差（TS_{t-1}）、违约扩散冲击（DefSpread_t）、工业产出变化（ΔIP_{t+1}）、人口统计变量（Demo），定义为 40～64 岁占总人口比例或"中年人对年轻人"或"MY"，即 40～49 岁的人与 20～29 岁人之比。人口统计的系数总体上为正并且统计显著，但是，非人口统计变量与人口统计变量相比能更多地解释历史股票回报的变动，因此作者得出结论，在婴儿潮时期退休的劳动者不可能对金融资产价格起到巨大的影响。

　　Börsch-Supan（2004）、Oliveira Martins 等（2005）和 Saarenheimo（2005）得出了基本相同的结论，通过 OLG 模型模拟分析了人口老龄化的长期影响。尽管考虑了不同的标准和情景，对 AMH 提供理论支持的文献鲜见。

　　如果说有一系列的文献提供了反对 AMH 具体现实的可靠证据，其他的文献则更倾向于支持人口老龄化对金融市场有实质和显著的影响的相反观点，其中的一些将在下面再次讨论。

Yoo（1994b）经验性地分析了美国 1926—1988 年期间人口年龄结构和资产回报间的关系。结果表明 45 岁年龄组的规模增加 1%，能够减少资产回报达到 2%。下面的公式估计检验结果的稳定性：

$$R_t = \beta_0 + \beta_1 Pop_t^{25\sim34} + \beta_2 Pop_t^{35\sim44} + \beta_3 Pop_t^{45\sim54} + \beta_4 Pop_t^{55\sim64} + \beta_6 Pop_t^{65+} + \varepsilon_t \tag{6.13}$$

其中，因变量（R_t）为股票、债券或短期国库债券的总收益，解释变量代表不同年龄组别占总人口的比例。结论又一次表明，年龄分布和不同类型的金融资产回报之间存在统计上的显著关系，尤其是在战后时期。

Bakshi 和 Chen（1994）也利用美国 1900—1990 年的数据进行了分析，用成年人口的平均年龄（20 岁及以上）作为人口统计测量。这项分析的理论依据有两方面：一是 20 岁之前的年轻人一般在经济决策制定中不会起到决定性作用，二是用作者的话说：

65 岁以上人口比例上升的现象并不意味着人口一定趋于老龄化，因为年轻人的比例同时也在上升。

所以他们认为，平均年龄指标能更准确地反映实际老龄化过程。作者观察到随着股票市场价格波动，人口统计变量明显演化，尤其是在 1946—1966 年和 1981—1990 年之间。这个结论被进一步证实，下面的公式演算评估人口统计变量是否以及能多大程度可以预测未来风险溢价（RP_{t+1}），即：

$$RP_{t+1} = \beta_0 + \beta_1 \Delta \overline{A}_t^{20+} + \beta_2 \Delta C_t + \beta_3 DivY_t + \beta_4 Term_t + \varepsilon_t \tag{6.14}$$

其中，解释变量包括平均年龄和实际平均资本消费的比例变化、S&P500 和期限溢价的红利收益。方程 6.14 的几个参数通过最小二乘法进行估计。涵盖战后时期的结果表明，人口渐进式老龄化可能通过不断增加的股票风险溢价实质性地影响资本市场。

Erb 等（1997）利用面板数据从实证角度评估了实际股票收益与平均年龄关系。他们运用 1970—1995 年间跨越 18 个国家和地区的数据。[①] 首先对时间序列和截面数据进行回归方程分析。对于前者，作者指出了中年人的比例和股票收益间存在正向关系。对于后者，实际股票收益和人口统计在所有国家都被观察到存在正向关系。然后运用面板数据，Bakshi 和 Chen（1994）进行了相同的预测行为，即：

$$r_{it+k} = \beta_0 + \beta_1 \Delta \overline{A}_{it} + \beta_2 LE_{it} + \beta_3 \Delta Pop_{it} + \varepsilon_{it} \tag{6.15}$$

其中，未来 K 时期的预期回报率用三种人口统计度量回归：平均年龄变化、目前的预期余命和目前的人口增长。考虑 1 年或 5 年的范围，$\overline{A}_{it}$ 得出了重要的（正的）

---

① 澳大利亚、奥地利、比利时、加拿大、丹麦、法国、德国、中国香港、意大利、日本、荷兰、挪威、新加坡、西班牙、瑞典、瑞士、英国和美国。

系数值。作者在新增的 27 个新兴国家①样本中发现了一致的结果，提供了人口统计变量对长期预期回报的预测能力的进一步证据。

　　Brooks 的研究（2000、2002）是其中最具代表性的以模拟为基础的研究，目的是评估老龄化对金融市场的影响。两篇文章都是基于一个封闭经济的理性预期个体的 OLG 模型，但是他们关于人口变化的模拟差异较大。Brooks（2000）探讨了老龄化对包括安全资产和风险资产回报率的可能影响。他假设没有遗产动机并研究了两种人口结构冲击的效应，即婴儿潮和随后的婴儿低谷。结果指出这些人口变动的显著影响：其中婴儿潮给予资产价格下行压力，而婴儿低谷的作用则相反。相应地，股票收益开始降低，但是随后上升，作者得出结论，即使考虑了理性预期行为，人口统计的变化也可能影响金融市场。Brooks（2002）利用美国实际的人口统计数据（1870—2020）又重复做了相同的实验，考虑了下面的人口统计结构变化：（1）20 世纪 40 年代第二次世界大战前婴儿低谷；（2）20 世纪 60 年代第二次世界大战后婴儿潮；（3）20 世纪 80 年代婴儿低谷。事实上，回报率与每一次的人口变化相适应。更具体的是，第一次婴儿低谷导致了包括无风险资产和风险资产回报率的减少，但婴儿潮期间无风险资产和风险资产回报率增加，尽管后者预计增长少于前者，但是婴儿潮导致了低水平的股票风险收益。因此，实际结果和 Brooks（2000）的研究一致，并指明了人口动态对金融市场的相关影响。

　　Davis 和 Li（2003）运用 OECD 国家（美国、英国、日本、德国、法国、意大利和西班牙）的 1950—1999 年数据，实证检验了人口结构和股票的关系，首先利用下面的面板回归方程进行研究：

$$\Delta\ln\ (P^e)_{it} = \beta_0 + \beta_1 Pop_{it}^{20\sim39} + \beta_2 Pop_{it}^{40\sim64} + \beta_3 \Delta GDP_{it}^{HP} + \beta_4 \Delta\ (GDP-GDP^{HP})_{it} +$$
$$\beta_5 LR_{it} + \beta_6 Vol\ (P^e)_{it} + \beta_7 DY_{it-1} + \varepsilon_{it} \tag{6.16}$$

其中，因变量为实际股票价格一阶差分的对数。解释变量包括 20～39 岁和 40～64 岁人口占总人口比例、GDP 增长率趋势、产出缺口、长期实际利率、平均股票价格波动、滞后的红利收益。在所有的设定检验中，人口变量非常显著并且为正，尽管 $Pop_{it}^{20\sim39}$ 的系数较大，但低于 $Pop_{it}^{40\sim64}$ 系数。不同国家的数据加总（用年 GDP 作为权重）后进行时间序列的回归（与 6.16 唯一不同的是没有了国家的下标 i）。这里得到了完全不同的结论，因为大多数的非人口变量是不显著的，在人口统计中仅有 $Pop_{it}^{40\sim64}$ 一个（正的）显著的系数。但是非人口和人口变量可以从总体上解释实际股票价格变动的比例高达 30%～50%，这要比其他的研究大很多（例如，Yoo（1994b）指出最大为 15%）。Davis 和 Li（2003）也研究了人口统计和长期政府债券收益间的关系，即：

---

① 阿根廷、巴西、智利、中国、哥伦比亚、芬兰、希腊、匈牙利、印度、印度尼西亚、冰岛、约旦、马来西亚、墨西哥、新西兰、尼日利亚、巴基斯坦、菲律宾、波兰、南非、韩国、斯里兰卡、泰国、土耳其、委内瑞拉和津巴布韦。

$$LR_{it} = \beta_0 + \beta_1 Pop_{it}^{20\sim39} + \beta_2 Pop_{it}^{40\sim64} + \beta_3 \Delta SR_{it} + \beta_4 (LR-SR)_{it-1} + \beta_5 \Delta\ln (CPI)_{it-1} +$$

$$\beta_6 \Delta\Delta\ln (CPI)_{it} + \beta_7 \Delta GDP_{it}^{HP} + \beta_8 \Delta (GDP-GDP^{HP})_{it} + \varepsilon_{it} \tag{6.17}$$

其中，因变量为债券收益，解释变量包括，除了以上定义之外，短期利率的一阶差分、期限结构差分的滞后、通货膨胀滞后和通货膨胀加速。作者又一次发现了人口变量是显著的，结果表明在年轻（中等年龄）一代的规模和债券收益间的正（负）关系。David 和 Li（2003）因此得出结论，人口变化（尤其关注那些人口中金融投资最活跃的部分，即 40~64 岁的人）能够对包括股票价格和债券收益产生显著的影响，甚至在额外的非人口解释变量存在的时候。

Yoo（1994b）、Poterba（2001、2004）、Goyal（2004）在一个 OLG 框架下研究年龄结构与股票市场回报的关联，并有经验的通过计量经济技术检验了它的含义。利用跨越几乎整个 20 世纪的美国数据进行估计，包括水平方程和一阶差分方程：

$$RP_{t+1} = \beta_0 + \beta_1 \bar{A}_t^{25+} + \beta_2 Pop_t^{25\sim44} + \beta_3 Pop_t^{45\sim64} + \beta_4 Pop_t^{65+} + \beta_5 DY_t + \beta_6 Flows_t + \varepsilon_t \tag{6.18}$$

其中，RP_{t+1} 为下一年的超额股票收益，解释变量包括几个当前的人口变量，即 25 岁以上人口的平均年龄和 25~44 岁、45~64 岁以及 65 岁以上人口老龄化比例，以及两个控制变量，即红利收益和股票市场净产出。在水平方程和一阶差分方程中，估计系数显著不为零，并指明中等年龄（退休者）人的比例和股票价格间存在正（负）关系。整体上，人口变量体现出较强的解释力，尤其是利用一阶差分。接下来，分析将被拓展到一个多年份预测框架，估计方程如下：

$$\sum_{i=1}^{k} RP_{t+i} = \beta_0 + \beta_1 Pop_{tk}^{25\sim44} + \beta_2 Pop_{tk}^{45\sim64} + \beta_3 Pop_{tk}^{65+} + \beta_4 DY_{tk} + \varepsilon_{t+K} \tag{6.19}$$

其中，因变量为未来 K 期超额收益的总和，解释变量包括红利收益、现在和 K 期前 25~44 岁、45~64 岁和 65 岁以上人口占总人口比例的预期百分比变化。结果体现的是 3 年和 5 年范围。在两种情况下，人口变量都呈现高显著水平，这表明中年人（退休者）所占人口比例与股票收益间的一个反向（直接）变化的关系。

近来，许多研究文献都赞同不同国家的老龄化人口和金融市场之间的关系可能存在显著不同的事实。

Geanakoplos 等（2004）提出了一个封闭经济体的 OLG 模型的两种视角：一个是"随机的"，包括经济周期冲击，一个是"固定的"，包括与美国的历史数据相一致的设定：代际规模、红利和工资。假设存在短视或有远见的个体，则该模型预测了随着中年人与年轻人的比例而变化的股票价格。通过线性回归分析进一步深化了该问题研究。首先，建立回归方程：

$$y_t = \beta_0 + \beta_1 \Delta \left(\frac{N_{MA}}{N_Y}\right)_t + \varepsilon_t \tag{6.20}$$

其中，y_t 既是 S&P500 指数的回报率，又是实际短期利率。解释变量为中年人（N_{MA}）和年轻人（N_Y）之间数量的比例。但是它与短期利率的联系似乎较弱，中年人占年轻人的比例能够解释 14% 的股票市场收益变动。在 S&P500 公司的价格–收益率对中年人与年轻人比例的回归方程中计算得到一致的结果，得到了一个正的

高度显著的系数。在国际上也有一些数据用来证明：利用德国、法国、日本和英国的 1950—2001 年间数据，推导了

$$P_t = \beta_0 + \beta_1 Demo_t + \varepsilon_t \tag{6.21}$$

其中，P_t 为实际股票价格指数，$Demo_t$ 表示（N_{MA}/N_Y），或表示所分析国家的 35 ~ 59 岁组的人口规模。他们分别得出不同的结果：在英国没有任何关系，德国比较微弱的关系，法国相对显著的关系，较强的关系在日本，因此证明了其中一个国家的人口变化可能对金融市场产生很大影响。

在 Ang 和 Maddaloni（2005）的研究中发现了一致的结果，其利用两个不同的数据库考察了人口变动的预测力对未来股票风险收益的影响。第一个跨度包括整个 20 世纪，包括法国、德国、日本、美国和英国。第二个包括一个较小的样本时期（1970—2000）的 15 个发展中国家的月度数据。[①] 关于计量经济分析，作者首先从三个不同预测视角研究了（K 表示 1 年、2 年和 5 年）RP_{t+K} 前 K 期的超额收益的可预测性，对每个国家分别运用 GMM 估计了下面的方程：

$$RP_{t+K} = \beta_0 + \beta_1 Z_t + \varepsilon_{t+K} \tag{6.22}$$

其中，Z_t 代表一系列解释变量，包括人口统计变量和控制变量。对于后者，作者选择了消费增长和利差的滞后项，由于二者都是可识别的股票收益指标，并拥有样本长期的可用数据。关于人口统计变量，作者利用成年人口的平均变量、65 岁以上成人比例、20 ~ 40 岁工作年龄人口比例，所有数据用一阶差分而非水平值分析。不同国家结果明显不同。美国的人口和超额收益间仅有微弱的正相关关系。同样是在英国，唯一对所有控制变量不同预测稳健的视角是 Pop^{65+}。在法国和德国所有的人口变量都显著地表现出来，尽管只是在 10% 水平下和较短的时间范围内，表现出与美国和英国例子不同的负向关系。最后，在日本，至少在 1 年的范围中所有的人口变量都具有显著负相关性。接下来，作者运用面板数据对五个国家同时用方程 6.22 进行了估计。面板数据的分析结果确认了 Pop^{65+} 是包括所有预测范围的唯一一个人口变量保持显著预测能力的变量，当控制变量包括进来也是如此。最后，作者拓展到 15 个国家进行分析并利用月度数据库重新估计了方程 6.22。这个结果又一次得到确认，针对不同的预测范围，Pop^{65+} 和超额收益间存在显著的负关系。Ang 和 Maddaloni（2005）因此得出结论，尽管一些国家存在差异，[②] 但是人口因素对预测超额收益仍起到重要作用。

国家差异也被 Brooks（2006）关注，其中作者针对 16 个发达国家[③]构建了一个长期的（1900—2005 年）面板数据库，估计了线性回归方程：

$$y_{it} = \lambda_i + \beta_t + \gamma_1 Z_{1it} + \gamma_2 Z_{2it} + \gamma_3 Z_{3it} + \varepsilon_{it} \tag{6.23}$$

---

① 澳大利亚、奥地利、比利时、加拿大、丹麦、法国、德国、意大利、日本、荷兰、西班牙、瑞典、瑞士、英国和美国。

② 需要提出的是，作者在更加慷慨的社会保障制度和较不发达的金融市场国家观测到更加显著和更高的系数。

③ 澳大利亚、比利时、加拿大、丹麦、芬兰、法国、德国、意大利、日本、荷兰、新西兰、挪威、瑞典、瑞士、美国和英国。

而

$$Z_{Nit} = \sum_{j=1}^{J} j^N \; p_{ijt} - \frac{1}{J} \sum_{j=1}^{J} j^N, \qquad N = 1, \; 2, \; 3$$

其中，y_{it} 是价格或股票总收益、股票指数、债券、短期国库债券，解释变量包括两个虚拟变量，λ_i 为国家，β_t 为年份，间接的还有 p_{1it}，p_{2it}，…，p_{Jit}，即 J 组别人口占总人口比例。Brooks（2006）建议的计量经济设定，正如 Yoo（1994a）在其研究中指出，回归方程中包括了整个年龄分布，因此避免了人口结构的不当分割。但是，人口统计变量没有被明确地包括在模型中，所以系数 γ_1、γ_2、γ_3 不可以直接地得到解释：但是，隐含的年龄系数，反映了资产价格和年龄分布回报的敏感度，并且可以很容易获得这一数值。该结果代表了金融资产价格和收益。实际上有不同的画面呈现出来：一方面，对于资产价格，显著的年龄效应存在于老年人口，相对于国库券，股票的价格较低。另一方面，当使用实际金融资产收益时，几乎没有发现人口和金融市场存在关系的证据，仅仅与固定市场收入有关，这与 Poterba（2001，2004）一致，与 Davis 和 Li（2003）和接下来所描述的 Brunetti 和 Torricelli（2008）相关。此外，当估计方程 6.23 时，允许系数 γ_1、γ_2、γ_3 随国家变动，结果表明不同国家具有显著异质性。值得一提的是，Brooks（2006）评论说"讲英语的经济体……没有有效地遵守生命周期假说"，因此，可以肯定的说，现有研究缺少指出退休时减少资金积累的证据（例如 Poterba（2001）和 Gao（2006））。相反，如意大利、芬兰、瑞典、挪威和日本等国家表现出了我们更熟悉的生命周期模式，作者又回到了讨论有限家庭参与股票市场投资的特征。因此，也是在这种情况下，其结论严重依赖所考察的国家。

Brunetti 和 Torricelli（2008）所指出的证据明确地支持了相同的论断。在这篇文献中，利用意大利 1958—2004 年的数据，同时基于比美国更严重的显著老龄化案例，研究了金融资产收益和老龄化变动间的经验关系。作者首先遵照了 Poterba（2001，2004）估计了如下方程：

$$r_t = \alpha + \beta D_t + \varepsilon_t \tag{6.24}$$

其中，r_t 为股票、长期政府债券或短期政府债券的实际收益（*Buoni Ordinari del Tesoro*，*BOT*），D_t 是人口变量的向量，基本由（20～40 岁、40～64 岁、65 岁及以上）不同年龄组占总人口或成年人口比例表示。与 Poterba（2004）一致，结果对不同变量检验具有不稳定性，得出的结论是人口变量本身不能完整地解释金融资本回报的变动。接下来，由观察得知，单纯的人口设定可能受到遗漏变量问题的影响，作者依照 Davis 和 Li（2003）推导方程：

$$r_t = \alpha + \beta D_t + \gamma F_t + \varepsilon_t \tag{6.25}$$

其中，F_t 代表金融变量向量，依据不同的解释变量定义不同（例如，红利收益、股票价格的波动、利差、通货膨胀、GDP 增长率和债券产出缺口）。该设定出现了不同情况：不同变化的设定所得到的结果较为一致，表明了人口变量影响金融收益的显著作用，尤其是在股票市场，呈现出早（晚）参加工作与股票回报的多（少）相一致。因此，基于 Poterba（2001，2004）来自意大利事实性的比较分析和 Davis 和 Li（2003）关于美国的报告，作者指出对于经历了更大人口变动的意大利，其有更加清晰且重要的证据，解释了人口发展对金融市场的影响。

6.3　投资组合选择模型与生命周期资产配置

家庭的投资组合模型是以古典投资组合理论为基础的，并紧密结合 6.2.1 中家庭应用中的实例调查结果所发展的理论。本节不能，也不打算提供一个内容详尽、范围广阔、观点多样的理论调查。但是，模型集中分析消费/储蓄和资产配置决策，目的包括两方面：

1. 重温从早期的家庭资产投资组合理论到现实的投资组合理论，这些更加现实的理论强调如何改进基本假设，为了获取经验证据和生命时间效应，通常选取可替代假设或渐进式假设。（见 6.3.1 节和 6.3.2 节）。

2. 关注生命周期资产配置模型的目的是解释年龄效应，发现并获取与经验一致的证据。在这种联系中，针对模型的偏好依赖于一种假设，此假设能更好地描述两种相关的家庭风险来源：劳动收入和寿命。为了更好地阐述这一最新发展模式，将用两个主要模型作为代表进行详尽解释（见 6.3.3 节和 6.3.4 节）。

换句话说，偏好在模型中被设定，其中异质性的原因不是由与之相关的外部因素（如回报分布、税收摩擦）造成的，而是由家庭设定特征造成的（例如，主观和/或人力资本）。

6.3.1　完美模型

最优投资选择基本模型是基于冯·诺依曼–摩根斯坦关于末期财富的效用函数最大化的凹的静态单期模型。在绝对风险承受或风险规避（一种测量是另一种的倒数）和/或资产回报分布的特定假设下，这个模型得出了金融理论的基础性结果，即众所周知的双基金分离理论。该理论本质上认为所有的个体选择一个双基金的投资组合：无风险资产和由其他所有风险资产组合的基金。马科维茨（1952）均值方差方程是解释此理论最著名的一个。它的主要含义是，风险回报均衡和投资组合多样性依赖于一个二次期望效用或正态分布收益。

一般来说，基本静态模型主要有两个缺陷，尤其是与家庭投资组合关联时表现明显：一是在实证上没有数据支持。由于实际的投资组合并没有像模型所预计的那样出现多样性。二是在理论上作为一个静态模型，它并不适合用于生命周期资产配置的分析。如果第一个局限可以在一个静态的框架下通过模型设定来更加真实地实现（例如，包括背景风险的形式，如无保险的劳动收入），那么第二个就需要模型向多时期设定拓展。[1]

在 20 世纪 60 年代晚期，基本模型的多期视角是由莫欣（1968）、莫顿（1969，1971）和萨缪尔森（1969）等先驱性文献给出的。关于模型的建立，这些论文的共同特征是提出家庭如何解决风险规避动态问题的最优方法，即在预算约束下的最大化期望效用。模型建立可以是离散的或连续的，效用函数也可以进行不同的设定，资产回报过程的假设也可以不同，其中可以在一些例子中提出明确的解决方法，并取决于效用方程和资产回报过程假设。

此外，这些模型也不同于各自不同的关注点。事实上，多时期设定模式需要立即考虑最优决定规则，不仅是投资组合选择，也包括消费组合选择。但是，一些模型（例如，莫欣 1968）简化了消费/储蓄问题，目的是找到针对退休问题的最优投资组合（例如，在退休前无来自投资组合的消费）。Brandt（2009）总结了包括离散和连续时间序列的例子，显示最优的多期投资组合由两部分构成：一个是短视的投资组合，其与一年期的最优投资组合和对冲投资组合相等，它能够对冲投资机会的变化。于是短视的最优策略依赖于家庭主观特征（如效用函数）和收益过程的假设（如投资机会）。特别是短期策略对于持续相对风险规避（CRRA）效用而言是最优的，在此条件下，最优问题是非递推的，且财富的效用是类同的，如果超额回报独立于状态变量的新息。[2]

但是，通常考虑到即期消费导致的变化，由于决策者能通过消费的变化保持财富的稳定。在这一点上，遵照 Gollier（2002）的观点是有益的，且强调了最优消费策略和投资组合规则的三种效应。首先是时间多样化效应。这意味着，其他条件不变，如果用更长的时间来减缓冲击带来的影响，那么年轻的家庭将因此承受更大的风险。第二个是财富效应，主要解释与时间范围相联系的财富作用：如果每一期的财富水平随着时间变化，那么每一期的消费水平也一样变化（例如，寿命更长的年轻家庭消费水平更低），总体上风险承担的效应取决于风险承受和消费间的关系。[3] 最后，重复风险效应的思想是，在多期设定中，今天所承担的风险可以影响未来要承担的风险：这再次依赖于风险承受程度。

综上所述，在多期模型中，时间多样性效应是十分清晰的，后面的两个效应与代表家庭偏好的效用函数相关。有趣的是，阐述这三种效应共同作用的基准是 CRRA 效用，它是体现线性风险承受的双曲线绝对风险规避效用（HARA）的一个特例：在此例中，时间多样化效应抵消了财富效应，同时现在承受的风险并不影响

　　[1]　Gollier（2002）提供了家庭投资组合古典理论的一个完美调查，其中静态问题被详尽地讨论。尤其是作者突出了不确定条件下的静态投资组合选择问题（阿罗德布鲁投资组合问题）或不确定条件下的一生消费储蓄问题一致的双结局，以及清晰阐述了两基金分离定理有效性条件（所有个体必须有斜率相同的线性绝对风险规避）。
　　[2]　Hakansson（1971）讨论了莫欣（1968）的结论，并给出了短视策略最优的更弱条件。尤其是，针对一般资产回报分布的对数效用。莫欣的模型具有更强的效用，资产必须独立于所有的短视财富。Brandt（2009）总结并讨论了三种情况，其中短视投资策略是最优的。不变投资机会设定、随机的但不可对冲的投资机会以及对数效用。
　　[3]　尤其是风险承受的同质性程度与消费有关，它决定了时间多样性是否广泛影响财富效应。

未来要承受的风险。其次短视政策是最优的选择,[①] 这个结论在早期的模型中比较普遍。事实上,莫顿(1969)用连续时间确认了一个由萨缪尔森(1969)用离散时间所支持的重要结论:对于等弹性边际效用(例如 CRRA)和几何布朗运动的收益,投资组合选择的决定与消费决策无关,同时,对于伯努利对数效用,以两种方式进行分离。甚至在资产价格对数正态分布的假设下(意味着收益服从几何布朗运动假说),一个互助基金理论结果不变。莫顿(1971)将这个结论拓展到更一般的效用函数和资产价格假设,显示在没有静态状态的假设下,古典的马科维茨均值方差规则不变(如二次效应和正态价格)。

因此,虽然完美投资组合模型提供的投资组合与财富多少无关,但与人口年龄有很大关系,以至于不能彻底分析生命周期的含义。因此,古典模型的预测与 6.2节所表现的经验证据不一致也不奇怪了。

为构建更合适的家庭投资组合模型,有必要考虑更具家庭特色的投资组合。

6.3.2　更现实的投资组合模型

6.2.1 节所回顾的内容已经讲述了一些家庭投资组合的经验规则,尽管典型的家庭投资组合在全世界的大多数国家差异较大。尤其是三种典型事实非常明显:股票市场低参与,投资组合缺乏多样性,家庭投资组合的生命周期模式(参与或者配置)在大多数情况下表现为驼峰形态,其中中年人投资股票达到顶峰。

在之前章节中回顾的模型预测与现实证据不一致,然而自 20 世纪 90 年代开始,一系列文献不断出现使得理论和现实相一致。因为近来更多的模型摒弃了一些古典假设,在建立模型时进行了拓展并且增加了更多的现实特征。

总之,为了获取家庭投资组合生命周期模式,现有文献所采取的主要路线是:

■ 模型的家庭偏好显著不同于 CRRA

■ 资产回报的可预测性

■ 考虑贸易摩擦和市场不完全

与传统的论文不同,其主要的假设(例如,稳定的收益和 CRRA 偏好)允许闭型解,大多数现实的模型不容易处理,需要数值和近似解的办法。

投资组合模型的根本问题是通过效用方程将家庭风险偏好模型化。在先前的章节中,CRRA 效用假设起到了决定理想结果(例如,分析的可处理性,独立于财富的资产需求)和不理想结果的作用,如从时间维度上分析资产配置的独立性。接下来一个重要的规律是关注偏好:一些作者(如 Campbell,Vicera 1999)利用基于递归效用的 CRRA 偏好的一般形式,即 EpsteinZin-Weil 偏好。他们保持财富规模独

[①] Watcher(2002)显示,假设 CRRA 效用,即期消费可能仅影响短视人投资组合中的组合,减少了投资者时间范围的总体效用。

立于指数效用，但与 CRRA 不同，使得他们能够区分跨期替代消费弹性和风险规避：[1]一个重要特征是，这些参数对最优消费和投资组合有不同的效用。

与 CRRA 偏好结构的一个不同偏离是，EpsteinZin-Weil 假设过去的消费选择影响当前的消费，正如 Costantinides（1990）所提出的俗称习惯形成（或习惯坚持），作者表明此假设有助于解释股票收益迷局（Mehra 和 Prescott 1985）和收益变动。

基于一些经验证据，一系列文献（如 Barkeris（2000），Compbell 和 Viceria（1999））已经对资产回报的可预测性做出了假设。Brandt 等（2005）也考虑了投资者不确定数据生成过程的参数及了解既得回报和红利收益的例子：通过这种设定，他评论说学习能减少由于参数不确定所导致的配置冲击。[2]

早期模型一般忽视贸易摩擦，它在动态框架下分析问题使得结果更加复杂。尤其是交易成本和固定成本，已经被公认为股票市场中参与程度最低的两个因素（Basak 和 Cuoco1998）。相比之下，一定比例交易成本的效应不太明确：例如，Constantinides（1986）得出结论说它们并没有抑制股票持有，但 Heaton 和 Lucas（1997）发现，投资组合向资产的转变有着较小的交易成本。一些税种的作用和成比例的交易成本类似，它们可能阻止投资者对投资组合进行再平衡（Dammon 等 2004）。

考虑市场不完全通常是基于流动性约束或短期卖空限制，这事实上阻碍了消费和投资回报的跨期平滑，能提供非参与的一个解释。模型背后的摩擦也考虑了无保险劳动收入对解释生命周期资产配置的作用。

因此，长期投资组合选择中有三个主要问题：随机机会设定、考虑非流动性资产（尤其是劳动力）、寿命的不确定性。对于前者，有很多文献对其做了深刻阐述，尤其是在 20 世纪 90 年代末期，通过考虑利率、通货膨胀风险和时变风险溢价，机构比家庭决策者更容易处理这个问题。[3]考虑到本章主要关注个人投资组合决策，焦点仅局限于包括后两个问题的生命周期模型，其更加针对家庭的特殊性以及大多数家庭决策情景中不断增加的现实特征的必要性。出于这几个原因，接下来的章节我们将集中讨论劳动收入风险和寿命不可预测这两方面对养老金的影响。

6.3.3　无保险劳动收入的生命周期资产配置模型

生命周期资产配置模型设定的关键因素是解释财富积累的动机：即预防性储蓄动机与背景风险和遗产动机相联系。

家庭最重要的背景风险可能是劳动力风险，事实上，自莫顿（1971）开始的一系列文献已经考虑了劳动力风险与投资组合选择的关系。作者在劳动收入能被资

---

[1]　对于 CRRA 效用函数而言，跨期替代弹性是绝对风险规避系数的倒数。这意味着两种不同的家庭偏好特征间的不现实联系：跨期消费替代意愿和承受风险意愿。

[2]　见 the *Review of Financial Studies* 21，no. 4（2008），其中几篇文章关注回报可预测性讨论，其远没有被解决。

[3]　例子是：Compebell 和 Viceira（1999，2001）和 Watcher（2002）。更多的参考文献由 Brandt（2009）所调查，也见本书中的第三部分。

本化以及确保无风险的框架下分析了该问题。

与此不同，为了得出劳动风险对投资组合的选择效应，基础是要假设不完全性，以便劳动者收入风险可以被考虑得更实际且不可保。在这个关系上，Cocco 等（2005）提供了存在无保险劳动收入风险情况下的消费和投资组合选择模型，其已经成为该领域分析的里程碑。[1] 该论文提供了在一个更现实的无交易劳动收入和借贷约束的校准模型中的生命周期消费和投资组合规则。[2] 尽管在其他后续的论文中该模型被拓展，但是模型主要特点和含义已经在 Cocco 等（2005）中阐述。[3] 出于此原因，我们认为阐明主要模型假设和它们的含义是有意义的。为了突出模型化特征，以便更有可能地获取现实的投资组合，例如依靠年龄的资产配置。

直观上，Cocco 等（2005）与传统的模型最主要的不同是包含了不可保的劳动风险（市场是不完全的）。作者特别关注了道德风险问题，通过借贷约束阻止未来家庭收入资本化，因此劳动收入是家庭投资组合中的一种风险资产。但是，劳动收入风险与其他金融资产几乎没有关系，因此它是无风险资产的一个替换，并且在投资组合多样性中扮演重要角色。例如，已经拥有一种劳动收入形式的无风险资产的年轻家庭，倾向于比年长的家庭拥有更多风险资产，年长家庭相反拥有较低的"无风险"劳动所得。整体上，正如作者总结的一样，"投资股票的比例大概随年龄增长而降低。这是由劳动收入趋势本身是向下倾斜的规律引起的，"并且这个结果的获得不需要依赖资产回报的可预测性。

为了更深入洞悉并打破模型的局限，由 Cocco 等（2005）所提议的基准模型值得说明，其中，除了一个最优投资组合选择问题的标准要素（偏好、资产回报过程、各种约束条件），模型化的劳动收入风险也起到重要作用。

K 为一个决定的和外生的工作年龄，T 为不确定的寿命，p_t 投资者在 t+1 期存活的概率。家庭 i 被设定为下面形式的时间可分的 CRRA 偏好：

$$E_t \sum_{t=1}^{T} \delta^{t-1} \left(\prod_{J=0}^{t-2} p_j \right) \left\{ p_{t-1} \frac{C_{it}^{1-\gamma}}{1-\gamma} + b\ (1-p_{t-1}) \frac{D_{it}^{1-\gamma}}{1-\gamma} \right\} \tag{6.26}$$

其中，$\delta<1$ 为折旧因子，$\gamma>0$ 为相对风险规避系数，C_t 和 D_t 分别为消费水平和时间 t 的遗产数量。

对于 t<K，外生的劳动收入过程被假设为决定要素的总和，可以得到生命周期内收入的驼峰形态和一个随机项，其由一个持久部分 v_{it} 和短暂冲击 ε_{it} 构成：

$$\log Y_{it} = f\ (t,\ Z_{it})\ + v_{it} + \varepsilon_{it} \tag{6.27}$$

其中，Z_{it} 为个体特征向量

---

[1]　Heaton 和 Lucas（1997）和 Viceira（2001）也分析了无保险收入风险对投资组合构成的影响，但是他们使用的是无限期限设定，因此是稳定设定，其并不适合分析生命周期模式。更多与 Cocco 等（2005）相关的是 Bertaut 和 Haliassos（1997），其也假设有限期限。

[2]　关于这方面的讨论也见 Guiso 等（1996）。

[3]　在 Gomes 等（2008）中，作者允许了更灵活的劳动力供给，但是结果仍然与 Cocco 等（2005）总体定量相似，劳动力供给增加的能力体现了增加储蓄以应对未来收入不确定的可能，所以与固定劳动力供给情况有关的投资组合模式往往不太保守。

ε_{it} 服从 N（0，δ_{ε}^{2}）分布

$$v_{it} = v_{it-1} + u_{it} \tag{6.28}$$

u_{it} 与 ε_{it} 不相关，并且服从 N（0，δ_{g}^{2}）分布。

同时不定部分 ε_{it} 与家庭无关，持久冲击 u_{it} 可以被分解为一个合计部分 ξ_{t} 和不定部分 w_{it}，两者都服从均值为零，常数方差的正态分布

$$u_{it} = \xi_{t} + w_{it} \tag{6.29}$$

退休收入，对于 t>K，被假设为工作期最后几年的一个常数部分 λ

$$\log Y_{it} = \log（\lambda）+ f（t，Z_{ik}）+ v_{it} \tag{6.30}$$

在金融市场，存在两种资产：无风险资产和风险资产，风险资产总的实际超额收益超过无风险资产为

$$R_{t+1} - \bar{R}_{f} = \mu + \eta_{t+1} \tag{6.31}$$

其中，$\bar{R}_{f}$ 为无风险回报，新息 η_{t+1} 假设服从常数方差的标准正态分布，但是与劳动收入相关的合计部分的相关系数为 ρ。

借贷约束是一个重要的假设，因为它阻碍家庭资本化或借贷以应对未来劳动收入或退休财富：

$$B_{it} \geqslant 0 \tag{6.32}$$

它证实了道德风险/逆向选择观点，这是作者在家庭早期的成年生命期内所严格强调的。

短期卖空约束

$$S_{it} \geqslant 0 \tag{6.33}$$

意味着在所有时期股票非负配置。借贷和短期卖空约束意味着投资股票比例 $\alpha_{it} \in [0，1]$，并且财富是非负的。

与这个设定不同，家庭 i 在时期 t 拥有财富 W_{it}，为了获得最优的消费和投资组合的规则，在方程 6.27~6.33 的约束条件下最大化方程 6.26：

$$C_{it}（X_{it}，V_{it}）$$

和

$$\alpha_{it}（X_{it}，v_{it}）$$

这两个方程是状态变量的方程：时间 t，库存现金（$X_{it} = W_{it} + Y_{it}$），劳动收入的随机持久部分 v_{it}。

尽管问题的维度可以减少，[①] 但是模型不能被解析得很详细，在模型对数据适当校准后，作者通过向后归纳法获得数值解。考虑模型中劳动收入的作用，尤其关注于反应过程的校准，其通过 PSID 数据（美国一个纵向的关于收入动态的面板研究）完成，并与这个主题的文献一致（Attanasio（1995），Hubbard 等（1994））。

模拟结果给出了第二个教育组（高中）的基准情况，但对于其他收入组仍然

---

① 值方程与 V_{it} 是齐次的，其可以被标准化为 1。

定性不变：归结于这个事实，即模型中的不同组仅仅由开始工作的年龄表示。基准情况更严格的特征是假设不存在劳动收入风险和股票市场的关系（ρ=0）。

就投资组合选择的生命周期模式而言，结果比较清晰：股票投资量大致随着年龄增加减少。为了明白这个结果，回想论文中劳动力本质上具有类似债券资产的特征，投资组合决策由家庭劳动力收入状态所决定，也与家庭财富有关。因此拥有非常陡峭的劳动收入变化形态的年轻家庭，呈现一个快速递增的不明显的无风险持有（由劳动收入代表）和股票投资的多样性。生命后期劳动收入形状不那么陡峭，投资组合规则在更好的财富水平上评估，导致投资组合缓慢从股票转移。整体的结果得出合理的且专业的建议，即随着家庭年龄的增长，投资组合缓慢向无风险资产转移[1]，但是正如下面所讨论的，这与大多数这方面的经验研究相反（见 6.2.1 节）。

但是，论文中的一些拓展考虑获得了与经验证据比较接近的结论。例如，小概率的灾难性劳动收入的经验校准引起了较低的股票持有，并且在年轻家庭投资组合选择中产生了异质性，同时内生的借贷可以解释年轻家庭的非参与决策。进一步地说，许多方面的敏感性分析为接下来的许多文献做了铺垫，值得一提的是，与劳动收入风险有关的敏感性分析，尤其是其与股票收益的关系：一个正关系显著的投资组合效用，暗示着年轻家庭的较低股票持有水平，中年家庭的较高持有水平。Benzoni 等（2007）从事这类研究，见如下描述。

在 Gomes 和 Michaelides（2005）这篇文献中，劳动力收入过程的概念被调整为与 Cocco 等（2005）文献中一致的概念，但是偏好为 Epstein-Zin 和固定进入市场的成本被假定。其目的是为关于参与率的实际分析和基于参与率的资产配置提供理论支撑：风险规避的异质性似乎能解释这两者。事实上，一方面，有较小的风险规避和较小的跨期替代弹性的家庭能通过较少的缓冲，平衡对财富收入的冲击，这解释了较低股票参与的原因；另一方面，更具风险规避的家庭积累了更多财富，从而参与股票市场，但是由于他们年轻，并没有将全部投资组合放入股市。

对于劳动收入风险作用而言，Cocco 等（2005）做出了相关的拓展研究，突出了与股票市场风险无关的假设，而忽略了现实投资组合规则。基于先前的人力资本和市场回报相关的证据，Benzoni 等（2007）在连续时间模型中研究了生命周期的最优投资组合选择，除了相关假设不一样之外，其设定本质上和 Cocco 等（2005）所描述的模型一样。[2] 特别是作者假设劳动收入的总构成（方程 6.29ξ_t 的等价）与总红利协整，因此也与股票收入协整。协整的假设使得劳动收入更像是一种股票资产（而非如 Cocco 等（2005）中的证券资产）。协整关系是均值回归系数为 k 的回归均值过程的模型化，其中，如果 k=0，则没有协整关系。它的倒数 1/k 为协整

---

① 典型的文献建议的规则是一个好的多样的股票投资组合中配备财富的（100−年龄）%（见 Malkiel（1996））。

② Benzoni 等（2007）没有明确模型退休收入，但是校准了遗产函数，以便捕捉退休年份消费的储蓄需求。这相当于假设家庭在退休年份获得了一份年金。

的实施提供了必要的时间。如果余期工作寿命较长（年轻家庭），家庭人力资本收益更多受到股票市场收益影响，劳动收入更像是一个风险资产而非无风险资产，所以对于年轻家庭来说，即那些已经高度面对股票市场风险的家庭，发现短期内持有股票是最优的，或在借贷约束存在的情况下，将整个财富投资于无风险债券。对于中年人来讲，协整关系没有足够的时间运行，劳动收入有类似债券的特征，所以成反向关系是正确的。这个在退休之前的年份仍然正确，在退休之前如果没有一个充足的短期时间，那么第二种效用普遍存在：由于预测到未来的劳动收入较低，隐含在人力资本的债券价值的地位降低，家庭开始减少股票的投入，并倾向于投资无风险资产。这就是 Benzoni 等（2007）在他们模型的模拟中获得的驼峰形状，其与向后归纳法的标准差分法文献的解析相一致。除了稳健性检验，作者也证明了在收益可预测的情况下结果仍然一致。

因此，根据相似的模型（甚至微观数据校准的）和传统的专业模型，Benzoni 等（2007）得出了针对生命期的投资组合的驼峰形状，它与现存的大多数经验证据相一致。这个结论为有限的股票参与提供了一个解释，作者一直强调这个理论的独特性，但也的确算是这类代表性的文献中提出的补充。

尤其是我们的论文所强调的总劳动收入和总红利间的长期协整关系对个体生命周期的最优投资组合决定有一个一阶效应。

但是，需要强调的是，这个基本的假设是存在争议的，即它很难被检验。由于众所周知的协整检验效用的缺少，人力资本和市场收益间协整关系的证据不同，它很难有说服力。甚至结果比较敏感，不仅仅针对那一个协整效应的存在，也包括设定水平。[1]

6.3.4　年金生命周期资产配置模型

家庭投资范围的随机特征要求更进一步地考虑风险来源，即寿命风险；也就是投资人比预计活的更长的风险，因此导致把储蓄花光。解释这个问题，家庭投资组合模型必须考虑寿命的不确定性及其与一种特殊的资产类型，即与年金的关系，其事实上允许将寿命风险转移给保险者，但年金是一个缺少流动性的工具。[2]

投资组合框架下的问题使年金成了最优投资。Yaari（1965）的论文给出了一个有创意的回答，他忽视了除死亡外的其他风险来源，提供了有条件的全额年金，即在市场不完全和没有遗产动机的条件下，使得部分年金成为最优投资。后来，投资组合模型分析了不变寿命年金的例子（年金提供一个固定的支付），但是这些分析通常简化问题，通过强加全额年金（Cairns 等 2006）或不考虑决定问题的其他重要特征，例如年金购买的不可逆性，其他来源风险（Richard 1975）或工作期内

---

① 事实上，正如作者所强调的，进行经济分析是非常困难的，即使在 k = 0 和 k = 0.05 间区分，投资组合模式的驼峰分布的顶部依赖于调节的协整系数 k。
② 来自年金提供者立场和养老金计划的预期寿命风险应对的一个回顾由 Biffis 和 Blake 提供，在本书的第 10 章。

年金市场的影响（Milevsky 和 Young 2007）（考虑一个退休者的例子）。

但是，最近的文献 Horneff 等（2008）[1] 克服了之前文献的一些缺陷，在不完全市场设定下，面对不变的年金、债券和股票，研究了最优消费和储蓄策略。模型允许逐渐购买年金，并且考虑一个家庭所面对的三种主要风险来源：风险股票、工作期间不可交易的劳动收入、死亡的随机时间。与后面的两个特征相联系，他们的模型可以看成是所论述的先前章节的拓展。尤其是，这个模型共享了 Cocco 等（2005）的许多特征，并且采用从前者借鉴来的最优问题的数值解参数。

更准确地说，这个问题不同于方程 6.26 ~ 6.33 的特点如下：

1. 由于假定 Epstein-Zin 偏好，方程 6.26 由跨期效用的递归算法所替代，这使得分解从跨期替代弹性 ψ 到风险厌恶 γ 成为可能。

2. 考虑一个不完全的年金市场。不同于一个精算的溢价 A_t 支付，有年金者直到死亡获得常数支付 L

$$A_t = Lb_t \tag{6.34}$$

和

$$b_t = (1+\delta) \sum_{s=1}^{T-t} \left(\prod_{u=t}^{t+s} p_u^a \right) R_f^{-s}$$

其中，δ 为负载因子，p_u^a 为被提供者使用的生存概率，其高于普通生存概率 p_u^s。年金提供者通过建立年金死亡风险池对冲有担保的年金支付：基金中那些死亡的人配置给同组的活着的成员，这代表着所谓的死亡信用的来源：即多余债券的超额年金回报。市场是不完全的，由于仅有活的更长的支付才是有效的，年金的基金也仅投资于债券。

3. 死亡通过 Gompertz 的法则模型化。提供者使用的死亡动力以及主观动力被设定为下面参数为 m^i 和 b^i 的方程

$$\lambda_i^t = \frac{1}{b^i} \exp\left(\frac{t-m^i}{b^i} \right) \tag{6.35}$$

和

$$i = a, s$$

生存概率是

$$p_t^i = \exp\left(- \int_0^1 \lambda_{t+s}^i ds \right) \tag{6.36}$$

此外，死亡率的主观影响被看做是一个来源于平均死亡表的线性转换。

接着财富积累也由年金决定，借贷约束也定位于年金上（$A_t \geqslant 0$）。这种设定，除了股票、债券和消费需求，必须决定一个选择变量：每期的最优年金水平。此外，所有的政策规则都是相同状态变量的函数，正如 Cocco 等（2005）加上从以前购买年金的年金支付。

---

① Cocco 和 Gomes（2008）也考虑了预期寿命风险和预期寿命债券在最优消费和储蓄问题中的作用，但是他们没有研究最优资产配置。

流动性的金融储蓄和非流动性年金间存在平衡，其提供了死亡信用。年金的引入因此提出了一个中心问题：多高的死亡信用才能足够补偿年金的非流动性？考虑到收入冲击通常带来的流动性需求，年金购买的不可逆性使得考虑劳动收入风险变得更加重要。此外，极端的收入冲击也可以被理解为反映健康医疗水平和护理成本，因此与年金相关的分析变得更加重要。

模型第一次解决了基准情况（没有负担、没有保险者和领年金者意愿的非对称关系、没有遗产），以致隔离了投资组合问题中的年金作用问题。关于投资股票和债券的结果是定性的，这与 Cocco 等（2005）相类似，给定这个设定意味着对劳动收入的同样解释，其更像是一个债券资产而非股票资产（正如 Benzoni 等（2007））。但是，大多数情况年金的出现挤出了债券，因此暗示死亡信用补偿了年金的非流动性。此外，最优的年金持有随时间降低，这与股票持有相反，解释正如 Cocco 等（2005）一样，依赖于像债券资产那样的劳动者特征，其持有随着年龄增加而减少。

敏感性分析使得突出最优年金持有的重要决定因素成为可能。正如预期一样，人力资本与市场风险的关系增加了人们对年金的购买，至少直到退休时期（由于退休收入假设与市场无关），同时退休时期年金购买依赖于正向的退休收入替代率，即使将收入替代率设定为 1，但也没有消失，结果有助于整个养老体系的研究。

6.4　结论

本章通过正面的和规范方法的人口老龄化视角，分析了家庭投资组合的理论。分析开始于 6.2 节经验文献研究所熟悉的一个最重要典型事例，然后转移到几个模型，这些模型可以解释这些事实或对最优资产配置提出建议。由于最近的文献从多个方面进行了拓展，这里的目标不是穷尽所有的研究，还有许多问题被忽略了。当然，通过关注工作期和退休期的金融投资组合选择，主要是得出一些具有研究意义的总结。

自 20 世纪 90 年代中期开始，年龄和金融的关系引发了激烈的讨论，不断催生大量的多样化的经验文献涌现，主要体现在方法、方法论、数据和结果方面。依据研究所采用的方法，在本文中我们主要区分了两种主要观点：一个是微观视角，基本目的是评估年龄作为家庭投资组合决策的决定作用，另一个是宏观视角，基本目的是研究此角度的要义，从老龄人口的方向和维度对资产回报以及最终对金融市场的影响。两种主流文献给出的总体报告不同：从微观视角出发的论文总体上同意年龄是资产投资组合选择的重要因素，尽管这一特殊的模式符合生命周期的驼峰曲线而非线性，这主要依赖于所分析的是参与配置还是配置决策。从宏观视角出发的研究观点认为，人口统计和金融资产价格或回报间关系的证据更加不一致：如果有的话，一些研究仅发现人口统计动态和金融变量一些微弱的关系，但是其他论文研究了年龄和老龄化对金融市场的显著效应。这方面文献的贡献似乎在于认可这些差异依赖于所分析国家的结论，并且更加强调依据人口统计动态和制度的设定具有独特性，因此鼓励在这些问题方面进行进一步研究。

总体上，从经验研究中出现了三个最显著的事实：少量股票市场参与、缺少多样性、家庭投资组合的生命周期呈现驼峰分布，其中在中年时股票投资达到峰值。这个证据与受欢迎的大多数模型提供随年龄增长股票投资减少的建议不一致。通过理论文献的调查显示，为了掌握实际的投资组合模式，大多数新模型的动态性必须与无流动性特征的家庭特殊资产相关联。这其中最重要的当然是人力资本，其通过劳动收入在投资组合框架下被具体化。这就是为什么特别强调 Cocco 等学者（2005）的贡献，其认为劳动收入风险包含在不完全竞争的市场中，这便使得劳动收入风险是不可保险的，这个假设恰好代表了实际市场环境。然而，一个重要风险来源的背景是，如劳动收入风险自身不能充分解释所观测到的投资组合选择的驼峰分布模式，但是人力资本和股票市场间存在一个长期的协同关系，如 Benzoni（2007）等的理论，可以对其进行解释。

我们认为这将是未来研究的方向。更具体地说，决定家庭投资组合的模型应该用一个特定的方式来解释影响家庭决策的三个主要特征：有限的范围与寿命风险、借贷约束和非金融资产。对于后者，必须突出非金融资产占据一个家庭投资组合的主要部分，所以可交易性、不可保险性的特征以及与股票市场的关系是做出金融选择的最重要因素。

非金融财富的两个最重要的组成部分是劳动收入和住房。文献强调了住房选择与投资组合选择的联系在不断增强（Cocco 2004，Flavin 和 Yamashita 2002，Yao 和 Zhang 2005）。但是，住房资产相对于其他资产的不同特征（消费和投资）和它的杠杆身份需要引起特别的关注，值得单独列为一章，但是这个考虑是基于在一些情况下解释一些投资组合谜题是必要的（在 Cocco（2004）中住房高于了股票持有）。劳动收入和金融市场的联系，Benzoni 等（2007）显示了人力资本和市场回报是如何联系才能改变最优家庭投资组合，并建议在配置中包含住房投资。尤其有趣的是，如果住房和股票市场间的协整关系证据比较明显。但是，由于在协整关系假设条件下，此结果具有比较强的敏感性，不仅包括一个完全相同的协整关系的存在性（其也很难检验），也包括设定水平，高水平的研究仍然集中在劳动收入和金融市场关系的模型化。特别是长期协整关系假设必须关注人力资本和金融市场联系的时间维度，思想是从长期看只有年轻人活的时间更久，因此将被长期协整关系冲击。但是，我们认为在这个联系中另一个需要考虑的重要维度是所获取的人力资本的类型。例如，对于不同的教育组别，可能依据劳动收入风险做更多的区分（回想 Cocco（2005）教育组仅以开始工作的年龄作为特征）。这也为退休后时期的模型化分析留下了进一步研究的空间：如果在 Cocco（2005）中退休收入仅仅是劳动收入的不变部分，在 Benzoni 等（2007）中退休后的消费和投资决策没有被明显地模型化。此外，除了年龄因素之外，进一步地细分家庭收入风险要素：性别和婚姻状态之间的联系，很少在投资组合设定中考虑（Bertocchi 等（2009）和 Love

（2009）），也没有和生命周期选择相联系。

　　因此，在本章的概述中，家庭金融主要面临两方面的挑战：与 Campbell（2006）一样，归纳如下：突出度量如何进行投资（积极的家庭融资）是很重要的度量问题。然后针对如何面对模型中的投资（规范的住房融资）给出建议，随后很自然地带来解决方案和纠正方案。

　　就所担心的度量问题而言，大多数基于微观数据的实证研究目的是调查家庭投资组合选择，数据可以来自调查（美国的 SCF、意大利的 SHIW 等）或（通常不公开利用）金融机构数据库（银行或保险数据库）。但是两种来源都面临度量问题。调查数据的优点是可以基于代表性样本做设计，并且为家庭投资组合提供参考依据，所能提供的信息包括住房财产、劳动收入和拥有的金融资产；但是它们通常与低回应率、不真实的多样化水平和家庭投资组合的风险相联系，由于众所周知的无报告问题（受访者不想披露所有的金融资产）或报告较少（受访者报告了他或她的投资组合的某种资产，但并不知道具体数目）。另一方面，机构数据更可靠，由于它们并不面临这些报告问题，但是除了典型的机密外，有关的缺陷是它们仅仅提供了投资组合的部分视角（仅仅是在银行或保险公司所拥有的资产），所以调查数据对于家庭所实施的整体证券投资组合配置选择的综合研究并不真正合适。

　　对于一些模型构建中的问题意味着通过更现实的模型，家庭金融理论能从与机构投资组合选择相联系的较多的和有用的文献中获益（见 Geyer 和 Ziemba（2008），Rudolf 和 Ziemba（2004），Zenisshe 和 Ziemba（2007）和这本书其他章节的文献）。正如我们之前所强调指出的一些研究方向，更多的模型化研究被用于提供金融建议、考虑目前的经济政策、不断增加的更加不稳定劳动收入为特征的社会经济前景、家庭结构的重要变化、人口老龄化和越来越紧缩的养老金制度。从最近金融市场的下跌而引发的深层次担忧的问题是（十年中的两年），如何仅仅依靠市场，使雇主的养老基金和年金应对典型的社会人口老龄化所带来的风险。

参考文献

Alessie R., S. Hochguertel, and A. Van Soest. 2002. Household portfolios in the Netherlands. In *Household Portfolios*, ed. L. Guiso, M. Haliassos, and T. Jappelli, 341–388. Cambridge：MIT Press.

Ameriks, J., and S. P., Zeldes. 2004. How do household portfolio shares vary with age? Working Paper, Columbia Business School.

Ang, A., and A. Maddaloni. 2005. Do demographic changes affect risk premiums? Evidence from international data. *Journal of Business* 78, no. 1：341–380.

Attanasio, O. 1995. The intertemporal allocation of consumption：Theory and evidence. *Carnegie-Rochester Conference Series on Public Policy* 42：39–89.

Bakshi G. , and Z. Chen. 1994. Baby boom, population aging, and capital markets. *Journal of Business* 67: 165−202.

Banks J. , and S. Tanner. 2002. Household portfolios in the United Kingdom. In *Household Portfolios*, ed. L. Guiso, M. Haliassos, and T. Jappelli, 219−250. Cambridge: MIT Press.

Barberis, N. 2000. Investing for the long run when returns are predictable. *Journal of Finance* 55: 225−264.

Basak, S. , and D. Cuoco. 1998. An equilibrium model with restricted stock market participation. *Review of Financial Studies* 11: 309−341.

Bellante D. , and C. A. Green. 2004. Relative risk aversion among the elderly. *Review of Financial Economics* 13: 269−281.

Benzoni, L. , and P. Collin-Dufresne, and R. S. Goldstein. 2007. Portfolio choice over the lifecycle when stock and labour markets are cointegrated. *Journal of Finance* 62: 2123−2167.

Bertaut, C. C. , and M. Haliassos. 1997. Precautionary portfolio behaviour from a lifecycle perspective. *Journal of Economic Dynamics and Control* 21: 1511−1542.

Bertaut C. C. , and M. Starr-McCluer. 2002. Household portfolios in the United States. In *Household Portfolios*, ed. L. Guiso, M. Haliassos, and T. Jappelli, 181 − 217. Cambridge: MIT Press.

Bertocchi G. , M. Brunetti, and C. Torricelli. 2009. Marriage and other risky assets: A portfolio approach. CEPR Discussion Paper No. 7162 and IZA Discussion Paper No. 3975.

Bodie Z. , and D. B. Crane. 1997. Personal investing: Advice, Theory, and Evidence from a survey of TIAA-CREF participants. *Financial Analysts Journal* 53, no. 6: 1323.

Börsch-Supan, A. 2004. Global aging: Issues, answers, more questions. University of Michigan, Retirement Research Centre, Working Paper 84.

Bosworth B. , G. Burtless, and J. Sabelhaus. 1991. The decline in saving: Evidence from household surveys. *Brookings Papers on Economic Activities I*: 183−241.

Brandt, M. W. 2009. Portfolio choice problems. In *Handbook of Financial Econometrics*, ed. Y. Ait-Sahalia and L. P. Hansen. Amsterdam: North Holland, 269−336.

——, A. Goyal, P. Santa-Clara, and J. R. Stroud. 2005. A simulation approach to dynamic portfolio choice with an application to learning about return predictability. *Review of Financial Studies* 18: 831.

Brooks R. 2000. What will happen to financial markets when the baby boomers retire? IMF Working Paper 18. www. imf. org/external/pubs/ft/wp/2000/wp0018. pdf.

——. 2002. Asset-market effects of the baby boom and Social Security reform. *American Economic Review* 92: 402−406.

——. 2006. Demographic change and asset prices. In *Demography and Financial Markets*, ed. C. Kent, A. Park, and D. Rees. Reserve Bank of Australia.

Browning, M., and A. Lusardi. 1996. Household saving: micro theories and micro facts. *Journal of Economic Literature* 34: 1797–1855.

Brunetti M., and C. Torricelli. 2007. The population ageing in Italy: Facts and impact on household portfolios. In *Money, Finance and Demography: The Consequences of Ageing*, ed. Morten Balling, Ernest Gnan, and Frank Lierman. Vienna.

Brunetti M., and C. Torricelli. 2008. Demographics and asset returns: Does the dynamics of population ageing matter? *Annals of Finance*, forthocming.

Brunetti M., and C. Torricelli. 2009. Population age structure and household portfolio choices in Italy. *European Journal of Finance*, forthcoming.

Cairns, A., D. Blake, and K. Dowd. 2006. Stochastic lifestyling: Optimal dynamic asset allocation for defined-contribution pension plans. *Journal of Economic Dynamics and Control* 30: 843–877.

Campbell, J. 2006. Household finance. *Journal of Finance* 61: 1553–1604.

Campbell J., and L. Viceira. 1999. Consumption and portfolio decisions when expected returns are time varying. *Quarterly Journal of Economics* 114: 433–495.

Campbell J., and L. Viceira. 2001. Who should buy long term bonds? *American Economic Review* 87: 181–191.

Campbell J., and L. Viceira. 2002. *Strategic Asset Allocation.* New York: Oxford University Press.

Campbell, J. Y., A. W. Lo, and A. C. MacKinlay. 1997. *The Econometrics of Financial Markets.* Princeton, NJ.

Cerny A., D. K. Miles, L. Schmidt. 2005. The impact of changing demographics and pensions on the demand for housing and financial assets. Centre for Economic Policy Research (CEPR). Discussion Paper 5143. http://ideas.repec.org/p/cpr/ceprdp/5143.html.

Cocco, J. F. 2004. Portfolio choice the presence of housing. *Review of Financial Studies* 18: 535–567.

——, and F. J. Gomes. 2008. *Longevity Risk and Retirement Savings.* London Business School, Mimeo, January.

——, F. J. Gomes, and P. J. Maenhout. 2005. Consumption and portfolio choice over the life-cycle. *Review of Financial Studies* 18: 491–533.

Coile C., and K. Milligan. 2006. How household portfolios evolve after retirement: The effect of aging and health shocks. NBER Working Paper 12391. National Bureau of Economic Research. Cambridge, MA.

Constantinides, G. M. 1986. Capital market equilibrium with transaction costs. *Journal of Political Economy* 94: 864−862.

──. 1990. Habit formation: A resolution of the equity premium puzzle. *Journal of Political Economy* 98: 519−543.

──, J. B. Donaldson, and R. Mehra. 2002. Junior can't borrow: A new perspective on the equity premium puzzle. *Quarterly Journal of Economics* 117: 269−296.

Curcuru S., J. Heaton, and D. Lucas. 2009. Heterogeneity and portfolio choice: Theory and evidence. In *Handbook of Financial Econometrics*, ed. Y. Ait-Sahalia and L. P. Hansen. Amsterdam: Elsevier Science, in press.

Dammon, R., C. Spatt, and H. Zhang. 2004. Optimal asset allocation with taxable and tax-deferred investing. *Journal of Finance* 59: 999−1037.

Davis E. P., Li C. 2003. Demographics and financial asset prices in the major industrial economies. Brunel University-West London Working Paper. www. ephilipdavis. com/.

Epstein, L., and S. Zin. 1989. Substitution, risk aversion and the temporal behaviour of consumption and asser returns: A theoretical framework. *Econometrica* 57: 937−969.

Erb, C. B., C. R. Harvey, and T. E. Viskanta. 1997. Demographics and international investment. *Financial Analysts Journal* 53: 14−28.

Eymann, A., A. Börsch-Supan. 2002. Household portfolios in Germany. In *Household Portfolios*, ed. L. Guiso, M. Haliassos M., and T. Jappelli, 291 − 340. Cambridge: MIT Press.

Faig, M., and P. Shum. 2002. Portfolio choice in the presence of personal illiquid projects. *Journal of Finance* 57: 303−328.

Flavin, M., and T. Yamashita. 2002. Owner-occupied housing and the composition of the household portfolio over the life cycle. *American Economic Review* 92: 345−362.

Frijns B., E. Koellen, T. Lehnert. 2008. On the determinants of portfolio choice. *Journal of Economic Behavior & Organization* 66: 373−386.

GAO. 2006. Retirement of baby boomers is unlikely to precipitate dramatic decline in market returns, but broader risks threaten retirement security. United States Government Accountability Office. www. gao. gov/new. items/d06718. pdf.

Geanakoplos J., M. Magill, and M. Quinzii. 2004. Demography and the long-run predictability of the stock market. *Brookings Papers on Economic Activities* 1: 241−325.

Geyer A., and W. T. Ziemba. 2008. The Innovest Austrian pension fund financial planning model InnoALM. *Operations Research* 56: 797−810.

Gollier C. 2002. What does classical theory have to say about household portfolios? In *Household Portfolios*, ed. L. Guiso, M. Haliassos, and T. Jappelli. Cambridge: MIT Press.

Gomes, F., and A. Michaelides. 2005. Optimal life-cycle asset allocation:

Understanding the empirical evidence. *Journal of Finance* 60: 869–904.

Gomes, F., L. K. Kotlikoff, and L. M. Viceira. 2008. Optimal life-cycle investing with flexible labour supply: A welfare analysis of life-cycle funds. *American Economic Review: Papers and Proceedings* 98: 297–303.

Goyal A. 2004. Demographics, stock market flows, and stock returns. *Journal of Financial and Quantitative Analysis* 39: 115–142.

Guiso L., M. Haliassos, and T. Jappelli. 2002. *Household portfolios*. Cambridge: MIT Press.

Guiso L., and T. Jappelli. 2002. Household portfolios in Italy. In *Household Portfolios*, ed. L. Guiso, M. Haliassos, and T. Jappelli, 251–289. Cambridge: MIT Press.

Guiso, L., T. Jappelli, and D. Terlizzese. 1996. Income risk, borrowing constraints and portfolio choice. *American Economic Review* 86: 158–172.

Hakansson, N. H. 1971. On optimal myopic portfolio policies, with and without serial correlation of yields. *Journal of Business* 44: 324–334.

Heaton, J., and D. J. Lucas. 1997. Market frictions, saving behavior and portfolio choice. *Macroeconomic Dynamics* 1: 76–101.

Horneff, W. J., R. H. Maurer, and M. Z. Stamos. 2008. Life-cycle asset allocation with annuity markets. *Journal of Economic Dynamics and Control* 32: 3590–3812.

Hubbard, G., J. S. Skinner, and S. Zeldes. 1994. The importance of precautionary motives for explaining individual and aggregate saving. In Carnegie-Rochester Conference Series on Public Policy 40, ed. Allan H. Meltzer and Charles I. Plosser, 59–125.

Love, D. 2008. The effects of martial status and children on savings and portfolio choice. *Review of Financial Studies*, forthcoming.

Malkiel, B. G. 1996. *A Random Walk Down Wall Street, Including a Life-Cycle Guide to Personal Investing*. New York: W. W. Norton & Company.

Markowitz, H. M. 1952. Portfolio selection. *Journal of Finance* 7: 77–91.

Mehra, R., and E. Prescott. 1985. The equity premium puzzle. *Journal of Monetary Economics* 15: 145–161.

Merton, R. 1969. Lifetime portfolio selection under uncertainty: The continuoustime case. *Review of Economics and Statistics* 51: 247–257.

———. 1971. Optimum consumption and portfolio rules in a continuous-time model. *Journal of Economic Theory* 3: 373–413.

Milevsky M. A., and V. R. Young. 2007. Annuitization and asset allocation, *Journal of Economic Dynamics and Control* 31: 3138–3177.

Mossin, J. 1968 Optimal multiperiod portfolio policies. *Journal of Business* 41: 215–229.

Oliveira-Martins J., F. Gonand, P. Antolin, C. De la Maisonneuve, and K. Y. Yoo. 2005. The Impact of Ageing on Demand, Factor Markets and Growth. OECD Economics

Department Working Paper No. 420.

Poterba, J. M. 1991 House price dynamics: The role of tax policy and demography. *Brookings Papers on Economic Activity* 2: 143–183.

——. 2001. Demographic structure and asset returns. *Review of Economics and Statistics* 83: 565–584.

——. 2004. The impact of population aging on financial markets. NBER Working Paper 10851. National Bureau of Economic Research, Cambridge, MA.

——, and A. A. Samwick. 1997. Household Portfolio Allocation over the Life Cycle. NBER Working Paper. 6185. National Bureau of Economic Research, Cambridge, MA.

——, and A. A. Samwick. 2001. Portfolio allocations over the life-cycle. In *Aging Issues in the United States and Japan*, ed. S. Ogura, T. Tachibanaki, and A. D. Wise, 65–103. Chicago: University of Chicago Press.

Richard S. 1975. Optimal consumption, portfolio and life insurance rules for an uncertain lived individual in a continuous time model. *Journal of Financial Economics* 2: 187–203.

Rudolf M. , and W. T. Ziemba. 2004. Intertemporal surplus management *Journal of Economic Dynamics Control* 28: 975–990.

Saarenheimo, T. 2005. Ageing, interest rates, and financial flows. Bank of Finland Research Discussion Paper 2/2005. http://ideas. repec. org/p/wpa/wuwpla/0508015. html.

Samuelson, P. A. 1969. Lifetime portfolio selection by dynamic stochastic programming. *Review of Economics and Statistics* 51: 239–246.

Tin, J. 1998. Household demand for financial assets: A lifecycle analysis. *Quarterly Review of Economics and Income* 38, no. 4: 875–897.

Viceira, L. M. 2001. Optimal portfolio choice for long-horizon investors with nontradable labor income. *Journal of Finance* 56: 433–470.

Watcher, J. A. 2002. Consumption and portfolio decisions under mean-reverting returns: Exact solutions for complete markets. *Journal of Financial and Quantitative Analysis* 37: 63–91.

Yaari, M. 1965. Uncertain lifetime, life insurance, and the theory of the consumer. *Review of Economic Studies* 32: 137–150.

Yao, R. , and H. Zhang. 2005. Optimal consumption and portfolio choices wit risky housing and borrowing constraints. *Review of Financial Studies* 18: 197–239.

Yoo P. S. 1994a. Age dependent portfolio selection. Federal Reserve Bank of St. Louis Working Paper 3. http://research. stlouisfed. org/wp/1994/94002. pdf.

——. 1994b. Age distributions and returns of financial assets. Federal Reserve Bank of St. Louis Working Paper 2. http://research. stlouisfed. org/wp/1994/94003. pdf.

Zenios S. , and W. T. Ziemba (eds.) . 2007. *Handbook of Asset and Liability Management*, vol. 2, *Applications and Case Studies*. Amsterdam: North Holland.

在 2004 年，Rudolf 和 Ziemba 为年金和保险公司盈余管理创建了一个连续时间模型。类似的生命期跨期证券投资组合模型可以追溯到萨缪尔森（Samuelson，1969）的离散时间模型以及莫顿（1969）的连续时间模型。Rudolf 和 Ziemba 拓展了莫顿（1973，1990）模型，用负债作为一个新变量使保险公司或年金资产与负债的净值的跨期预期效用最大化。他们假设资产和负债回报均服从 Itô 的变化，作为一个描述风险状态的函数。投资者的最佳投资组合出现在当他持有这四种资产时：市场资产组合、状态变量的对冲资产组合、负债对冲资产组合以及无风险资产。这是一个由四种资产组合而成的资本资产定价模型，而莫顿的模型仅是包括三类资产的资本资产定价模型，常规的（夏普）Sharp-（林特）Lintner-（莫欣）Mossin 的资本资产定价模型也只包括两种资产。对冲投资组合提供了它与状态变量的最大关联：即它提供了状态变量变化的最大对冲可能性。不同于莫顿模型仅有一种资产的例子，负债的对冲与偏好无关，仅仅取决于融资率。对于包括负指数、幂函数和对数三项的绝对风险规避效用函数来说，它的状态变量对冲投资组合的投资也与偏好无关，而在对数效用函数中，其市场资产组合仅仅依赖于当前的融资率。

人寿保险和其他保险公司、养老基金以及其他组织的最终目标是追求盈余。寿险公司和养老基金通常每年一次将部分盈余分配给顾客。因此，最优化的投资策略也是最大化盈余的期望终生函数。7.1 节描述上述所说的连续时间模型，7.2 节使用一个案例总结要点。

7.1 Rodolf-Ziemba（2004）的代际盈余管理模型

模型总结如下：对于 $t \geq 0$，随机过程 $A(t)$、$L(t)$、$Y(t)$ 分别代表资产、负债和一个状态变量 Y（如购买力平价）。

盈余 $S(t) = A(t) - L(t)$，融资率 $F(t) = A(t)/L(t)$。

依据莫顿模型（1973），状态变量 Y 服从几何布朗运动（例如对数正态分布），其中 μ_Y 和 σ_Y 是常数，代表偏差和波动性，$Z_Y(t)$ 是标准的维纳过程。关于状态变量、资产和负债的收益过程 $R_Y(t)$、$R_A(t)$，$R_L(t)$ 分别为，$R_Y(t) = dY(t)/Y(t)$，$R_A(t) = dA(t)/A(t)$，$R_L(t) = dL(t)/L(t)$。

依照 Sharp 和 Tint 模型（1990），剩余收益过程为：

$$R_s(t) = \frac{dS(t)}{A(t)} = R_A(t) - \frac{R_L(t)}{F(t)} = \left[\mu_A - \frac{\mu_L}{F(t)}\right]dt + \sigma_A dZ_A(t) - \frac{\sigma_L}{F(t)}dZ_L(t)$$

目标是使盈余的期望终生效用最大化。为了避免在特殊时期的资金积累不足，我们假设存在这样一个稳定的状态，在这种状态下，员工参与养老保险政策所支付的价值等于这些雇员为保险公司所积累的养老基金的价值。虽然年收益通过盈余积累财富，但由于正剩余提高了财产地位，所以盈余的期望效用与每期的盈余成正相关。投保人类似于基金的股东。

在基金的最优化问题中，U 是一个可加分离、可两次差分、凹的效用函数，T 为基金存在的结束期。

$$J(S, Y, t) = \max_w E_t\left(\int_t^T U(S, Y, \tau)\,d\tau\right)$$

$$= \max_w E_t\left(\int_t^{t+dt} U(S, Y, \tau)\,d\tau + \left(\int_{t+dt}^T U(S, Y, \tau)\,d\tau\right)\right)$$

其中，E_t 代表基于 t 期信息集的期望，J 方程为预期终生效用的最大化。最大化用 w 表示，其与风险资产的投资组合权重向量有关，n 代表投资组合资产的数量，w_i（$1 \leq i \leq n$）为资产 i 占投资组合的份额。

运用最优领域的贝尔曼原则（J_{xy} 代表 J 关于 x 和 y 的交叉导数）

$$w = -a\frac{J_S}{A(t)J_{SS}}w_M - b\frac{Y(t)J_{SY}}{A(t)J_{SS}}w_Y + \frac{c}{F(t)}w_L$$

其中，

$$w_M = \frac{V^{-1}(m_A - re)}{e'V^{-1}(m_A - re)}, \quad w_Y = \frac{V^{-1}v_{AY}}{e'V^{-1}v_{AY}}, \quad w_L = \frac{V^{-1}v_{AL}}{e'V^{-1}v_{AL}}$$

$$a = e'V^{-1}(m_A - re), \quad b = e'V^{-1}v_{AY}, \quad c = e'V^{-1}v_{AL}$$

w_M、w_Y、w_L 为 n 维向量，其要素和为 1，a、b、c 为常数。最优的投资组合由加权平均的四种资产构成：市场资产组合 w_M，莫顿（1973）的状态变量对冲资产组合 w_Y，负债的对冲资产组合 w_L，以及无风险资产。如果 n 种风险资产的集合包括状态变量的远期合同，那么状态变量的最优对冲可以实现。状态变量对冲投资组合包括单一资产，即远期合同。第三个负债对冲资产组合 w_L 很有趣，因为在金融市场上不存在负债的对冲机会（例如，一个使得工资增加或通货膨胀率对冲的投资组合）。Ezra（1991）和 Black（1989）对有关该问题进行了详细论述，并在连续时间的情况下解决了该问题。寿险和养老基金投资于下面四种基金：

1. 市场资产组合 W_M 的水平为 $-a\dfrac{J_S}{A(t)J_{SS}}$

2. 状态变量对冲资产组合 W_Y 的水平为 $-b\dfrac{Y(t)J_{SY}}{A(t)J_{SS}}$

3. 无风险资产的水平为 $1 + a\dfrac{J_S}{A(t)J_{SS}} + b\dfrac{Y(t)J_{SY}}{A(t)J_{SS}} - \dfrac{c}{F(t)}$

4. 负债对冲资产组合 W_L 的水平为 $\dfrac{c}{F(t)}$

负债的对冲资产组合仅仅取决于融资率，与偏好无关，更与效用方程的形式无关。为使期望的终生效用值最大化，基金应该依据融资禀赋与负债对冲。

依据对基金的风险偏好不同，每一种资产相对于其余三种资产的融资率是不同的。例如，$-a\dfrac{J_S}{A(t)\,J_{SS}}$ 为投资于市场资产组合的比重。由于 J 是一个效用方程的派生函数，所以该市场资产组合的投资比重为 a 乘以盈余变动的 Arrow-Pratt 相对风险承受度（相对厌恶风险指数的倒数）。因此，市场风险的承受度越高，市场投资组合持有的比例就越高。状态变量对冲资产组合的比重为 $-b\dfrac{Y(t)\,J_{SY}}{A(t)\,J_{SS}}$。莫顿模型（1973）表明该比例为 b 乘以状态变量变动的 Arrow-Pratt 相对风险承受度。负债对冲资产组合的比重为 $\dfrac{c}{F(t)}$。与莫顿结论不同的是，Rodolf-Ziemba 模型的结论认为，这样的市场资产组合既不依赖于偏好，也不依赖特定的效用方程，而仅仅取决于基金的融资率。融资率越低，负债对冲资产组合的比例则越高。

Rodolf-Ziemba 模型改进了莫顿（1973）模型，并为跟踪和监督基金提供了一个简单的方法。在大多数筹资制度中，基金的投资比率在法律上不得不受制于一个固定的最低收益点。而寿险或养老基金的报酬率取决于工资率的增长和波动，所以这样的投资比率是不恰当的。例如，如果养老基金每年的最低收益率为 4%，而工资的增长率超过 4%，就会出现资不抵债的现象。相反，这种模型表明，养老基金投资经理应该进行这样一种投资组合的操作，这种投资组合能够降低由工资收入不稳定性造成的剩余资金收益率的波动性。就是说，这种模式存在于债务风险对冲资产组合里。由于负债的对冲资产组合完全取决于融资率，因此投保人的个人偏好就不需要再细化了。

效用方程假设来自线性风险承受度 HARA 或绝对风险厌恶类。这意味着 $\dfrac{u'}{u''}=a+bw$，Arrow-Pratt 绝对厌恶风险指数的倒数即风险承受度在财富中是线性的。莫顿（1971，1990，140 页）表明这等同于假设 J 方程也属于 HARA 类。如果风险承受度的系数 $\alpha<1$，那么

$$J(S,\,Y,\,t)=J[S(A(Y)),\,t]=\dfrac{1-\alpha}{e^{\rho t}\alpha}\left(\dfrac{\kappa S}{1-\alpha}+\eta\right)^{\alpha}$$

其中，κ 和 $\eta>0$ 是常数，r 为效用平减指数。由 $-J_S/J_{SS}=S/(1-a)+\eta/\kappa$ 可知，这意味着线性的绝对风险承受度。对于 $a\rightarrow-\infty$、$\eta=1$ 以及 $\rho=0$，HARA 类的效用方程包含负指数效用方程，对于 $\eta=0$，$\rho=0$，$\kappa=(1-\alpha)^{(\frac{\alpha-1}{\alpha})}$，其为等弹性幂函数方程 $J=S^{\alpha}/\alpha$，当 $\alpha\rightarrow0$（$\eta=\rho=0$）时为对数效用。

基于 HARA 效用方程的假设，市场投资组合债券的持有比例等于

$$\frac{1}{1-\alpha}\left(1-\frac{1}{F}\right)+\frac{\eta}{A\kappa}$$

所以，市场投资组合持有率取决于融资率和风险规避程度。F 越高，市场资产组合的持有率越高，对于融资率 α 小于 1 时，α 越高，市场投资组合的持有率越低。如果有充足的资金出现时（比如 F>1），那么 α 和 F 之间就存在正相关关系。如果 $\alpha \to 0$（对数效用情景），市场资产组合投资的系数变为 $1-1/F$ 加上常数 $\eta/A\kappa$。那么，对于对数效用基金而言，风险规避不再重要。[①] 在决定市场投资组合时只有融资率起作用。对于任何一种效用函数，如果融资率为 100%，那么在风险市场投资组合中将不会产生任何投资。一项资金的融资率不仅决定了忍受风险的能力，还决定了承担风险的意愿程度。

下面思考一下状态变量对冲资产组合的持有比例。假设状态变量 Y 为汇率波动率，其影响基金的余额。那么

$$-\frac{YJ_{SY}}{AJ_{SS}}=-\frac{\dfrac{dA}{A}}{\dfrac{dY}{Y}}=-\frac{R_A}{R_Y}$$

因此，状态变量对冲资产组合的重心在于个人偏好，独立于 HARA 效用 $R_A = -\beta\ (R_A,\ R_Y)$。如果资产回报率和货币回报率是线性函数关系，那么 R_A/R_Y 是关于状态变量投资组合的 $-\beta$ 关系，并且

$$-\frac{YJ_{SY}}{AJ_{SS}}=-\beta\ (R_A,\ R_Y)$$

如果 Y 为汇率，那么 $-\beta$ 等于在外币计算的条件下对冲率变量的最小值。状态变量对冲资产组合的持有率与偏好无关，而取决于投资组合的外汇风险程度。投资组合中的汇率风险越大，货币对冲性越高。因此，对于 HARA 效用情况，市场投资组合中的资金量仅取决于风险规避系数 α。在其他所有的基金中偏好是独立的。它们仅取决于融资率以及资产投资组合对状态变量的风险承受度。

假设在基金投资组合中存在 k 种国外货币，设 $Y_1,\ \cdots,\ Y_k$ 为以国内货币计价的汇率，及以 k 国货币计价的汇率收益率。那么

$$-\frac{Y_1 J_{SY_1}}{AJ_{SS}}=-\beta\ (R_A,\ R_{Y1}),\ \cdots,\ -\frac{Y_k J_{SY_k}}{AJ_{SS}}=-\beta\ (R_A,\ R_{Yk})$$

对于 HARA 情况，此公式是关于汇率变动的 Arrow-Pratt 相对风险承受度。V_{AY_1}, $\cdots$, V_{AY_k} 为 k 个汇率回报率的投资组合的协方差向量

$$w_{Y_1}=\frac{V^{-1}v_{AY_1}}{eV^{-1}v_{AY_1}},\ \cdots,\ w_{Y_k}=\frac{V^{-1}v_{AY_k}}{eV^{-1}v_{AY_k}}$$

是从 1 到 k 的状态变量对冲资产组合，$b_1 = eV^{-1}v_{AY_1},\ \cdots,\ b_k = eV^{-1}v_{AY_k}$ 是状态变量

---

① 对数的风险规避 1/w 事实上为零。Ziemba 论述对数是风险最大的效用函数，应该时刻考虑。下面的结果符合这一观点。

对冲投资组合的系数。具有 HARA 效用方程的基金有 k 个状态变量，其投资策略如下，$R_l = dA_l / A_l$ 为风险资产的回报，$l = 1$，…，n

$$w = \left[\frac{a}{1-a}\left(1 - \frac{1}{F(t)}\right) + \frac{a\eta}{A\kappa}\right] w_M - \sum_{i=1}^{k} b_i\beta(R_A, R_{Y_1}) w_{Y_1} + \frac{c}{F(t)} w_L$$

其中

$$\beta(R_a, R_{Y_1}) = \sum_{i=1}^{n} w_l\beta(R_l, R_Y)$$

由于方程式右边取决于投资组合配置系数 w，要通过分析法计算出 w 是不可能的，因此必须用数值解。对于状态变量 k，有一个如下的 k+3 基金定理。

7.2　Rodolf-Ziemba 模型的一个应用

Rodolf-Ziemba（2004）提供了一个案例研究，阐明了在实际操作中，离散时间约束的随机过程模型优于无约束的连续时间模型的原因。我们也将看到这些连续时间模型之所以会在金融领域受到欢迎，主要是因为它们简单精致，能够对经济问题给出直接答案。

下面思考在美国、英国、日本、欧元区、加拿大和瑞士这些国家和地区中出现的，以美国美元为基础的投资于股票和债券市场的盈余优化问题。1987 年 1 月到 2000 年 7 月（163 个观测值）的月度 MSCI 数据被用于股票市场分析。这个时期的月度 JP 摩根指数用于债券市场分析（对于瑞士而言为所罗门兄弟数据）。随机基准是美国季度的工资和薪水的汤姆森金融数据流指数。为了获取月度的工资和薪水数据，季度数据采用线性差值。1987 年 1 月到 2000 年 7 月间，美国工资和薪水的年平均增长率为 5.7%，年波动率为 4.0%，见表 7-1。

表 7-1　　　　　　　　　　　　　　以美元为基础的数据

	均值收益	波动率	β 英镑	β 日元	β 欧元	β 加拿大元	β 瑞士法郎
股票							
美国	13.47	14.74	0.18	0.05	0.35	-0.59	0.35
英国	9.97	17.96	-0.47	-0.36	-0.29	-0.48	-0.14
日本	3.42	25.99	-0.61	-1.11	-0.45	-0.44	-0.43
欧元区 *	10.48	15.80	-0.32	-0.27	-0.26	-0.45	-0.11
加拿大	5.52	18.07	0.05	-0.02	0.27	-1.44	0.34
瑞士	11.56	18.17	-0.14	-0.32	-0.26	0.13	-0.32
债券							
美国	5.04	4.50	-0.03	0.00	-0.06	-0.04	-0.06
英国	6.86	12.51	-0.92	-0.44	-0.80	-0.39	-0.59
日本	3.77	14.46	-0.53	-1.04	-0.75	0.09	-0.72
欧元区	7.78	10.57	-0.6	-0.42	-0.93	-0.06	-0.74
加拿大	5.16	8.44	-0.09	0.03	-0.02	-1.14	0.02

续表

	均值收益	波动率	β英镑	β日元	β欧元	β加拿大元	β瑞士法郎
瑞士	3.56	12.09	−0.67	−0.53	−1.03	0.19	−0.99
以美元为基础的汇率							
英镑	0.11	11.13	1	0.37	0.86	0.42	0.64
日元	−2.75	12.54	0.48	1	0.65	0.04	0.61
欧元 *	í.13	10.08	0.7	0.42	1	0.1	0.79
加拿大元	0.79	4.73	0.08	0	0.02	1	−0.02
瑞士法郎	0.32	11.57	0.69	0.52	1.04	−0.13	1
工资和薪水	5.71	4.0	0	0.01	0	−0.01	0

股票市场数据基于 MSC 指数，债券数据基于 JP 摩根指数（瑞士为所罗门兄弟数据）。工资和薪水数据来自于数据流。1987 年 1 月到 2000 年 7 月月度数据（163 个观测值）。均值收益率和波动率为年百分比。

*ECU：1999 年 1 月前的欧洲货币。

资料来源：Rudolf and Ziemba（2004）。

表 7-1 也包含了美元的股票和债券市场的描述性统计，以及货币 β 指数。

除了加拿大元的其他所有国外货币，即英镑、日元、欧元和瑞士法郎，每年都有 12% 的波动率；除日元外，其他所有货币兑美元每年贬值范围在 0 和 1.13% 之间。从美元视角看，对于英国债券市场，英镑 β 系数比较高（绝对值）。日本股票和债券市场显示的日元 β 值分别为−1.14 和−1.04，欧盟债券市场的欧元 β 值为−0.93。另外，加拿大债券市场的加拿大元 β 值为−1.14，瑞士债券市场的瑞士法郎 β 值为−0.99。所有其他货币大体上都有显著较低的货币 β 值。当 β 值接近于零时，工资和薪水不跟随货币的变动而变动。

投资者面临着 5 种国外货币的风险（英镑、日元、欧元、加拿大元、瑞士法郎），并且还要投资 8 种基金。其中的 5 种为状态变量对冲投资组合，其被假设为货币收益量，被其他投资组合分离的其他基金为市场资产组合、无风险资产和负债对冲投资组合。8 种互助基金的构成见表 7-2。

6 种基金持有情况如表 7-3 所示，其仅依赖于融资率和特定地区的货币 β 值。如果融资率为 1，那么将没有市场资产组合类型的投资，仅减少货币对冲资产组合的投资。对于所有的融资率，5 种货币的资产组合 β 值接近于零。融资率越高，市场资产组合中的投资量越高，负债和状态变量对冲资产组合的投资量越低，无风险基金投资量也越低。消极货币对冲资产组合意味着货币风险增加而不是通过对冲基金减少风险。市场资产组合持有量增加、对冲基金组合和无风险基金持有量减少表明，融资率与承担风险的能力直接相关。融资率而不是风险规避系数提供了量化风险态度的客观方法。

表 7-2 　　　　　　　　最优资产组合权重比例，假设无风险利率为 2%

	市场资产组合	对冲资产组合					
		负债	英镑	日元	欧元	加拿大元	瑞士法郎
股票							
美国	83.9	−30.4	3.9	−4.5	−7.5	60.9	−5.1
英国	−14.8	60.6	−31.0	−1.1	−8.6	−85.3	1.9
日本	−6.7	2.7	6.1	8.9	−2.4	−4.0	−0.7
欧盟	−19.2	−68.3	35.3	12.8	23.5	138.3	−3.8
加拿大	−39.2	5.1	14.6	13.6	5.5	−2.6	−0.9
瑞士	21.6	1.5	−24.8	−14.6	−14.7	−100.7	1.0
债券							
美国	14.8	126.0	−126.4	−28.6	−41.2	−627.3	−35.9
英国	−9.7	−56.8	189.7	7.9	−3.4	97.5	−8.5
日本	0.6	39.1	−31.2	133.9	−3.6	−30.1	6.4
欧盟	138.5	9.6	−16.4	−38.0	97.3	−170.1	34.0
加拿大	7.9	5.0	−11.8	−32.6	−7.9	679.6	0.9
瑞士	77.7	5.9	91.9	42.4	62.9	143.8	110.7

资料来源：Rodolf and Ziemba（2004）。

表 7-3 　　　　　　对数效用和不同融资率下的最优资产组合权重

融资率	0.9	1	1.1	1.2	1.3	1.5
市场资产组合	−11.5%	0.0%	6.3%	12.3%	18.2%	24.6%
负债对冲资产组合	14.8%	13.3%	12.1%	11.1%	10.2%	8.9%
对冲资产组合英镑	−0.6%	−0.5%	−0.5%	−0.5%	−0.4%	−0.4%
对冲资产组合日元	1.2%	1.1%	1.0%	0.9%	0.9%	0.8%
对冲资产组合欧元	0.3%	0.2%	0.1%	0.0%	0.0%	−0.1%
对冲资产组合加拿大元	−0.1%	−0.1%	−0.1%	−0.1%	−0.1%	−0.1%
对冲资产组合瑞士法郎	1.1%	1.0%	0.9%	0.8%	0.8%	0.7%
无风险资产	94.9%	85.1%	80.2%	75.3%	70.4%	65.6%
资产投资组合 β 与英镑	−0.01	−0.01	−0.01	−0.01	−0.01	−0.01
资产投资组合 β 与日元	0.02	0.02	0.02	0.02	0.02	0.02
资产投资组合 β 与欧元	0.01	0.00	0.00	0.00	0.00	0.00
资产投资组合 β 与加拿大元	−0.02	−0.02	−0.01	−0.01	−0.01	−0.01
资产投资组合 β 与瑞士法郎	0.02	0.01	0.01	0.01	0.01	0.01

资料来源：Rodolf and Ziemba（2004）。

　　这种研究方法的优点在于资产组合能够对冲所有 5 个国家的货币风险。采用保守的策略，即投资于高比例的无风险资产。当资产与负债相当时，融资率为 1 的无风险资产占 85.1%。当融资率为 1.5，该比率随着 F 单调递减到 65.6%。融资率的较小变动使得资产比重以合理的方式显著变化。市场权重从 F = 1 时的 0%，转到 F = 1.2 时的 12.3%，再到 F = 1.5 时的 24.6%。由于市场资产组合由股票和债券构成，与特有的保险和养老基金权重相比，其股本构成比例仍然较低。将表 14-4 和表 14-5 中的 InnoALM 模型计算结果进行比较得出结果，此处的连续时间模型与其他许多应用相比敏感性不强。市场和对冲资产组合的权重对比明显，见表 7-2 和表7-3。

　　股票投资组合加拿大空头占 39.2%，英国股票为 14.8%，美国股票多头为 83.9%，瑞士为 21.6%，欧元债券多头为 138.5%，瑞士债券空头为 77.7%。然而在最优模型中，这些权重更像是对冲基金而非养老金或保险投资组合。对冲资产组合类似于大额的空头和多头，即加拿大的多头为 679.6%，英国债券为 97.5%，美国空头为 627.3%，欧盟债券为 170.1%。

　　因此在实际操作中，我们必须谨慎地对待这些结果。另外在连续时间模型中，证券投资组合会不断地进行重组，并且这个模型和大多数的连续时间模型都忽视了交易成本。笔者建议应理解这样的模型含义和用途，并且观察按年度或季度计算的结果，但是考虑到投资决定具有交易成本和许多其他问题，因而我们认为，基于有约束的 SP 模型的离散时间场景通常更实用。

▌参考文献▐

Merton, R. C. 1969. Lifetime portfolio selection under uncertainty: the continuous time case. *Review of Economics and Statistics* 51: 247-59.

——. 1973. An intertemporal capital asset pricing model. *Econometrica* 41: 867-887.

——. 1990. *Continuous-Time Finance*. Cambridge, MA: Blackwell Publishers.

Rudolf, M., and W. T. Ziemba. 2003. Intertemporal surplus management. *Journal of Economic Dynamics and Control* 28: 975-990.

Samuelson, P. A. 1969. Lifetime portfolio selection by dynamic stochastic programming. *Review of Economics and Statistics* 51: 239-246.

第 8 章

养老金固定收益计划应该是职业平均工资制还是最终工资制?

Charles Sutcliffe

英国雷丁大学 ICMA 中心

由于雇主们普遍对养老金固定收益制存在不满,其中许多公司的养老金制度正转为养老金缴费确定制。职业平均工资制是养老金固定收益计划的一种形式,相对于最终薪金制有一些重要的优点。职业平均工资制和最终薪金制的比较研究还是一个被忽视的领域,本章将对其进行深度分析。故以英国的实践为例,考虑从一个成本中性计划转向职业平均再评估收入(CARE)计划的优点和缺点。

8.1 引言

在英国和许多其他地方,养老金固定收益制计划在雇主当中普遍不受欢迎,其中许多已经转变为缴费确定制计划。1997 年,34% 的英国劳动者采用养老金固定收益计划,但到了 2005 年该比例降到仅有 19% (PPF 和 TPR 2006)。但是,养老金固定收益计划的形式相比最终薪金制具有一些重要的优点。这为向待遇确定制转变提供了一个具有吸引力的选择。近年来,向养老金职业平均计划转变的趋势增加,因为其为最终工资计划提供了一个切实可行的选择,同时维持了固定收益计划的结构。在英国的背景下,本章列举了从最终薪金制到职业平均工资制中再评估收益计划(CARE)成本中性的优点和不足。

如果是完全竞争市场,养老金计划机制无相关性(McCarthy 2005)。而在这样的现实世界中,无论养老金计划是何种类型,雇主和养老金主体成员总是能够重组他们的资产负债投资组合,并且在工资和养老金补偿之间进行分配而获取同样期待的结果。因此,市场能够被用于任何初始配置的重构直到实现期待的配置,并且养老金计划的设计是无相关性的。但在现实中,由于交易成本、约束限制、市场缺失、道德风险等,完全市场并不存在,所以,比如说在制订养老金计划时,在职业平均工资制和最终薪金制之间的选择是非常重要的。养老金计划设计的一个重要方面是使雇主和养老金主体成员能够共同分担各种内在风险。职业平均工资制承担的工资风险不同于最终工资制,其成员间养老金收益的配置也不同于最终工资制。

8.2 节总结了养老金职业平均工资制的设计，同时 8.3 节探讨了转向一种职业平均工资制情境下"成本中性"概念的一些可能含义，8.4 节列出了当选取再评估率时可用的备选项，8.5 节提供了最近采纳职业平均工资制的证据。8.6 节和 8.7 节对于职业平均工资制相对于最终工资制的包括雇主和养老金主体的优点和不足。8.8 节分析了转向职业平均工资制的成本中性的再分配效应，并举例为证。8.9 节为结论。

8.2　职业平均工资制待遇确定制计划

职业平均工资制仍然是固定收益制，其一个重要的不同点是养老金计算方式。在最终薪金制中，从 80 岁开始，每一年累计获得一个除以 80 的最终薪水的额外养老金，也即使用个人实际工资增长率（包括提升率）提高的退休等级工资除以 80。对于养老金职业平均工资再评估计划，从 80 岁开始，每一年累计获得一笔额外的养老金，即使用一个设定的再评估率提高退休等级工资，然后除以 80。

英国职业平均工资计划通常使用的再评估率是零售价格指数（RPI），尽管可以考虑选择其他一些指标，见 8.4 节。相同的比例也经常应用于包括积极成员和延迟成员的累积收益。精算师声称，工资增长一般快于 RPI，所以在其他条件相同的情况下，使用 RPI 再评估的职业平均工资计划的养老金要低于最终薪金计划。职业平均工资计划较低的成本能够被增加的收益弥补。例如，将一个 80 年的计划转变为 60 年的计划，总的预期成本不发生改变，即该转变是成本中性的。Blome、Fachinger、Franzen、Scheuenstuhl 和 Yeemo（2007）发现，使用 FRS17（或 IAS19），从最终薪金到职业平均工资的转变（均用价格指数化），伴随着累计率的静止变化，导致养老金负债减少超过 40%。① 因此，无论是否转变为职业平均工资制，其对于成本中性的收益而言具有重要的意义。

8.3　成本中性

最近的一系列从最终薪金计划到职业平均工资计划转变的建议是"成本中性"。但是，成本中性具有模糊性，由于其可以意味着：（1）计划，（2）雇主，或（3）计划成员。每一种情况下，涵盖计算成本变化的时间跨度通常是长期并假设计划的其他方面不发生变化。

为了使转变为职业平均工资计划的建议可以被正确地评估，清晰界定成本中性的定义显得尤为重要。正如 8.6 节所讨论的，转向职业平均工资计划能减少缴费率

---

① 他们假设了五类在职成员：1% 收入 200 000 欧元、4% 收入 100 000 欧元、15% 收入 80 000 欧元、20% 收入 60 000 欧元、60% 收入 40 000 欧元，并且成员的薪水每年由于三个因素的变化而增长：工资率（1.7%）、提升率（2.5%）以及最后一年的通货膨胀率。

的波动。当定义成本中性时，来自转变的收益将会被忽视，其仅仅使用成本和收益的预期值。

（1）计划。对于计划的成本中性很可能是最明显的定义，并且覆盖该计划的收益支付。精算师很可能通过计算得到成本数值。

（2）雇主。对于雇主的成本中性涵盖雇主缴费率、为弥补养老金收益而改变的任何工资变化。它也包括来自这种转变的任何非金钱效应的值，如员工流失率的变化、提前和延迟退休模式、招募新员工和原有员工的劳动生产率以及计划融资的风险（见 8.7.1 节）。如果政府也是雇主，成本中性可以包括转变的额外税收效应以及国家养老金和收益的任何效应。例如，职业平均工资计划导致高收入者所获得的养老金收益减少，随之会带来的是低收入者的养老金收益匹配的增加（见 8.8节）。由于税收系统的累进特征，当支付养老金时，结果导致所获得的税收收益的减少。国家保险和收入税收效应将在 8.8.1 节进一步考虑。

（3）计划成员。成员的成本中性涵盖计划的缴费率、弥补由任何工资率的变动而引起的养老金的变动和非金钱价值项的变动，例如，关于成为（定期退休养老金者）延迟退休和领取养老金的成员而对资本损失的消除能力（见 8.6.1 节），以及积累养老金以应对薪酬波动的能力（见 8.6.2 节）。

一旦定义了成本中性这个概念，其计算结果的关键取决于一系列预测。这包括工资增长将超过所选择的再评估率的程度、去除养老金资本损失的效应、该转变对工资增长的影响，目前其成本是比较低的，以及变动的养老金对工资养老金权衡的影响（见 8.7.1 节）。因此，这种转变在多大程度上是成本中性总是一个需要进行合理探讨的问题。本章中的"成本中性"指的是计划。

8.4　选择再评估率

选择使用提高累计收益的再评估率对于任何职业平均工资计划而言都是一个关键性决策。将养老金视为延迟工资，[①] 再评估率（或动态的）可以为满足不同的定义而设置，以维持那些退休者延迟支付工资的价值。

■ RPI。最受欢迎的再评估率为 RPI，其维持了延迟工资的购买力。

■ LPI。在英国，有法律义务通过最低价格通胀（LPI）评估延迟收益，并且也可以应用于积极成员收益的再评估。

■ NAE。对于工作而言，维持比例的另外一个可能是，如果工作到今天为止，

---

① 待遇确定养老金计划的大约 2/3 的缴费通常由雇主支付，目前分析的延迟工资与雇主缴费直接相关。占总缴费 1/3 的成员缴费来自成员工资的支付，并且意味着养老金计划的投资。在职业平均养老金计划中，成员一年投资的货币价值已经被 Hári、Koijen 和 Nijman（2006）研究。货币价值是每镑购买年金或养老金的年金支付的预期现值。Hári、Koijen 和 Nijman（2006）指出年轻的未受教育的男性有动机不参加职业平均养老金计划。最终工资计划的货币价值分析将很可能产生更明显的不参与的情况。成员缴费的货币价值本章不讨论。

工资率将会是多少（Cooper 1998）。国民平均收入的增长率（NAE）经常代表延迟工资的再评估率。或者，工资可以使用雇主所关注的工资的平均增长率进行评估。假如成员工资没有提高，此类的再评估工资可能接近于成员的最终工资。

■ 最终工资。工资可以用成员的实际工资率进行评估，即最终工资（FS）计划。在一些最终薪金计划中，用于计算收益的工资不是最终年份工资，而是（再评估）最后五年或十年的平均工资。这种改变使得最终薪金计划倾向于职业平均工资计划。

■ 无风险利率。第五个可能性是视延迟工资为成员对公司的无风险贷款，所以工资使用无风险利率（r）进行再评估。

■ 投资回报。由于延迟工资已经被用于养老金计划投资，工资可以通过基金资产（R）所实现的回报率进行再评估。在这种情况下，该计划事实上成了一个缴费确定制计划，并将投资风险转移给成员（Disney 1995；Thornton 1986）。

■ 零。最后，再评估率可能为零，即没有再评估，并且仅有延迟工资的名义价值被保留。

从长期看，这些可供选择的再评估率的可能排序是 R>FS>r>NAE>RPI>LPI>0。Farr（2007）建议了一种新型的职业平均工资计划，其中再评估率依赖于计划的融资现状，从而将使员工分担再评估风险。一个类似的方法已经被荷兰的养老金计划采纳。

再评估率的选择依赖于一系列因素，这些因素包括：

■ 每年再评估率的波动
■ 得到准确的再评估率的长期预测性结果的便利性
■ 利用金融工具对冲再评估率风险的有效性
■ 雇主控制再评估率的程度

这些因素将会在接下来的 8.6 节和 8.7 节中讨论。

8.5 职业平均工资制的养老金计划的采纳

1963 年，在英国，有 29% 的公司员工的职业年金计划是职业平均工资制（Wesbroom 和 Reay 2005）。然而，随着通货膨胀的加剧，再评估工作的遗漏导致收益不足，也使得职业平均工资计划的受欢迎程度下降（Thornton 1986）。截止到 1987 年，在英国，享受职业年金计划的公司员工中，履行职业平均工资制的成员少于 1%，这种情况一直持续到 2000 年。职业平均再评估收益（CARE）计划的引入克服了职业平均工资计划不受欢迎的弱点。近年来各国对职业平均工资计划也越来越感兴趣。在 2007 年，积极参与待遇确定制的英国员工中大约有 8% 的成员参加了 CARE 计划（Levy2008）。[①]

此外，英国政府已经对职业平均工资计划产生了较为浓厚的兴趣。国家第二养老金（S2P）就是一个职业平均工资计划，正如它的前身，国家相关养老金收益计划（1975—2002）以及有担保的退休收益计划（1961—1975）。[②]此外，地方议员、全科医生和牙科医生都履行职业平均工资制。2005—2006 年之间，英国政府曾经建议国民健康服务（NHS）机构、公务员和地方政府的工作人员，享受的养老金政策应该从最终薪金制转变为职业平均工资制。

公务员。在 2004 年 12 月，英国政府对最终薪金制进行了改革，建议将其转变为成本中性的职业平均工资计划制（Cabinet Office 2004）。公务员工会对该建议的评价褒贬不一。包含 330 000 名较低工资水平的公务员机构（公共和商业服务部门（PCS）的工会）秘书长 Mark Serwotka 认为，养老金计划向职业平均工资制的转变将会给员工们带来"极大的不安全感、疑惑和焦虑的情绪"（*The Financial Times* December 9，2004）。但是，15 个月后，他的观点更加成熟，他说：

PCS 没有相应的政策支持职业平均工资计划的展开和执行。当决策者们正在分析此类计划的效果时，工会早已确定将养老金计划转向职业平均计划是必要的。工会和政府之间关于处理制度细节方面的对话仍在继续，只有这样才能找出职业平均工资计划比过去的制度进步的方面。（*Socialist Worker*，March 11，2006）

工会代表了 60 000 名科学家、工程师和其他公务员，它期望职业平均工资制对于退休者们将是一个机会而不是威胁，并且将会比目前的制度更好（*Financial Times* December 10，2004）。代表了高层公务员利益的甲级协会（FDA），反对职业平均工资制度的出台，并且支持采取激烈的反对行为，建议延长退休年龄（*Financial Times* March 15，2005）。在调查中，94% 的 FDA 成员反对将养老金计划转变为职业平均工资制（FDA 2005）。

公务员工会（CCSU 2005）的成员们并不是拒绝接受职业平均工资制这个概念，而是批判它在试用过程中展开方式的不足。职业平均工资计划的内容没有被员工们充分的理解，也没有提供充足的证据证明该计划的待遇对灵活就业者或失业者来说是公平的。由于其他雇主们已经通过引入职业平均工资计划达到了削减雇用员工成本的目的，这也使正在转变为职业平均工资养老金计划的雇主们的动机遭到怀疑。2007 年 8 月 1 日公务员的养老金计划最终尘埃落定，一个新的职业平均工资计划取代了现存的最终薪金制。

① 从最终工资计划转变为职业平均工资制或伴随着其他类型计划却提供一个职业平均工资计划的英国公司有：汽车协会、英格兰银行、英国广播公司、英国电信、克莱德兹代尔银行、消费合作社、迪斯捷国际、E. ON、第一组、摩根坩埚集团、莫里森连锁超市、好妈妈公司、国家建筑协会、铁路公司、皇家太阳联合保险、皇家邮政、塞恩斯伯里超市、纽卡斯尔啤酒公司、社会住房养老金计划、标准人寿、学生会的退休金计划、乐购、瑞士联合银行、联合利华、联合饼干公司、美商惠悦、约克郡银行。
② 使用职业平均工资计划是许多发达国家所提供的国家相关养老金收益计划实践中比较常见的，如澳大利亚、塞浦路斯、捷克、芬兰、德国、匈牙利、意大利、拉脱维亚、立陶宛、卢森堡、挪威、波兰、斯洛伐克、斯洛维尼亚、瑞典、瑞士、英国和美国。

　　国民健康服务制度。2005 年 1 月，政府出台了英格兰和威尔士的国民健康服务（NHS）制度，将养老金计划转向职业平均工资制以削减成本，该计划关乎 1 260 000 名员工的利益（NHS 雇主 2005）。履行职业平均工资制的举动遭到英国皇家护理学院（RCN 2005）的强烈反对，部分原因是新的 NHS 支付系统随日常的工作事项的变化而改变支付方式，对护士行业的发展有很大推动作用，使得最终工资计划相比职业平均工资计划更具吸引力（见 8.8 节）。英国医疗合作组织（BMA）认为，对于所有医生而言，转变到职业平均工资制存在极大的挑战。BMA 主席 James Johnson 说："在 BMA 的调查中，超过 95% 的被调查者和 93% 的高级医生都希望坚持履行他们目前的最终薪金制。"（BMA 2006）由 BMA 构建的模型显示，一名全职的 NHS 被调查者从毕业参加工作到退休的时间，他们将会减少 25% 的养老金。包含 100 000 名 NHS 成员的法院临时法律顾问反对职业平均工资制的主要原因是，他们预计，在他们的成员中败诉者要多于胜诉者（Amicus 2005）。法院临时法律顾问也认为，职业平均工资制只能获得最终工资制中部分收益。

　　NHS 的全科医生和牙医一般享受职业平均工资制。这是因为他们是个体经营的，他们控制着自身的最终工资，而且他们的收入水平会在职业中期到达顶峰（NHS 雇主 2005）。在 BMA 的调查中，75% 的全科医生和牙医希望继续履行他们的职业平均工资计划（BMA 2006）。对全科医生和牙医继续坚持职业平均工资制的调查结果总结在表 8-1 和表 8-2 中（NHS 雇主 2006a）。表格中的内容显示出这两种职业保持履行职业平均工资计划的清晰偏好。对两种职业者（也包括雇主）的意见调查结果显示，NHS 决定坚持对全科医生和牙医实行职业平均工资计划，而对其他员工实行最终工资计划。

表 8-1　　　　全科医生和牙医对选择最终薪金制和职业平均工资制的结果

	个人	NHS 组织（Trusts，PCT）	地方员工组织	其他
支持职业平均工资制	6.0%	10.5%	5.0%	8.5%
支持最终薪金制	63.5%	46.5%	76.0%	50.0%
不了解	30.5%	43.0%	19.0%	41.5%
被调查者总数	5 433	172	115	24

资料来源：NHS Employers（2006a）。

表 8-2　　　　全科医生和牙医同意保留职业平均工资计划的结果

	个人	NHS 组织（Trusts，PCT）	地方员工组织	其他
同意	84%	98%	89%	100%
不同意	16%	2%	11%	0%
被调查者总数	678	47	18	4

资料来源：NHS Employers（2006a）。

地方政府。2006 年 6 月，英国政府针对英格兰和威尔士的地方政府养老金计划提出了四种方案，其中两种方案是最终薪金制，一种是转向职业平均工资制，第四个方案是职业平均工资制和最终工资制的整合（DCLG 2006）。Unison 的成员强烈支持最终工资计划。Unison（2006a）认为，为了抵消员工的退休风险，再评估率可能小于实际工资的增长率，因此当再评估率从 RPI 转变为 NAE 时，需要一个更高的累计变化率。Unison（2006b）指出，84% 的雇主也更倾向于履行最终工资计划。所以，地方政府最终决定支持履行最终工资计划的一种，并在 2008 年 4 月开始实施。

在这三个政府议案中，员工们给出的反对转向职业平均工资计划的几个常见的原因如下：

■ 职业平均是一个不常见的概念，相对于最终工资来说，它更不好理解和解释。

■ 不愿意改变最终工资计划，因为它被认为是受到员工们普遍信任的最佳养老金计发标准。

■ 对养老金管理者处理新的职业平均工资计划的相关问题的能力表示怀疑。

■ 职业平均工资计划会引起公共部门转变成俱乐部等相关问题。

■ 尽管建议的是成本中性，但事实上却怀疑是为减少成本而采取的措施。

■ 女人，年轻的时候为了家庭而减少对工作的要求，所以她们非常期待自己的最终工资（养老金）不因此受影响。然而向职业平均工资制转变后将会打破她们的希望。

■ 工作经验高于平均工资增长率的员工将会由于改革的职业平均工资计划而遭到损失。

在荷兰，职业平均工资计划近年来正越来越受欢迎。荷兰两个最大的养老金计划最近已经转变为职业平均工资计划：ABP 项目的成员包括 2 400 000 名公务员和教师；PGGM，包括 1 900 000 名卫生保健员和社会工作者。在 1998 年，参与荷兰养老金计划的成员中有 25% 是履行职业平均工资计划的。截止到 2005 年，该比率已上升到 74.3%。在荷兰，向职业平均工资计划的转变在全行业中尤为明显。在 1998 年，参与职业平均工资计划的成员占比为 27.9%，而 2005 年上升到 84.6%（Ponds and Van Riel 2007）。Swinkels（2006）报道荷兰提供职业平均工资计划的公司有：ABN Amro，Aegon，Ahold，AKZO Nobel，Hagemeyer，Heineken，KPN，Phillips，Reed Elsevier，TNT，以及 Wolters Kluwer（AVH 也已经转变到职业平均工资制）。在 2003 年，美国的大公司中大约 7% 实行职业平均工资计划（Waston Wyatt 2005）。

8.6 转向职业平均工资计划的优点

本节在英国的背景下阐述了改革为职业平均工资制的好处。相对于最终薪金制而言，职业平均工资计划的优点产生于雇主和接受计划的员工身上。这种划分在某种程度上是武断的，因为可能完全对雇主有利，但不一定对员工有利。为了进行比较研究，最终工资计划假设是建立在退休前 12 个月的基础上，并且对所有员工使用同一个单一的缴费率，正如职业平均工资计划一样。

8.6.1　雇主

职业平均工资计划减少了雇主为所有成员进行大额支付而增加的风险和成本。对采用最终工资计划的雇主而言，大额支付增加意味着双重冲击，因为它造成了过去的服务负债的一次性剧增，以及目前工资的低水平增长（与养老金义务相关）。在职业平均工资制下，一个较大的支付增加不会导致过去服务负债的增长，除非雇主的工资率被用于再评估。

例如，假设对于积极员工过去的服务，雇主拥有 1 000 万英镑的养老金负债（使用投影单元法计算），每年的工资为 100 万英镑。目前雇主允许预期外工资增长率为 10%，高于 7% 的通货膨胀率。在最终工资计划下，雇主的第一年的成本为过去服务的再评估（1 000 万英镑×0.10），加上每年工资成本的增加值（100 万英镑 0.10），或者 110 万英镑，不考虑目前较高工资的额外养老金成本。① 在带有 RPI 再评估率的职业平均工资计划下，雇主的多余成本是当前增长的工资成本，100 000 英镑（与养老金负债相关），加上使用 RPI 的过去服务负债的再评估，300 000 英镑，预计总的额外成本仅为 400 000 英镑。一般情况下，额外工资每增长 1%，最终工资计划的额外成本（0.01×负债）高于职业平均工资计划。在这个例子中，最终工资计划额外增加 1% 收入的边际成本是 110 000 英镑，而不是职业平均工资计划的 100 000 英镑。即使再评估率的变动像公司的平均工资那样不稳定，工资增长对最终工资计划的过去服务负债的影响意味着剩余或赤字，账户中显示的职业平均工资计划与相应的最终工资计划相比，还是有较强的稳定性，这也使得职业平均工资计划的缴费率更稳定。

由于工资增长并不会引起过去服务负债的增加，履行职业平均工资计划的员工很少为了更高的工资选择罢工，并且更少再有动力去追求临近退休时的工资增长。职业平均计划也能减少在临近退休时雇主奖励员工而增加的大额支付成本。

如果 RPI 被用于再评估率，职业平均工资计划的 RPI 风险取代了最终工资制的风险。这也使雇主在必要时更容易对冲风险，例如通过持有与指数挂钩的债券。对于最终工资风险而言，没有合适的工具进行对冲（Sutcliffe 2005）。如果无风险利率被用于再评估，固定利息债券可以对冲风险。如果投资收益被用于提高过去的服务，养老基金投资组合将会完全对冲该风险。

在职业平均工资计划中，如果相同的再评估率被用于评估延迟或正常退休的员

---

① 当用其评估过去的资产负债时，假设大额的工资增长没有引起精算师修正他的或她的工资增长的未来预期。

工的退休年龄, 当评估负债时, 员工离职率 (例如, 劳动者未知比例的风险将会阻碍计划中的积极成员) 将会消除。这是因为, 无论是留岗还是离职, 计划成本相同。风险的转移要求对当前的赤字或盈余有更加准确的测度, 并且当预测未来的负债时, 其中一个误差的来源就会消失。

使用投影单元法的最终工资计划评估负债需要预测未来工资增长, 但是用投影单元法的平均工资计划需要预测再评估率。预测所选择的再评估率可能更简单, 使得负债的评估更可靠。例如, 精算师已经使用长期通货膨胀率的市场预测, 暗含指数相关债券的价格, 并且这可以预测 RPI 再评估率, 同时无风险利率可以使用政府债券收益曲线进行预测。

职业平均计划改变了在执行最终工资计划中, 员工们继续工作以提高他们养老金的激励办法 (Cabinet Office 2004)。在最终工资计划中, 这种激励由潜在的实际支付增长所提供, 然后再评估所有先前的累积收益。

当设计一个养老金计划时, 雇主必须确保它符合目前立法所关注的歧视条件, 主要体现在年龄、种族、性别、残疾、性取向和信仰方面。他们也可能预测未来反歧视需求的变化。DCLG (2006) 希望新的地方政府计划能够平等对待退休员工, 并进一步指出职业平均工资计划在这些方面比较优越。它在长期服务和短期服务劳动者间以及高收入者和低收入者间更加公平 (见 8.8 节)。为了提供公平的制度, Cabinet Office (2004) 也想为公务员建立职业平均工资计划。

尽管这些政府担心养老金计发的公平性, NHS 和地方政府仍然计划继续履行最终工资制, 然而公务员没有继续坚持下去。这意味着政府认为这两种最终工资计划中的任何内在差异仍然是客观的、公正的。8.7.1 节所讨论的最终工资计划的优点可以用于类似的判断。但是, 总是存在环境改变的风险, 并且预防措施是不成功的。

为取得税收优待的资格, 美国的养老金计划必须遵守高度复杂的非差异规则。这些规则要求养老金方案的收益和缴费无法支持当前和先前员工的较高补偿, 一般要求所有当前和先前员工得到同等的对待 (McGill, Brown, Haley, Schieber 1996)。然而, 最终工资计划可以满足这些非差异化的要求。

职业平均工资计划对员工更加公平, 所以在多个雇主养老基金计划中, 职业平均工资计划更受人们的欢迎 (Thornton 1986, Cooper 2003)。在最终薪金计划的综合雇主养老基金计划中不同的雇主行为之间适用同等的缴费率会产生交叉补贴。例如, 一个雇主的大额工资的养老金成本增加能够引起其他所有雇主的养老金成本增加。但对于职业平均工资计划的综合雇主养老基金计划, 大额工资的增长不会再评估过去的服务, 因此也不会产生交叉补贴。

当加入计划是自愿的时, 最终工资计划容易引起逆向选择: 潜在的高收入年轻人愿意加入, 而那些期待稳定收入的人群将不会参与。由于职业平均工资计划不适用于高收入人群, 类似的逆向选择将会消除。Cocco 和 Lopes (2004) 对类似逆向选择的存在进行了实证研究。英国劳动者可以在三种养老金计划中做出选择:

（1）职业平均工资计划的 SERPS/S2P；（2）缴费确定型的个人养老金计划；（3）最终工资职业计划。在控制了职业计划的较低转移价值和缺少 SERPS 缴费税收减免之后，他们研究了自 1999 年到 2001 年期间，46 000 个工人所作出的养老金计划选择。他们发现，提供较高收入增长工作的劳动者倾向于选择最终工资计划，但面临较低收入增长工作的劳动者倾向于选择职业平均工资计划。这个证据表明，最终工资养老金计划容易引起逆向选择，但可以通过将其转向职业平均工资计划避免。

职业平均工资计划的运用增加了再评估率改变的灵活性并且丰富了养老金现收现付的定义，同时不会在最终工资计划过去的部分服务中产生差别对待问题（Thornton 1986；Wesbroom 和 Reay 2005）。这种再评估率的灵活性为职业平均工资计划转变为最终工资计划或者变为与缴费确定制相类似的计划提供了可能性。

随着对过去服务的再评估率由员工实际支付增长下降到 RPI（或 LPI），当员工延迟退休时，最终工资计划就会产生养老金资本的损失。出现养老金的资本损失是由于养老金"隐形合同"的观点，而不是以法律视角解释的（Ippolito 1985）。在"隐形合同"的观点中，在正常的退休年龄时（NRA），养老金的计发使用预期工资水平来确定，但按照法律的原则应依据当前的工资水平确定。常见的现象明显支持隐形合同的观点，如 Ippolito（1985）。一些履行最终工资计划的员工在接受提前退休的惩罚时要求得到补偿。自正常退休和延迟退休的员工转变为再评估率相同的职业平均工资计划之后，既减免了应有的惩罚，也导致相应工资的减少（Ippolito 1997）。

最终工资计划和职业平均工资计划在管理成本上的差异较少（Ippolito 1997）。到目前为止，只有总的再评估工资合理的收益率经过加权后，才能记录在职业平均工资计划中。

8.6.2　雇员

为了减轻养老金成本增加所带来的影响，职业平均工资计划更容易使工会与雇主谈判以提高工资，尽管劳动者们不太热衷于追求此类收入。

职业平均工资计划让员工更容易预测到养老金的多少。这主要是因为他们预测的养老金由其剩余工作年份的加权平均工资再评估率决定的，这比根据最终工资预测要容易，因为最终工资是根据一直到退休时所增长的总工资确定的。[①] 根据劳动力市场调查数据的蒙特卡洛模拟实验，McCarthy（2005）推断职业平均工资计划比最终工资计划更受欢迎，主要原因是职业平均工资计划的规模风险更小。

对于风险厌恶的劳动者而言，职业平均计划比最终工资计划更具吸引力，主要原因是再评估率风险通常小于评估最终工资的风险。

职业平均工资计划使用 RPI 作为再评估率给养老金提供了实际的保障，而不是

[①] 假设再评估率的变动与工资增长是相同的，并且再评估率变动和工资增长在时间上是相互独立的。那么依赖职业平均计划的养老金相对于最终工资而言风险较小。

使最终工资不断增加（并令最终工资遭受风险）。

对于低收入员工而言，职业平均工资计划能节约成本，使养老金计划更具吸引力，该计划尤其针对没有发展前景的员工和从事短期不稳定工作的劳动者（见 8.8 节）。这会加强低收入群体对养老金计划的接受程度。

最终工资计划避免了领取养老金收益时的各种波动性，如超期、特殊支付、灵活就业等等，因为该计划很难计算收益方面的问题。此外，对待超期等问题，正如最终工资计划可以通过增加最终工资年份的缴费为员工领取养老金收益提供可能性，职业平均工资计划很容易受到领取养老金收益时各种支付波动的影响（Cabinet Office 2004；Copper 1997；Thornton 1986），同时员工故意增加最终工资年份的缴费在职业平均工资计划中的影响不大。因此，职业平均工资计划包括所有收入。Copper（2003）指出，职业平均工资计划在零售业受到欢迎，因为那里包含很多灵活就业人员。

应对超期以及职业平均工资计划的养老金收益等问题的方案，除了有一些补偿的变动之外，还吸引了更多劳动者接受类似养老金的收益。

职业平均计划对于那些在职业中期达到收入顶峰的员工是有利的，例如手工劳动者（Thornton 1986）。职业平均工资计划也允许对养老金要求不高的员工辞职以减少缴费，当他们临近退休时（Cabinet Office 2004），兼职工作很可能不会使养老金有实质上的减少。

由于再评估率不依赖于员工工作的剩余时长，相同的再评估率被用于延迟退休的收益，所以保证了正常退休和延迟退休员工的待遇公平。当他们成为延迟退休人员时（Ippolito 1991），类似的公平待遇抵消了员工遭到的养老金资本损失。

由于在最终工资计划中，所有过去的养老金评估都依据工作后期工资的增长，在工资大幅增长之前，雇主会大量辞退员工，尤其是长期表现优秀的员工。根据美国 1966—1981 年的劳动者数据，Cornwell、Dorsey 和 Mehrzad（1991）发现了支持雇主类似机会主义行为的证据。而职业平均工资计划，由于使用相同比例再评估延迟退休和正常退休员工的养老金收益，因而没有令雇主产生类似动机。

8.7 转向职业平均工资计划的缺点

下面将分别阐述英国的职业平均工资计划对雇主和员工的不利条件。在接下来的第三点和第六点，如果成本中性依据雇主和员工定义，生产率的变动、员工流失率、培训和工资仅仅与成本中性的度量有关。在本章，成本中性仅与计划相关，使得类似的成本和收益与确定成本中性无关。然而，这些影响仍然需要在评估转向职业平均工资计划的成本和收益时考虑。

8.7.1 雇主

雇主掌握着每个成员的最终工资以及他们劳动力市场的平均工资增长率。但是，雇主不能控制 RPI、无风险利率、NAE 或基金资产回报率。因此，如果这些变量被选择作为职业平均计划的再评估率，雇主将会失去对养老金成本方面的控制。但是，由于工资通常在竞争性的劳动力市场背景下确定，雇主不能对最终工资和平均工资率进行长期有效的控制。

在实际中，对于履行职业平均工资计划的正常退休和延迟退休员工通常使用相同的再评估率。如果 RPI 被用于相同的再评估率，延迟退休员工的养老金成本没有改变。在收益累计率没有任何改变的情况下，选择其他再评估率就会增加或减少养老金的成本。例如，选择 NAE 就增加了延迟退休员工养老金的成本。如果职业平均工资计划是成本中性的（不考虑相同再评估率的选择），由于 FS>RPI，这意味着从正常退休到延迟退休的员工的养老金会进行再分配。

Lazear（1979，1981）认为，为了雇主和劳动者的利益，对于逃避工作或提前退休的劳动者进行惩罚，激励劳动者留下并努力工作。这样的结果提高了员工的生产率，这样的效果对劳动者和公司都有利，以获得较高的工资和利润。Dorsey、Cornwell 和 MacPherson（1998）认为提供待遇确定制，能够带来较高的劳动生产率。Ippolito（1991）建议，通过引入最终工资计划，可以激励劳动者主动工作而不是退休，并且避免雇主裁员，这是因为最终工资计划会对提早辞职的劳动者和裁员的雇主带来养老金资本的损失。所以，引入职业平均工资计划可能导致生产率的下降，因为被辞退的员工不会造成养老金资本的损失，从而导致工资的减少。为避免这类情况导致的生产率的下降，雇主可以引入工资倾斜度，即起初的低工资和较高的最终工资（Lazear 1978，1981），尽管这可能导致额外支付一些税收。

如果相同的比率用于再评估正常退休和延迟退休员工的收益，那些离职的人将不会受到养老金资本损失（也就是说，辞职者的再评估率没有降低）。这可能会增加劳动力的流动性以及招募和培训替补员工的成本。使用美国数据，Allen、Clark 和 McDermed（1993）发现，履行最终工资计划的员工明显减少了员工流失率。它既激励员工继续工作，又让员工知道离职使他们的养老金资本受损，在一定程度上阻止了其辞职。员工流失率的上升降低了雇主培训员工的意愿，因为公司将会从培训中获得越来越少的收益，并且培训越少的员工，生产率也越低。Dorsey、Cornwell 和 MacPherson（1998）发现，提供待遇确定制与更多的员工培训计划有关。

由最终工资计划转变为职业平均工资计划可能会改变那些想为公司工作的员工类型：即存在一个分类效应（Ippolito 1997）。养老金吸引有个性特长的员工选择一个更高价值的养老金计划，而员工的这些特长正好也是雇主为达到更高生产率所需要的。最终工资计划更适合那些愿意承担养老金规模风险的高收入者和长期工作的员工。长期稳定工作的员工价值与其工作时长相关，他们很少逃避工作，有强烈的晋升意愿，并且珍惜他们长期劳动的结果（Ippolito 1997）。这样的员工不愿意为实施职业平均工资计划的公司工作。因为实施职业平均工资计划的公司更吸引那些打算提前辞职的，个人折旧率高，风险规避性强，收入偏低的劳动者。这样，公司员工的生产率和工资都很低。

转向职业平均工资计划的成本中性增加了低收入者的总补偿（养老金加工资、任一成员的净养老金缴费），并低于高收入者的总补偿（见 8.8 节）。这便产生了一个问题，当协商就业合同时，员工（雇主）在何种程度上考虑由养老金计划提供的延迟工资。

如果市场是完全的，参与者是完全理性的，工资养老金的权衡将会是一对一的负相关。[1] 工资将会变动以弥补养老金变化，并且转向职业平均计划，将不会产生任何的收入再分配。但是在不完全的现实世界，这种权衡的规模是一个实证问题。

劳动经济学家已经研究了不同的补偿工资，即工资能够在多大程度上调整因雇用员工所带来的其他成本和收益，比如工作危险、不良情绪、休假、公共物品、安全保障、额外福利等。当员工的养老金缴费被忽略时，专家们已经努力确保工资和养老金之间的权衡，[2] 但仍然不得不面临极难处理的数据和计量经济学问题（Allen 和 Clark 1987）。现有的证据是复杂的，但工资和养老金之间的关系通常是负相关的，没有有力的证据证明二者的分量相同。其中的原因可能是给员工加发养老金会使员工流失率减少，并极大地提高了员工生产效率。这也可能使员工和雇主产生幻觉，即当养老金的收益减少时，并不要求增加员工工资作为补偿，或者当养老金收益增加时，不会减少员工的工资。

在工资结构中转向职业平均工资计划的补偿效应意味着高水平的工资会继续提高，而低水平的工资会继续下降。然而，最终工资计划会奖励那些在职期间工资得到大幅上涨的员工，这与他们的工资水平的最高点和最低点无关。因此，如果要补偿转向职业平均工资计划的员工，就不能仅仅增加高工资水平员工的收入，并且降低低工资水平的员工收入，还需要考虑员工的职业发展前景。在一个充满风险的市场，当一个员工刚刚签署劳动合同时，对所在公司转向职业平均工资计划所带来的收益或损失是不知情的。因此，劳动合同既反映了转变为职业平均计划的预期收益或损失，也为追根溯源提供依据。此外，现在的劳动者对调整工资的要求是延迟和刚性的。

对于离职人员和在职人员使用相同的再评估率且不允许雇主惩罚那些在 NRA 之前就辞职的成员，因为强加给早期离职人员的养老金资本损失已经消失了。因此，提前退休不一定是坏事。职业平均工资计划很可能激励低收入水平的劳动者和一些高收入者延长工作年限，而不是提前退休。这是因为工作年限的累计率增加，同时预期再评估率和最后几年工资增长率之间差异将会减小。职业平均工资计划是

---

[1] 每一个成员的工资是他们参与养老金计划的任一缴费的净值。

[2] 以下研究估计了养老金收益和工资之间权衡的规模：Clark 和 McDermed（1986）；Ehrenberg（1980）；Ehrenberg 和 Smith（1981）；Freeman（1985）；Gerakos（2008）；Gunderson、Hyatt、Pesando（1992）；Inkmann（2006）；Montgomery 和 Shaw（1997）；Montgomery、Shaw、Benedict（1992）；Moore（1987）；Schiller 和 Weiss（1980）；Smith（1981）；Smith 和 Ehrenberg（1983）。此外，Bulow 和 Landsman（1985）；Dorsey、Cornwell 和 MacPherson（1998）；Even 和 MacPherson（1990）；Gustman 和 Steinmeier（1995）也估计了养老金计划所覆盖的工资效应。

加强了还是削弱了高收入群体提前退休的意愿，这取决于工作时长累计率增加和再评估率减少的相对重要性。①

从最终工资计划转向职业平均工资计划要涉及一系列管理和法律制度方面的问题，例如，要改变养老金计划的条文规则和劳动合同的内容（Tsang 2007）。

8.7.2　雇员

最终工资计划承诺会为员工提供一个特定比例的累计工作时长以获得相应的养老金：即工资的替代率是固定的。这意味着，当他们从就业转向退休时，员工可以对生活水平的任意变动做出规划。在职业平均工资计划中，最终工资和养老金之间的关系是不确定的（主要是由于员工的最终工资不确定）。

从最终工资计划转向成本中性的职业平均工资计划的工作时长累计率没有变化，但是职业平均工资计划的引入很可能会减少员工的养老金，尤其针对高收入群体。

8.8　职业平均工资计划养老金的再分配效应

最终工资计划拉大了员工终生收入水平之间的差距，使员工的收入水平更加不平等。不仅仅是因为高收入群体可获得高额工资，相对于低收入的劳动者而言，他们也获得了由个人和雇主更高缴费比例的养老金。此外，高收入群体在养老金缴费上比低收入群体有更多的税收减免，甚至由于他们有更长的预期寿命，因而领取较高养老金的时间更长。这些效应进一步加剧了员工之间终生收入的不平等（工资加养老金）。

从最终工资计划转向成本中性的职业平均工资计划时，养老金计划对不同群体员工领取的养老金的规模也产生重大影响（Cooper 1997，1998，1999）。收入稳定的、收入水平和年龄相关的（低收入者）员工是获益者，而工资具有较高增长率的员工（高收入者）是损失者。成为高收入者和低收入者与员工的其他特点相关，这暗示着履行最终工资计划的损失者有可能是那些失业的、从事兼职工作、灵活就业或提前退休的未受过教育的非白人女性。例如，NHS 的一项研究发现，由于有更好的职业发展前景（NHS 雇主 2005），在劳动者和雇主共同缴费的行业中，男性最初获得的养老金要比女性高 10%。在职业平均工资计划中所引发的任何养老金收益变动可能通过工资变动得到补偿，但是养老金和工资的调整比率大多数都是少于一比一的。

养老金被延迟支付时，根据工作量相同支付的工资也相同的原则，也会形成相

---

① 相对于提前退休的任何保险精算的减少效用或延迟退休的保险精算增强效应，从最终工资转向职业平均工资的效应很可能较小。

同工作应支付相同养老金的理念。职业平均工资计划（其中使用一些共同再评估率，而非最终工资）对年龄相仿的员工分发等量的养老金，这些员工在相同的年份从事相同的工作并且缴纳的养老保险也相同。因此，职业平均工资计划达到了工作相同养老金也相同的目标。最终工资计划通过利用员工最终工资的增长率再评估累计的养老金收益。这非常有利于那些经历过工资水平猛增过的企业员工，尤其是在职业生涯后期涨工资的员工。最终工资制的养老金计划的最终受益者是那些工作没有中断、全职工作的以及没有提前退休的受过高等教育的男性白种人。

同高收入群体和低收入群体的平等待遇一样，延迟退休的员工和正常退休的员工之间也存在养老金公平的问题。如果具有相同年龄，同时入职并且从事同样工作的两名员工，就会有拥有相同的收入，这个理念意味着从事相同工作的员工，无论将来是否继续留任，都要获得相同的养老金待遇。在典型的最终工资计划中，离职者的养老金通过 RPI 进行再评估，但在职者则通过最终工资再评估养老金。这意味着，对于同样延迟工作时间，离职者获得的养老金比在职者要少很多。如果职业平均工资计划对正常退休和延迟退休员工使用相同再评估率，那么这种不平等将会消失。但是，一些提前退休者会选择承担转移价值，而不是延迟领取养老金的时间。典型的转移价值明显低于累计养老金权利的经济价值，而且仍存在退休者选择承担转移价值而不是延迟领取养老金的公平问题。

通过最终工资计划从低收入者到高收入者的再分配并不取决于不平等的收入分配，而是不平等的收入变化率。如果初始工资差距悬殊，但是每一个员工在工作期间会获得相同比例的工资增长，那么养老金收入将不存在再分配。这意味着，当年轻时的工资经历过较大提升的员工，并保持相同的职位等级直到退休，那么将会从职业平均工资计划中获益。而对于初始工资水平低，但在他们职业后期上升到中等水平的员工来讲，他们的养老金将会在职业平均工资计划中受损。

Den Hertog（1999）称通过最终工资计划从低收入者到高收入者的养老金再分配为"反团结"，并且调查了为什么劳动者会有类似共鸣。他将这种反团结归因于单个劳动者非协商养老金供给决策标准化，劳动者必须清楚养老金所招致的巨额成本（或者雇用一个咨询者），由高级管理者规划的组织成员关系，使劳动者缺乏对遥远事件重要性的感知，如退休。

当拟定养老金计划时，工会应该排除这些问题。但是，民主组织，例如工会代表了中层员工的利益，他们更偏向年老者，与年轻人相比更资深，也更接近于退休。工会领导者普遍比中层支持者年龄更大。Freeman（1985）认为这将导致有工会的企业中养老金计划倾向于为资深者（更长服务期）谋划收益。利用美国数据的实证分析发现，有工会的企业更有可能拥有稳定的比例收益，其中养老金收益取决于工作年限而不是工资水平。但是，稳定的收益比例在英国是不常见的，没有证据表明有工会的企业养老金计划支持更长的工作年限，而非更高的最终工资水平。

英国对"反团结"有一个可能的解释是，工会并不代表延迟退休员工的养老金利益，因为这些员工很可能早与雇主解除劳动关系了。通过抵消养老金资本损失，转变为成本中性的职业平均工资意味着从正常退休到延迟退休员工的养老金再分配，它损害了工会现有员工的利益。

8.8.1　补偿工资的变化、养老金缴费、国家保险缴费和收入税

由最终工资计划转向职业平均工资计划的再分配效应可以通过名义工资的补偿变动进行弥补。在英国，类似的名义工资变动引起养老金缴费、国家保险缴费（NIC）以及员工收入税支付的变动。员工的养老金缴费（税收可减免的）假设为名义工资的一个固定比例，员工的 NIC（非税收减免）为名义工资的累退比例，收入税为在名义工资减去养老金缴费之后的一个累进比例。

在极端的条件下，养老金收益的变动被名义工资变动完全弥补。对于低收入者而言，养老金收益价值的增加完全与他们名义工资的下降相匹配，以便使他们名义补偿没有发生变化。但是，工资的减少导致了养老金缴费、NIC 和收入税的下降，① 这导致他们净补偿的上升（忽视了由养老金收益流动的增加所带来的任何后续税收效应）。相反的结果适用于高收入者。因此，由于养老金缴费、NIC 和收入税效应的完全补偿转向职业平均工资计划，导致低收入者获益，高收入者受损。

正如从高收入者到低收入者的再分配净补偿，甚至在通过名义工资变化的完全补偿的极端情况下，由于成员总的养老金缴费、NIC 和收入税支付的变化，很可能发生成员总的净补偿改变。由于 NIC 对于员工来讲是累退的（尽管对于雇主而言比较稳定）、收入税是累进的，甚至在养老金的缴费率对税收减免效应有所改变的情况下，所以转向职业平均工资计划的完全补偿对净补偿的总效应在不同成员间是不确定的。② 由于从绝对项看，收入税累进的程度要大于 NIC 累退的程度，转向职业平均工资计划的净效应很可能使员工净补偿在总体上减少，而 NIC 和向政府支付的收入税增加。

在另一个极端情况下，如果转向职业平均工资计划没有导致名义工资的任何补偿变化，净工资、养老金的缴费、NIC 或对任何员工的收入税没有发生改变，那么就将再一次忽视养老金收益变动的任何后续税收效应。

8.8.2　转向平均工资计划养老金的再分配效应模型

Copper（2005）总结说，以各种类型养老金计划的随机模拟为基础，由最终工资计划向职业平均计划转变的再分配效应由于简化的工资增长假设而被夸大。她认为，大多数的雇员不能控制他们的工资或职业发展前景以使他们的优势发挥到

---

① 他们收入税的下降是由于名义工资的降低。但是，由于税收减免，他们的养老金缴费下降，进而导致他们税收减免的降低。由于成员的养老金缴费率一般少于 10%，名义工资的减少比税收的下降要大很多，并且总体效应在他们的收入税方面是减少的。

② 假设养老金缴费的总变化为零，其与成本中性转变相一致。

最大。

　　为深入探讨这个问题，作者提出了检验由最终计划转向成本中性的职业平均工资计划再分配效应的一个基本模型。将假设简化，退休者除养老金外没有其他收益、不存在风险、延迟退休者通过 RPI 增加他们的最终工资，正常和延迟退休者的职业平均工资通过再评估率（RPI）提高，养老金只能在达到名义退休年龄时支付。其中职业平均工资计划员工的每年实际养老金为

$$A_{CA} = Sx_{CA} \sum_{i=0}^{n-1} (1+w)^i (1+d)^{m-i-1} \tag{8.1}$$

其中，S 为工作第一年的工资（如 25 岁），x_{CA} 为职业平均累计率（如 0.01666 或 60ths），w 为实际年工资增长率，d 为每年再评估率，n 为直到名义退休年龄的年份，其中服务年份从 1 到 n。

　　对于最终工资计划的一个成员，年实际养老金为

$$A_{FS} = Sx_{FS} n (1+w)^{n-1} (1+RPI)^{n-1} \tag{8.2}$$

其中，x_{FS} 为最终工资累积率。在退休年龄，对于 m 年而言，A_j 每年第 j 种类型计划（最终工资或者职业平均）的定期年金的价值是

$$PV_j = A_j \left(\frac{1}{r} - \frac{1}{r (1+r)^m} \right) \tag{8.3}$$

其中，r 为实际折旧率，m 为退休的年份。[①] 关于第 j 种类型（最终工资或职业平均）的计划员工开始养老金支付（TV_j）的缴费价值为

$$TV_j = SCR_j \sum_{i=0}^{n-1} (1+W)^i (1+v)^{n-i-1} \tag{8.4}$$

其中，CR_j 为第 j 种类型计划的总缴费率（最终工资或职业平均），对于所有加入计划的员工采用其工资的同一个比例，v 为缴费投资的年实际回报率。

　　最终工资计划所需要的缴费率是 CR_{FS} 的价值，它等于涵盖所有成员的 TV_{FS} 和 PV_{FS}（在退休时的最终工资缴费价值等于退休时最终工资养老金现值）的总价值。同等成本中性的职业生涯平均计划要求职业平均计划的总成本与最终工资计划的总成本相同。这通过设置职业平均累积率（x_{CA}）实现，使得总体上 $A_{FS} = A_{CA}$，这意味着总体上，$PV_{FS} = PV_{CA}$，$TV_{FS} = TV_{CA}$。

8.8.3　转向职业平均工资计划养老金再分配效应的几个例子

　　典型案例将会用于以上简单模型中，体现了由最终工资计划转向职业平均计划的较大再分配效应的思想。考虑一个采用最终工资计划运营的公司，累积率为 60ths，并且全部价格指数化。公司雇用两种全职劳动者（L 和 H），他们都从 25 岁或者更晚开始工作，65 岁退休，且在退休后生活 20 年。[②] 所有的劳动者都参加养

---

① 为简化假设是确定年金，而非生存年金。
② 与 L 型成员相比，H 型计划成员所获养老金会更加不平等，并在长时间被人们忽视。

老金计划。L 型养老金计划成员的人数为 H 型计划成员的四倍，并且每一名成员在 25 岁时的年工资为 20 000 英镑。L 型成员在整个职业生涯没有经历实际工资的上升，但是 H 型成员每年获得 3.5% 的实际工资提升，65 岁退休时实际工资为 75 507 英镑（为 L 型成员的 3.8 倍）。公司实施工龄工资的政策，所以后来加入者初始工资与他们的年龄有关。假设实际利率为每年 1%，并且基金资产的实际回报率为 3%。

最终工资。如果每个成员在 25 岁时加入最终工资计划并于 65 岁退休。每位成员的收益和缴费结果以及缴费和累积率见表 8-3。对于 L 型成员来讲，目前的 1 000 英镑缴费将会在退休时每年实际得到 94.18 英镑的养老金，但是对于 H 型成员而言，将会获得 178.24 英镑的实际养老金，即 H 型成员要多 89%。这显示出使用最终公司计划扩大了员工工资的不平等程度。H 型计划成员的终生工资（和养老金缴费）是 L 型成员的两倍。但是，H 型成员的年养老金是 L 型成员的差不多四倍。

表 8-3 参与最终工资计划的 L 型和 H 型成员 40 年收益结果

	L	H	比率
总缴费率	21.3%	21.3%	1
累积率	1/60	1/60	1
生命期领取养老金工资的现值	663 261 英镑	1 340 673 英镑	2.02
生命期养老金缴费的现值	141 573 英镑	286 167 英镑	2.02
年实际养老金	13 333 英镑	51 005 英镑	3.83
目前 1 000 英镑缴费，65 岁时的实际养老金	94.18 英镑	178.24 英镑	1.89

如果 L 型和 H 型成员分别处于最终工资计划中，正如在混合计划下，每个计划给予相同养老金，结果缴费率和养老金缴费见表 8-4。这显示出缴费率和养老金收益之间更明显的不平等，即相对于 L 型成员，H 型成员目前获得了货币价值的轻微损失。L 型成员目前能以 1 000 英镑的缴费能获得每年 125.99 英镑的实际养老金收益，同等比例，H 型成员为每年 115.28 英镑，即 H 型成员少 9%。

表 8-4 L 型和 H 型成员各自在最终工资计划中 40 年的养老金收益结果

	L	H	比率
总缴费率	16.0%	33.0%	2.06
累积率	1/60	1/60	1
生命期领取养老金工资的现值	663 261 英镑	1 340 673 英镑	2.02
生命期养老金缴费的现值	105 824 英镑	442 460 英镑	4.18
每年实际养老金	13 333 英镑	51 005 英镑	3.83
目前 1 000 英镑缴费，65 岁时的实际养老金	125.99 英镑	115.28 英镑	0.91

最终工资计划的各种分析表明，在混合最终工资计划中，5.3% 的 L 型成员的缴费率代表着对 H 型员工的交叉补贴，每一个 H 型成员的缴费率减少约 11.7%。

代表每一个 H 型成员所缴费的现值为 156 293 英镑（或年服务 3 907 英镑），少于 L 型的员工情况。代表每一个 L 型成员所缴费的现值为 35 749 英镑（或年服务 894 英镑），多于 H 型成员的情况。从 L 型到 H 型成员的交叉补贴意味着 Den Hertog（1999）所说的"反团结"。它加剧了养老金的不平等，并进一步增加了终生收入分配的不平等（工资加养老金）。

职业平均工资。从最终工资计划转向成本中性的职业平均工资计划（没有工资的补偿调整），意味着累积率必须从 1.66667%（或 60ths）上升到 2.1333%（或 47ths）。表 8-5 显示代表 L 型成员缴纳的 1 000 英镑购买了实际 120.55 英镑的养老金，但是与之相对应的 H 型成员为 126.06 英镑，即高 5%。转向职业平均工资计划几乎已经消除了存在于最终工资计划中的从 L 型成员到 H 型成员的大量养老金交叉补贴。

表 8-5　　　　混合 L 型和 H 型成员的职业平均工资计划 40 年收益结果

	L	H	比率
总缴费率	21.3%	21.3%	1
累积率	1/47	1/47	1
生命期领取养老金工资的现值	663 261 英镑	1 340 673 英镑	2.02
生命期养老金缴费的现值	141 573 英镑	286 167 英镑	2.02
年实际养老金	17 066 英镑	36 074 英镑	2.11
目前 1 000 英镑缴费, 65 岁时的实际养老金	120.55 英镑	126.06 英镑	1.05

短期服务。如果一个 L 型成员在 25 岁时加入最终工资计划，并且延迟 10 年退休，他每年缴费 1 000 英镑，在退休时所获得的实际养老金为 81.62 英镑。与之相对应的 H 型成员为 95.10 英镑，即 H 型成员多 17%。这些数量（表 8-6 所示）比表 8-3 所示的与之相对应的全职工作成员的数量要少很多。相对于全职工作者来说，最终工资计划的 L 型短期工作的成员在每年缴费 1 000 英镑后遭受了 13% 的实际养老金的损失，但对于 H 型成员减少 47%。这意味着，对于参加两种养老金计划的成员，如果较早停止最终工资计划，他们都会遭受损失，H 型成员损失更大。

表 8-6　　　　L 型和 H 型成员的混合职业平均计划的 10 年收益结果

	L	H	比率
总缴费率	21.3%	21.3%	1
累积率	1/60	1/60	1
生命期领取养老金工资的现值	191 320 英镑	223 813 英镑	1.17
生命期养老金缴费的现值	40 837 英镑	47 773 英镑	1.17
年实际养老金	3 333 英镑	4 543 英镑	1.36
目前 1 000 英镑缴费, 65 岁时的实际养老金	81.62 英镑	95.10 英镑	1.17

表 8-7 显示的是短期工作人员的雇主转向职业平均工资计划后的结果。对于 L 型和 H 型成员而言，每缴纳 1 000 英镑将会实际得到 104.50 英镑的养老金，并且员工之间的养老金的不平等现象已经消除。从事短期工作的员工的养老金在职业平

均工资计划中得到明显改善，这不同于最终工资计划，因为 L 型成员每缴费 1 000 英镑所获得的实际养老金增长了 28%，而对于 H 型成员增长了 10%。因此不论是 H 型计划还是 L 型计划，短期工作的员工在职业平均工资计划中，他们的养老金收益都变得更好。

表 8-7　　　　混合 L 型和 H 型成员的职业平均计划的 10 年收益结果

	L	H	比率
总缴费率	21.3%	21.3%	1
累积率	1/47	1/47	1
生命期领取养老金工资的现值	191 320 英镑	223 813 英镑	1.17
生命期养老金缴费的现值	40 837 英镑	47 773 英镑	1.17
年实际养老金	4 267 英镑	5 005 英镑	1.17
目前 1 000 英镑缴费，65 岁时的实际养老金	104.49 英镑	104.77 英镑	1

这几个例子的数据表明，从最终工资计划转变到成本中性的职业平均工资计划会引起从高收入到低收入者的养老金较大程度上的再分配。此时，有较低和稳定工资的员工补贴了那些工资快速增长的员工的养老金，尤其是那些临近退休时工资大幅增长的劳动者。转向职业平均工资计划将会极大地消除从穷人到富人的交叉补贴。这也同样证明了职业平均工资计划极大地减轻了员工提前辞职所要付出的代价。实际上，对于 L 型成员来说，参加职业平均工资计划的提前退休者比参加最终工资计划的全职工作员工获得了更好的待遇。

8.9　结论

许多雇主正在考虑改变他们养老金的提供方法，其中最值得认真考虑的计划类型是职业平均工资再评估法（CARE）。本章以英国为背景，深入分析了两种可供选择的养老金计划的优点与不足。

成本中性定义与养老金计划、雇主或雇员有关。本章通过雇主度量了成本中性，排除了一些难以度量的行为反应（如员工离职率、工资养老金权衡比例、培训率和生产率），尽管这些因素在评估雇主和雇员的成本和收益时仍然存在。

近年来职业平均计划在英国越来越受欢迎，英国政府也已经建议一些大型的公共部门使用职业平均工资的养老金计划。职业平均工资计划保留了待遇确定制计划的优点，同时提供了在高收入者和低收入者之间以及提前退休和全职工作员工之间更加公平的养老金再分配，它同时对雇主和雇员提供了更广泛的其他收益。但有一些小的缺点，相对于最终工资计划，职业平均工资计划涉及一些风险。尽管这种转变对于养老金计划而言是成本中性的，但由于工资变动的预期和选择的再评估率不够准确，实际的结果可能产生赤字或盈余。此外，对于这种转变的行为反应可能比预期的要好或者更差。

职业平均工资计划的再评估率的选择有多种，并且通过再评估率进行养老金计划的选择，最终工资计划和缴费确定制可以视为职业平均工资计划的特例。因此，如果需要的话，职业平均工资计划可以灵活地转向任何一种类型。

几组数据表明在从最终工资计划向成本中性的职业平均工资计划转变的过程中，伴随着养老金较大幅度的再分配，使得该计划更接近于"同工同养老金"。从吸引员工的视角来看，在重新设计养老金供给计划时，职业平均工资计划更值得我们认真考虑。

参考文献

Allen, S. G. , and R. L. Clark. 1987. Pensions and firm performance. In *Human Resources and the Performance of the Firm*, ed. M. M. Kleiner, R. N. Block, M. Roomkin, and S. W. Salsburg. Industrial Relations Research Association, 195–242.

Allen, S. G. , R. L. Clark, and A. A. McDermed. 1993. Pensions, bonding and lifetime jobs. *Journal of Human Resources* 28, no. 3 (Summer): 463–481.

Amicus. 2005. NHS pension scheme review consultation: Response from Amicus, Amicus, London.

Blome, S. , K. Fachinger, D. Franzen, G. Scheuenstuhl, and J. Yermo. 2007. Pension fund regulations and risk management: Results from an ALM Optimization Exercise. OECD.

BMA. 2006. Proposed changes to the NHS pension scheme (UKWide) . British Medical Association (March) .

Bulow, J. , and W. Landsman. 1985. The relationship between wages and benefits. In *Pensions, Labor and Individual Choice*, ed. D. A. Wise, 379 – 397. Chicago: University of Chicago Press.

Cabinet Office. 2004. Building a sustainable future: Proposals for changes to the civil service pension scheme. Civil Service Pensions (December) . www. civilservice-pensions. gov. uk/consultation.

Clark, R. L. , and A. A. McDermed. 1986. Earnings and pension compensation: The effect of eligibility, *Quarterly Journal of Economics* 101, no. 2 (May) 341–361.

Cocco, J. F. , and P. Lopes. 2004. Defined benefit or defined contribution? An empirical study of pensions choices. FMG Discussion Papers. UBS Pension Series, DP 505 (July) .

Cooper, D. R. 1997. Providing Pensions for UK Employees with Varied Working Lives, Journal of Actuarial Practice 5, no. 1: 547.

——. 1998. A reappraisal of the revalued career average benefit design for occupational pension schemes. *Journal of Pensions Management* 4, no. 2: 123–132.

——. 1999. Occupational pensions for all employees. *Employee Relations.* 21, no. 2 (May): 145–158.

——. 2003. Career average pension schemes. Mercer Human Resources, Technical Information Sheet TIS 27/2003 (October 13).

——. 2005. Comparing pension outcomes from hybrid schemes, Department of Work and Pensions. Research Report 269.

Cornwell, C., S. Dorsey, and N. Mehrzad. 1991. Opportunistic behaviour by firms in implicit pension contracts. *Journal of Human Resources* 26, no. 4 (Autumn): 704–725.

CCSU. 2005. CCSU Response to building a sustainable future. Council of Civil Service Unions.

DCLG. 2006. Where next? Options for a new look local government pension scheme in England and Wales. Department for Communities and Local Government (June).

Den Hertog, J. 1999. Reversed solidarity in pension plans. *European Journal of Law and Economics* 7, no. 3 (May): 241–260.

Disney, R. 1995. Occupational pension schemes: Prospects and reforms in the UK. *Fiscal Studies* 16, no. 3 (August): 19–39.

Dorsey, S., C. M. Cornwell, and D. A. MacPherson. 1998. Pensions and Productivity. W. E. Upjohn Institute, Michigan.

Ehrenberg, R. G. 1980. Retirement system characteristics and compensating wage differentials in the public sector. *Industrial and Labour Relations Review* 33, no. 4 (July): 470–483.

Ehrenberg, R. G., and R. S. Smith. 1981. A framework for evaluating state and local government pension reform. In *Public Sector Labour Markets*, ed. P. Mieszkowski and G. E. Peterson, 103–128. Washington, D. C. The Urban Institute Press.

Even, W. E., and D. A. MacPherson. 1990. The gender gap in pensions and wages. *Review of Economics and Statistics* 72, no. 2 (May): 259–265.

Farr, I. A. 2007. A new breed of shared risk schemes to re-energise the provision of employer sponsored occupational pension schemes in the UK. London. Association of Consulting Actuaries (March).

FDA. 2005. Building a sustainable future proposals for changes to the civil service pension scheme: Analysis of pension questionnaires returned by FDA members. London. First Division Association.

Freeman, R. B. 1985. Unions, pensions and union pension funds. In *Pensions, Labor and Individual Choice*, ed. D. A. Wise, 89 – 121. Chicago: University of Chicago Press.

Gerakos, J. 2008. Chief executive officers and the pay-pension tradeoff. Working Paper,

Graduate School of Business, University of Chicago (July).

Gunderson, M., D. Hyatt, and J. E. Pesando. 1992. Wage-pension trade-offs in collective agreements. *Industrial and Labour Relations Review* 46. no. 1 (October): 146-160.

Gustman, A. L., and T. L. Steinmeier. 1995. Pension incentives and job mobility. Kalamazoo, MI: W. E. Upjohn Institute for Employment Research.

Hèri, N., R. Koijen, and T. E. Nijman. 2006. The determinants of the money's worth of participation in collective pension schemes. Working Paper, Tilburg University, (November).

Inkmann, J. 2006. Compensating wage differentials for defined benefit and defined contribution occupational pension scheme benefits. Working Paper, Department of Finance, Tilburg University.

Ippolito, R. A. 1985. The labour contract and true economic pension liabilities. *American Economic Review* 75, no. 5 (December): 1031-1043.

——. 1991. Encouraging long-term tenure: Wage tilt or pensions? *Industrial and Labour Relations Review* 44, no. 3 (April): 520-535.

——. 1997. *Pension Plans and Employee Performance: Evidence, Analysis and Policy*. Chicago: University of Chicago Press.

Lazear, E. P. 1979. Why is there mandatory retirement? *Journal of Political Economy* 87, no. 6 (December): 1261-1284.

——. 1981. Agency, earnings profiles, productivity and hours restrictions. *American Economic Review* 71, no. 4 (September): 606-620.

Levy, S. 2008. Occupational pension schemes annual report, No. 15, 2007 ed. London: Office for National Statistics.

McCarthy, D. 2005. The optimal allocation of pension risks in employment contracts. Department of Work and Pensions, Research Report 272.

McGill, D. M. K. N. Brown, J. J. Haley, and S. J. Schieber. 1996. *Fundamentals of Private Pensions*, 7th ed. Philadelphia: University of Pennsylvania Press, chapter 5.

Montgomery, E., and K. Shaw. 1997. Pensions and Wage Premia, *Economic Inquiry* 35, no, 3 (July): 510-521.

Montgomery, E., K. Shaw, and M. E. Benedict. 1992. Pensions and wages: An hedonic price theory approach. *International Economic Review* 33, no. 1 (February): 111-128.

Moore, R. L. 1987. Are male-female earnings differentials related to life-expectancy-caused pension cost differences? *Economic Inquiry* 25, no. 3, (July): 389-401.

NHS Employers. 2005. The NHS pension scheme review consultation. Technical Document. NHS Employers (January).

——. 2006a. Moving to a 21st century pension scheme: A factual report on the results of the NHS pension scheme review consultation. NHS Employers.

——. 2006b. Joint Proposals from NHS Employers and the NHS trade unions. NHS Employers.

Ponds, E. H. M. , and B. Van Riel. 2007. The recent evoluton of pension funds in the Netherlands: The Trend to hybrid DBDC plans and beyond. Working Paper, Centre for Retirement Research. Boston College (February).

PPF and TPR. 2006. *The Purple Book*, Pension Protection Fund and The Pensions Regulator, Croydon and London.

RCN. 2005. NHS pension review members lobbying brief. Royal College of Nursing (May).

Schiller, B. R. , and R. D. Weiss. 1980. Pensions and wages: A test for equalizing differences. *Review of Economics and Statistics* 62, no. 4 (November): 529–538.

Smith, R. S. 1981. Compensating differentials for pensions and underfunding in the public sector. *Review of Economics and Statistics* 63, no. 3 (August): 463–468.

Smith, R. S. , and R. G. Ehrenberg. 1983. Estimating wage-fringe trade-offs: Some data problems. In *The Measurement of Labor Cost*, ed. J. E. Triplett, 347 – 369, Chicago: University of Chicago Press.

Sutcliffe, C. M. S. 2005. The cult of the equity for pension funds: Should it get the boot? *Journal of Pension Economics and Finance* 4, no. 1 (March): 57–85.

Swinkels, L. 2006. Have pension plans changed after the introduction of IFRS? Working Paper, Erasmus University Rotterdam, Department of Finance.

Thornton, P. N. 1986. Some thoughts on pension scheme design. Presented to the Institute of Actuaries Students' Society (November 18th).

Tsang, D. 2007. Career average revalued earnings and other alternatives to final salary. In *Pension Scheme Deficits*, ed. S. Hull, 45–53. London: Globe Law & Business.

Unison. 2006a. Options for a new-look local government pension scheme in England and Wales. Unison's Response. Unison (October).

——. 2006b. Options for a new-look local government pension scheme (LGPS) in England and Wales: LGA/LGE. Response to the DCLG Consultation Paper. Unison (October).

Watson-Wyatt. 2005. The changing nature of defined benefit plans. *Insider* (February).

Wesbroom, K. , and T. Reay. 2005. Hybrid Pension Plans: UK and international experience. Department of Work and Pensions. Research Report 271.

Wilkie, A. D. 1985. Some experiments with pensions accrual. *Journal of the Institute of Actuaries* 112: 205–219.

第 9 章

美国待遇确定制养老金系统的随机规划应用

John M. Mulvey
普林斯顿大学**Bendheim** 金融中心
Zhuojuan Zhang
贝莱德集团

【摘要】在当前的管理体制下，退休金支付模式缺少变动，因此美国的待遇确定制（DB）计划可能难以维继。我们论述了一个支持美国待遇确定制（DB）养老金计划的多阶段随机规划模型以帮助美国的待遇确定制（DB）养老金计划。该模型将企业与其养老金系统整合，因为融资现状可能对两者产生重要影响。随机规划形成了有关企业和养老金决策的全局最优选择。我们认为待遇确定制（DB）养老金计划领域中存在高度集中的问题。通过预测的蒙特卡洛模拟分析，在标准普尔 500 指数中，行业潜在的危险被识别出来。随后随机规划与政策模拟进行整合以改善处于困境中的行业规则。

【关键词】待遇确定制养老金计划，蒙特卡洛模拟，随机规划

9.1 引言

美国的待遇确定制养老金计划（DB）正陷入财政困境之中。标准普尔 500 指数公司 2009 年的养老金计划总赤字估计超过 4 000 亿美元。同时，由于近年来大量的待遇确定制（DB）养老金计划的中断，2009 年养老金担保公司（PBGC）的净头寸已经下降超过 500 亿美元。

养老金危机的产生源于一系列因素。除了与 2000—2003 年和 2008—2009 年衰退的股票市场的糟糕表现有关之外，另一个重要的原因是当前待遇确定制养老金计划的监管存在严重的结构性缺陷，见劳工部（2005）关于待遇确定制（DB）计划的结构问题和改变建议的详细讨论。

在标准普尔 500 指数公司中，以发起公司的财政状况和发起计划的经济条件为依据，我们定义了几种发起人类别。在待遇确定制（DB）养老金计划中有许多集

中问题，一些行业更应该警惕它们当前的赤字。例如，医疗保健行业有较小的赤字，并且有巨额的资产支持未来缴费。这些行业被认为是"安全"的。但是，其他行业则深入红线。例如，我们的分析显示，由于养老金基金不足，汽车行业将面临严重的困难，并且很有可能在未来破产。对于这些行业而言，努力找到一些好的政策规则以有效挽救自己和它们的养老金系统是非常困难的。对于这些行业我们将做最坏的打算，但是期望有较好的结果。这些行业已经被放入观察清单。还有一些行业正处在危险边缘。它们面临着减少养老金赤字的更大挑战，以及未来面临潜在的财政困难。无效的监管和政策决定可能导致这些行业不幸的结果，但是，详细的公司计划和良好的政策规则可能保持行业的财政健康。我们称这些行业和它们的待遇确定制（DB）计划为"潜在危险中"。不同类别的行业需要单独的监管。例如，我们可能对观察清单上行业的新养老金承诺采用合理的限制，甚至，政策规则应该根据不同行业的特征量身定制。对于一个行业的最优规则可能对于另外一个行业并不合适。图9-1阐明了待遇确定制计划分类的思想。

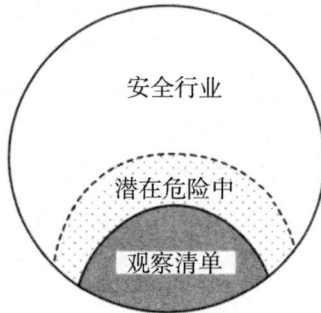

图9-1　待遇确定制（DB）领域集中度

　　我们为待遇确定制（DB）系统呈现了一个多阶段随机规划模型。该随机规划模型体现了几个方面。整合的企业/养老金计划模型可以很容易地应用于随机规划。目标方程采取了更广泛的形式。随机规划体现了现实的考虑，如交易成本和借贷。不用添加许多细节就能够实现最优化。

　　但是，由于解决大规模随机问题所产生的计算成本较高，求解每一个行业的随机规划是不现实的，也是没有必要的。因此，我们对每一个行业使用一个宽泛范围的假设，通过模拟预测结果的范围来首先识别处在危险中的行业。

　　接下来，对于这些处在（潜在）危险中的行业，我们设计一个多阶段随机规划模型以优化行业的联合实体和它的待遇确定制（DB）系统。尤其是，随机规划能够用于发现良好的政策规则以帮助这些行业。我们建议，如果政策结果位于随机规划所依据的目标方程值的附近，那么一个政策规则是接近最优的。正如我们比较了电信服务的两种投资策略。结果显示，与另一个策略所需缴费相比，其中一个策略成功减少了大额缴费的数量。

9.2　整合企业/养老金计划模型

我们构建了联系行业与其待遇确定制（DB）计划的规划模型。这是穆尔维（Mulvey）等（2008）企业/养老金计划模型的一个变形。待遇确定制（DB）计划财务现状已经对行业的财务健康产生了较大的影响，反之财务是否健康也影响待遇确定制的财务状况。这种联系对于促进财政健康非常有用。当他们建议改变监管以尽力强化待遇确定制（DB）系统的时候，厘清其对发起行业财政现状的影响也是非常重要的。我们的整合模型针对此目的提供了一个完美的框架。

9.2.1　多期随机规划模型

基本模型是穆尔维等（2008）的一个变形。但是，并非是把单个的养老金信托模型化，我们将一个行业模型化，作为一个整体的待遇确定制养老金计划。假设相同行业的公司有相似的特征，比如波动性和与市场的关联。

目标规划期是 T=0，1，…，τ，τ+1。我们关注养老金计划的定位以及计划周期 τ+1 开始时的行业价值。投资、筹资和借贷决策瞬时发生于每一期期末。

资产投资类别分为 A=1，2，…，I。资产类别 1 代表着现金，其他的资产类别可以包括广义的投资组别，如股票指数、外国股票、政府和公司长期债券、衍生品投资等。这些分类应该追踪定义良好的细分市场。为了使不同的资产分类多样化，理想的资产回报在两者之间的相互变化将会是相对较低的（Kim 和 Mulvey 2009）。

在单期模型中，不确定被设定在一套截然不同的场景，$s \in S$。场景可以表示为到某一个时期 $t \in T$ 的不确定数量的相同值，即直到这个时间期限，他们分享共同的信息集。这个信息结构通过非可预测的条件来表示。这些约束要求直到 T 期共享信息集的任何变量必须设定彼此相等。

我们在每一期期末再次平衡投资组合。对于每一个 $i \in A$，$t \in T$，$s \in S$，我们定义如下参数和决策变量。

参数

$r_{i,t}^{s} = 1 + p_{i,t}^{s}$，其中，$p_{i,t}^{s}$ 为 s 场景下 t 期资产 i 的回报（如 Mulvey 等（2000））。

$g_{t}^{s} = 1 + \gamma_{t}^{s}$，其中，$\gamma_{t}^{s}$ 为 s 场景下 t 期行业的百分比增长率。

b_{t}^{s} 为 γ_{t}^{s} 为 s 场景下 t 期受益人。

π^{s} 为场景 s 发生的概率：$\sum_{s \in S} \pi^{s} = 1$。

$v_{i,0}^{s}$ 为 s 场景下，在第 0 期结束，第一次再平衡之前配置给资产类别 i 的数量。

z_{0} 为在第 0 期期末的行业价值。

$\sigma_{i,t}$ 为时期 t，再平衡资产 i 的交易成本（假设对称的交易成本）。

决策变量

$x_{i,t}^s$ 为 s 场景下 t 期初，再平衡后配置给资产 i 的数量。

$v_{i,t}^s$ 为 s 场景下 t 期末，再平衡前配置给资产 i 的数量。

$p_{i,t}^s$ 为 s 场景下，用于购买 t 期再平衡的资产 i 的数量。

$d_{i,t}^s$ 为 s 场景下，用于卖出 t 期再平衡的资产 i 的数量。

w_t^s 为 s 场景下，t 期初资产财富（养老金计划）。

z_t^s 为在 s 场景下，t 期缴费前，t 期末的行业价值。

y_t^s 为在 s 场景下，t-1 期缴费后的行业价值。

c_t^s 为在 s 场景下，t 期末现金缴费的数量。

xb_t^s 为在 s 场景下，t 期末用于 t+1 期的养老金借贷的数量。

e_t^s 为在 s 场景下，t 期的借贷成本。

给定以上定义，随机规划的确定性等价为

$$(MSP) \quad Maximize U \ \{Z_1, Z_2, \cdots, Z_k\} \tag{9.1}$$

其中，目标定义为决策变量 $Z_k = f_k$（x，v，y，…）的方程

约束条件为

$$\sum_{i \in A} x_{i,t}^s = w_t^s \ \forall s \in S, \ t = 1, \cdots, \tau + 1 \tag{9.2}$$

$$v_{i,t}^s = r_{i,t}^s x_{i,t}^s \ \forall s \in S, \ t = 1, \cdots, \tau, \ i \in A \tag{9.3}$$

$$z_t^s = g_t^s y_t^s \ \forall s \in S, \ t = 1, \cdots, \tau + 1 \tag{9.4}$$

$$y_t^s = z_{t-1}^s - c_{t-1}^s \ \forall s \in S, \ t = 1, \cdots, \tau + 1 \tag{9.5}$$

$$x_{i,t}^s = v_{i,t-s}^s + p_{i,t-1}^s \ (1 - \delta_{i,t-1}) - d_{i,t-s}^s \ \forall s \in S, \ t = 1, \cdots, t+1, \ i \neq 1, \ \tau + 1 \tag{9.6}$$

$$x_{i,t}^s = v_{i,t-1}^s + \sum_{i=2} d_{i,t-1}^s (1 - \delta_{i,t-1}) - \sum_{i=2} p_{i,t-1}^s - b_{i,t-1}^s + c_{t-1}^s + xb_{t-1}^s - e_{t-1}^s (xb_{t-2}^s)$$

$$\forall s \in S, \ t = 1, \cdots, \tau + 1 \tag{9.7}$$

$$x_{i,t}^s = x_{i,t}^{s'}, \ c_t^s = c_t^{s'}, \ xb_t^s = xb_t^{s'} \ \forall s \ 和 \ s' 直到 t 时有相同的过去 \tag{9.8}$$

$$Risk \ \{Z_1, Z_2, \cdots, Z_k\} \leqslant Risk_{max} \tag{9.9}$$

约束（9.2）和（9.3）描述了养老金财富积累。约束（9.4）和（9.5）代表行业增长和养老金筹资。每种资产类别的流动平衡约束为（9.6）和（9.7）。非可预测约束为（9.8）。风险基础的约束为（9.9），并将在接下来的章节深入讨论。

模型（MSP）描述了随机规划的分离变量的公式。例如，穆尔维（Mulvey）和鲁津斯基（Ruszcynski1995）使用的 DQA 运算法则技术通过该结构的优势成功求解该模型。分离变量公式可以从使用内部解方法的直接解决方案中获益。

9.2.2　可选择的目标

整合的方法允许各种目标，该目标描述了随计划范围变化的行业状态和养老金信托可选择的观点。该方法最大化行业的市场价值，同时使得养老金系统置于良好基础上。

效用方程（1）描述了一个一般的多目标最优问题。目的是在竞争的目标间找出最优的折中。

由于一个行业和其待遇确定养老金系统整合的复杂性，我们定义了一系列目标来度量与其待遇确定养老金系统有关的行业融资现状：（1）期末预期行业市场价值；（2）期末的预期盈余；（3）缴费的预期 NPV；（4）多余缴费（平方）的预期总和；（5）最终累计率的下跌风险；（6）随计划范围的破产概率；（7）未来缴费的波动性。解决不同股东的其他利益的措施也可以加入到该模型中。设置整合计划的多目标优先性呈现了一个复杂和潜在的争议问题，并且为未来研究提供了指导。

9.3 协助待遇确定制养老系统

我们首先前瞻性模拟分析标准普尔 500 指数中的所有行业，定位行业的（潜在）财政风险。然后运用随机规划完善困境中的行业规则。

9.3.1 行业预测

基于整合的养老金/企业计划框架，我们在一系列比较宽泛的假设下进行了模拟，以显示跨度为 15 年的可能出现的结果，而非预测单个的时间序列。作为一个基础步骤，我们依据全球行业分类标准（GICS）将标准普尔 500 公司分为 10 个行业。

表 9-1 描述了标准普尔 500 指数公司的待遇确定制（DB）计划的现状（2004）。标准普尔 500 中，342 个公司拥有待遇确定养老金计划。其中，299 个公司是没有积累的，超过 1/3 的公司积累较为不足（积累率小于 70%）。养老资产为 10 040 亿美元。总行业市场资本与养老资产比率为 7.5%。该比率显示，待遇确定制（DB）养老金计划的绩效将会对整个标准普尔 500 行业的融资健康与否产生巨大影响。计划的总赤字为 2 100 亿美元。与总的行业市场价值相比，赤字似乎比较适度。

如果我们按行业观察数据，可以发现融资程度现状差异较大。财政部门有一个相对较高的工资率 93%，也有一个市场资本与养老金资产的相对较高比率 20.7%。当然，财政部门市场资本在 2008—2009 年期间下降较大。消费品、能源、健康医疗有较低的融资率，但是它们的养老金计划规模与它们的行业规模相比较小。

其他行业看起来更不乐观。表 9-2 所展现的行业现状已经有潜在的财政问题。非必需品消费行业似乎最糟糕，不仅仅是因为融资率较低，也由于养老金资产的规模超过了行业价值的 1/3。仔细观察非必需品消费行业，我们可以看到汽车公司的市场价值仅仅为这个行业的 1/3，同时养老金资产和债务占到了这个行业的 3/4 多。汽车行业的融资率较低为 72%。行业市场价值和养老资产的比率仅为 0.74。接下来我们将会看到，前瞻性的模拟确认了汽车行业正处在极大的困难中。2008—2009 年期间证明这种预期是正确的。

表 9-1　　　　　标准普尔 500 指数的待遇确定制（DB）计划现状（2004）

融资率	数目	养老资产（10 亿美元）	义务（10 亿美元）	盈余值（10 亿美元）	指数资本价值（10 亿美元）	指数市场价值与养老资产比率
总和	342	1 004.29	1 213.80	-209.52	7 534.03	7.50
小于等于 1	299	875.34	1 102.52	-227.18	6 480.23	7.40
大于 1	43	128.94	111.28	17.67	1 053.80	8.17
小于等于 0.7	102	118.91	202.84	-83.93	1 828.2	15.37
0.7 到 0.9	151	497.29	625.49	-128.20	3 137.93	6.31
0.9 到 1	46	259.14	274.19	-15.06	1 514.10	5.84
1 到 1.2	32	71.59	66.34	5.25	643.30	8.99
大于 1.2	11	57.36	44.94	12.42	410.50	7.16

表 9-2　　　　　　　　　　行业潜在问题的现状（2004）

	消费者总体	非必需品汽车	行业 w/o 通用汽车	电信服务业
融资率	73%	72%	82%	95%
养老金资产（10 亿美元）	164.6	125.6	205.2	80.6
义务（10 亿美元）	225.0	174.8	250.7	84.5
剩余财富（10 亿美元）	-60.5	-49.2	-44.6	-3.9
行业资本价值（10 亿美元）	473.4	93.3	715.0	283.3
行业市场价值与养老金资产比率	2.9	0.74	3.5	3.5

观察行业数据，我们发现通用电器是一个特例，其融资率相对较高，超过了整个行业市场价值的 30%。当我们从行业角度评估通用电器，余下的 48 个公司的总赤字为 456 亿美元，市场资本总值为 7 150 亿美元。并且，养老金资产在此类公司中占总市场价值的比重较高（7 150 亿美元中的 2 050 亿美元）。

在 2004 年，加入待遇确定制（DB）计划的大多数企业似乎是安全的，因为相对于市场价值而言赤字较低，但是有几个行业面临着严重的困难。我们观察到主要集中于待遇确定制（DB）领域。通过 2005—2019 年的 15 年计划，我们预测了养老金计划的现状和发起公司合理的价值。一组 5 000 个场景形成了预测的基础。

图 9-2 和图 9-3 展现了 2005—2019 年期间，在标准普尔 500 指数中的待遇确定制（DB）养老金初期结果的两个重要目标。

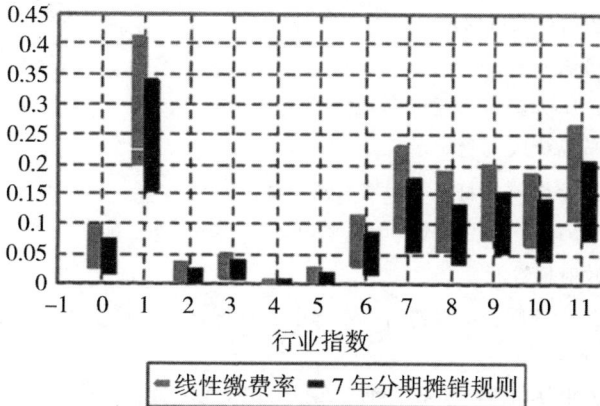

图 9-2　缴费的预期 NPV 与初始行业市场价值比率

行业标签：0 为标准普尔 500 指数；1 为消费者非必需品；2 为消费者常用品
　　　　　3 为能源；4 为金融；5 为医疗保健；6 为信息技术；7 为材料；
　　　　　8 为电信服务；9 为公用事业；10 为工业；11 为除通用电气以外的工业

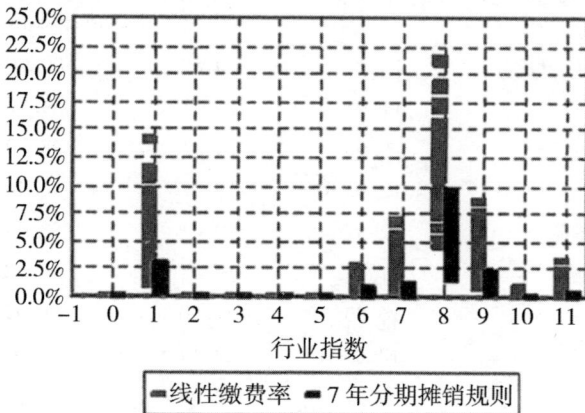

图 9-3　任何多余缴费的概率

首先，当与线性缴费规则相比时，2005 年的 7 年分期摊销规则提案显著减少了缴费的数额和缴费的波动性以及做出大额缴费的机会，见表 9-3。需要较大未来缴费的排位最高的两个行业是非必需品消费和除通用电气以外的工业。尽管电信服务业在 2004 年有相对健康的融资率（95%），但是它有需要大额缴费的最高概率（超过了市场价值的 30%），当使用 7 年分期摊销规则时平均为 -5.5%，最坏的情况为 10%。这主要是由于该行业相对于其他行业的低增长预期以及行业市场价值与养老金资产的低比率。

表 9-3　　　　　　　　　　　　　　**向前模拟假设**

主要目标	保持期末融资水平达到 90%
资产类别	标准普尔 500 指数 -EAFE-国债-现金
借贷基金	期初初始行业市场价值的 5%
借贷率	现金回报率+3%
计划负债	每年，预期 25 年收益支付现金流如下
收益	（1）药品模式（稳定增长）
支付	（2）汽车模式（首先缓慢增长然后下降）
模式	（3）~（5）线性模式，增长率为 2.5%、4.5%、6.5%
折旧率	长期政府债券利率
缴费规则	（1）线性规则：如果初始积累率小于目标比率，使用线性缴费规则；否则，增加到目标。 （2）7 年分期摊销规则（摊销支付使用 AA 级公司债券收益曲线折旧）

表 9-4 显示了标准普尔 500 指数中的行为情况。

表 9-4　　　　　　　　　　　**标准普尔 500 指数中的行业情况（%）**

指数	1994 年 12 月 30 日—2004 年 4 月 30 日			模拟中使用的预期回报
	预期回报	波动性	与标准普尔 500 指数相关性	
标准普尔 500 指数组成	12.3	20.80	100.00	9.01
能源	11.97	16.48	80.06	8.77
材料	6.98	16.31	48.40	5.12
工业	12.03	19.22	90.46	8.82
消费者非必需品	12.57	20.41	88.45	9.21
消费者常用品	11.53	17.46	49.72	8.45
医疗保健	16.83	21.90	76.92	12.33
金融	18.09	22.17	81.03	13.25
信息技术	20.27	43.18	87.22	14.85
电信服务	7.08	31.86	84.42	5.19
公用事业	7.52	22.66	59.50	5.51

注：这些数据被调整为满足标准普尔 500 指数的场景数据。

　　非必需品消费行业的问题集中在汽车公司。当使用线性缴费规则时，模拟结果显示破产的可能性在 49%~91% 之间（我们将破产定义为公司缴费必须大于它的市场价值）。考虑到破产发生，有条件的期望破产时间在 10~12 年之间。新的 7 年分期摊销规则仅仅在一定程度上有助于挽救汽车行业：在一定程度上推迟了破产的发生，并且减少了 13.7% 破产的期望概率。但是，破产概率仍然较高，平均为 61%。汽车公司危险最大，并且应该置于观察清单上（表 9-5）。

表 9-5　　　　　　　　　　　　　　　　汽车行业破产预测

		缴费规则	
		线性	7 年分期摊销规则
破产概率	最大	91.3%	82.0%
	均值	74.9%	61.2%
	最小	49.1%	34.5%
给定破产发生的预期破产年份	最大	12.0	12.4
	均值	11.0	11.7
	最小	9.9	10.9

9.3.2　应用随机规划于困境中的行业

确定了处在危险中的行业，接下来我们将应用随机规划单独研究每个行业的问题。

为了挽救这些行业，一个紧迫的问题是我们是否能发现一些好的规则以改善它们整合企业/养老金计划的表现。通过对在不同基金规则下（线性和 7 年分期摊销）的行业预测的模拟结果进行比较，我们已经了解到应用不同的政策规则将导致显著不同的效应。不同特点的行业通常针对不同变化的政策规则采取不同的行动。因此，政策规则需要依据养老金信托的类型、不足或超额积累的程度以及公司发起人的特点而制定。

随机规划提供了一个完整的全局性的没有过多细节的最优选择。更重要的是，它提供了政策规则比较的基准。如果政策规则的解接近于随机程序的目标方程值，我们则认为这个规则相对于其他规则是最优的。

例如，我们评估了电信服务的衍生品投资策略。为了突出行业所面临的问题，我们的目的是揭示投资规则，降低大额缴费的风险，而不是恶化其他目标。

我们选择一个 9 年的计划范围，并分为 3 个 3 年的间隔，第 10 年开始的是第 4 个决策阶段。此时，如果融资率低于 90%，那么将强制约束公司缴费。目标是使行业最终预期价值最大化，同时防止最终融资率下降到 90% 以下。竞争性目标是最小化由预期平方的多余缴费所度量的风险（多于行业市场资本的 30%）。我们假设线性债务模式，增长率为 6.5%。我们使用包括未来路径的 5 000 个场景的情景树。

我们应用 CAP：关联系统已产生计划范围的未来资产回报（Mulvey 等 2000）。场景生成器由一组主要经济变量的随即差分方程组成，包括通货膨胀、利率、股票回报、货币等。

电信服务的随机规划解的结果见表 9-5、表 9-6 和表 9-7。该模型包括大约

68 000个变量和81 000个约束条件。用 CPLEX 求解器的二次版本的程序求这个规划解大约用了14分钟。

表9-6　　　　　　　　　　　　随机规划选择目标值

	目标方程（10亿美元，除非另有说明）			
	期望最终公司价值	预期平方剩余缴费	预期最后计划剩余	缴费现值
最低风险	327.55	0	47.27	65.19
折中	387.43	0.03	−8.82	27.60
最大行业价值	388.21	4.74	−10.72	26.59

表9-7　　　　　　　　　　　　模型结果

		解的特征（10亿美元）			
	期望	开始年			
		1	4	7	10
最小风险	缴费	0.06	60.58	14.36	11.22
	做出缴费后				
	剩余财富	−4.23	−13.55	50.75	47.27
	养老金计划财富	80.31	102.73	182.99	208.12
	融资率	95%	88%	138%	130%
	行业市场价值	283.24	276.25	297.88	327.55
折中	缴费	9.77	0.99	3.12	27.47
	做出缴费后				
	剩余财富	−4.23	1.37	−0.99	−8.82
	养老金计划财富	80.30	117.65	132.14	152.03
	融资率	95%	101%	100%	95%
	行业市场价值	273.53	324.44	363.83	387.43
最大	缴费	6.87	2.06	1.79	30.98
行业值	做出缴费后				
	剩余财富	−4.23	−2.42	−3.52	−10.72
	养老金计划财富	80.31	113.86	128.71	150.13
	融资率	95%	98%	97%	93.5%
	行业市场价值	276.44	326.84	367.78	388.21

　　为了解电信服务行业转移策略的有关影响，我们比较两种投资策略。策略1是传统的70比30的股票债券混合策略。不同于策略1，当两种养老金计划和行业面

临严重困难的时候，策略 2 将会转化为更为保守的策略。否则，如果任一养老金计划保持正常或行业足够强大支持养老金计划，我们坚持传统的 70 比 30 的规则。表 9-8 描述了两种投资策略。由于电信服务开始于比较合理的累积率 95%，我们遵循简单的缴费策略，一旦该比率在这个门槛之下，要确保缴费，使融资率回到 90%。

表 9-8 　　　　　　　　　　　　**投资策略 1 和 2 的描述**

融资率	股票配置投资策略		
	1	2	
	如果行业市场价值对养老金资产比率小于 5 并且融资率小于 90%		其他
小于等于 70%	70%	20%	70%
70% ~ 90%	70%	30%	70%
大于等于 90%	70%	70%	70%

电信服务应用两种投资策略的政策模拟的目标函数值如表 9-9 所示。平均而言，在策略 2 下，我们改变策略的时机是 29.4%。模拟的结果较 MSP 模型而言不是很令人满意。这主要是由于该政策规则没有利用场景结构的全部优点。策略 2 下的目标接近于 MSP 模型的目标。尤其是在不利的情况下转移投资策略有助于减少多余缴费的数量。

表 9-9 　　　　　　　　　　　　**投资策略 1 和 2 的选择目标值**

投资策略	目标方程（10 亿美元，除非另有说明）			
	期望最终公司价值	预期剩余缴费平方	预期最后计划剩余	缴费现值
1	347.35	6.61	-7.57	24.57
2	347.08	4.68	-8.81	24.71

9.4　结论

本章描述了一个将待遇确定制计划与发起行业相联系的基于风险和预期的方法。结果显示，在 2004 年，困难集中于一些行业，并且相同的情景也出现在了 2009 年。应用典型的政策模拟相关的随机规划是探索政策规则的一个预期选择，这将有助于处在困境行业的待遇确定制计划重获生机。

形成随机规划与政策模拟之间的关联仍然是一个需要探索的领域。由于模拟模型在其他的运筹学研究领域普遍应用，这种关联将有助于扩大随机规划的应用。

本研究的提案自研究完成后经证明是正确的。2008—2009 年危机导致了剩余的巨大减少以及养老金赤字的大幅增加。此外，许多待遇确定制（DB）养老金计划没有采取充分的行动保护养老金的融资率来免除不良影响。应用一个资产负债计划模型可以较大地改善风险管理，并提高长期绩效。

参考文献

Arnott, R. , and P. Bernstein. 1990. Defining and managing pension fund risk. In *Pension Fund Investment Management*: *A Handbook for Sponsors and their Advisors*, ed. F. J. Fabozzi, and N. Mencher. Chicago: Probus, 33−53.

Bader, L. N. 2003. Treatment of pension plans in a corporate valuation. *Fin. Analysts J.* 59 no. 3: 19−24.

Birge, J. R. , and F. Louveaux. 1997. *Introduction to Stochastic Programming*. New York: Springer-Verlag.

Black, F. 1995. The plan sponsor's goal. *Fin. Analysts J.* 51, no. 4: 67.

Dert, C. L. 1995. Asset liability management for pension funds. Ph. D. thesis, Erasmus University, Rotterdam, Netherlands.

Kim, W. C. , and J. Mulvey. 2009. Evaluating style investment: Does a fund market based along equity styles add value? *Quantitative Finance*, forthcoming.

Luenberger, D. 1998. *Investment Science*. Oxford: Oxford University Press.

Mulvey, J. M. , F. J. Fabozzi, W. R. Pauling, K. D. Simsek, and Z. Zhang. 2005. Modernizing the defined-benefit pension system. *Journal of Portfolio Management* (Winter): 73−82.

Mulvey, J. M. , G. Gould, and C. Morgan. 2000. An asset and liability management system for Towers Perrin-Tillinghast. *Interfaces* 30, no. 1: 96−114.

Mulvey, J. M. , and A. Ruszczynski. 1995. A new scenario decomposition method for large-scale stochastic optimization. *Operations Research* 43, no. 3: 477−490.

Mulvey, J. M. , K. D. Simsek, and W. R. Pauling. 2003. A stochastic network approach for integrated pension and corporate financial planning, In *Innovations in Financial and Economic Networks*, ed. A. Nagurney. UK: Edward Elgar Publishing, 67−83.

Mulvey, J. M. , K. D. Simsek, Z. Zhang, and F. Fabozzi. 2008. Assisting defined-benefit pension plans. *Operations Research* 56 (October): 1066−1078.

U. S. Department of Labor. 2005. Strengthen funding for single-employer pension plans (February) . http: ·//www. dol. gov/ebsa/pdf/sepproposa12. pdf.

Ziemba, W. T. , and J. M. Mulvey (eds.) .1998. *Worldwide Asset and Liability Modeling*. Cambridge: Cambridge University Press.

第 10 章

死亡率关联债券及衍生品

Enrico Biffis
英国帝国理工学院商学院
David Blake
英国伦敦大学卡斯商学院养老研究所

10.1 引言

近年来，死亡率改善的风险增加了养老基金和年金提供者的资本密集度管理难度。这是由于长寿风险整体被低估，使得资产负债表易受到预期之外负债增加的影响。对此，转移长寿风险的传统方法是利用保险和再保险市场。然而，这就减少了支持全球预计超过 20 万亿美元的容量和流动性（例如，Loeys 等人 2007）。与此同时，资本市场在提供额外的容量和市场流动性方面发挥着极其重要的作用，使得长寿风险的定价更加透明化并具有竞争性。

布莱克（Blake）和巴罗斯（Burrows 2001）最早提倡利用死亡率关联债券将长寿风险转移到资本市场。近几年，他们的建议引发了相当大的关注。大型投资银行和再保险公司都在此领域中有积极创新（参见布莱克等人 2008）。然而，尽管人们投入越来越多的热情于此项领域，长寿风险的转移实现得却很缓慢。其中一个原因是现有风险和对冲供应商之间的巨大失衡。大部分的长寿风险是以固定福利养老金基金和养老保险供应商的债务表现的。[1] 另一个原因则是死亡率关联债券交易必须满足套期保值者（与套期有效性有关）和投资者（与流动性以及假设风险所得补偿有关）的不同需求。当长寿风险涉及长期趋势风险难以量化的时候，需求是难以调和的。第三个原因就是长寿风险缺乏一个既定的市场价格。[2] 在本章中，我们对近期资本市场的发展进行了概述，旨在克服以上困难并创建一个死亡率关联债券及衍生品的流动市场。

---

[1] 2007 年，在美国和英国，这些机构披露预期寿命的增长达到了 4 000 亿美元。

[2] 这里政府一个有益的作用是发行寿命债券，因此帮助建立无风险的死亡期限结构，政府以相同的方式发行固定收益和指数相关债券，帮助建立无风险的名义和实际利率期限结构。

在概述本章的内容之前，我们首先借用 1981—2005 年的英国经验来说明近些年来的死亡率改善幅度。图 10-1 中显示男性 65 岁时预期寿命由 1981 年的 13 年上升到 2005 年的 17 年。这意味着每年超过 1% 的增长率。在同一时期，女性预期寿命由 17 年上升至 19.7 年，意味着每年 0.6% 的增长率。预期寿命的延长本身不是问题。如果能够充分预测死亡率改善的状况，那么预期寿命也能够得到延长。不过问题是预期寿命的增长受到相当大的不确定性影响，且死亡率的变化往往是出乎意料的。这就是我们所说的，将长寿风险看做是一个长期趋势的风险。

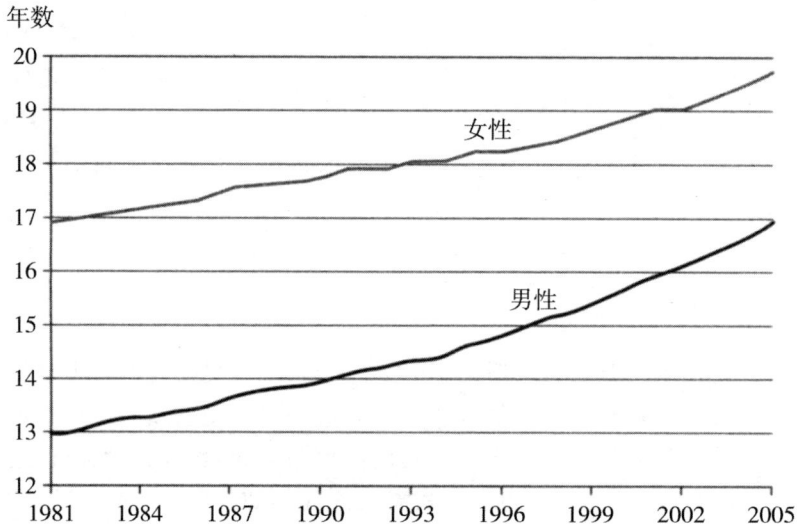

图 10-1　　1981—2005 年间英国 65 岁人口的预期寿命

资料来源：ONS（2007）。

为了解长寿风险对养老金计划和养老保险提供者的影响，我们研究了一个有关长寿的扇形图。该图描绘未来预期寿命估值，即未来死亡率或生存率的不确定性情况。图 10-2 表示 65 岁的英格兰和威尔士男性未来寿命预测。图中黑色的中央地带表示 2000—2050 年期间，在 10% 的置信水平下未来的预期寿命的中间估算值。围绕这中央带而变得越来越轻的阴影区域则代表额外 10% 置信区间内预期寿命的预测范围。整个扇形图显示了寿命预测的 90% 置信区间。在 2050 年预期寿命的最佳估计预测是 26 年，居于 21 年和 32 年之间，概率高达 90%。由于 65 岁时的预期寿命每增加 1 年，英国养老金债务的现值至少要增加 3%（例如，PPF 2006；布莱克等人 2008），不难看出如此大范围的不确定性所带来的经济影响。同样，如果我们以保险公司愿意对长寿风险提供养老金计划的角度来看（或一个投资者愿意承担养老金计划或年金提供者的长寿风险），不难看出为什么长寿风险对冲属于资本密集型的产业并且要求更高的风险溢价。

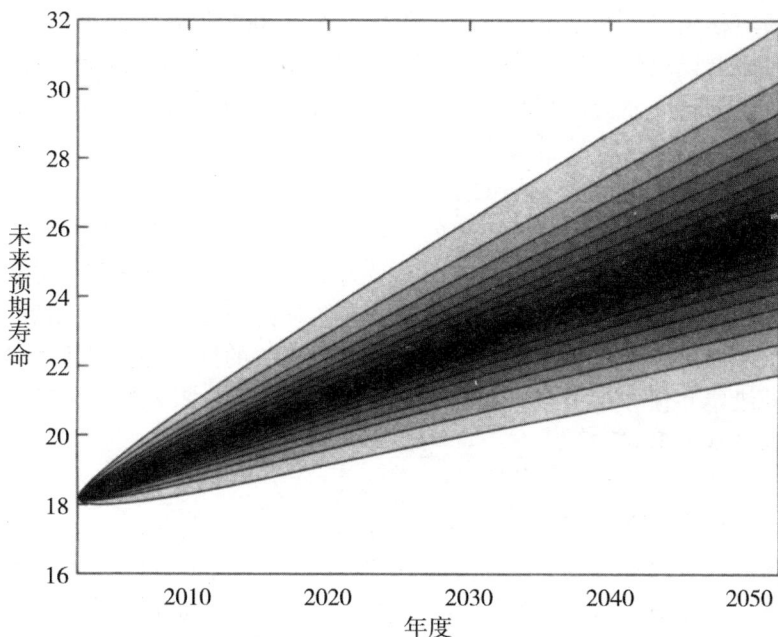

图 10-2　20～65 岁英格兰和威尔士男性的长寿扇形图

资料来源：Dowd et al.（2007）。

在下面的章节中，我们将对短短十年之内的死亡率关联债券及衍生品市场的发展做出综述。10.2 节是对有关英国养老金收购市场以及保险资产和负债证券化的描述。养老金收购本质上是将退休金负债转移至承保人。然而，资本证券化涉及资本市场的投资者，比如对冲基金、捐赠基金以及保险风险证券化（ILS）的投资者。在这两种情况下，长寿风险通常连同许多风险（例如通货膨胀和利率风险）转移给承包人。10.3 节讨论了有关资本市场工具置于纯长寿风险的例子。我们对市场的第一个长寿债券结构进行研究，探究其失败的原因。此外，我们还研究了因灾难性事件导致死亡率的相关债券的成功发行结构。虽然这些证券涉及与长寿风险完全相反的风险，它们却是第一个被活跃交易的死亡率关联证券的成功案例。在10.4 节中，我们研究了最近市场上出现的死亡率相关的衍生品，即与死亡率指数相关衍生品的收益抑或者是与参照人群死亡率相关的衍生品。在 10.5 节中，我们讨论了近期市场上出现的套期保值方案的优缺点，将其分为"现金流量套期"和"价值保值"两类。之后，我们研究了长寿风险的定价问题以及死亡率关联证券及衍生工具的优化设计。最后，10.6 节是本章的结束语。

10.2　长寿风险转移

对于养老金、年金提供者来说，减少死亡率改善风险的最直接方式就是将其中一部分负债转移到交易对方手上。如果承保人是人寿保险公司或再保险公司的话，这种转移可能会以保险合同的形式进行；如果保险合同终止或者承保人另有其人时，那么负债的转移亦会改变保险计划发起人。2006 年起，英国已经形成了一个活跃的养老金收购市场，其增长势头强劲，并且吸引了金融市场的主要参与者。在 10.2.1 节中，我们提出了该市场的主要特点。

尽管再保险市场应对与长寿有关的风险能力已经非常有限，但传统的再保险市场的出现要早于养老金收购市场，并一直被人寿保险公司用于转移部分风险。替代再保险市场的一个新的选择是通过保险资产和负债的资产证券化将风险转移到资本市场。投资者们逐渐对作为多元化投资的与保险相关的证券产生极大兴趣，并赚取了与传统的股票和债券市场毫无关联的额外收益。在 10.2.2 节中，我们探究了资产证券化的最常见形式。

10.2.1　养老金收购

常见的养老金收购交易是将养老金计划的资产和负债转移到受（英国金融服务机构管理局）监管的人寿保险公司。[①] 举一个具有代表性的例子：一家公司拥有资产 A 和负债 L，保险精算师计划按照"持续发展的原则"进行估值。[②] 当该保险计划的资产不足以抵偿其负债时：即 A<L，该公司处于赤字状态 L-A。反之，当资产足够偿还负债时，即 A>L，则该公司处于盈余状态 A-L。在养老金计划价值评估中，通常需要在更谨慎的假设前提（对未来死亡率的改善，通货膨胀率，以及市场收益率）下评估保险公司的价值，导致负债估值 $\bar{L}>L$。这样当该公司将养老金资产和负债转移到保险公司时，就会使这家公司增加赤字或减少盈余。

一个公司在亏损的情况下，借入 $\bar{L}-A$ 的资产，并且支付给保险公司要求收购该公司的养老金资产和负债。这样的交易可以令雇主不将养老金负债列入资产负债表中。这就意味着与养老金计划账户相关资产和负债的波动、计划中资产的管理费用以及任何成员的保险保费[③]的税收都是可以避免的。如果收购养老金成本来源于外借资金形式，那么在资产负债表上养老金和负债将被定期贷款所取代。从养老金计划成员立场来看，养老金属于受保险公司偿付能力限制的全额担保。

这些全额的收购交易都有相应的解决方案。部分养老金可能会采取不同的收购形式，有的则是令小部分成员的负债转移（如递延退休金、养老金支付等），有的则是要求公司在规定的时间内付清（例如，负债期达 10 年以上）。这些收购交易通常是更广泛的投资战略中的一部分，即为了减少养老金计划或套期保值投资策略（负债驱动投资）风险的反思。

自 2006 年以来，收购交易在英国普遍受到欢迎。2006 年 11 月，由 Mark Wood

---

① 例如，英国金融服务管理局（FSA）。
② 例如，在英国依据养老金账户标准 FRS17。
③ 例如，英国的养老金保护基金（PPF）。

经营的 Paternoster 公司与 Cuthbert 健康家庭养老金计划达成了第一笔养老金收购交易。在这之后，英国保险金融市场又达成过数笔交易，其中收购包括初创企业和知名的人寿保险公司。除 Paternoster 公司之外，还有多家公司活跃于收购领域。其中包括 Lucida 公司（由乔纳森·布鲁默管理）、Rothesay Life 公司（高盛集团掌管）、养老保险公司（由 Eddie Truell 经营，是英国迄今为止数目最大的一笔交易，以 11 亿美元收购养老基金）、英国法通保险公司、英国保诚人寿、加拿大人寿、苏格兰全球人寿保险公司和英杰华人寿等等。承保人之所以对养老金资产和负债产生如此浓厚的兴趣，是因为保险公司在预测和管理与长寿相关的现金流方面拥有高超的专业技术，并且能够利用收购交易溢价构建一个合适的套期保值策略从而获得可观的投资回报。在创作本书之时，收购交易权益资本的平均收益约为 15%。[1] 另一方面，养老基金收购市场的交易已经变得非常激烈，且利润率已大大降低。此外，即将于 2012 年开始实行的欧洲寿险公司的最新偿付能力要求（偿付能力 II），有可能使得企业资本密集程度日益增加。[2] 基于以上及其他原因，一些新的投资者找到了替代保险收购交易的其他路线，并且改变养老金计划的发起人，节约了大量收购成本。一个称为"非保险收购公司"的典型事例是：2007 年 8 月的应该《汤姆森区域报》中报道，花旗集团成为封闭式养老基金的主要雇主。然而，英国养老金监管机构更换其主要雇主的决定极大地削弱了交易计划发起人的合约权威，使交易计划的发起人陷入不可发展的被动地位。将公司的独立董事强加到董事会中，将会使非保险收购公司缺乏应有的吸引力。自 2007 年之后就没有这样的收购了。

10.2.2　寿险资产与负债证券化

与长寿相关的现金流量的利息不受养老金负债和养老金收购市场的限制。人寿保险资产和负债吸引了投资者们长达至少 20 年的注意力（例如，Cowley 和 Cummins 2005）。最常见的交易形式包括将资产和负债（比如未来现金流量权限）出售给特殊目的公司，以及将资产和负债重新包装成在资本市场上交易的证券。特殊目的公司通过向投资者发行债券来购买资产和负债，反过来保障资产和承诺的现金流安全，可能具有信用增强的某种形式（例如，超额抵押、信用保险等等）。

最早和最常见的交易是基于某一业务兴起的现金流的证券化，如人寿保险单。人寿保险公司必须建立和持有足够的储备资金以备在负债到期时偿还。随着经验的积累以及债务的偿还，保险公司的资产负债表上也逐渐出现利润。人寿保险证券化使得保险公司有机会将其中某一业务预计的未来收益立即转化为现金。

人寿保险证券化的一种相关形式是监管储备证券化，在美国被称为 XXX 级证券化。[3] 人寿保险业务属于资本密集型，由于需先考虑制定新政策的成本，保险人

---

[1]　关于 ILS 研讨会的交流于 2008 年 10 月 31 日在皇家学院的对冲基金研究中心举行。
[2]　欧盟表示要重新规划年金规则。来自于《金融时报》（Financial Times），2008 年 12 月 27 日。
[3]　XXX 规则（见 NAIC，1999）应用于有担保的全部或部分政策期限的寿命政策评估。

需要建立储备以反映在谨慎假设下未来负债的价值。保险人可以通过证券化"释放"高于现实估值的过度储备。释放的资金可以用来支持在同一或其他业务线的增长。XXX 级证券化最显著的特征是，保险公司的债务不是由标的资产而是由未来应收保费支撑。

最近的证券化涉及寿险保单投资组合的销售和重新包装（参见 Modu 2008）。人寿保险单的投资组合由业主出售给第三方，而该价格高于保险单的退保现金值，低于死亡抚恤金。高级保单贴现的证券化（比如政策规定的年龄在 65 岁以上的个人）始于 2004 年，Tarrytown Second 在价值 1.95 亿美元人寿保险单的支持下交易涉及 6 300 万美元的高级保单贴现。2005 年 1 月，建立 The Life Exchange（领英）（参见 www.life-exchange.com），其使命在于"在二级人寿保险市场中利用最先进的和独立的电子交易平台，以最高的效率、透明度、信息披露程度和合规性进行保单贴现交易"。2007 年 4 月，作为保单贴现产业的贸易机构，Institutional Life Markets Association 在纽约成立。2007 年 12 月，高盛投资公司发起了一项适合保单贴现交易的月度指数。QxX. LS（参见 www. qxx-index. com）指数是基于 46 290 名来自于人寿保险单推销者的数据库，他们是 65 岁以上且经过医疗保险 AVS 评估的匿名人士。

10.3　资本市场求解和死亡率关联债券及衍生品发展

正如在之前的小节中所阐述的，养老金和年金提供者可以在养老金收购市场中出售其负债，抑或者通过证券化将负债转移到资本市场。然而，出售长寿风险的成本与出售其他风险成本捆绑在一起，使交易变得更加昂贵和不透明。此外，养老金收购市场已经出现了能力约束的迹象，因为一些保险公司已经无法吸引更多的资金来充实其资本基础。2008 年 9 月，由于受企业债券市场的影响，雷曼兄弟的违约进一步抑制了收购现象。[①] 现在人们认识到，资本市场应该更多地参与管理长寿风险，这样可以提高市场的能力，增加流动性，并使得长寿风险的定价更加透明。布莱克（Blake）和巴罗斯（Burrows 2001）提出利用长期长寿债券（或生存债券）将长寿风险转移到资本市场的观点。在选定的死亡率指数的情况下，没有返还本金和票息利率的终身年金债券的持有率有下滑趋势。他们提议创建具有债券结构的第一代有关死亡率关联证券。我们在下面章节中描述了相关的例子。

10.3.1　欧洲投资银行寿险债券

2004 年 11 月，欧洲投资银行（EIB）第一次尝试发行长寿债券。当时法国巴黎银行宣布，基于 2002 年英格兰和威尔士的 65 岁男性的死亡率，欧洲投资银行

---

① Pension buy-out slip back on volumes. *Financial Times*, February 9, 2009。

（EIB）发行的 25 年期债券和与生存指数相关的息票价格为 5.4 亿美元。最初的息票被设定为 5 000 万美元，而之后的息票价格随实际男性参考个体死亡率的下降而下降。图 10-3 中所示为代表性保险现金流，更多细节详见布莱克（Blake）等人（2006）。图 10-4 中的例子显示，每年幸存者的数量越多，那么支付给投资者的息票价格越高。因此，该工具主要是针对养老金计划和年金提供者。然而，债券投资者没有对其产生足够的需求，并且在 2005 年底取消了重新设计。

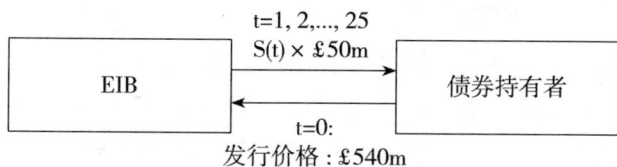

图 10-3　欧洲投资银行寿险债券的现金流

资料来源：Blake et al.（2006）。

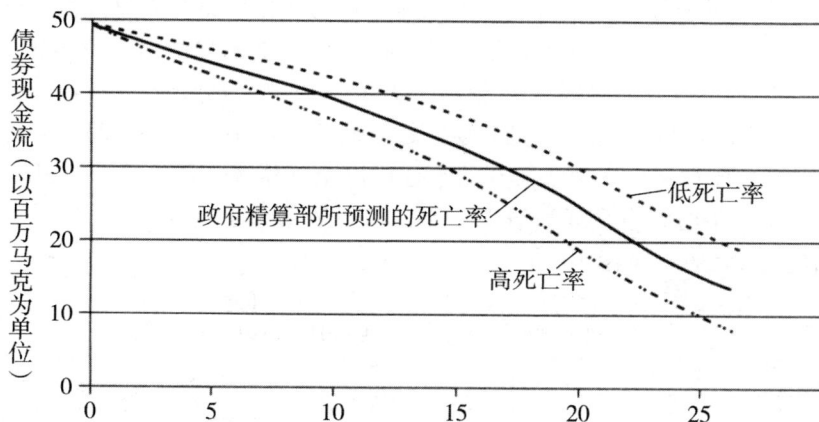

图 10-4　欧洲投资银行寿险债券息票

资料来源：Blake et al.（2006）。

尽管欧洲投资银行寿险债券的发行失败了，但金融家们从中吸取了教训，改进债券设计从而成功地开发出了与死亡率关联的资本市场，这引起投资者们相当大的关注。欧洲投资银行寿险债券不受投资者青睐的主要原因是：

■ 基差风险：债券的死亡率指数仅仅包含了在庞大的在职人员和退休成员群体中的其中一小部分的参与养老金计划和年金提供者的长寿风险，然而还有更大一部分群体的养老基金和人寿保险公司支付的退休金要与通货膨胀指数挂钩。因为考虑到套期保值债券，投资者们担心会出现基于单一国家人口出生率指数而产生的相当程度的基差风险以及缺乏通货膨胀的对冲问题。

■ 资金张力：作为对冲工具的欧洲投资银行寿险债券结构缺乏灵活性。其需要一笔可观的预付款获取其长寿对冲组合，该组合以支付与长寿相关息票的寿命掉期为代表。套期保值与债券捆绑在一起没有优势。此外，发行的规模太小，从而无法使工具在市场上流通。

■ 透明度：欧洲投资银行寿险债券的预计现金流量（寿命掉期的定息部分）是依据英国政府精算部的预测。但欧洲投资银行寿险债券与长寿风险和死亡率预测模型不同，用来做这些预测的模型不对外公开，并且这些预测模型本身以一种不透明的方式来反映专家的意见，这就在投资者面前树立起一道强大的屏障。

10.3.2　死亡灾难债券

短期死亡率债券是一种有价证券，其偿还数额与死亡率指数有关。它与灾难债券非常相似，并且在近几年里已经成功上市。2003 年 12 月由瑞士再保险公司发行了被称为 Vita I 的第一个死亡率债券，其旨在减少瑞士再保险公司对于灾难性死亡事件风险，例如，重大恐怖袭击、禽流感或其他自然灾害。Vita I 的到期期限为 3 年，且其发行规模达到 4 亿美元。Vita Capital 是通过特殊目的机构发行的，4 亿美元用于投资高评级债券，并且将债券收入流替换为和伦敦银行同业拆借利率挂钩的现金流。图 10-5 中显示了一个交易方案。收入是按季度分配给投资者的，[1] 而到期偿还的本金则取决于不同国家（美国、英国、法国、意大利、瑞士）用于对冲瑞士再保险公司的死亡率指数的实现程度。如果死亡率不超过 2002 年基本等级 1.3 倍时，那么持有死亡率关联债券的本金可以全部偿还。随着本金以死亡率超过基本等级的 1.5 倍时，本金逐渐清零，死亡率指数每高于基本等级 1% 时，本金还款就会相应减少 5%。见图 10-6。

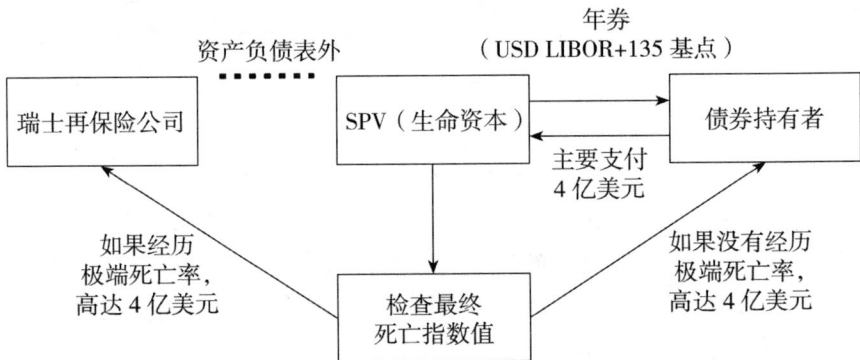

图 10-5　瑞士再保险公司的债券结构

资料来源：Blake et al.（2006）。

Vita I 的发行非常成功，紧随其后的其他债券也陆续发行。例如，瑞士再保险公司再次在 2005 年时发行 Vita II（3.62 亿美元），2007 年时发行 Vita III（7.05 亿美元）；苏格兰再保险公司在 2006 年发行的 Tartan（1.55 亿美元）；法国安盛集

---

① 债券支付了 135 基点，高于 2005 年 11 月的 LIBOR。

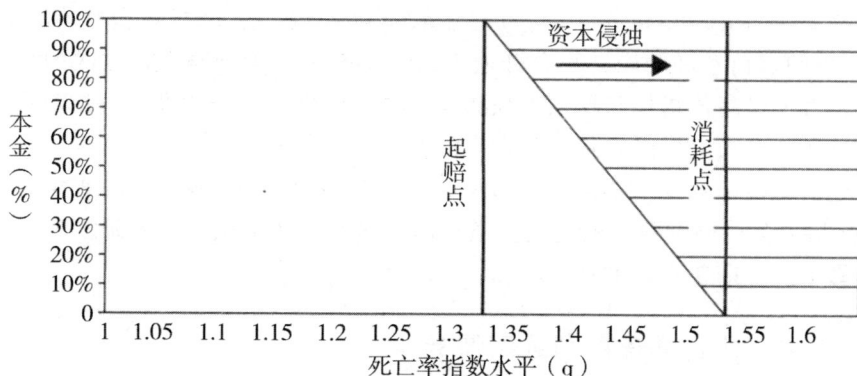

图 10-6　瑞士再保险公司债券所承担的主要风险

资料来源：Blake et al.（2006）。

团在 2006 年发行的 Osiris（4.42 亿美元）。[①] 投资者认为这些债券很有吸引力，因为与评级的浮动利率票据相比，这些债券提供了高收益。一些养老基金的投资者也同样投资于死亡率债券。除了极具吸引力的收益水平外，死亡率债券偿还的本金还与在职成员和退休人员将领取养老金的负债呈正相关性。

10.4　死亡率关联债券的最新趋势

欧洲投资银行寿险债券退出市场之后，主要的投资银行和再保险公司开始致力于死亡率指数化更为透明的投资形式和更加有效益的产品设计，并且逐步形成第二代衍生产品。

我们能够学习到很最重要的经验，主要是资本市场交易工具能否生存取决于满足套期保值者和投机者两方面的需要。然而，套期保值者需要能够有效规避风险的工具，投机者则要求市场具有流动性。当长寿风险发生时，调和这些不同需求并不简单，我们在接下来的章节中将会做相关讨论。

10.4.1　死亡率指数

在欧洲投资银行寿险债券中，只凭借单一的死亡率基准很难令养老金计划的咨询者和托管人建立起有效的对冲。人们很快地意识到，在债券合同书上还应该注明灵活变动且精准可靠的死亡率指标。2005 年，瑞士信贷集团做出首次尝试，针对美国人口预期寿命发行了长寿指数债券。但该债券和欧洲投资银行寿险债券一样，存在不透明问题，因而瑞士信贷集团在之后也不再积极出售。

摩根大通公司联合养老金研究协会和华信惠悦，2007 年 3 月推出生命周期度

[①]　见 Bauer 和 Kramer（2007）关于最近交易涉及死亡灾难债券的回顾。

量指标（详见 www. lifemetrics. com），并取得巨大成功。该指标包括在不同国家（英国、美国、荷兰和德国）可公开使用的按年龄和性别分类人口层次的死亡率统计数据。为了提高该指标和死亡率预测模型的透明度，生命周期度量指数中包含了用于测量和管理长寿风险和预测死亡率的开放性工具资源。

最近，德国证券及衍生工具交易所的市场数据和分析部门于 2008 年 3 月推出了 Xpect 指数。德国和荷兰的最近报道指出，这些指数提供了特定地区或人群的参考个体每个月对期望寿命的估计。

10.4.2　死亡率掉期和远期债券

最近，保险公司和投资银行非常热衷于死亡率和长寿掉期的衍生产品。它们包括合同对方将固定利率转换成在给定的时限内，与参考人群中的死亡人数（死亡率掉期）和幸存人数（长寿或幸存者掉期）相关的浮动利率。10.3.1 节中所描述的欧洲投资银行寿险债券的衍生部分就是寿命掉期。因为，投资者购买固定价格的债券是为了与在 2002 年英格兰和威尔士 65 岁男性的平均幸存者数量有关的息票做交换。一般来说，长寿掉期可以通过总结不同人群的死亡率经验，全面地掌握养老金计划或年金提供者的长寿风险。例如，一个美国的年金提供者可以与一个英国年金提供者进行双方的死亡率指数现金流互换。2007 年 4 月，第一次公开宣布长寿掉期：瑞士再保险公司同意英国寿险公司——友诚保险公司承担价值 17 亿德国马克养老年金的长寿风险作为不公开保险费的保险交换合同书。见 10.5.1 节。

死亡率掉期可以由几个死亡率期望合成得来，即将合约开始时计算好的稳定死亡率与未来某一给定时期内参考人口的实际死亡率之间互换（这被称为远期汇率）。自 2007 年 7 月起，摩根大通开始推出该种类型合约，并将其命名为 q 远期（见 Coughlan 等人 2007）。从原则上来讲，远期合同为发展死亡率衍生品的流动性市场提供了良好的基础。这是因为它们代表一系列更复杂风险部分。此外，它们必须适应短期寿命债券（养老金计划和年金提供者）或长期寿命债券（定期寿险和终身寿险的提供者）的套期保值需要。图 10-7 给出了 q 远期交易的程式化图，而图 10-8 则是有关 65 岁英格兰和威尔士男性参考人群合约的条款清单。q 远期收益取决于合同到期时参考人群的生命周期度量指标值。该合同涉及摩根大通在 10 年内（2006—2016年）对 ABC 养老基金提供套期保值以此来弥补其长寿风险（比如，死亡率下降）。

图 10-7　合同到期时 q 远期交易，固定死亡率与实际死亡率互换

资料来源：Coughlan et al. （2007）。

名义值	GBP 50 000 000
交易日期	2006 年 12 月 31 日
生效期	2006 年 12 月 31 日
到期日	2016 年 12 月 31 日
基准年	2015
固定利率	1.2000%
固定数量支付者	摩根大通
固定数量	名义值×固定利率×100
参考利率	参考年份期间 65 岁英格兰和威尔士男性的初始死亡
彭博代码	LMQMEW65 指数
浮动数量支付者	ABC 养老基金
浮动数量	名义数量×参考利率×100
结算	净结算=固定数量-浮动数量

图 10-8　　q 远期对冲长寿风险描述

资料来源：Coughlan et al. （2007）.

　　当合同到期时，用长寿风险保护的卖方支付 ABC 养老基金与 1.2% 的远期死亡率挂钩的金额，换取与生命周期指标参考汇率挂钩的金额。考虑到官方数据的滞后性长达 10 个月，2016 年 12 月 31 日的结算是基于 2015 年的利率。结算金额是固定金额和实际（浮动）金额之差。表 10-1 中给出了有关参考利率不同结果的预计结算金额。如果实际死亡率低于合同中的预期值（比如，2015 年的生命周期度量指数低于远期汇率），那么结算金额是正的。ABC 养老基金从摩根大通所得金额可以用来抵消其较高的养老金负债。反过来，如果实际死亡率高于预期值，套期保值者需要向摩根大通进行支付，但是这笔支出会通过养老金负债减少而抵消。2008 年 2月，摩根大通和 Lucida 收购公司第一次进行 q 远期交易。见第 10.2.1 节。

表 10-1　　　　　　　　**有关实际参考利率不同结果的 q 远期结算的描述**

参考汇率（实际利率）	固定利率	票面（英镑）	结算（英镑）
1.0000%	1.2000%	50 000 000	10 000 000
1.1000%	1.2000%	50 000 000	5 000 000
1.2000%	1.2000%	50 000 000	0
1.3000%	1.2000%	50 000 000	-5 000 000

资料来源：Coughlan et al. （2007）。

10.4.3　死亡率/寿命的期货和期权

到目前为止，死亡率关联证券的期货或期权市场都不活跃。然而，再保险公司和投资银行都在试图探索创新的机会。例如，法国外贸银行已经推出了长寿驱动计划。除标的指数之外，对于期权合约而言，其最关键的环节就是在设计合约时从各个方面（期权基础、罢工水平以及份额等等）最大限度地提高合约的流动性。10.5.3 节描述了有关该问题的更多细节。

10.5　用死亡率关联债券及衍生品对冲养老金债务

在前面的章节中，我们强调了在近几年里涌现出的死亡率关联债券以及衍生品的主要特征。死亡率相关的流动性资本市场发展的主要障碍是投资者和长寿风险持有者的不同需求。我们通过针对退休金计划及年金提供者的对冲方案，按照"现金流量保值"和"价值保值"进行分类来明确这种差异。见第 10.5.1 节和 10.5.2 节。

我们研究了有关长寿风险定价以及最优的安全设计问题。虽然在死亡率动态分析方面取得了相当大的进展（例如，Dowd 等人 2008a，b；Gourieroux 和 Monfort 2008；Jarner 等人 2008；Chen 和 Cox 2009），但是长寿风险定价仍然难以捉摸。到目前为止，从业者所使用的定价模型通常基于局部平衡参数（例如，风险中性的年金报价定价模型；例如，Biffs 2005；Bauer 等人 2008），并且揭示了当长寿风险暴露时供需如何平衡。我们借鉴 Loeys 等人（2007）以及 Biffis 和 Blake（2008）的方法来解决这个问题。见 10.5.3 节。

10.5.1　现金流保值方案

现金流保值方案与传统的保险模式相类似，即将风险转移到交易对方身上，以继续支付所需的现金流。此类合同具有赔偿性，并且通常会定期支付以弥补这一时期的负债流出额（例如，养老年金中的每年年金支付额）。这类套期保值的例子正是长寿掉期。例如，本章第 10.4.2 节中所提及的瑞典再保险公司和友诚保险的长寿掉期。对于长寿风险的持有者而言，这类合同的优点在于，套期保值不需要任何基差风险，并且当合同一旦建立，只需要少量监测。同时，静态的套期保值也具有明显的缺点。鉴于静态的长寿风险解决方案非常复杂且流通性不强，因此，其需要更高的设置和运行成本。为了降低成本，现金流保值方案通常是长期的，这样能够使交易对手的信用风险更大。鉴于以上原因，基于静态套期保值的死亡率关联债券及衍生品很难引起资本市场投资者的关注，因而具有很低的流动性，这反过来刺激了长寿风险溢价的提高。

尽管之前我们强调了现金流保值方案的局限性和缺点，但是对于已经长期习惯了保险赔偿范式的养老金计划托管人和年金提供者来说，现金流保值方案似乎仍旧是目前的解决长寿风险的首选。投资银行等金融中介机构正在积极尝试进入该领域。它们将金融产品经过重新包装并重新投向资本市场以承担个人的长寿风险。其中一个例子就是近期摩根大通和加拿大人寿保险公司之间的一笔交易。一方是摩根大通，另一方则是资本市场的投资者们。投资银行与加拿大人寿保险公司之间进行长寿保险互换，同时，与资本市场中的投资者们进行了一系列的互换活动以寻求一个合理的长寿保险风险溢价。

10.5.2　养老基金保值方案

养老基金保值方案是资本市场上一种尤为常见的风险解决方案。这是通过使用标准化的套期保值工具透明指数来实现的。保险金额随时间的延长而增加直至到期日一次性付清，以此用来抵消负债支出额。这些解决方案的标准化和商品化意味着它们的成本要比静态套期保值的成本低得多，并且更加吸引投资者的关注，从而增加长寿保险流动性并降低风险溢价。另一方面，养老金保值工具的规范化意味着套期保值者可能会承担一定的风险。

该类方法有以下两个例子，即 10.4.2 节中提到的 q 远期合同，以及 10.3.1 节中所讲的欧洲投资银行寿险债券。欧洲投资银行寿险债券的结构太过烦琐以至于投资者不愿意开发与长寿风险有关息票的养老金保值方案。该问题可以通过预测未来的死亡率实现，即计算出针对一系列参考群体（不同的国家、年龄和性别）在一定时间范围内（如 5 年、10 年和 15 年）的死亡率指数。尽管指数化的机械性和透明度使未来预期的死亡率非常不稳定，但是标准化死亡率指数所引发的级差风险仍然是养老金计划托管人和年金提供者所关注的焦点之一，正如欧洲投资银行寿险债券所面临的情况。蔻兰（Coughlan）等人（2007）以及洛伊斯（Loeys）等人（2007）的研究表明，由于随着典型套期保值者长寿风险显著增加，死亡率指数也有所改善，可以通过编写基于某一年龄范围内（例如，从 70～79 岁）的特定人群（年龄分段）的死亡率关联衍生品，从而对基差风险进行有效的管理。除减少基差风险之外，年龄分段方法缩减了满足套期保值者需求的合同数量，并且更加凸显出养老金保值方案的优势。事实上，蔻兰（Coughlan）等人（2007）认为，一个流动的、有效的养老金保值市场有可能是建立在仅仅 8 个标准化 q 远期之上的，期限为 10 年，分为两种性别（男性、女性）并且年龄分为 4 段（50～59 岁，60～69 岁，70～79 岁，80～89 岁）。Lucida 养老金收购公司是第一家为解决长寿风险而采用养老金保值方案的保险公司。2008 年 1 月，Lucida 与摩根大通就基于英格兰和威尔士的生命周期指数死亡率远期债券达成一笔交易（摩根大通 q 远期合同）。

10.5.3　长寿风险定价和最优债券设计

上述实例产品，尤其是 10.4.2 节和 10.5.2 节中所描述的死亡率关联衍生品，均存在一个关键问题，即在一个流动性的死亡率相关的资本市场中没有提出一个有关长寿风险定价问题。目前全球的资本市场中还不存在一个公认的可用于预测死亡率改善情况的模型。相反，却存在各种各样用于竞争性的死亡率预测模型，且都存在一定程度上的死亡率估计风险。例如，多德（Dowd）等人（2008a，b）；凯恩斯（Cairns）等人（2009）。

洛伊斯（Loeys）等人（2007）认为死亡率变化的历史波动率 δ_q 和 Lee-Carter 发明的预测模型具有一定的参考价值。由于长寿风险与其他市场风险之间几乎不存在相关性，洛伊斯（Loeys）等人（2007）认为，q 远期的夏普指数（见第 10.4.2 节）应该低于如股票等高风险的资产类别，但是却能够吸引投资者进入市场。他们建议将夏普指数定为 0.25 的基准。然后他们使用以下表达式来计算远期汇率 q^{fwd}，如图 10-8 中所描述的 q 远期合同：

$$q^{fwd} = (1-0.25T\delta_q)\ q^{forcast} < q^{forcast}$$

其中，T 表示远期合约的时间期限（年），$q^{forcast}$ 则表示未来死亡率的最佳估计。此表达式结果中的远期汇率低于预期死亡率，如图 10-9 所示。换句话说，当事人为了抵御长寿风险，套期保值者需要支付相当于名义值× $(q^{forcast}-q^{fwd})$ ×100 的溢价（见图 10-8）。洛伊斯（Loeys）等人（2007）的研究表明，由于死亡率数据波动受到一定程度的非系统性因素的影响（如测量误差和队列效应），所要求的风险溢价可以通过均衡年龄组和时间段而减少。例如，相对于 2017 年年龄为 75 岁人群预期死亡率而言，2015—2019 年期间对 70～79 岁之间的人群进行死亡率远期交易会导致风险溢价减少 40%。

在周遭变化不可预测的死亡趋势中，死亡率的波动性较低。预测死亡率的趋势相当具有挑战性，它需要关注投资者所愿意承担的长寿风险。Biffis 和 Blake（2008）（以下简称"B&B"）明确区分了在确定长寿风险转移的平衡风险溢价的过程中死亡率稳定性和波动性的作用。具体地说，未来死亡率的计算为：

$$q\ (X)\ +\varepsilon \tag{10.1}$$

其中，ε 是误差项，而 q（X）则表示趋势的组成部分，它受到风险因素向量 X = $(X^1, \cdots, X^k)'$ 或"信号"（如经验数据、随机死亡率模型的输出等）的影响。之后，B&B 考虑到市场被大量风险中性投资者所占据，他们无法得知 X 所代表的信息，也无法提供基于 X 的 q（X）预期估计。目前为止，投资者似乎仍然不太接受长寿风险债券，即使它是基于公开人口指数的有价债券。此外，长寿风险债券的持有者们能够获得 X 所代表的信息（利用更好的经验数据或采用更有效的风险预测监控技术）。这种情况对于人寿保险公司、再保险公司和其他中介机构（如养老金收购公司和投资银行）比较现实，这些机构在管理与死亡率相关的现金流方面具备相

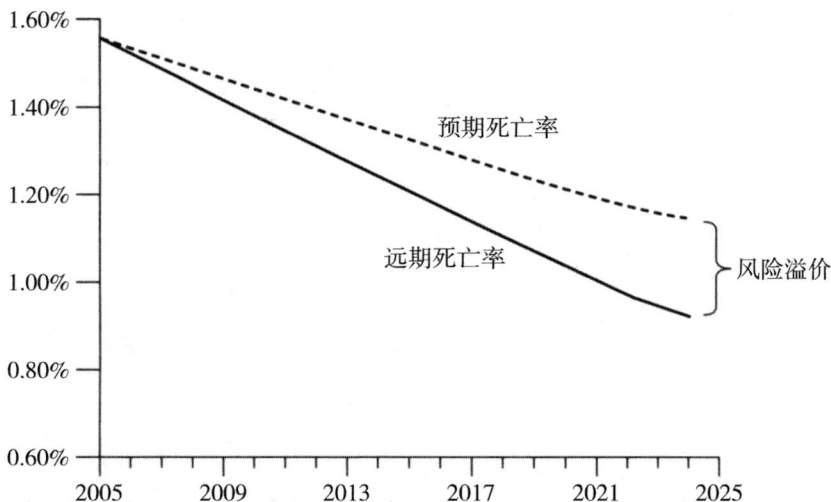

图 10-9　英格兰以及威尔士 2005—2025 年 65 岁男性的预期死亡率和远期死亡率

资料来源：Adapted from Loeys et al.（2007）。

当丰富的专业知识。保险公司进行交易或将长寿风险转移至资本市场的动机是资本本身的投资需求和其他投资机会所造成的附加投资成本。所有代理人都会产生此项成本，此项成本还可以依据国际监管规则和会计标准进行量化。

B&B 首先关注的是证券市场，并且说明了有关长寿风险趋势的信息不对称如何导致了长寿风险债券市场的需求下降。从年金现金流和相对应资产的证券化角度进行了分析。由于投资者无法获得个人信息 X，信息不对称问题的存在意味着长寿风险债券的发起人或持有者面临"柠檬问题"（如 Akerlof 1970）。正如年金再保险和资产负债证券化是较为常见的现象（见2.2节以及 Cowley 和 Cummins 2005），自留额可以"证明"现金流入市场的流动性，缓解信息不对称的影响。B&B 运用 DeMarzo 和 Duffie（1999）中所阐述的市场均衡信号模型，来确定最优自留额和证券化水平。考虑以下情况，即无风险资产 α＞0 支持承诺付款，且其取决于未来某一日期 T 时特定人口中的生存者比例。图 10-10 表明趋势分量 q（X）中的净风险 α-S 的最优证券化分数有所增加，q（X）即长寿风险预估价（见图 10-10 中右侧的垂直轴）。究其原因是，一方面，较低的私人估值 q（X）使得现金流量的价值 α-S 相对较少，因此证券化相对价值更高。另一方面，理性的投资者预期长寿风险的预估价，所出售的长寿风险债券数量有所增加，而他们愿意为此支付的价格减少，从而降低了的债券的回报（见图 10-10 中左侧的垂直轴）。

然后，B&B 让负债和相应资产的持有者发行与净风险 α-S 挂钩的债券，并且检查了导致净风险分组的最优合同情况。通过分组，他们将净风险分散，以换取一次性付清给债券发起人。购买债券并用于拍卖的投资者有权享有一部分的净风险现金流。最优分组水平将有关现金流对信息不对称和非系统性风险影响的敏感性都降

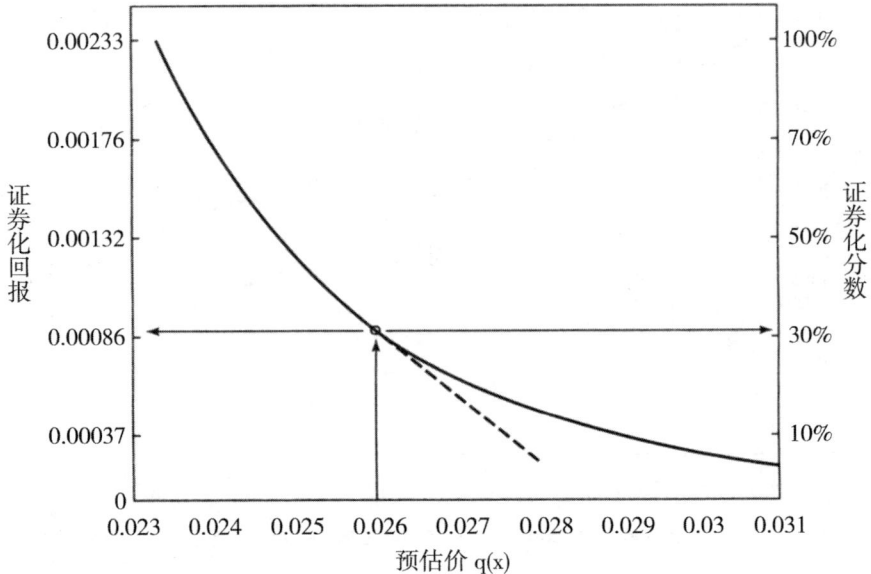

图 10-10　证券化出清和证券化比例作为寿命风险趋势组成的私人估值 q（X）的方程
（该图基于 2009 年英国 75 岁死亡男性）

资料来源：Biffis and Blake（2008）。

到最小。当回报是非线性时，这两者都属于风险中性代理。投资者们认为最优分组的风险最小，且其相当于债务融资操作过程中的高级债务部分。在 Sherris 和 Wills（2008）以及 Kim 和 Choi（2009）中描述了有关类似结构定价的数值实例。

　　B&B 进一步扩展了他们关于死亡率关联衍生品市场的分析，并且研究了在死亡率趋势信息不对称情况下的最优契约设计问题。在有关 q（X）和 ε 的合理假设下，他们发现投资者为了弥补其长寿风险，将以死亡率为标的的最优证券看跌期权出售给套期保值者。更有趣的是，B&B 确定了这种方式的最优执行水平。最优执行水平可以理解为死亡率，此时套期保值者从资本市场的投资者购买额外保险所得的边际收益等于风险的边际成本。B&B 研究表明，可以通过融合在各个年龄或时间范围的风险衍生品来减少对冲成本，这与洛伊斯等人（2007）的分析相类似。更确切地说，多元化的利益可以与低长寿风险和高长寿风险的现金流量共担所产生的信息损失的不利影响。此外，B&B 还表明融合各个层次的长寿风险并分组可以降低非系统性长寿风险的负面影响。而这些负面影响通常存在于高年龄层以及小型投资组合中。同时，当有关死亡率趋势的信息与风险高度相关时，风险综合和分组的益处会加大，这与剩余风险无关。例如，当证券发行者属于同一个地理区域或社会阶级的不同个体联合，或者将几个小型投资组合组成类似的人口统计特征时，便会发生上述情况。当考虑到公开的人口指标的证券时，该模型表明，"年龄分段"除了可以减轻基差风险外，还能够减少信息不对称的成本。见第 10.5.2 节。

10.6 结论

本章中，我们回顾了金融创新分支背后的主要驱动力，即应对长寿风险的资本市场方案。这个新兴的、影响巨大的领域已经出现了大型再保险公司和投资银行，它们耗费大量资源来试图开发解决方案，并且成功地汇集套期保值者和资本市场投资者。在产品设计方面金融市场也已经取得了实质性的进展，并且产生过关键性的交易。接下来的几年里，将会出现与死亡率关联的金融证券及衍生品以替代传统的保险解决方案，并提供转移长寿风险的新办法。

▌参考文献▌

Akerlof, D. 1970. The market for "lemons": Qualitative uncertainty and the market mechanism. *Quarterly Journal of Economics* 89: 488–500.

Bauer, D., M. Boerger, and J. Russ. 2008. On the pricing of longevity-linked securities. Technical report, Georgia State University.

Bauer, D., and F. Kramer. 2007. Risk and valuation of mortaliry contingent catastrophe bonds. Technical report, University of Ulm.

Biffis, E. 2005. Affine processes for dynamic mortality and actuarial valuations. *Insurance*: *Mathematics & Economics* 37, no. 3: 443–468.

Biffis, E., and D. Blake. 2008. Securitizing and tranching longevity exposures. Pensions Institute Discussion Paper PI-0824. Forthcoming in *Insurance*: *Mathematics & Economics*.

Blake, D., and W. Burrows. 2001. Survivor bonds: Helping to hedge mortality risk. *Journal of Risk and Insurance* 68: 339–348.

Blake, D., A. Cairns, and K. Dowd. 2006. Living with mortality: Longevity bonds and other mortality-linked securities. *British Actuarial Journal* 12: 153–197.

Blake, D., A. Cairns, and K. Dowd. 2008. The birth of the life market. *Asia-Pacific Journal of Risk and Insurance* 3, no. 1: 6–36.

Cairns, A., D. Blake, K. Dowd, G. Coughlan, D. Epstein, and I. Balevich. 2009. A quantitative comparison of stochastic mortality models using data from England & Wales and the United States. *North American Actuarial Journal* 13, no. 1: 1–35.

Chen, H., and S. Cox. 2009. Modeling mortality with jumps: Applications to mortality securitization. *Journal of Risk and Insurance* 76, no. 3: 727–751.

Coughlan, G., D. Epstein, A. Sinha, and P. Honig. 2007. q-forwards: Derivatives for transferring longevity and mortality risks. JP Morgan's Pension Advisory Group.

Cowley, A., and J. Cummins. 2005. Securitization of life insurance assets and liabilities. *Journal of Risk and Insurance* 72, no. 2: 193–226.

DeMarzo, P., and D. Duffie. 1999. A liquidity based model of security design. *Econometrica* 67, no. 1: 65–99.

Dowd, K., D. Blake, and A. Cairns. 2007. Facing up to the uncertainty of life: The longevity fan charts. Pensions Institute Discussion Paper PI-0703.

Dowd, K., A. Cairns, D. Blake, G. Coughlan, D. Epstein, and M. Khalaf-Allah. 2008a. Backtesting stochastic mortality models: An ex-prost evaluation of multi-period-ahead density forecasts. Pensions Institute Discussion Paper PI-0803.

Dowd, K., A. Cairns, D. Blake, G. Coughlan, D. Epstein, and M. Khalaf-Allah. 2008b. Evaluating the goodness of fit of stochastic mortality models. Pensions Institute Discussion Paper PI-0802.

Gourieroux, C., and A. Monfort. 2008. Quadratic stochastic intensity and prospective mortality tables. CREST working paper.

Jarner, S., E. Masotti Kryger, and C. Dengsøe. 2008. The evolution of death rates and life expectancy in Denmark. *Scandinavian Actuarial Journal*, 2008 (2 – 3): 147–173.

Kim, C., and Y. Choi. 2009. Securitization of longevity risks using percentile tranche methods. Australian School of Business, UNSW. Available at SSRN: http://ssrn.com/abstract=1349398.

Loeys, J., N. Panigirtzoglou, and R. Ribeiro. 2007. Longevity: A market in the making. JP Morgan's Global Market Strategy.

Modu, E. 2008. Life settlement securitization. Technical report, AM Best Structured Finance.

NAIC. 1999. Valuation of life insurance policies model regulation. National Association of Insurance Commissioners.

ONS. 2007. Valuation of life insurance policies model regulation. Office for National Statistics press release, November 28.

PPF. 2006. *The Purple Book: DB Pensions Universe Risk Profile*. Croydon and Brighton, UK: Pension Protection Fund and the Pensions Regulator (December).

Sherris, M., and S. Wills. 2008. Securitization, structuring and pricing of longevity risk. Australian School of Business, UNSW. Available at SSRN: http://ssrn.com/abstract=1139726.

第 11 章

国家养老基金的资产配置及其管理问题

Rachel Ziemba
鲁比尼全球经济研究院

本章开篇分别对不同的国家养老基金进行定义，并且讨论了国家养老基金与其他公共投资基金的区别。之后作者评估了如何在需要的时间跨度内使国家养老金的资产配置反映出它们的负债结构。此外，作者还分析了一系列源于公众资金的所有权所导致的管理问题。最后，通过研究不同地区选择不同的最主要的国家养老基金问题以得出一般性的结论。

11.1 引言

本章旨在研究世界各地的养老基金所面临的挑战。正如本书其他内容所述，如今，在全球范围内普遍存在退休基金短缺情况，许多国家的政府一直试图努力弥补未来的养老金缺口。养老金的不足对发达国家和发展中国家的经济同时产生影响。面对养老金结构不完善和严峻的人口老龄化现状，新兴市场主体所面临的挑战愈发严峻。养老基金在支持它的国家财政政策中扮演者重要角色，并且对政府的其他部门的资金运转起着不可替代的作用。

随着发达国家的人口老龄化和抚养比率的急剧下降，以及养老金在发展中国家中不断扩大的需要，公共养老基金试图通过转向投资高风险资产和注入更多资金的方式来弥补养老金缺口。在实践过程中，公共养老基金的资产配置形式已经大致类似于私营部门和慈善机构以及基金会等其他投资机构，但因整体偏向于投资股票和其他资产因而导致了短期损失。

尽管和其他基金投资者的配置相似，但公共养老基金面临着一系列特殊的问题：公共养老基金的投资决策不仅仅考虑经济因素。对于一些国家而言，无论是公民还是公务人员，退休金都是国家财政的一部分。因此它们有可能受政治压力的影响，以牺牲退休金来弥补其他的政府短期负债。利用丰厚的养老基金来弥补政府的短期负债，可以避免因严重的债务压力而带来的金融危机。然而，调整基金的时间表是不确定的。更重要的是，因为担心公共养老基金受损失而做出不理想的投资决策，或者形成支持其他重要政策目标的压力。虽然这些投资策略都是出于对国家利益的考虑，但往往有可能会导致不太理想的政策效果和较低的投资回报率。

表 11-1 显示了选定的公共养老基金的资产。

表 11-1　　　　　　　　　公共养老基金储备基金的资产　　　　　单位：10 亿美元

国家	基金规模
美国社会保障信托基金	2 200.0
日本	1 217.6
韩国	228.7
中国	138.0
瑞典	136.7
加拿大	111.3
澳大利亚	49.1
法国	47.0
西班牙	44.9
俄罗斯	32.4
爱尔兰	29.0
挪威	20.4
泰国	11.6
新西兰	9.5
沙特阿拉伯	8.6
葡萄牙	8.3
墨西哥	7.4
约旦	5.3
巴基斯坦	2.4
波兰	1.8

改编自国家财富基金和养老基金问题的研究。

资料来源：OECD。

11.2　主权基金的类型

由于不同的基金结构和性质有所差异，国家养老基金可以被划分成几种不同的类型。为此，公共养老基金的类型主要有三种。这些种类是根据经济合作与发展组织和其他研究人员共同研究得出的（OECD 2008）。

表 11-2 显示了 2001 年、2004 年以及 2007 年世界各地的养老基金储备资产。

表 11-2　　　　　　　　　　　　各国养老储备基金的资产　　　　　　　　单位：10 亿美元

国家	基金类型	2001	2004	2007
澳大利亚	退休金储备基金（PRF）	—	—	4.9
加拿大	社会保障储备基金（SSRF）	4.5	5.55	7.89
丹麦	SSRF	0.16	0.46	0.27
法国	SPRF	—	1.23	1.91
爱尔兰	SPRF	6.59	7.87	11.52
日本	SSRF	29.66	30.11	25.39
韩国	SSRF	12.20	17.10	23.86
墨西哥	SSRF	0.47	0.74	0.9（e）
新西兰	SPFR	—	2.85	7.85
挪威	SPFR	8.76	10.22	5.22
波兰	SPFR	—	0.06（e）	0.31
葡萄牙	SPRF	2.94	4.05	4.3（e）
西班牙	SSRF	0.22	2.28	4.5
瑞典	SRPF	24.41	25.23	31.65
美国	SSRF	12.04	14.44	16.61
中国	SRPF	1.02	1.2	1.88
约旦	SRPF	1.07	2.09	3.09
俄罗斯	SRPF	—	—	3.28
沙特阿拉伯	SSRF	—	2.24	2.5（e）
泰国	SSRF	—	—	5（e）

资料来源：OECD。

个人缴费的国家养老基金。该基金大部分来源于工资税减免或个人缴费。一些国家为受益人提供几种方式进行养老金的资产配置；另一些国家则进行统一的投资运营。这类养老基金的资产配置大部分都较为保守，且有收入稳定的优势。这类基金往往用于现收现付制的养老金计划。然而人口结构是在不断变化的，随着人口寿命的延长，在职员工越来越少，领取养老金的退休人口越来越多，现收现付制的养老金计划是不可持续发展的。

国家（或联邦）养老储备基金。为应对国家养老基金资金缺口而建立的储备基金，最终将与国家养老金系统对接。为了弥补资金不足，许多国家已经建立了储备基金投资组合。这些资金往往处于财政部门的监督下。当现收现付制的养老金制度成本过高或养老储备基金积累到一定程度时，即使将基金外包给资产管理公司进行管理，它们流入公共养老金体系的时机也会推迟。比如爱尔兰养老金的一般储备基金、澳大利亚未来基金和中国国家养老储备基金。

公民是养老金的最终受益者，然而政府是当前养老金的管理者和受益人，因此要利用养老金来满足其他政府优先发展项目的政治压力可能性很大。政府的财政支出一般需要事先通过议会的批准。因此，养老金储备基金在功能上往往和一些所谓的主权财富基金相类似。主权财富基金属于国有投资机构，它投资于各种类别的资产以求将国民财富的长期收益最大化。

公共部门从业者的退休基金。这类养老基金通常出现在美国和加拿大以及在分联邦层级下，实行用人单位和员工缴费的待遇确定制。同时，此类基金由国家领导人任命的董事会进行管理。加州公务员退休基金以及安大略教师退休基金，属于最早的一批用来扩大其在其他资产中配置的投资基金，还有许多基金是现收现付制和完全积累制两种制度的混合体。

除了政府的养老储备基金，很多国家都存在显性或隐性的其他退休基金。挪威的主权财富基金和其他一些商品出口国已经采用专款专用的形式来满足未来将出现的养老金缺口。然而，养老基金不同于主权基金，它通常具有确定的债务。主权基金也用来缓和因不稳定的收入来源所导致的国内经济的波动，并对维护国民财富也起到一定作用。未来的养老金负债和现行的资产管理策略之间的联系是不明确的，因此一些国家宁可选择现在用掉资金也不储蓄。俄罗斯的国家财富基金就是这样一个例子。

11.3 养老基金是否有统一的资产投资方式？

不同国家的基金类型不同，其资产配置也存在差异。许多公共养老基金采用统一的配置形式，即把股票、私人投资股本以及对冲基金投资组合或对冲基金合并在一起。尽管股票投资有所增长，尤其是在欧洲、加拿大、澳大利亚和新西兰的养老金领域，但是包括美国在内的几个国家的养老基金却全部投资于债券。表 11-3 为几只基金的资产投资情况。该资产投资不同于常见的如慈善捐赠、基金会、主权财富基金和其他基金的投资方式。2008 年全球经济危机时期，大部分金融资产受到损失，这种资产配置形式也在一定程度上导致严重的资金短期损失，尤其是在公共和私人股本、公司债券以及各种杠杆资产的领域。

表 11-3　　　　　　　　　　　　　　公共养老基金的资产配置

	股票	债券/现金	其他投资
澳大利亚	25.6	72.8	
加拿大	57.9	28.3	13.7
法国	64.5	34.7	
爱尔兰	72.3	21.1	5.9
日本	37.3	62.7	
韩国	13.7	83.5	
新西兰	59.9	17.3	17.7
挪威	48.3	51.7	
葡萄牙	20.8	72.3	
瑞典	53.1	39.8	3.8
中国	24.2	63.2	
约旦	63.5	25.1	7

资料来源：OECD（2008）。

　　许多养老基金，尤其是小型开放经济体已经增加了国外的资产投资，尤其在股票方面。加拿大、新西兰和法国的基金都含有将近 40% 的国外资产投资。

　　要想使养老基金从 2008 年的金融危机损失中恢复过来，可能需要相当长的一段时间，尤其是亏本出售过资产的养老基金。世界银行的研究表明，2008 年 8 月底时大部分发展中国家的养老金收益遭受的损失达 8%～48%（World Bank 2008）。联系 2008 年后半年全球股票和其他资产的表现（尤其是 2008 年 9 月和 10 月），养老金的损失可能远远高于所预计的全年数值。不过其中一些基金已经挽回了相当一部分损失。

新兴资本通常都较为稀缺。此外，许多国家因资金有限而不能满足对未来年份的基金支持。多年来，美国政府一直未能弥补养老金的缺口，加利福尼亚州也并非是唯一打"白条"的州。考虑到在许多国家，因工作时间有所减少，个人缴费的全部或部分养老金将获得较少的积累。

许多养老基金，尤其是开放的小型经济体已经增加了其国外资产，特别是在股票方面。加拿大、新西兰和法国的基金都含有近40%的国外资产。

许多养老基金为弥补资金缺口已将规模扩大到其他资产中去了，但其中有许多效果不佳。未来它们的投资可能会更加谨慎（更加偏向风险规避的投资）。

公共养老基金的负债具有长期性，因而需要投资者的长期投资，这意味着投资者们可能不一定会承担这些损失。在2008年和2009年，依附于公共养老基金的新兴基金在几个国家有所下跌，这意味着新兴基金低成本估价的优势可能是有限的。

许多对个人和企业养老金的最优资产配置的一些评估也适用于公共养老金计划。与其他的养老金制度一样，为了选择最优的资产结构，公共养老基金首先必须考虑到负债的期限及规模。公共养老基金通常都会采用长期的投资策略，但有时也会需要一些短期的资金流。许多发展中国家正在努力提高本国的资产管理水平和保值增值水平几个发达国家的主权基金和国家级公共养老金投资已经转向股票和其他资产。例如，加州公务员退休基金、加州教师养老基金、安大略省教师退休金计划基金以及加拿大退休金计划都是最早转变投资策略的基金。其他基金也正在逐渐转变。然而，具体的资产和整体投资战略仍在制定过程中。特别是像大学捐赠基金，一些养老基金正在重新评估其在高费用对冲基金的配置，而此配置平均在绩效指标之下（见第4章和第13章中的讨论）。近期的市场表现反映了无论是市场内部还是外部都应重视投资渠道的多元化以应对所有风险，以及精心挑选专业的资产管理人员的重要性。

资产配置在不同地区是不同的，因为养老金在不同地区所面临的风险不同，故投资方式也是不同的。正如德国安联集团（2008）所指出的，亚洲许多养老基金采用较为保守的资产配置形式，尽管其养老金计划较为多元化，但是在2007年和2008年期间多数仍然采用现金的投资形式。从更长远的角度看，韩国、日本和中国的养老基金多元化计划对于亚洲市场是意义重大的。如下所示，中国基金已经被作为一个能够促进国内资本市场发展（包括私人股权）的工具。

在中东和其他石油出口国家，由于政府的其他收入主要来源于这些石油资产，因而将养老金投资于大宗商品和相关资产的方法不太可取。那些能够产生政府收入的与商品相关的资产，如果配置过高，就有可能使投资者陷入长期的低迷。

11.4　主权养老基金和国际资本市场

政府和私人养老金资产配置都可能会导致一些投资组别的扭曲。正如本书中其他章节所讨论的，越来越多的资金流入金融工具以求满足企业的养老需求。而这一现象导致了美国投资模式发生变化，即减少了包括基础设施在内的实业和金融投资的资金，而并非只针对金融领域投资。尽管一些社会上部门的养老金储蓄有所增加，但事实上，大多数美国人提高了消费水平而非储蓄。

养老基金投资者意图增加实物资产的份额。其中的一个例子是，养老模式的转变已经导致养老基金增加了大宗商品的投资，其中包括期货投资。养老金流入期货市场，可能会导致标的资产价格和基金回报率的大幅波动，而不仅仅是带来更高的价格。

然而，尽管养老金资产配置变化显著，但是却很难区分这些公共投资者对养老金所产生的影响。因为投资者的金融投资策略相互影响。高盛投资公司指出，欧洲股市增加了欧洲养老基金的配置，而这对于市场动态的影响是有限的。其他投资者做出的投资策略调整可能会削弱这种影响。然而，当其他机构投资者也转移到共同配置的资产，养老基金配置的变化显然会有影响。

21 世纪初，美国的储蓄率跌至零，在储蓄率终于上升后，新的资产配置可能会扭曲。最近的数据（2009 年 4 月）表明，美国的储蓄率已经由 2009 年第 1 季度时的低于 5% 迅速攀升至 6.9%。由于家庭需要增加储蓄以弥补其财富损失，而金融机构不愿意增加更多的信贷，因而储蓄率很可能继续上升。

11.5　公共养老基金的几个管理问题

不同类型的基金会面临不同的管理挑战，但所有的公共养老基金往往都受制于当前政府的政治压力和政治监督。最近有关主权财富基金的研究结果表明（Harvard 2008），尽管财政政策的目标是养老金收益最大化，这些养老金机构得到的最终财政收益往往不会低于预期收益。研究人员认为，投资于国内经济的要求（2008 年和 2009 年时尤为明显）限制了它们做出最优的投资决策。

11.5.1　代际转移

政府退休储蓄基金或者是公共储备基金实际上是代际转移的一种形式。换句话来说，在职员工是用工资补贴现有退休职工的养老金需要，而这些在职员工退休后的养老金则是由后代承担的。正如本书第 1 章中所提到的，由于人口结构的不平衡，代际转移正逐渐被打破，导致在职员工抚养的退休人员数量正在上升。

当出现危机时，养老金储备基金可以被视为另一种未分配或仍没有被配置的政府基金。在某些情况下，未来养老基金的需求是不太明确的。俄罗斯的国家财富基金就是一个例子。它既用于满足未来养老基金的需求，也被用于目前政府财政支出的一部分。与那些已经被认定是养老基金的资产相比，养老储备基金在吸引投资者时可能需要较少的法律程序，因为养老基金有一定的股权限制。对于一些国家来说，养老金的计算很简单，那么为什么不将这些养老金用于刺激本国的经济发展？

一些国家正在利用养老储蓄基金为现今的财政政策融资，如爱尔兰。还有一些国家鼓励养老基金在国内资产市场上投资。沙特阿拉伯从国外收回的养老基金（GOSI）被用于股票平准基金以增加本国的资产份额（Ziemba 2009）。它也同样减少了养老基金在国外银行中的存款风险，反而增加了国外资本市场的风险。

这些资本总额和资产配置可以有效地塑造国内资本市场，并激励投资者们活跃起来。许多新兴经济体往往缺乏国内机构投资者，其中占主导地位的往往是国内散户投资者、国内知名民营企业或国际投资者（取决于其投资体制的限制程度）。有长期投资和收益前景的养老基金或养老储备基金在理论上能够吸引投资者们进行长期投资。那些管理公共的和私人退休养老金的投资策略有助于提高这些经济体的融资深度，并提升企业在国内寻求长期投资的能力。这样也会减少一些它们所要面临的汇率风险。

一些国家已经试图将养老基金和其他政府储备基金视为吸引资产管理者和开发金融市场的工具，并委托给在国内设立投资运营公司进行公共基金的管理。新加坡利用政府投资公司（GIC）的资产和养老金来吸引资产管理公司。再加上相关监管改革提高了金融运营效率，新加坡的原始资本有助于本国资产管理行业的发展。

各级政府的财政收入可能是相互关联、密不可分的。正如塞特瑟（Setser）和津巴（Ziemba 2009）所指出的，随着石油价格和产量相对减少，导致石油的股票、公司债券和其他资产的投资回报率下降，阿联酋等国家面临着石油领域的投资收益下跌的局面。[①] 尽管政府储蓄基金的回报率、财政资金和税收收入呈下跌趋势，财政的支出需求仍在不断上升。在新的代际转移下，政府养老金储蓄有了更高的需求，同时也产生了相应的压力。如今，一些国内的投资机构和当今政府财政支出正需要养老基金和其他政府储蓄基金的支持。换句话说，一些政府正在对养老金计划进行改革，尤其是养老储备基金。

有时候政治领导人及其支持者都在寻找实施公共政策和外交政策的途径。加利福尼亚州的两个公共养老基金（公务员养老基金和加州教师养老基金）已经被要求与苏丹的全部资产划清界限，这比美国的法律合约更具权威性。然而，有人可能

① UAE 的非石油收入也将下跌，由于多样性已经进入了对全球下跌和信用紧缩比较脆弱的部门，包括不动产、旅游和贸易。

会支持改革，这意味着公共养老基金能够充当一种政治工具（Steil 2008）。将养老金投资于私人股权公司似乎是一笔大生意，然而加州立法机构试图以主权基金的发起政府没有通过相关人权要求为由从而限制加州公务员退休基金和其他私人股本公司的主权财富基金的合作投资。虽然没有通过，但该修正案是围绕公共养老基金的政治讨论以及对未来可能出现问题进行的反思。

在一些国家中，"基金的所有者"是政府部门而不是以政府资产管理为代表的个人受益者，这些问题在这些国家中没有得到特别明确的解释。

为了达到道德和环境标准，欧洲其他的公共养老基金，如列入挪威黑名单中的欧洲最大的股票持有人——挪威政府养老基金是值得我们关注的。挪威政府养老金是公共养老基金和未能完全定义为主权储蓄基金的混合体。顾名思义，这些资产被用于长期满足挪威的退休养老金需求。2009 年期间该基金可以用于其他目的，部分基金将被用于填补石油行业外的预算赤字。

公共养老基金，尤其是挪威、加拿大、爱尔兰及其他重要的积极投资者，经常参与股东活动以改善其资产绩效。

公共养老基金不仅可以被视为一种游说工具，政府也希望利用自己的资金推动经济发展尤其是金融发展。2007 年，中国的养老金储备基金被获准投资于国内私人股本。其动机是多重的：一方面是增加储蓄的收益率以增加养老金的资本，但是另一方面更重要的是为国内产业提供原始资本。其他国家，如新加坡，已经使用来自主权基金的原始资本（包括养老金）来吸引国外资产管理者进入它的管理体制，帮助发展国内资产管理产业。拿新加坡金融自由化组合的例子来说，这种变化使得开放交易系统变得更为低廉。此外，原始资本促进了工业的增长。其他国家也尝试遵循这样的路径，例如韩国。

许多的亚洲石油出口国资本分配给自然资源。然而，这些投资可能会引起能源和金属进口商的长期资源需求。考虑到投资不足可能会导致大宗商品价格长期偏高的可能性，这类投资也可能是不错的金融投资。然而，正如其他主权投资者那样，一些投资可能反映了长期的经济乃至战略目标而非仅仅是财政收益。例如，一些阿布扎比投资者的近期投资。

11.6　局部趋势

以下章节将对几个主要主权基金的近期趋势进行评估。同时，专注于那些在新兴市场经济体中的基金，它们可能会在未来几年里经历最大幅度的增长并向股市、其他资产等进行多样化的投资。虽然该项调查并不全面，但对许多不同公共养老基金计划的主题进行了说明。

亚洲

在亚洲几个国家中，以个人储蓄基金或政府养老基金为主体的退休储蓄占有相当重要的份额。随着时间的推移，这些储蓄可以投资于风险更高的资产。然而，这些投资在 2008 年时产生的损失可能会推迟多元化的发展。

亚洲的一些发达国家，如日本和韩国，即使在管理较为保守的情况下，其退休储蓄仍较高，人均养老金相当高；新加坡对其养老保险制度进行改革之后，开始允许公民在各种投资基金中进行选择。总的来说，人口老龄化加剧了许多企业的养老负担，这意味着很大一部分的国民财富投资于低收益资产（无论是国内或国外的长期债券）。欠发达的国家往往对于退休人员缺乏必要的养老基金准备。包括中国在内的一些国家正在努力应对挑战。

日本的政府养老金投资基金（GPIF）是全球规模最大的养老基金，其管理的资产超过 1 万亿美元，主要是日本政府债券。政府养老金投资基金是将来可能多元化的投资基金之一。其他还包括邮政银行中的个人储蓄以及日本的外汇储备。然而，鉴于 2008 年以及 2009 年年初时的基金亏损，日本可能会规避风险。

韩国主要投资于国内政府证券的基金也被用于多样化投资。在近几年里，养老基金增加了股票和海外市场的投资。它们会联合国家的主权财富基金——韩国政府投资公司进行合作投资。韩国养老基金是几只亚洲投资基金之一，其一直对能源和其他大宗商品的投资有兴趣，甚至将会与海外石油公司展开合作。尽管中国国民的养老金储蓄率高，但其退休金仍存在很大的缺口。企业或国家养老金系统只覆盖了很少一部分员工，并且给付的养老金相当低以至于难以满足退休养老的需求。此外，中国计划生育政策所造成的人口结构失衡意味着老年工作人口不断增加。并且，由于人们对于卫生保健、教育、预防失业的需要，这都使得个人自我保险增加。2000 年，中国为国家养老金体系设立了储备基金，以试图缩小养老金缺口，但仍需要更多的资金支持。

同时，中国也试图利用养老基金来促进金融业的发展。中国鼓励全国社会保障基金投资于当地的私人股本，并且要求国有企业发行股票。国有企业股份的发行可以满足若干政策目标，即增加全国社会保障基金的资金、帮助创建长期型的机构投资者和一套新的不能立即抛售的股票以减少市场投机性。

相比其他亚洲国家，新加坡的养老保险制度更为发达。中央公积金制度（CPF）允许新加坡人在基金中做出投资方式的选择。这些基金以及来自新加坡的主权财富基金被视为种子资本，试图吸引外国投资者的到来。

澳大利亚和新西兰都设立了养老储备基金，正试图通过有效的投资方式来增加退休养老金。澳大利亚的主权基金——澳大利亚未来基金预计将用来填补养老金资金缺口，但是在此期间如果有需要的话，它还可能会用于其他领域的投资。绝大多数固定收入的养老金将会继续投资于国内市场，但计划增加国外持有比例。

中东地区

总的来讲，中东地区养老保险覆盖面呈现低层次化，并且仅限于那些正式的部门，尤其是公共部门工作人员。一般来说，能源出口国家和能源进口国家有不同的趋势。能源进口国较为贫穷，因此其国民储蓄往往也较低。事实上，有些国家，如埃及和黎巴嫩，尤为依赖国外融资。然而，约旦却是一个特例：根据经合组织和国际劳工组织报告，该国的基金资产相当于国内生产总值的 36.7%。

作为食利国家的经济体，这些国家转移支付水平一般较高，尤其在海湾阿拉伯国家合作委员会中表现明显。虽然人口趋于年轻化，但失业率越来越高，这意味着公共退休基金仍然是不够的。与此同时，劳动力稀缺，尤其是妇女人口不足，退休金的缺口成了一颗定时炸弹。

其中一些资本短缺的系统都受益于石油繁荣。有的国家通过配置盈余份额以增加退休储蓄。科威特利用经济高速增长和巨额储蓄的机会使养老基金开始站稳脚跟。2008 年，养老金的转移支付高达国民生产总值的 10%，但是当石油价格下跌后转移支付就停止了，因此 2009 年时不太可能进行转移支付。然而，国家基金作为一个整体来看仍然存在缺口，尤其是公共部门工作人员。

2001 年成立的阿布扎比退休金及福利基金从阿联酋所赚得的资金中收取 26% 的金额：其中 5% 由员工支付，15% 由用人单位支付，而其余部分由政府支付。然而，政府可能已经预付资金。阿诺德（2008）评价国际货币基金组织得出的数据评估认为，2005 年时政府的贡献超过 6% 的份额。

随着工资增长速度的降低，个人的缴费率可能随着工资减少而减少。然而，在这些地区，国家倾向于防止失业的发生。而那些容易失业的外国工人则往往不会对国家计划有所贡献。

总的来说，中东地区的国家养老基金运营往往是相对保守的，而且通常很少在 2009 年国际劳工组织会议上进行数据披露。一些养老基金已经变得相当复杂，诸如阿布扎比公务员的养老基金利用内部和外部资产管理者的技能进行资产管理。越来越多的基金被投资于外国债券、股票和其他政府资产。如沙特阿拉伯这样已经建立了较为公平的养老基金的国家，除了持有外汇资产之外，还大量持有国内股票。然而与政府资产相比较而言，这仅占国内生产总值的很小部分。

养老基金的投资运营往往比主权基金更为保守。在一些国家，养老基金往往被视为重建国内资产市场的工具。例如，沙特阿拉伯的一项养老基金——GOSI。该国为了稳定市场不仅增加了其持有的国内股票，而且将其在国外银行的存款转移到国内银行，以帮助其构建资本基础（Ziemba 2009）。20 世纪 90 年代，沙特阿拉伯基金同样购买了大量的政府债务（其中大部分在 2003—2008 年期间偿还）。其他养老金则支持受益人抵押自己的储蓄，如约旦养老金（ILO）。

欧洲和北美洲

尽管欧洲也建立了大型的、较为完善的私人养老基金，但欧洲的公共养老金覆盖率范围很广，且资产配置变化较多。公共资金占退休储蓄大部分，特别是对于公共部门的员工，这些基金多数投向股票市场，少量则属于另类投资。因此，除了一些高风险资产以外，公共养老金是欧洲股票市场的重要参与者。西班牙将100%的公共养老金都投资于债券和现金，其投资规模也在不断变化。瑞典的基金规模占经济比例最大。经济合作与发展组织的报告指出，瑞典作为一个社会福利系统非常发达的国家，其公共养老金资产总额庞大，占国民经济总值的31.6%。

挪威有一个包括许多国内资产的专项养老基金，以及一个被称为政府养老基金的大规模主权财富基金（GPF-G）。该基金目标是为了保护挪威后代人的财富，发展国内经济。正如其名，该基金是为了满足养老金的长期需求而设立的。然而，这些资产也可以用于其他目的（2009年4月底时有超过3 300亿美元）。2009年，挪威为刺激经济进行了基金融资。挪威基金由2000年的50亿美元增加到2008年中的4 000亿美元。此后，基金价值发生部分损失是因为在过去一年里，以美元计价的主要欧洲资产价值的下降引起了汇率波动。然而，该基金还面临着投资的重大损失，特别是持有的股权以及一些高风险债券。该基金目前的资产配置目标是，股票占60%而债券占40%，比2008年下半年以及2009年第一季度基准要逊色。它经历了一个提高其风险管理和评估其资产配置的过程。

俄罗斯也打算利用石油繁荣期时积累的外汇储备基金来满足其退休养老金的需求。2008年初，俄罗斯将稳定基金分离为储备基金和国家财富基金，分别旨在收入下降时提供财政预算支持和为后代发展储备资金。俄罗斯官员打算投资这些资金以弥补养老资金缺口。然而，鉴于俄罗斯的金融漏洞，这些资金可能被用于其他目的。储备基金的价值已从2009年初时的超过1 300亿美元的峰值降到2009年6月时的低于1 000亿美元。2009年时俄罗斯的财政赤字占国内生产总值的比例为两位数，而2010年时则占5%~6%。这两个基金可能都将被耗尽，给未来留下的较少。尽管起初俄罗斯曾打算将财富投资于股票，但由于受到AAA级政府债券和机构债券的限制，其投资运营方式一直比较保守。然而其未来基金的资产配置方式有可能会发生变化。

美国和加拿大：美国和加拿大的公共退休金往往来源于员工工资中扣除的部分以及雇主缴费，这其中包括政府公共部门工资的员工。美国退休基金的最大来源是美国国债的社会保障基金，此外还有其他一些少数的多样化方案。关于社会保障和医疗保险资金不足的政治辩论在未来几年内将会被重提，但现在对短期融资的担忧更为棘手。相比之下，各州政府部门的公共雇员的基金倾向于投资股票和其他风险资产配置。如上所述，如加利福尼亚州的公共雇员基金的一些规模较大的公共养老金迅速投资于这些风险领域。当它们面临资产损失时，一些基金可能会减少其配置。尤其是房地产和依赖间接杠杆的私募基金的投资已经开始亏本出售。

多年来，随着各州和地方政府财政地位的削弱，其养老金数额也有所不足。2009年时，公务员也被迫实行休假，其工作时间和缴费都有所减少，导致该趋势逐渐恶化。更严重的是，国家税收收入缓慢回升和短期负债仍在逐渐增加，使得未来几年内当局对养老金的投资仍可能不足。

不同于美国社会保障信托基金，加拿大退休金计划（CPP）在十年前建立了投资证券组合以设法扩大其资产。最终，这些资产及其投资回报都被存入加拿大退休金计划的主要基金中。这些政府先行融资的资产已投资于股票、国外和国内资产以及另类资产。此改革提高了可用于投资加拿大以外资产的份额。大型的州级公共养老基金，像安大略教师基金，已经紧随其他同行的脚步成为主要的积极投资者。

11.7　结论

公共养老基金凭借其增长和多样化的资产来提高风险调整后的报酬率，在全球、各地区的各个国家的资本市场中成为越来越重要的投资者。为了填补退休资金缺口，发达国家和新兴经济体建立的储备基金增加了这些资产的规模。2009年，这些基金试图吸取信贷危机的教训，重塑全球资产市场。一些基金可能会吸取教训，增加其投资组合中流动资产的份额，以利于政府或受益人索赔基金。此外，鉴于养老金投资损失固有的政治压力，一些主权投资者可能会进一步减少损失。

因此，主权养老基金应当被视为由政府管理的财政资金中的一种。尽管各个养老基金的投资运营目标和期限有所不同，但不同类型主权资本的资产配置管理方法却是类似的。随着时间的推移，养老基金为了继续吸引资产，其资产配置策略可能略有调整。特别是考虑到其投资运营的长期性，如果主权养老基金更多地投资于实物，尤其是基础设施建设，这将符合金融市场、养老金受益人和其他公民的利益。这种投资不仅能够带来长期的经济利益，还能够带来一定的金融回报，即使发生通货膨胀不断升高的情况，也仍能够起到保值增值的效果。

参考文献

Allianz Global Investors. 2008. Funding unfunded pensions：Governance and investments of Asian reserve funds. Allianz Global Investors.

Arnold，W. 2008. Wealth funds draw profits and attention. *The National* ［Abu Dhabi］，July 13. www. thenational. ae/article/20080713/BUSINESS/923178969.

Behrendt，Christina，Tariq Haq，and Noura Kamel. 2009. The impact of the financial and economic crisis on arab states：considerations and social protection policy responses. International Labor Organization. Beirut，Lebanon.

Bernstein，S.，J. Lerner，and A. Schoar. 2009. The investment strategies of sovereign wealth funds. Harvard University.

Blundell-Wignall，A.，H. Yu-Wei，and J. Yermo. 2008. Sovereign wealth and pension fund issues. OECD.

Monk，A. 2008. Is CalPERS a sovereign wealth fund? Boston College，Boston，MA.

Setser，B.，and R. Ziemba. 2009. GCC funds：Reversal of fortune. Council on Foreign Relations.

Ziemba，R. 2009. GCC：Sovereigns a bit better. Roubini Global Economics，New York.

12.1　自有公司股票

2000 年和 2003 年的股票市场下跌在以下几方面给养老基金带来了十分不好的影响：

- 养老金待遇确定制养老金计划出现了赤字。

2002 年初，通用汽车公司的债务达到 764 亿美元，资产为 673 亿美元，差额则达到 91 亿美元。尽管，当年通用汽车公司缴费达 32 亿美元，但预计到 2002 年底其资金缺口将达 230 亿美元。

- 2002 年 9 月 30 日，福特汽车公司有 65 亿美元的资金缺口，预计到 2002 年底该缺口将达约 100 亿美元。

- 如果采用缴费确定制养老金计划，公司形象以及员工士气会受损。

2001 年年末，安然公司倒闭。其公司股价下跌了 99%，从 90 美元跌到不到 1 美元，损失了 99%。一些知名专业分析师指出，安然公司员工面临失业并且大部分员工还失去了养老金。在很大程度上，养老基金仅投资于单项资产是具有很大风险的。如若该项资产与某人工资有关的话，风险则会更大。安然公司员工的总损失超过 10 亿美元，大约 60% 是 401（k）养老金计划。这是一个缺乏多样化和过度负债的经典例子。

表 12-1 显示，许多大公司的股票在 401（k）计划中占有很高的份额。

总的来说，米歇尔（Mitchell）和尤特卡斯（Utkus 2002）报告称，约有 500 万人参加了 401（k）计划，其所持有的资产中有 60% 是公司股票，通常数量庞大。加起来，公司的股票约占资产 19% 的份额。但对于那些持有公司股票的人而言，该份额为 29%。不出意外的是，当由公司决定时，员工股票持有率为 53%；而当员工可以自由选择时，员工的股票持有率较低，仅为 22%。

为什么公司与员工在他们的养老金中投入这么多自己公司的股票呢？公司可以在公开市场上购买股票，例如一些像微软一样的公司会这么做。公司亦可发行股票，比如给关键员工期权以稀释股票价格。后者对于公司来说较为经济，正如《经济学人》中所写的（2001 年 12 月 15 日，60 页）。

表 12-1　　　　　　　　　　公司股票占 401（k）养老金计划的份额

公司	股价表现		
	本公司的股份占 401（k）养老金计划的%	2001 年%	2002 年%
美国宝洁	94.7	-2.2	11.5
辉瑞制药	85.5	-12.3	-22.0
可口可乐	81.5	-25.1	-5.5
通用电气	77.4	-23.3	-37.4
安然	57.7	-99.1	-85.4
德州仪器	75.7	-34.5	-46.1
麦当劳	74.3	-22.1	-39.3
福特汽车	57.0	-28.9	-38.3
奎斯特通信	53.0	-69.7	-64.6
美国在线时代华纳	52.0	-8.1	-59.2

资料来源：Updated from The Economist，December 15，2001，p. 60。

理论上，员工投资公司股票是为了解决两个问题：他们解决了股东和被雇用员工之间的代理成本问题。此外，他们还会获得资本升值收益，资本主义的基本组成部分。

结果是惊人的。美国这片土地上到处都是沃尔玛的收银员或者宝洁生产线上员工的故事。他们仅靠自己的工资过活，但是这些人却通过退休计划的公司股票不断稳定累积而发家致富。

还有许多其他的正面例子，例如微软、英特尔和诺基亚。

雇员可以经常以当前市值的一定折扣购买公司股份或者通过免费的期权获取股份。同样也存在企业文化的压力。比尔（Bill）和桑德拉（Sandra）发现，1988—1989 年，日本山一研究机构的雇员因道义劝告和同辈压力而有义务去购买山一证券股票，其随后在 1995 年破产。安然已经重新关注这种风险很长时间了。

最有可能的是改变规则。关键是雇主和雇员的风险承受者定位。在 1942 年，立法通过了在待遇确定制养老金计划中限制持有公司股票为 10%，以排除雇主风险。401（k）是缴费确定制养老金计划，它将风险转移给雇员。在宝洁公司，公司认为福利和员工是不分离的。这可能是美国的方式，但是有 95% 的工作风险，雇员承担了大量风险。这种集中通常导致了很高或者很低的回报。

股票和工作的真正风险是什么？Douglass、Wu 和 Ziemba（DWZ）（2004）通过采用均值方差和随机规划资产模型对其进行估计。在讨论这点之前，米歇尔和尤特卡斯（2002）阐述了波动性对财富的摧毁。他们假设，3 名工人每人每年赚 5 万美元，其中 10% 的金额存入 401（k）计划之中，且每年的通货膨胀率为 3%。假设股票市场指数和公司股票每年的收益率为 10%，而其标准偏差分别为 20% 和40%。30 年后，资金全部投入股票市场的中层员工赚了 83 万美元。股票市场和公司股票各投入一半的员工赚了 61.5 万美元。而将资金全部投入公司股票的员工则赚了 41.1 万美元。这是由于波动所造成的几何运算的不平等：获得 50% 然后失去50%，并没有相等；收益率为 −13.4%，使得投入 100 美元之后只能收到 75 美元。波动幅度越大，几何平均数越低，对于不变算术均值而言，其决定了长期的财富收益。

DWZ 考虑了如下情况：投资者在市场指数（标准普尔 500）、债券指数（雷曼兄弟美国总和）、现金和自有公司股票选择。参数假设，估计来自 1985—2002 年数据流的月度数据，反映长期股票、债券和现金收益来自康斯坦丁尼德斯（Constantinides 2002）、迪姆森（Dimson）等（2002）和西格尔（Siegel 2002）。4种资产的年均收益分别为 1.10、1.05、1.00 和 1.125。标准差为 0.20、0.04、0.01 和 0.50，协方差矩阵为：

$$\begin{bmatrix} 1.000 & 0.750 & 0.058 & 0.500 \\ 0.750 & 1.000 & 0.250 & 0.550 \\ 0.058 & 0.250 & 1.000 & 0.029 \\ 0.500 & 0.550 & 0.029 & 1.000 \end{bmatrix}$$

相对于现金，这些假设有平均收益，并且有较高的预期收益，但是自有公司股票有更高的波动性（2.5 倍于标准普尔 500 指数，是典型的小盘股票）。图 12-1 显示了均值方差模型的结果，方程为投资者风险规避拥有公司股票（12-1b）和没有公司股票（12-1a）以及公司股票平均收益方程（12-1c），阴影部分区域代表投资组合权重（左边区域），菱形代表最优投资组合预期收益。当风险规避为 8 时，拥有 60% 股票，40% 债券。

最优投资组合是不持有公司股票。因此，没有交易约束，风险规避系数为 8 的持有自有公司股票不是最优的。但是，对于有交易约束的投资者而言，如没有能力短期卖空，持有一些公司股票是最优的。如果投资者风险规避非常低或者股票的预期收益非常高，公司股票是一个最优的投资组合选择。当风险规避为 5 时，短期卖出约束闭合，最优投资组合开始转向风险更高的股票投资（图 12-1b）。为了实现持有超过 50% 的公司股票（图 12-1b），需要风险规避系数小于 0.5。或者如果雇员认为公司股票的预期收益超过 50%，将会持有 50% 的公司股票（图 12-1c）。当平均收益达到 20% 时，自有公司股票开始进入，其收益为标准普尔 500 的 2 倍。当自有公司股票的最优配置达到 50% 时，自有公司股票的预期收益必须超过 50%，5 倍于标准普尔 500 指数。

这个分析假设所有雇员财富包含在公司养老金计划中。这个假设合理考虑了许多北美地区储蓄较少的情况，除了进入他们的免税账户。但是，图 12-1b 显示财富

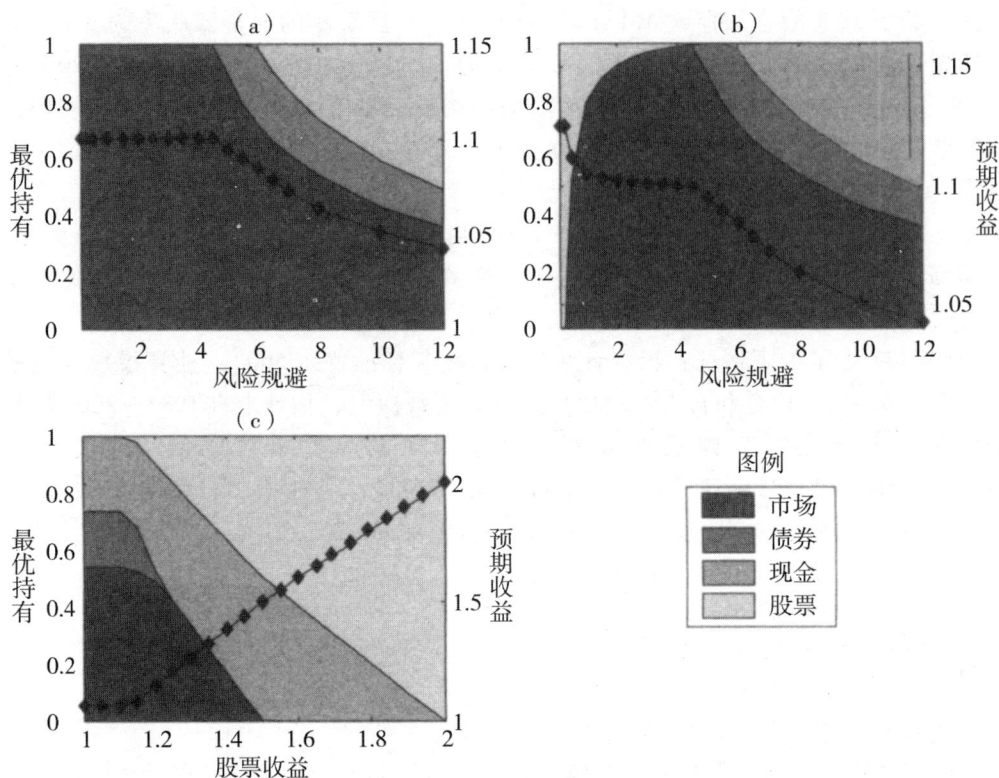

图 12-1　均值方差模型

注：风险规避（a，b）和公司股票预期收益方程（c）的最优投资组合。阴影部分代表投资组合权重（左侧区域）。曲线代表最优投资组合的预期收益（右侧区域）。菱形代表进行计算的独立变量值。三种资产类别的结果，没有公司股票结果为 b。4 种资产的结果为 b 和 c。

资料来源：Douglas，Wu 和 Ziemba（2004）。

比例必须在计划外持有，为了实现在计划中 50% 的自有股票持有，一个风险规避系数为 8 以及在养老金计划中自有公司股票为 50% 的雇员必须在公司的计划外拥有 50% 的退休账户。

12.2　年金的作用

年金是未来时期的现金流入。它们是依据购买和第一次支付的时间不超过支付之间的时间来定义的，这为人们转移长寿风险所伴随产生的缴费确定制养老金储蓄转变提供了一种方式。

有很多类型的年金旨在以不同的方式，将年金提供者和受益人之间的寿命风险以及投资风险分离开来。基于资产收益，年金可以用合同或变量的固定比例进行支付（这并不存在风险的完全转移）。即使年金受益人过早去世，但是当其在世时继续缴纳，有保障的年金仍会在一定时期内支付。选择一份年金的目的是避免产生储蓄不足的困扰，所以一般不建议拥有"某个"长期年金，因为这将显著降低每月的支出。联合年金，包括共同生活和共同遗属津贴，使夫妇决定是否一直支付到配偶去世。生活质量受损的年金会为受到严重生命威胁的医疗诊断付款。这种差异仅受限于合约人的想象力和评估风险的能力。

表 12-2 显示了购买价值 10 万美元年金的不同支出。该项数据来源于 2009 年 6 月 30 日，对象为加利福尼亚州居民。表中第一列是有关定期支付的对比。其他各列则是各种有或没有项目保证的长寿保险。各行则是在其 65 岁或 70 岁时退休的男性和女性居民，针对个体或共同的长寿风险费。

表 12-2　基于不同类型年金假设下 100 000 美元投资的受益人月度支付额

收入支出选项	定期	每月收入					
		65 岁男性	65 岁女性	65 岁夫妇	70 岁男性	70 岁女性	70 岁夫妇
单身生活收入，无受益人支付款项		668	625	548	757	697	614
单身生活收入，分 5 年支付给受益人	1 757	662	621	548	745	707	614
单身生活收入，分 10 年支付给受益人	1 000	643	610	547	707	680	611
单身生活收入，分 15 年支付给受益人	757	615	593	543	654	641	600
单身生活收入，分 20 年支付给受益人	645	582	569	535	600	596	577
单身生活收入，分期支付给受益人	567	632	600	544	696	669	606

资料来源：www.totalreturnannuities.com。

一些国家要求公民在达到特定年龄后，应该将退休储蓄如 401（k）计划转变为年金。例如，英国规定为 75 岁。要求转变的国家一直在改变年龄。

一般来说，如果最后没有储蓄，他们所提供的年金保险费是非常昂贵的。

2009 年，许多人不信任金融机构，因此，比如购买 50 万美元年金为未来 20 ~ 30 年间甚至一直到去世提供收入保障，这存在违约风险以及由于低利率导致的较高成本。

12.3　保险的作用

保险相当于年金，跨期支付一定费用以获得未来的一次性支付。保险有诸多优点。首先，该项支出是免税的，有可能是一大笔钱。其次，保险对于许多人来说是一个保护伞。对于配偶而言，其中一方的保险单涵盖了其收入，那么，即使一方去世或者不能工作，另一方也无须担心。再次，保险是一个投资组合对冲工具，它能够降低投资组合资产风险。最后，保险合同可以用来支付遗产税。保险的这些优势与其成本相称，因为保险费用较高且保险公司承担信用风险。保险公司就像是一个卖家，它负责收集保费和进行投资，之后则偿还索赔或在某些情况下并不需要支付。众所周知，其投入的预期价值对于买方而言是消极的，而对于卖方来说却是相当积极的。参见依据 Tompkins、Ziemba 以及 Hodges（2008）所做的图 12-2。因此，对于保险购买者而言，他们正是为了保险的这些优点而付款。

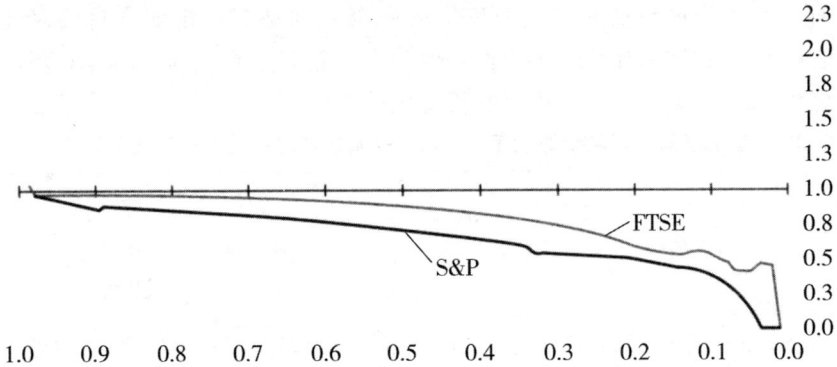

图 12.2　1985—2002 年，每美元平均收益赌注与概率水平比较：一个月的股指期货

资料来源：Tompkins、Ziemba and Hodges（2008）。

12.4　退出计划管理的作用

12.4.1　强制退出

虽然每个国家有不同的规定，但是，通常会实施免税储蓄的强制退出计划，例如 IRAs 和 401（k），等等。美国规定 70.5 岁及以上的公民必须有一个退出计划；加拿大则规定是 71 岁。如果一个人不购买年金但却选择投资组合，当其遭遇例如2008 年时发生的损失时，若不大大降低资产价值和因此造成长寿风险增加，便很难满足退出的要求。这既是一个好消息同样也是一个坏消息：2009 年 12 月，美国国会投票赞成 2009 年而非 2008 年一年的豁免权。由于 2008 年退休储蓄大幅贬值，退休人员仍然要求以 2007 年年底余额为依据退出。

12.5　何地以及如何选择退休？

《美国新闻与世界报道》杂志曾依据不同的标准对各地退休做出排名。而这些标准涵盖了健康、低成本、户外、环保以及一些特殊利益集团，如政党、体育爱好者等。此外，基于成本、气候和生活方式愿望，Sherrian（2009）做出研究报告，选出适宜养老的五大地区。这五个地区并非都处于温暖的地方，见表 12-3。

表 12-3 最适宜养老的五大地区

地区	总人口	65 岁以上百分比	65 岁以上公民的收入中值（美元）	居住成本中值（美元）	2008 年失业率百分比	每万人卫生保健
宾夕法尼亚州蒙哥马利县	778 048	14.9	41 323	1 539	4.4	2
纽约州纳苏县	1 361 625	15.0	48 848	2 140	4.7	2
亚利桑那州皮玛郡	1 012 018	15.2	36 635	972	5.1	2
佛罗里达州棕榈滩	1 265 293	22.1	37 799	1 250	6.6	4
夏威夷州檀香山	905 034	15.4	53 020	1 566	3.5	2
美国均值						

资料来源：Sherrian（2009）。

12.5.1 新型退休社区

不同于以往，出生于婴儿潮时期的退休人员想要一个不同类型的退休社区。

乔治梅森大学的生活协助型/老年住宅管理项目的主任安德鲁·卡尔认为，退休社区将会大批涌现以满足各类养老需要（《美国新闻与世界报道》2009）。尽管，毫无疑问退休社区将会出现许多类型，但安德鲁·卡尔推荐以下几类：

1. 校园生活：有超过 100 个退休社区是位于重点高校附近，主要是为了利用各类设施。这些设施包括良好的医疗保健、继续教育项目、音乐会、戏剧以及更容易参与运动。

2. 风水：著名的退休和辅助生活社区的管理员——埃吉斯（Aegis），根据风水设计了埃吉斯（Aegis）花园，以面向中国人和日本人。

3. 男女同性恋者：圣达非的彩虹视觉（Rainbow Vision）吸引了大批的男女同性恋者、双性恋者以及变性居民。例如，该社区内有一家酒店而非高尔夫球场。

4. 乡村音乐爱好者：即将于 2013 年开放，位于那什维尔附近的 Crescendo，将迎合那些视乡村音乐为职业的人以及退休生活离不开乡村音乐的人。

5. 辅助房车生活：在得克萨斯州的 Rainbow's End RV 公园中由 CARE（继续援助退休者）提供服务。因此，退休人员可以住在他们的休旅车中，得到有关食物、干洗、医疗预约以及更换液化气罐的服务。公园内还有活动中心。

12.5.2 辅助生活型住房

当身体健康状况开始恶化，人们应该考虑如何选择辅助生活型住房。选择辅助生活型住房可能需要事先购买保险来支付花费，或者需要有充足的储蓄。

退休人员从老年保健机构搬出来，与子女住在一起的现象越来越被社会所倡导。由于受到经济因素的影响，包括成年孩子中间的失业，该趋势一直被社会所鼓励，所以较高收入和财富是必要的；77%的美国财富掌握在50岁及以上公民手中（Sherrian 2009）。

12.5.3　反向抵押贷款

反向抵押贷款能够使退休人员在自己家中享受退休生活。反向抵押贷款，作为税后年金的一种形式，它是一种混合工具。类似于提前支付一部分金额的年金，你每个月都会得到一笔固定的收入。然而，当你每个月收到一笔固定收入时，你的贷款利息相应也会增加。住房股权最终必须足以偿还贷款和利息。所以这也类似于每月支付的一笔贷款。

不完全产权的信托是在家庭信托基金内部构建反向抵押贷款。方式包括将财产传给子嗣（子女或孙辈）从而避免房地产税，同时继续缴纳到期的税款（另一个优势）。此外，还可以借用委托金来购房，之后信托还会支付利息。最后，信托将拥有房屋，而非银行或者是反向抵押贷款的提供者。尽管信托是一种潜在有用的工具，但美国国税局尚未对其合法性进行裁决（Spector and Tergesen 2009）。

12.5.4　拥有多套住宅值得吗？

拥有多套住宅的退休者可以在不同的地方度过退休时光。

在加拿大，很少有人利用贷款进行住宅投机和投机买卖，并且加拿大银行不向客户提供次级贷款。然而，银行（其中一些有势力的银行）却拥有一些美国以及其他不良资产，一些银行还进行美国次贷投资。但是，这些银行并没有像美国和英国的银行一样陷入严重的危机。

现在让我们来看一个最直接简单的案例，案例的主人公是拥有两套住宅的辛西娅（Cynthia）。此案例基于 Attentuck（2009）。其中一套住宅是用于工作居住，而另一套住宅则是为退休所准备的。在案例以及大多数其他类似的情况中，第二套住宅位于另外一所城市。该案例中，辛西娅（Cynthia）是一个58岁的女人，她在多伦多工作，并且住在租来的公寓里。但是她在不列颠哥伦比亚省还拥有一套住宅，并且打算退休后在那里生活。她没有负债，退休储蓄计划为32.5万美元，只有当将其取出时才需纳税。此外，她还有71.5万美元的投资和一辆价值1.5万美元的汽车，以及160.5万加币的净资产。在未来10~15年内，她想一直保留这两套住宅。但是，她税后29 808美元的年薪根本难以负担起两套住宅的维护和其他费用。所以她不得不靠投资来弥补差额。

她该怎么办？

遵循理财规划师迈克·强尼（Mike Cherney）给出的意见，我们也得到一些想法。

迈克（Mike）的建议如下：

■ 放弃其中一套住宅。月供需要 5 168 美元，而这些花费是辛西娅（Cynthia）每月税后薪资的两倍多。

其中，财产税 350 美元、物业费 250 美元、公用事业和电话 230 美元、多伦多公寓的租金 2 100 美元、食物 450 美元、餐饮 250 美元、娱乐项目 200 美元、服装 250 美元、汽油费 50 美元、旅行花费 200 美元、汽车以及房屋保险 188 美元、杂项 350 美元、慈善以及礼物 300 美元，总金额为 5 168 美元。

■ 如果她放弃多伦多的公寓，她每月的费用将下降到 3 068 美元。即便如此，这些费用仍然超过了她每月的税后薪资。

■ 她可以考虑将位于不列颠哥伦比亚省价值 55 万美元的住宅以 50 万美元的价格出售。如此一来，她的投资金额就增加到 121.5 万美元。

迈克假设每年投资回报率为 4%，而通货膨胀率为 2.5%。假设辛西娅预计到 94 岁去世的话，迈克（Mike）对她的纳税收入和退休储蓄进行了估计。

■ 应税所得每月为 4 556 美元，一年则是 54 675 美元。

■ 退休储蓄每年为 12 840 美元。

■ 总计为 67 515 美元。

■ 当她到 60 岁的时候，她可以每月从加拿大养老金计划中多得到 495 美元，一年则是 5 944 美元。这样的话，在她 60～65 岁期间，她每月薪资上升到 6 122 美元，一年下来有 73 459 美元。

■ 65 岁的时候，她的老年保障可以增加到每年 6 204 美元。如此一来，她 65 岁以后每月薪资为 6 639 美元，一年下来便是 79 663 美元。这将超过她目前的费用，使生活状况有所缓和。

辛西娅不愿意放弃任何一套住宅。这正与我们的想法不谋而合。她宁愿多工作，多赚回 3 万美元的年薪，而这是她自主创业时所得收入的 4 倍。但这是有风险的，她可能遭受伤害或者患病，再加上工作量繁重。

理财规划师建议，如果她想维持两套房屋的话，她需要比别人工作时间长一些，抑或是搬到多伦多一个较为便宜的公寓。此外，她还可以考虑将闲置的房屋租出去。

幸运的是，辛西娅并没有受到 2007—2009 年期间股市下滑的影响。因为她将大部分资金都投资于有保障收入权证中，而其年平均回报率为 4.75%。但是当前的有保障收入权证回报率较低，因此，她可能会考虑其他投资，如养老金、优先股、表现不佳的普通股。例如，2009 年年初时，蒙特利尔银行 30 美元股票的分红超过 9%，而这远远低于之前 50 美元的股价（2009 年年底，股价回升到 50 美元）。政府债券的收益率较低，而这似乎是一个泡沫。每年 5 000 美元的免税储蓄账户能够起到一点帮助作用。

辛西娅和她的顾问认为，某些时候她可能不得不搬回到不列颠哥伦比亚省，放弃在多伦多租赁的公寓。因为努力工作只能在短期内对她有所帮助。

对此分析，我们还有什么其他要说的呢？

考虑到辛西娅投资有保障收入权证中的行为，可以看出她冒险精神较弱。辛西娅没有负债，而且资产丰厚。她可以选择花更多的时间在工作上，或者少花钱。她每年很少花费 160 万美元净资产中的资金。看来她应该享受在多伦多和不列颠哥伦比亚省的住宅生活。她可以将房屋转租或者自己长期租住公寓，不需要太担心。她实际上是相当不错的。如果在以后的几年里，她需要更多的钱，她可以处置一部分的资产或公寓。

这里存在一个普遍的问题，即持有资产能够以较低风险安全地偿付债务。在本书中的第 7 章以及第 14～16 章中，我们利用一个模型来分析这样的状况，并讨论相关应用情况。

12.5.5　无息贷款

当前，社会保障立法中存在漏洞，即允许个人从某一年龄开始领取养老金，比如说 62 岁，然后是 70 岁，假如改变想法，将他们之前取得的金额全部偿还，从头开始，这便不存在累积的利息（Munnell 等人 2009）。

▌参考文献▌

Attentuck，A. 2009. Two houses are not so sweet. *Globe and Mail*，January 17，B8.

Douglass，J.，O. Wu，and W. T. Ziemba. 2004. Stock ownership decisions in DC pension plans. *Journal of Portfolio Management*（Summer）：92–100.

Sherrian，L. 2009. These counties offer retirees comfort and opportunity，but also financial peace of mind. *Forbes*，March 21.

Spector，M.，and A. Tergesen. 2009. Unusual trusts gain appeal in unusual time.

Starr，C. 1999. The ultimate uncertainty：Intergenerational planning. Paper for Workshop on an Application of Planning under Uncertainty，Electric Power Research Institute，Palo Alto，CA，July 12.

Tompkins，R.，W. T. Ziemba，and S. Hodges. 2008. The favorite longshot bias in S&P 500 futures options：The return to bets and the cost of insurance. In *Handbook of Sports and Lottery Investments*，ed. D. B. Hausch and W. T. Ziemba. North Holland，161–180.

U. S. News and World Report. 2009. Next-generation retirement communities. May 15.

第三部分

问题模型化

我们从人口结构变动和退休演化过程开始讨论。

本章主要借鉴学习如大学捐赠基金、基金会、家庭信托以及其他非营利组织的财富管理模型。

13.1 捐赠支出的保值增值

主要基金会，如卡内基、福特、洛克菲勒基金会，以及如哈佛、普林斯顿、斯坦福、耶鲁、哥伦比亚等大学基金都获得了数亿美元的捐赠。这些来自富裕阶层赠予的基金被用于维持和改进教育机构。由于存在明显的通货膨胀现象，基金的支出通常也会增加。捐赠必须进行专业有效的基金管理以便现有的支出不会影响未来的消耗。捐赠基金的活动形式有很多，和遗产一样，基金的部分收入来源于学费、拨款、科研合同和其他来源。然而，为了维持这个支出，良好的投资绩效是十分必要的。

相对于公共投资股票，耶鲁大学非常重视私人股票，见 Swensen（2000）。在1982—1997 年的 16 年时间里，耶鲁基金的 19.1% 用于私人股票投资组合，17.6%用于全部投资组合，高于 1982—1997 年间的美国债券、美国股票、发展股票、新兴股票、不动产和现金，年回报率为 16.9%，投资份额处于机构基金的前1%。1997 年 6 月资产配置中，是国内股票占 22.5%，国内固定收入占 12.5%，外国股票占 12.5%，私人资产占 32.5%，其他可交易证券占 20.0%。高比例的私人资产反映出大规模无效率通常存在于非流动性市场中，主要是由于非流动性提供了补贴，所以头寸可以低价进入市场，这些市场不能够被很好地理解。耶鲁是一个私人股票可以获取长期高回报的最好例子，包括熊市期间，见表 13-1。耶鲁来自私人股票收益统计上显著高于其他资产类别。

表 13-2 比较了 2000—2008 年耶鲁和哈佛基金以及标准普尔 500 指数的收益情况。

最佳风险资本管理者（包括耶鲁的斯文森）非常谨慎，并且拥有非常好的回报，但是大多数其余的收益较差。见表 13-3 和表 13-4。

表 13-1　　　　　　　　　1982—1997 年不同资产类别的净收益

	美国债券	美国股票	发达国家股票	新兴国家股票	不动产	现金	耶鲁	
							绝对收益	私人股票
年份	72	72	38	13	21	72	20	16
指数统计								
回报率（%）	1.2	9.2	6.3	11.1	3.5	-0.4	17.6	19.1
标准差	6.5	21.7	18.9	27.9	5.1	4.1	11.8	20.0
增长率	1.0	7.0	4.7	7.7	3.4	-0.5	17.0	17.5

表 13-2　　　　　　耶鲁、哈佛、标准普尔 500 指数收益比较（%）

年份	经济周期	耶鲁	哈佛	标准普尔 500 指数
2000	技术泡沫	41.00	32.00	7.00
2001	技术泡沫破碎	9.20	-2.70	-14.83
2002	技术泡沫破碎	0.70	-0.50	-17.99
2003		8.80	12.50	0.25
2004		19.40	21.10	19.11
2005	不动产泡沫	22.30	19.20	6.32
2006	不动产泡沫	22.90	16.70	8.63
2007	不动产泡沫破碎	28.00	23.00	21.00
2008	不动产泡沫破碎	4.00	8.60	-14.80
2000—2008 平均收益		17.80	14.40	1.60
2000—2008 波动率		12.40	11.30	14.60
2009		-25.00		

资料来源：WSJ（2008）。

表 13-3　　　1988 年 1 月—1997 年 12 月，机会识别领域的积极管理回报离差

资产类别	第一分位点	中值	第三分位点	程度
美国固定收入 **	9.7	9.2	8.5	1.2
美国股票 **	19.5	18.3	17.0	2.5
国际股票 **	12.6	11.0	9.7	2.9
不动产 *	5.9	3.9	1.2	4.7
杠杆收购 ***	23.1	16.9	10.1	13.0
风险资本 ***	23.1	12.4	3.9	21.2

* 机构财产顾问。

** Piper Managed Accounts Report of December 31, 1997.

*** Venture Economics, 1998 Investment Benchmark Report：Buyouts and Other Private Equity and 1998 Investment Benchmark Report：Venture Capital.

资料来源：Swensen（2000）。

表 13-4 资产类别比较：1980—1997 年投资基金收益

	不动产*	风险资本**	杠杆收购***	国内股票**	国外股票**
最大值		498.2	243.9	18.1	19.5
第一分位点	9.9	17.1	23.8	16.6	16.1
中值	7.8	8.1	13.2	15.5	14.9
第三分位点	5.9	0.6	1.1	14.9	14.0
最小值		−89.7	−65.9	13.2	11.1
第一到第三分位点程度	4.0	16.5	22.7	1.7	2.1
标准误	2.5	30.0	35.7	1.3	2.1

* 机构财产顾问。

** Piper Managed Accounts Report of December 31，1997.

*** Venture Economics，1998 Investment Benchmark Report：Buyouts and Other Private Equity and 1998 Investment Benchmark Report：Venture Capital.

资料来源：Swensen（2000）。

表 13-5 显示两次市场危机期间四种基金在牛市和熊市中的表现。

表 13-5 1977—2001 年四种基金在牛市和熊市中的表现

	牛市和熊市市场		1987 年和 1998 年危机		市场波动率	
	超过基准平均月回报（%）		超过基准月份回报（%）		超过基准月收益与波动率度量关系	夏普指数 1980 年 1 月到 2000 年 3 月比率
	牛市	熊市	1987 年 10 月	1998 年 9 月		
伯克夏	1.21	1.70	0.40	0.89	−0.14	0.786
BGI TAA	0.10	0.73	20.38	−1.74	0.54	0.906
福特基金	0.11	−0.08	−1.11	−2.11	−0.09	0.818
麦哲伦	0.52	0.88	−5.46	−1.20	−0.04	0.844

资料来源：Clifford，Kroner，and Siegel（2001）。

表 13-6 显示了 2009 年 6 月哈佛、耶鲁、斯坦福和普林斯特大学的情况。这些捐赠基金在过去的一年内下降了 25% ~ 30%，使得私人股票基金和其他基金所占比例增加。捐赠较大的增长来自于交易收益、捐助等。最近的损失已经引起了新一轮的预算紧缩，导致计划停止、雇佣中止等。

表 13-6   **大学捐赠和年预算**

	哈佛	耶鲁	斯坦福	普林斯顿
捐赠，10 亿美元				
2008 年 6 月 30 日	36.9	22.9	17.2	16.3
2009 年 6 月 30 日（估计）	25.0	17.0	12.0	11.4
变化（估计,%）	−30	−25	−30	−30
预算，10 亿美元	1 100*	2 280	3 500	1 360
来自捐赠				
10 亿美元	600	850	1 000	653
%	55	37	29	48
学年	2008—2009	2007—2008	2008—2009	2008—2009

*仅仅艺术和科技学院
资料来源：Barron's（2009）。

表 13-7 显示 4 所大学捐赠的混合资产配置，以及估计的 2008 年 7 月—2009 年 6 月来自不同资产类别的收益。私人股票和不动产回报与先前最佳回报相比减少了 50%。尽管近来投资运营的损失较大，但是这四种基金仍然视为保持着良好的长期投资成绩，因为长期投资者追求的目标是实现每年支付投资组合的 5%，截至 2008 年 6 月 30 日的 10 年时间里，耶鲁的年回报为 16.3%，哈佛为 13.8%，普林斯特为 14.9%，而标准普尔 500 指数为 2.9%。

表 13-7   **4 所大学捐赠的资产配置**

资产	哈佛	耶鲁	斯坦福	普林斯特	平均教育捐赠	2008 年 6 月到 2009 年估计收益
对冲基金	18	25	18	24	22	−20
国内股票	11	10	37	7	22	−27
债券	11	4	10	2	12	6
国外股票	22	15	不详	12	20	−31
私人股票	12	20	12	29	9	−50
实物资产	26	29	23	23	14	−47
现金	−3	−4	不详	2	2	2

资料来源：Bary（2009）。

13.1.1 克隆耶鲁的方法

截止到 2007 年 6 月，耶鲁捐赠方法的描述和结果见 Ziemba 和 Ziemba（2007）。

哈佛、普林斯顿和斯坦福大学有着相似的资产投资组合，自 1985 年以来每年拥有 16% 的较大收益，直到 2008 财年都是成功的，但是在 2008—2009 年间遭受了巨大的损失。基本的想法遵照第 4 章所讨论的长期股票（Siegel 2008），股票种类扩大到包括私人股票、实物资产、大宗商品交易和类似的资产，并且具有专业的管理者和广泛、仔细的内部研究配合决策。这些股票是虚拟的，当股票收益良好同时资产需要投资组合多样化时，应该投资于这些股票。Faber（2007）显示如何复制耶鲁的方法运用 ETFs。这并不意味着耶鲁大学杰出有效的投资运营方案和其他优秀的管理者的所做的工作可以被复制。但是耶鲁大学基金的投资运营每年需要 0.40% 的交易成本，与其他较高的交易成本相比，具有成本较低的优点。参考 Mulvey（2009）相同权重的思想，然后再平衡其他固定混合的 ETFs，这也提供了一个有益的策略。我们可以复制耶鲁 2007 年的投资组合，其收益为 28%，或者耶鲁和哈佛的混合（见表 13-8），其显示了 2008 年 6 月 30 日的结果，该时期是 2000—2008 年市值计算的唯一日期。到财年截止日 6 月 30 日，不同的投资组合是以市场为唯一导向的。

表 13-8　　　　　　　　　　2007 年哈佛和耶鲁捐赠基金以及 ETFs

	哈佛（%）	耶鲁（%）	ETFs
国内股票	12	11	SPY
国外发达国家股票	12	6	EFA
国外发展中国家股票	10	9	EEM
债券	9	4	AGG
通胀保值债券	7	0	TIP
实物资产	9	14	IYR
贸易	17	14	GSP
私人股票	11	19	PSP，PFP
对冲基金	18	23	
现金	-5	0	

资料来源：Faber（2008）。

13.1.2　用耶鲁的方法解决基金的流动性

Swensen 被问到捐赠基金如何处理在当下危机中的流动性问题（Hetena 2009）。一些拥有浮动债券的捐赠基金试图避免卖出已经贬值较多的资产。Swensen 认为如果一个基金定位准确的话，那么变卖资产可能不是最佳的方式。他说较简易的流动性来自于股票的红利、实物资产的租金、持有木材的伐木收入、债券的优惠券。资产可以为债务作抵押。售出资产更应该是一个资产配置问题，而非流动性问题。

13.1.3 艾文森等人的法则

个人投资者是否可以模仿优秀投资者的做法进行投资呢？许多经济学家认为不能。因为即使是在受基金监管的情况下，市场上也经常有一些微妙的、内幕的和特殊关系的信息以及大规模交易的成交将优秀投资者与个人投资者区别开来。

你不能使竞争领域完全公平。现实是非常不平等的，这里有许多地雷，Joe-6-pack 并不会拥有和沃伦·巴菲特一样的机会。任何人告诉你 Joe-6-pack，那么他是对 Joe-6-pack 说谎（Thurow 1989）。

Thurow（1987）暗示不存在平等的游戏：如果确实存在，这个游戏也不会有任何乐趣，因为这不会创造出特别的收益。萨缪尔森也持有同样观点。

Swensen 认为资产管理有两种选择：依他看来，区别不是在机构投资者和个人投资者之间，而是那些在管理中起到积极作用和消极作用的人之间。在这点上，非是即否，没有折中。积极的组别包括高质量的投资团队：耶鲁、哈佛、普林斯顿、斯坦福。Swensen 认为被动的组别应该包括大多数投资者！在他的书中，他建议个人使用较低费用的 ETFs。可以肯定的是 Swensen 非常擅长现在所做的事情。所以他的观点一定是经过深思熟虑的。

Faber（2007）采用了一种独特的方法研究个人是否可以进行很好投资的问题。正如 Swensen 所说的，如果没有一个合格的团队，她便会反对采取积极的措施。她的研究显示，如果一个人使用相同的资产配置尽力被动地去模仿最佳的投资组合，那么他很可能最终只剩余 30% 到 40% 的老本。Faber 建议将精力集中于能够最好运用自己知识的资产类别。EI Erian（2008）认为，由于领导者有更广泛的另类资产，追随者很难获得相同的收益水平。所以那些可能会遭受风险的个人投资者们应该多加小心，也许专家们的研究费用的确不是白给的！

13.2 防止支出降低的规则设计

保护资本的一个重要方式是保证资金在弱市期间不受损失。表 13-5 显示了在 1977—2001 年期间福特基金、伯克夏、富达麦哲伦、巴克莱全球投资者战术资产配置基金可以做到在弱市不受损失。熊市可以定义为 1977 年 7 月—1978 年 2 月、1980 年 12 月—1982 年 7 月、1987 年 9 月—11 月、1990 年 6 月—10 月、1998 年 7 月—8 月。其他时间被定义为牛市，即使是很少的收益，如 1984—1994 年期间也可以视为牛市。

Dybvig（1988，1995，1999）考虑了如何不断地投资风险资产和现金的问题，以便给定的支出规则可以让支出从不减少。这个问题与 Black 和 Perold（1992）的常用比例投资组合保险模型相似，图 13-1 至图 13-3 进行了说明。

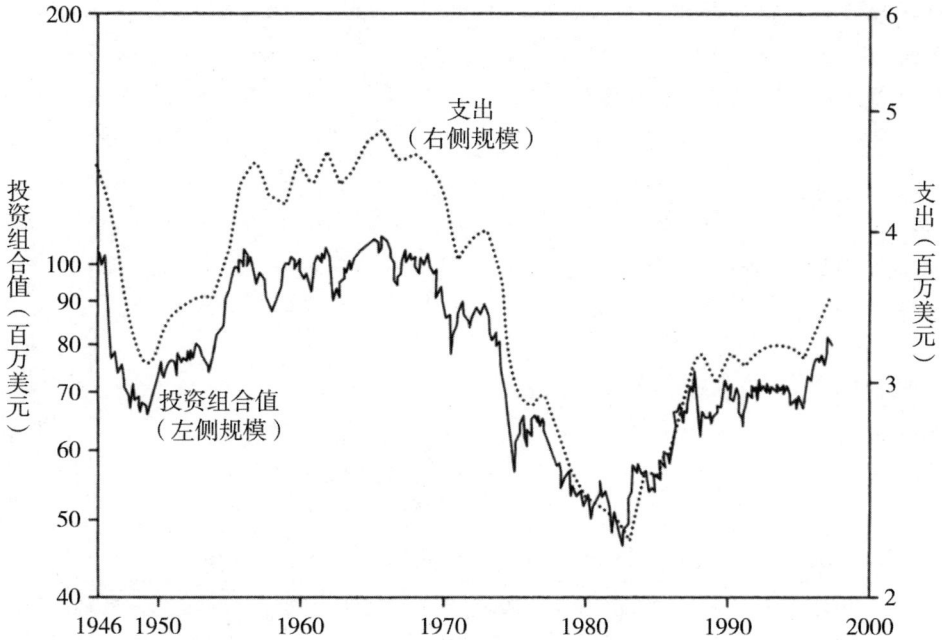

（a）绩效

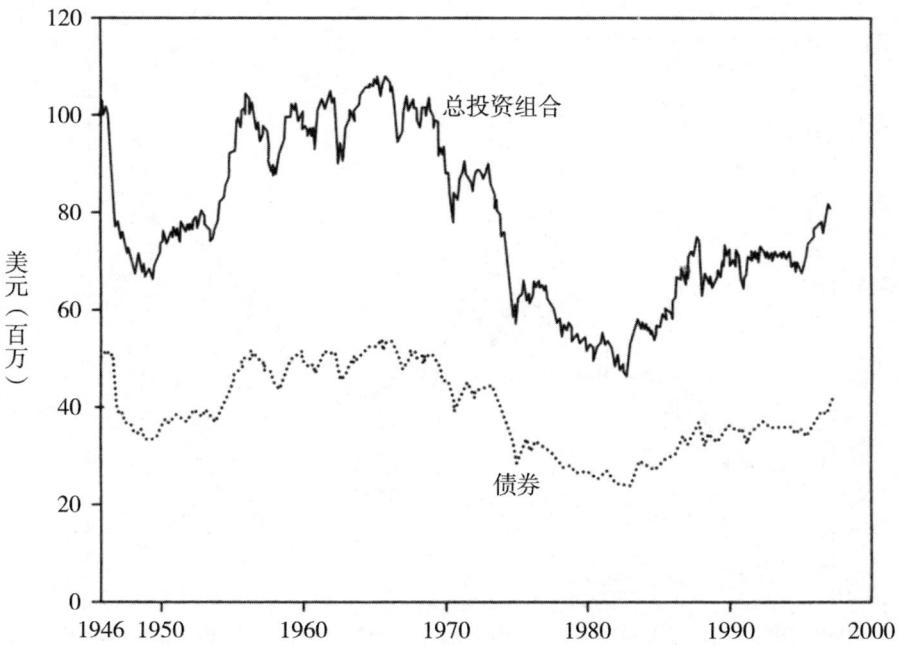

（b）构成

图 13-1　1946—1996 年间简单投资组合策略和支出规则的绩效和投资组合构成

资料来源：Dybvig（1999）。

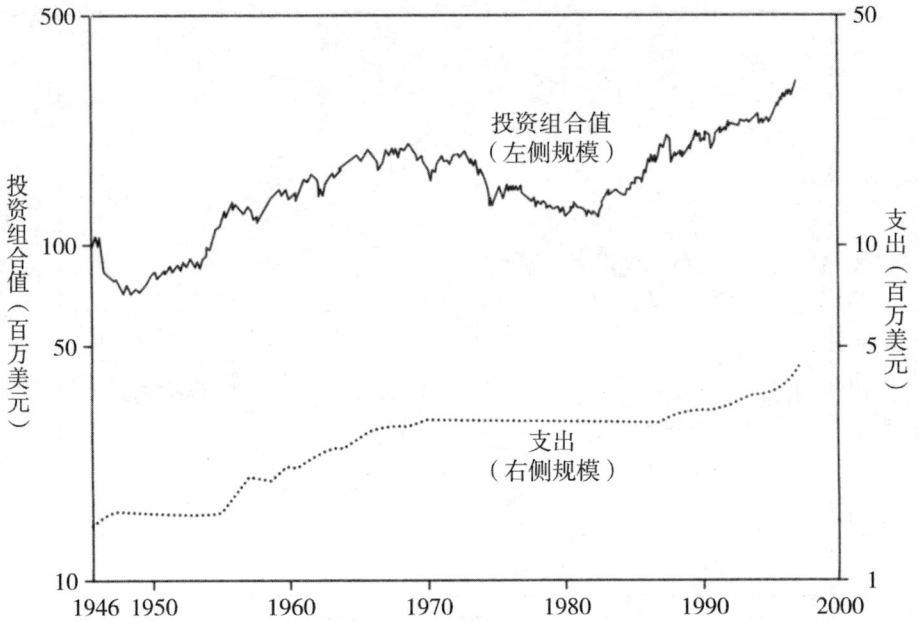

（a）绩效

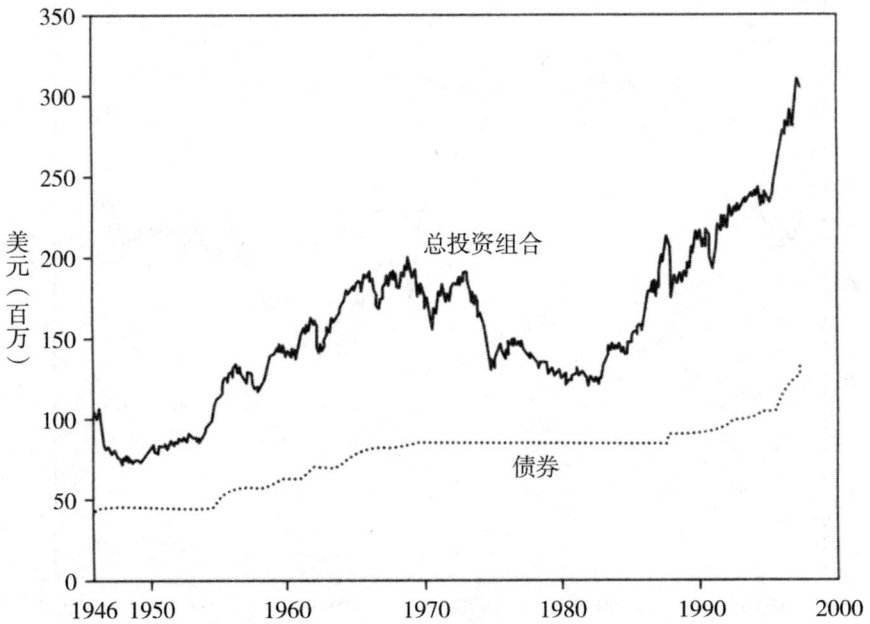

（b）构成

图 13-2　1946—1996 年间建议支出保护政策的绩效和投资组合构成

资料来源：Dybvig（1999）。

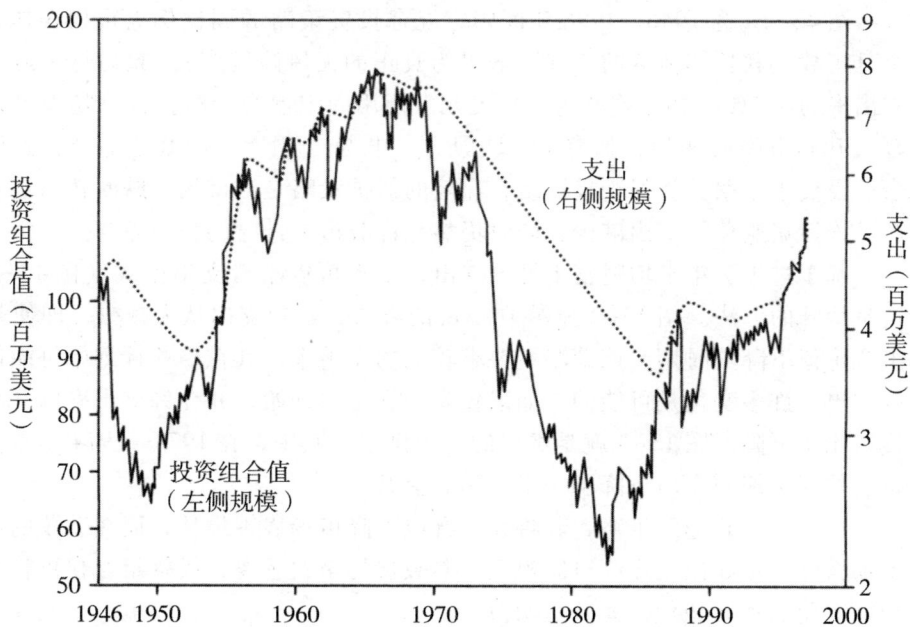

（a）绩效

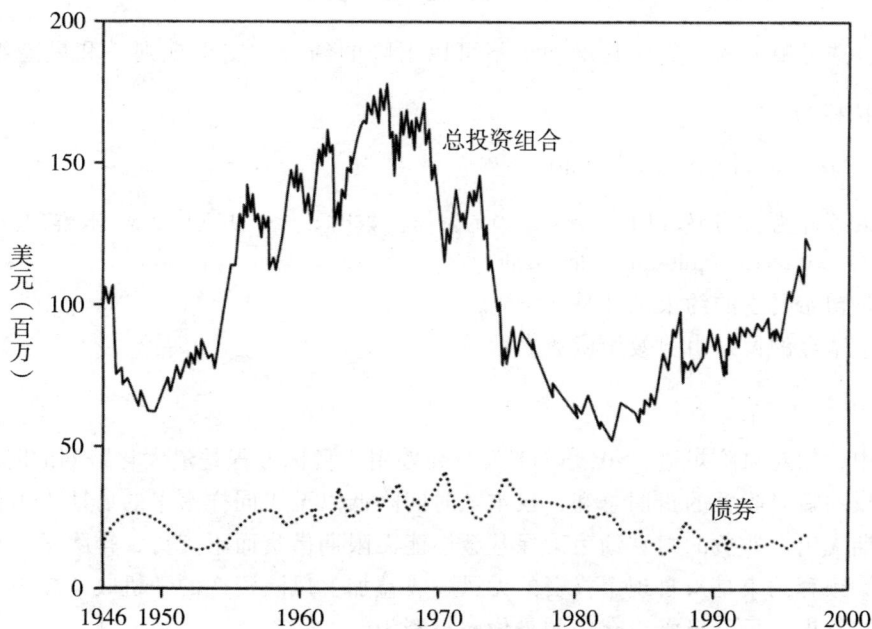

（b）构成

图 13-3　1946—1996 年间缩减版本的支出保护政策的绩效和投资组合构成
资料来源：Dybvig（1999）。

　　图 13-1a 为 1946—1996 年间固定混合投资策略的同比例大市值美国股票和 3 个月指数关联长期债券的表现（假设为真正的无风险资产）。起初每年最初财富的支出率为 4.5%，初始捐赠为 1 亿美元。使用固定混合策略，权重随着股票投资组合上升和下降而变动，如表 13-1b 所示。投资于国库券的基金部分受到保护，其余的投资于股票。类似于投资组合保险的保护策略是当市场下跌时转向更安全的资产。该策略避免了支出减少，同时仍然允许股市上升时的积极参与。

　　基于过去 7 年平均财富水平的支出，个人可以平滑支出模式（图 13-1a），但这是特殊的方法。图 13-2 显示 Dybvig 的方法，其中支出从未减少，即使是在投资组合价值下降的时期。该策略不要求较低的支出率，其在一些计划中可能低于当前的支出。许多变化是可能的，如以较高的支出率开始，并允许支出率以一个较小的连续比例下降。图 13-3 就是类似的一个例子。其中，在 1973—1974 年石油价格危机后的弱市期间支出下降了一半，随后上升。

　　这是一个有趣的策略，其将在上升或下降市场表现最佳，而在动荡的市场表现不那么好。正如使用连续时间模型，参数选择至关重要，投资组合权重将会随市场预期变化而动态变化，尤其是均值。

13.2.1　一个保护性支出模型

　　Dybvig（1988，1995，1999）的保护支出模型是 Merton（1973）连续时间投资组合选择模型的拓展，其增加了不可以下降的约束。支出规则 $\frac{s_t}{r}$ 和风险组合投资 α_t 选择为：

$$\text{Maximize E}\left[\int_0^\infty U(s_t)\exp^{-\delta t}dt\right]$$

约束条件为：当 t′>t 时 s′$_t$≥s$_t$；当 t 为任何数时，w$_t$≥0 其中，w$_t$ 求解预算方程

$$dw = w_t rdt + \alpha_t(\mu dt + \alpha dz_t - rdt) - s_t dt$$

　　初始财富的约束条件是 w$_0$ = W$_0$。

　　基金的偏好由势效用函数表示：

$$u(s_t) = \frac{s_t^{1-\gamma}}{1-\gamma}$$

其中，相对风险规避 γ>0，γ→1 为对数效用。目标方程是最大化跨期的时间 t 收益加权的瞬时收益的折旧总和，权重随时间降低以至于同样水平的后期支出价值少于早期支出。非负的财富约束确保基金不能无限期借贷而不支付，排除了双重策略。

　　预算约束是来自现金投资的无风险收益加上风险资产的随机收益减去每单位时间的支出。风险投资组合中的最优解投资为：

$$\alpha_t = k\left(w_t - \frac{s_t}{r}\right)$$

　　无风险资产中的剩余为：

$$w_t - \alpha_t = \frac{s_t}{r} + (1-k)\left(w_t - \frac{s_t}{r}\right)$$

投资组合具有维持当前支出的成本，保持 $\frac{s_t}{r}$ 投资于无风险资产，剩余 $w_t = \frac{s_t}{r}$ 投资于固定比例为 k 的风险投资组合，1-k 投资于无风险资产。常数

$$k = \frac{\mu - r}{\gamma^* \delta^2}$$

其中，$\gamma^* = \sqrt{\dfrac{(\delta + k^* - r^*)\ + 4r^* k^* - (\delta + k^* - r^*)}{2r^*}}$ 在 0 和 1 之间。

$$k^* = \frac{(\mu - r)^2}{2\delta^2}, \quad r^* = r\left(\frac{\gamma - \gamma^*}{\gamma}\right)$$

如果策略允许支出以比例 d 下降，那么风险资产中基金的部分为

$$\alpha_t = k\left(\frac{w_t - s_t}{r + d}\right)$$

无风险资产的数量为

$$w_t - \alpha_t = \frac{st}{r + d} + (1-k)\left(\frac{w_t - s_t}{r + d}\right)$$

支出随着每单位时间 d 比例的延长而下降，当 $r^* < r + d$ 时，支出会逐渐增加以维持 $s_t \geq r^* w$。这相对于 d=0 时，基金被储存的部分更小。在该战略中，投资并不总是要求一直维持持续的支出，因为除了无风险回报，基金可以支付恒久不变的投资比例。当基金没有维持在最低比例 r^* 而下降，消费也是不同的。另一个不同之处是只要 r^* 小于 r+d，最低支出率要大于无风险利率。

基金的相对风险规避系数的估计可以通过确定性等价或者其他如 Ziemba（2003）所讨论的进行。Dybvig（1999）的估计为 0.498。其假设该年的预算为 1 000 万美元，并且存在对等的机会增加 0 或 100 万美元，基金的确定性等价为 10.3 美元。

采用方程

$$\frac{10.3^{1-\gamma}}{1-\gamma} = 0.5\frac{10^{1-\gamma}}{1-\gamma} + 0.5\frac{11^{1-\gamma}}{1-\gamma}$$

现在如果基金在该年和下一年支出 10. 45 美元同该年支出 1 000 万美元和下一年支出 1 100 万美元之间没有不同，即选择更早时间的投资以减少其基金的支出。那么时间偏好参数 δ 为 0. 177 时解为：

$$\frac{10.45^{1-\gamma}}{1-\gamma} + \exp^{-\delta}\frac{10.45^{1-\gamma}}{1-\gamma} = \frac{10^{1-\gamma}}{1-\gamma} + \exp^{-\delta}\frac{11^{1-\gamma}}{1-\gamma}$$

参考文献

Bary，A. 2009. The big squeeze, *Barron's*，June 29.

Clifford, S. W. , K. F. Kroner, and L. B. Siegel, 2001. In pursuit of performance: The greatest return stories ever told: Investment insights, *Barclays Global Investor* 4, no. 1: 1-25.

Dybvig, P. H. 1988. Inefficient dynamic portfolio strategies, or how to throw away a million dollars in the stock market. *Review of Financial Studies* 1, no. 1: 67-88.

——. 1995. Duesenberry's ratcheting of consumption: Optimal dynamic consumption and investment given intolerance for any decline in standard of living. *Review of Economic Studies* 62, no. 2: 287-313.

——. 1999. Using asset allocation to protect spending. *Financial Analysts Journal* (Jan. - Feb.): 49-61.

El Erian, M. 2008. *When Markets Collide.* New York: McGraw-Hill.

Faber, M. 2008. Endowment investing 2008. Yale-style, *Seeking Alpha.*

Hettena, S. 2009. Yale's financial wizard, David Swensen, says most endowments shouldn't try be like Yale, ProPublica. www. propublica. org, February 18.

Siegel, J. 2008. *Stocks for the Long Run*, 4th ed. New York: McGraw-Hill.

Swensen, D. W. 2000. *Pioneering Portfolio Management: An Unconventional Approach to Institutional Investments.* New York: The Free Press.

Thurow, L. 1989. Comment in Anatomy of a hostile takeover. PBS. Ethics n America.

WSJ. 2008. Harvard endowment returns 8. 6%. September 17.

Ziemba, W. T. 2003. *The Stochastic Programming Approach to Asset Liability and Wealth Management.* AIMR.

第 14 章

奥地利投资公司的养老基金融资计划模型

14.1 企业如何融资负债以及怎样决定在资产种类和对冲工具间的配置？

本章我们使用离散时间随机线性规划来描述资产负债模型，并将其运用于奥地利西门子公司的养老基金，该模型自 2000 年以来一直在使用，并且已经获得了巨大成功，该模型被管理者用于决定不同可能的养老基金政策变动的效果以及养老基金顾问处理不同法律和政策约束下的不确定资产和负债。第 15 章和第 16 章拓展了一个相似的模型，并应用于个人 ALM 决策制定。

奥地利西门子股份公司是全球西门子公司的一部分，也是奥地利最大的私有企业。1999 年该公司年业务收入达到 24 亿欧元，其中包括信息和通信网络、信息和通信产品、商业服务、能源和旅游技术、医疗装备。1998 年建立的养老基金计划是奥地利最大的公司养老金计划——缴费确定制计划。15 000 多个雇员和 5 000 多个养老金领取者参与了这项计划，截止到 1999 年 12 月这项计划的管理基金达到 5.1 亿欧元。

组建于 1998 年的 Finanzdienstleitungs 投资股份公司是西门子奥地利股份公司、西门子养老金计划和奥地利其他机构投资者的投资管理者。该公司管理 22 亿欧元的资产，投资主要集中于机构货币和养老基金的资产管理。在 1999—2000 年间所分析的奥地利 17 个养老金计划中，该公司养老金计划评级最高。这促使了 F 公司建立 InnoALM，见 Geyer 和 Ziemba（2008），也可见 Geyer 等（2002），是他们希望有较好的绩效和较好的决策以有助于实现这一目标。

各种不确定内容：未来经济发展可能出现的场景；股票、债券和其他投资；交易成本；流动性；货币；变动的负债承诺；奥地利养老基金法律和公司政策表明较好的处理这些不确定内容的方法是通过一个多期的随机线性模型。这些模型从 Kusy 和 Ziemba（1986）、Cariño 和 Ziemba（1994，1998a，b）以及 Ziemba 和 Mulvey（1998）逐渐发展而成。这个模型有一些新特征，如状态依赖相关矩阵、资产回报肥尾分布以及简单的计算方案和输出。

InnoALM 是由 Geyer 和 Ziemba 作为 Herold 和 Kontriner 的投资顾问于 2000 年期间的 6 个月完成的。InnoALM 证明了有着预算约束的研究小团队可以迅速产生有价值的模型系统，可以很容易地由非随机规划专家在一台电脑上（单机在汉语中有很多意思，意为非联网的计算机）完成。IBM OLS 随机规划软件提供了一个有价值的求解程序。该解决方案有着界面友好的输入和输出功能。电脑的计算时间使得在不同的建模情况下，可以很容易地开发和了解政策、场景和其他变化的含义。图表的输出为养老金管理者提供了必要的信息，有助于做出可靠的投资决策并预测可能的结果以及这些行动可能涉及的风险。该模型可被用于探索欧洲、奥地利的创新政策选择。

　　组成西门子养老金计划负债方面的主要有雇员，西门子为他们提供 DCP 支付，以及接受养老金支付的退休员工。缴费基于工资的一个固定比例，不同的员工缴费比例不同。在职员工被假定处于稳定状态，退休员工被相同资格和性别的新员工所替代，因此有相似的工作水平的员工维持不变。新雇员开始工资要少于退休员工，这意味着总缴费增长要小于个人工资。图 14-1 显示了截止到 2030 年时在职员工和退休员工预期支付指数。

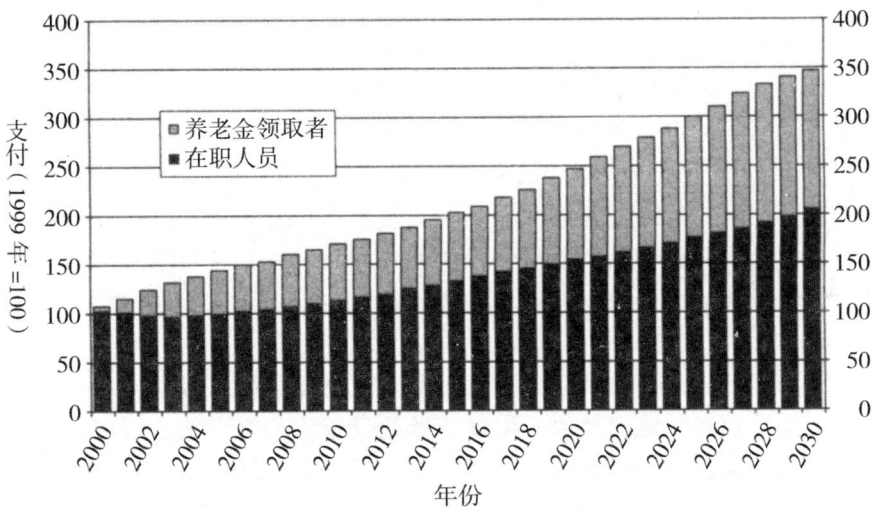

图 14-1　2000—2030 年在职员工和退休员工预期支付指数

资料来源：Geyer 和 Ziemba（2008）。

　　退休员工的设定是将奥地利死亡率和婚姻状况表模型化。孤寡者接受了养老金支付的 60%。退休员工在达到退休年龄后获得养老金支付，其中男性为 65 岁，女性为 60 岁。退休员工的支付基于在职期间个人累计缴费和基金绩效。年养老金支付基于折旧率为 6% 以及退休时的预期余命。这些年金以每年 1.5% 增长以补偿通货膨胀。因此，养老基金财富每年必须以 7.5% 的比例增长以与负债承诺相符。另外一个计算的输出结果为计划缴费预期净年现金流减去支付。由于养老金领取者的增长数目快于计划的缴费增长，这些现金流为负，所以该计划的规模正在减小。

　　模型决定了在每个 T 计划期中每 N 种资产的最优购买量和销售量。用于创新的典型资产类别是美国、环太平洋、欧洲和新兴市场的股票以及美国、英国、日本和欧洲的债券。其目标是预期最终财富减去不同线性约束的惩罚成本时最大化凹的风险规避效用方程。这种约束的效用由以下的例子进行评估，包括奥地利最高限值 40% 的股票、最高 45% 的国外证券、最低 40% 的欧洲债券。凸的风险大致可以通过分段线性方程度量，所以该模型是一个多期随机线性规划。如果没有受到惩罚，该模型的典型目标是财富（基金资产）每年增长 7.5%，投资组合绩效回报超过基准情况。多余的财富置于多余储备中，其余部分在接下来的几年进行支付。

InnoALM 元素在图 14-2 中描述。写入数据和问题元素界面使用 Excel。统计计算使用 Gauss 程序，数据录入到 IBMOSL 求解程序中，其能够产生随机程序的最优解。使用 Gauss 产生各种图表的一些输出结果在接下来章节显示，并保留关键变量于内存中以允许未来模型计算。

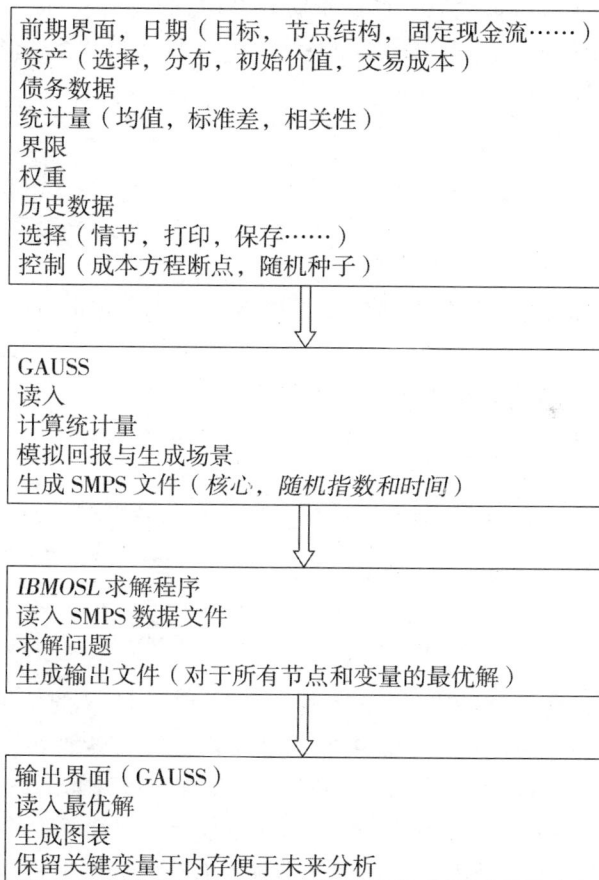

前期界面，日期（目标，节点结构，固定现金流……）
资产（选择，分布，初始价值，交易成本）
债务数据
统计量（均值，标准差，相关性）
界限
权重
历史数据
选择（情节，打印，保存……）
控制（成本方程断点，随机种子）

⬇

GAUSS
读入
计算统计量
模拟回报与生成场景
生成 SMPS 文件（核心，随机指数和时间）

⬇

IBMOSL 求解程序
读入 SMPS 数据文件
求解问题
生成输出文件（对于所有节点和变量的最优解）

⬇

输出界面（GAUSS）
读入最优解
生成图表
保留关键变量于内存便于未来分析

图 14-2　InnoALM 元素

资料来源：Geyer 和 Ziemba（2008）。

14.2　多阶段随机线性规划模型

非负的决策变量是财富（交易成本后）以及每个资产的购买和销售（$i = 1$，$\cdots$，N）。购买和销售发生在 $t=0$，$\cdots$，$T-1$ 期。除了 $t=0$ 期，购买和销售是与场景相关的。所有的决策变量是非负的。

T 期模型跨期的财富积累如下：

$$W_{i0} = W_i^{init} + P_{i0} - S_{i0}，t = 0$$
$$\widetilde{W}_{it} = \widetilde{R} W_{i0} + \widetilde{P}_{i1} - \widetilde{S}_{i1}，t = 1$$
$$\widetilde{W}_{it} = \widetilde{R}_{it} W_{ii,t-1} + \widetilde{P}_{it} - \widetilde{S}_{it}，t = 2，\cdots，T-1$$
$$\widetilde{W}_{iT} = \widetilde{R}_{it} W_{ii,T-1}，t = 2，\cdots，T-1$$

其中，W_i^{init} 为资产 i 的初始价值。在初始期 $t=0$ 时没有不确定性。波浪号代表随机场景相关参数或决策变量。回报率 $\widetilde{R}_{it}$（$t=1$，$\cdots$，T）为资产 i 在 t 从 1 期到 t 期的名义回报。

预算约束为：

$$\sum_{i=1}^{N} P_{i0}(1 + tcp_i) = \sum_{i=1}^{N} S_{i0}(1 - tcs_i) + C_0 t = 0 \text{ 以及}$$
$$\sum_{i=1}^{N} \widetilde{P}_{it}(1 + tcp_i) = \sum_{i=1}^{N} \widetilde{S}_{it}(1 - tcs_i) + C_i t = 1，\cdots，T-1$$

其中，tcp_i 和 tcs_i 为购买和销售的线性交易成本，C_i 为固定的（非随机的）净现金流（如果正流入）。

由于不允许投机卖空，接下来的约束包括：

$$S_{i0} \leqslant W_i^{init} \quad i = 1，\cdots，N；t = 0 \text{ 以及}$$
$$\widetilde{S}_{it} \leqslant \widetilde{R}_i \widetilde{W}_{i,t-1} \quad i = 1，\cdots，N；t = 1，\cdots，T-1$$

投资组合权重可以通过下面限制在资产或个人资产的线性组合（特征子集）：

$$\sum_{i \in U_t} \widetilde{W}_{it} - \theta_U \sum_{i=1}^{N} \widetilde{W}_{it} \leqslant 0 \text{ 以及}$$
$$-\sum_{i \in L_t} \widetilde{W}_{it} - \theta_L \sum_{i=1}^{N} \widetilde{W}_{it} \leqslant 0，t = 0，\cdots，T-1$$

其中，θ_U 和 θ_L 分别为包括约束的 j 和 l 的资产 $i = 1$，$\cdots$，N 的子集 U_j 和 L_L 的最大比例和最小比例。θ_U、θ_L 和 U_j、L_L 可能是时间相关的。奥地利、德国和欧盟在国与国之间约束有所不同，但没有交叉时间。目前奥地利有如下约束：最多 40% 的股票、最多 45% 的国外证券、最低 40% 的欧盟债券、最多 5% 的总保费在非货币对冲期权的多头和空头。如果目标在每一期都没有满足，那么该模型有凸的惩罚风险方程成本。在这种典型的应用中，财富目标 $\overline{W}_t$ 假设每期增长 7.5%。这是一个决定性的预定目标以增加养老基金资产。财富目标模型如下：

$$\sum_{i=1}^{N} (\widetilde{W}_{it} - \widetilde{P}_{it} + \widetilde{S}_{it}) + \widetilde{M}_t^W \geqslant \overline{W}_t \quad t = 1，\cdots，T$$

其中，$\widetilde{M}_t^W$ 为财富目标差额变量。这些不足使用分段线性风险方法加以惩罚，其变量和约束基础为：

$$\widetilde{M}_t^W = \sum_{j=1}^{m} \widetilde{M}_{jt}^W, \quad t = 1, \cdots, T$$

$$\widetilde{M}_{jt}^W \leqslant b_j - b_{j-1}, \quad t = 1, \cdots, T; \quad j = 1, \cdots, m-1$$

其中，$\widetilde{M}_{jt}^W$ 为财富目标差额，与成本方程的分段 j 有关。b_j 为风险度量方程 $b_0 = 0$ 的第 j 个节点，m 为方程的分段数量。二次方程有效，但是其他方程也可以线性化。凸性保证如果 $\widetilde{M}_{jt}^W \geqslant 0$，那么 $\widetilde{M}_{j-1, t}^W$ 在最大值，如果 $\widetilde{M}_{j, t}^W$ 不在其最大值，那么 $\widetilde{M}_{j+1, t}^W = 0$。

随机基准目标可以通过使用者设置，并对成绩不佳的分段线性风险凸性度量方法做类似的惩罚。基准目标 $\widetilde{B}_t$ 是存在场景依赖的。其基于随机资产回报和固定资产权重定义基准投资组合：

$$\widetilde{B}_t = W_0 \sum_{j=1}^{t} \sum_{i=1}^{N} \alpha_i \widetilde{R}_{it}$$

差额约束为：

$$\sum_{i=1}^{N} \widetilde{W}_{it} + \widetilde{M}_t^B \geqslant \widetilde{B}_t \quad t = 1, \cdots, T$$

其中，$\widetilde{M}_t^B$ 为基准目标差额。

如果配置所暗含的总财富超过目标，超过数量的比例 γ，通常为保守的 10%，将配置给准备金账户。那么财富目标对于所有的未来阶段都是增加的。出于此目的，引入额外的非负决策变量 $\widetilde{D}_t$，则财富目标约束为：

$$\sum_{i=1}^{N} (\widetilde{W}_{it} - \widetilde{P}_{it} + \widetilde{S}_{it}) - D_t + \widetilde{M}_t^W = \overline{W}_t + \sum_{j=1}^{t-1} \gamma \widetilde{D}_{t-j}$$

$t = 1, \cdots, T-1$。其中，$\widetilde{D}_1 = 0$

由于养老金支付基于财富水平，随着财富水平增加，养老金支付也相应增加。储备金为养老金计划未来每一期的养老金支付增加提供了保障。截止到 2000 年，基金已经有了类似的积累。

养老金计划的目标方程是除去预期折旧惩罚成本的最大化 T 期最终财富的预期折旧值，其分别为财富和基准目标的凸风险度量 $c_k(\cdot)$：

$$\text{Max } E \left[d_T \sum_{i=1}^{N} \widetilde{W}_{iT} - \lambda \sum_{t=1}^{T} d_t w_t \left(\sum_{k \in \{W, B\}} v_k c_k(\widetilde{M}_t^k) \right) \right]$$

期望为跨度 T 期的场景 S_T，v_k 为财富和基准差额的权重，w_t 为每一期差额加权和的权重。权重标准化为：

$$\sum_{k \in \{W, B\}} v_k = 1 \text{ 且} \sum_{t=1}^{T} w_t = T$$

折旧因子 d_t 基于利率 r 定义：$d_t = (1+r)^{-t}$。r 通常使用 3 个月或者 6 个月的国债利率。但是，Campell 和 Viceira（2001）认为，在多期背景下，合适的无风险资产为通胀指数年金而非短期国债。他们的分析模型是基于代理人期望对冲真实利率不可预见的变动。由于 10 年通胀指数债券持续性和指数年金很相近，所以建议为 r。

差额成本系数基于最小成本的方法以确保补足差额，这种短缺困境可能是借贷、股票、短期和长期债务以及其他金融工具最优组合的产物。Cariño 和 Ziemba 等（1994，1998a，b）和 Consiglio 等（2001）讨论了这些。

配置是根据随机拓展库（OSLE 版本 3）（最优解库）的最优随机线性规划决定的。[①] 该库使用随机数学程序系统（SMPS）输入多阶段随机程序格式（Birge 等 1987）。OSLE 路径需要三个输入文件：核心文件、随机指标文件和时间文件。核心文件包含的信息主要有决策变量、约束和右侧边界。它包括所有固定系数和随机元素的虚拟条目。随机指标文件反映了场景树的节点结构并包含所有随机元素，即资产和基准收益以及概率。非预期约束保证在特殊节点所做出的决定对于所有场景都是相同的，通过在随机指标输入文件中设定合适的场景结构实现。时间文件配置决策变量和约束阶段。输入文件中所需要的表述通过创新 ALM 系统自动生成。

14.3　一些典型应用

为了阐明模型的使用方法，我们列出四种资产（欧洲股票、美国股票、欧洲债券和美国债券）在 5 个时期（6 个阶段）的结果。时期为 1 年 2 次、2 年 2 次和 4 年一次（总共 10 年）。我们假设以非连续复利计算，这意味着用于模拟的资产i（μ_i）的平均收益是 $\mu_i = \exp(\bar{y})_i - 1$，其中 $\bar{y}_i$ 为基于对数收益的均值。使用 100-5-5-2-2 节点结构产生 10 000 个场景。初始财富等于 100 个单位，财富目标假设为年增长率 7.5%。在此样本应用中考虑没有基准目标和现金的流入与流出，使得结果更具有一般性。使 $R_A = 4$，折旧因子等于 5%，其对应的大约是一个标准的 60-40 股票-债券养老基金混合的简单静态均值方差模型，见 Kallberg 和 Ziemba（1983）。

关于以名义欧元度量的收益统计特征假设是基于 1970 年 1 月股票和 1986—2000 年 9 月的债券月度数据。月度统计总结和年度对数收益见表 14-1。1970—2000 年的美国和欧洲长期股票均值比 1986—2000 年的波动小。月度股票收益为非正态分布并且是负偏态的。月度股票收益为肥尾，而月度债券收益接近正态分布（对于 a = 0.01 的 Jarque-Bear 检验的临界值为 9.2）。

但是对于长期计划模型，例如带有回顾一年期的 InnoALM，月度收益的特征更少相关。表 14-1 的底部数据包含了年度收益的统计。但平均收益和波动仍然是相同的（当我们计算年度收益时，我们失去了一年的数据），分布特征变化较大。同时我们仍能发现负偏态，没有证据表明年度收益的肥尾特征，除了欧洲股票（1970 到 2000 年）和美国债券。

---

　①　更多信息见 http://www6. software. ibm. com/sos/features/stoch. htm。

表 14-1　　　　　　　　　　　　　　资产回报的统计特征

	欧洲股票		美国股票		欧洲债券	美国债券
	1/70	1/86	1/70	1/86	1/86	1/86
	-9/00	-9/00	-9/0	-9/00	-9/00	-9/00
月度收益						
均值（年利息%）	10.6	13.3	10.7	14.8	6.5	7.2
标准差（年利息%）	16.1	17.4	19.0	20.2	3.7	11.3
偏度	-0.90	-1.43	-0.72	-1.04	-0.50	0.52
峰度	7.05	8.43	5.79	7.09	3.25	3.30
Jarque-Bera 检验	302.6	277.3	151.9	155.6	7.7	8.5
年收益						
均值（年利息%）	11.1	13.3	11.0	15.2	6.5	6.9
标准差（年利息%）	17.2	16.2	20.1	18.4	4.8	12.1
偏度	-0.53	-0.10	-0.23	-0.28	-0.20	-0.42
峰度	3.23	2.28	2.56	2.45	2.25	2.26
Jarque-Bera 检验	17.4	3.9	6.2	4.2	5.0	8.7

资料来源：Geyer 和 Ziemba（2008）。

该样本的均值收益与由 Dimson 等（2002）估计的 1900—2000 年间 101 年的均值收益相近。他们估计美国的名义均值股票收益为 12.0%，德国和英国为 13.6%（两个国家均值的简单平均）。美国的债券收益均值为 5.1%，德国和英国为 5.4%。

关于 InnoALM 应用的均值、标准差和相关性假设见表 14-3（基于表 14-2 的数据统计）。从过去数据预测未来收益率是困难的。我们使用的股票均值来自于 1970—2000 年时期，由于 1986—2000 年股票的表现非常卓越，但对股票的表现做长期假设，则不具有普遍性。

基于 1996 年 Solnik 等论文的回归方法，针对三种不同政体的相关矩阵见表 14-3。所有资产间相关性的移动平均估计是美国股票收益标准差的函数。估计的回归方程会用于预测三种政体的相关性，见表 14-3。回归方程的结果见表 14-2。考虑三种政体，假设 10% 的时间股票市场急剧波动，20% 的时间市场的特征是高度波动，70% 的时间市场是正常的。美国股票收益波动的 35% 分位点定义为正常时期。高度波动时期是基于 80% 的波动分位点，急剧时期为 95% 分位点。有关的相关性反映了收益相关关系，它在这些市场条件下比较普遍。图 14-3 的相关性显示了三种不同政体的鲜明特点。股票之间的相关性倾向随着股票收益的增长而增加，但股票和债券之间的相关性降低。在急剧波动时期，欧洲债券可以作为股票的对冲，由于债券和股票收益，通常是正相关，随后表现出负相关。后者是使用场景依赖相关矩阵优于一个相关矩阵敏感性的主要原因。

表 14-2　　　　　　**关于资产相关性的回归方程和美国股票收益波动**

（月度收益，1989 年 1 月—2000 年 9 月，141 个观测值）

主体	常量	关于美国股票波动的斜率	斜率的 t 统计量	R
欧洲股票和美国股票	0.62	2.7	6.5	0.23
欧洲股票和欧洲债券	1.05	-14.4	-16.9	0.67
欧洲股票和美国债券	0.86	-7.0	-9.7	0.40
美国股票和欧洲债券	1.11	-16.5	-25.2	0.82
美国股票和美国债券	1.07	-5.7	-11.2	0.48
欧洲债券和美国债券	1.10	-15.4	-12.8	0.54

资料来源：Geyer 和 Ziemba（2008）。

表 14-3　　　　　　　　　　**均值、标准差和相关假设**

		欧洲股票	美国股票	欧洲债券	美国债券
正常时期	美国股票	0.755			
（70% 的时间）	欧洲债券	0.334	0.286		
	美国债券	0.514	0.780	0.333	
	标准差	14.6	17.3	3.3	10.9
高度波动	美国股票	0.786			
（20% 的时间）	欧洲债券	0.171	0.100		
	美国债券	0.435	0.715	0.159	
	标准差	19.2	21.1	4.1	12.4
急剧时期	美国股票	0.832			
（10% 的时间）	欧洲债券	-0.075	-0.182		
	美国债券	0.315	0.618	-0.104	
	标准差	21.7	27.1	4.4	12.9
平均时期	美国股票	0.769			
	欧洲债券	0.261	0.202		
	美国债券	0.478	0.751	0.255	
	标准差	16.4	19.3	3.6	11.4
所有时期	均值	10.6	10.7	6.5	7.2

资料来源：Geyer 和 Ziemba（2008）。

最优投资组合计算了 7 种情况：具有和没有混合相关、具有正态分布、T 分布和历史分布。NM、HM、TM 使用混合相关。NM 情况假设所有资产是正态分布。HM 情况是每种资产使用历史分布。TM 情况假设股票收益的 5 种自由度的 t 分布，其中债券收益假设服从正态分布。NA、HA 和 TA 使用没有混合相关矩阵的相同分布假设。代替用于这些情况对应的平均时期的相关性和标准差，其中 10%、20% 和 70% 用于计算三种不同机制中使用的平均相关性和标准差。比较平均（A）情况和混合（M）情况主要倾向于调查混合相关性效应。TMC 保持了 TM 情况的所有假设，但是对资产权重方面使用奥地利的约束。欧洲债券必须最低 40%，股票最高 40%，这些约束仍然存在。

14.4 一些检验结果

表 14-4 说明了第一阶段不同情况的最优初始资产权重。表 14-5 说明了最后阶段的结果（预期权重、预期最终财富、预期储备和差额概率）。这些表格体现了一个明显的特点：相对于平均时期，混合相关系数情况起初对欧洲债券赋予了一个更低的权重，单期、均值方差最优和平均时期情况（NA、HA、TA）显示大约 45:55 的股票和债券的混合。混合相关情况（NM、HM、TM）代表 65:35 混合。在所有情况中，投资美国债券在第一阶段不是最优，主要是由于美国债券具有相对较高的波动性。

表 14-4 　　　　　　　　　第一阶段最优初始资产权重（%）

	欧洲股票	美国股票	欧洲债券	美国债券
单期、均值方差最优权重（平均时期）	34.8	9.6	55.6	0.0
NA：没有混合（平均时期）正态分布	27.2	10.5	62.3	0.0
HA：没有混合（平均时期）正态分布	40.0	4.1	55.9	0.0
TA：没有混合（平均时期）对于股票 T 分布	44.2	1.1	54.7	0.0
NM：混合相关正态分布	47.0	27.6	25.4	0.0
HM：混合相关历史分布	37.9	25.2	36.8	0.0
TM：混合分布，对于股票 T 分布	53.4	11.1	35.5	0.0
TMC：混合想换历史分布，约束资产权重	35.1	4.9	60.0	0.0

资料来源：Geyer 和 Ziemba（2008）。

表 14-5　　　　　　最后阶段预期投资组合权重（%）、预期最终财富、
预期储备、财富目标差额概率

	欧洲股票	美国股票	欧洲债券	美国债券	预期 最终财富	第 6 阶段 预期储备	目标差额 概率
NA	34.3	49.6	11.7	4.4	328.9	202.8	11.2
HA	33.5	48.1	13.6	4.8	328.9	205.2	13.7
TA	35.5	50.2	11.4	2.9	327.9	202.2	10.9
NM	38.0	49.7	8.3	4.0	349.8	240.1	9.3
HM	39.3	46.9	10.1	3.7	349.1	235.2	10.0
TM	38.1	51.5	7.4	2.9	342.8	226.6	8.3
TMC	20.4	20.8	46.3	12.4	253.1	86.9	16.1

资料来源：Geyer 和 Ziemba（2008）。

表 14-5 显示了 A 和 M 之间差异随时间变小。但是，欧洲股票混合情况的权重一直高于没有混合情况的权重。较高的权重主要是欧洲债券的费用。通常最后阶段股票比例要高于第一阶段。这主要是因为，后期阶段的预期投资组合财富远在目标财富水平之上（第 6 阶段为 206.1），并且与股票有关的高风险是不重要的。TMC情况的约束导致期限内较低的预期投资组合财富，以及比任何情况都高的差额概率。由于这些约束，计算显示初始财富将会高于最终期望财富损失补偿的 35%。在所有的情况中，奥地利的最优股票权重都高于历史的 4.1% 水平。

最后阶段的期望最终财富水平和差额概率如表 14-5 所示，可见混合和非混合情况的区别更加清晰。混合相关产生了更高水平的最终财富和较低的差额概率。

如果投资组合财富水平超过目标，那么剩余 $\hat{D}$ 配置给储备账户。T 时期的储备通过 $\sum_{j=1}^{t} \hat{D}$ 计算，最后阶段的结果见表 14-5。这些值以货币为单位，假设初始财富水平为 100。它们可以与第 6 阶段的财富目标比较。在最后阶段，预期财富超过目标水平的 16%。依赖于此场景，储备高达 1 800。它们的标准差（交叉场景）在最初阶段的 5 到最后阶段的 200 之间。与其他情况相比，TMC 情况的约束导致更低水平的储备，这意味着，事实上，只有较少的保障以应对未来养老金支付的增加。

总之，我们发现最优配置、预期财富和差额概率主要受到所考虑的混合相关影响，同时所选择的分配类型也有较小的影响。不同的市场环境通过混合相关加以考虑，这种区别的主要原因是较高比例的股票配置。

任何一种资产配置策略的结果都主要依赖于均值收益。目前这种影响主要通过

参数化预测未来股票收益均值进行研究。假设计量经济模型预测美国股票的未来均值收益在 5% ~15% 之间。欧洲股票的均值相应进行调整，使得如表 14-3 中的股票均值和均值债券收益比率维持不变，仍然保留 NM 情况的所有其他假设（正态分布和混合相关）。图 14-3 总结了依据最优初始权重变化的这些均值的影响。与预想一致，见 Chopra 和 Ziemba（1993）和 Kallberg 和 Ziemba（1981，1983），这些结果对均值收益的选择非常敏感。如果股票的均值收益假设等于由 Dimson（2002）所估计的 12% 长期均值，则模型产生的股票最优权重为 100%。但是，9% 的股票均值收益意味着股票最优权重少于 30%。

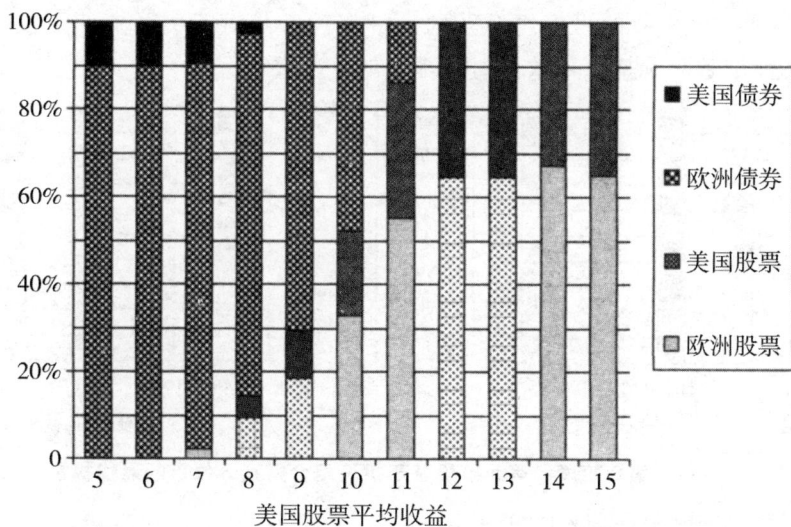

图 14-3　第 1 阶段美国股票不同均值水平最优资产权重

资料来源：Geyer 和 Ziemba（2008）。

14.5　模型检验

由于依赖状态的相关性对配置决策有重要影响，因此非常值得进一步从检验模型视角研究它们的性质和含义。正如最优场景所示，由随机、多期规划方法所引起的养老金表现的积极效应仅在此时实现，即投资组合为动态的再平衡。所以需要考虑依赖状态的相关性对模型绩效进行检验。起初，将后期阶段再平衡决策分解为可实现的财富水平是有益的。这揭示了"决策规则"，意味着模型依赖于当前状态。考虑 TM 情况。财富分位点在第 2 阶段形成，计算分配给每个分位点的平均最优权重。使用第 5 阶段财富分位点进行同样的计算。

图 14-4 显示了两个阶段财富的五个平均水平的权重分配。但是第 5 阶段的平均配置基本上独立于所实现的财富水平（第 5 阶段的目标财富为 154.3），第 2 阶段的分配以一种特殊的方式依赖于财富水平。如果平均实现财富为 103.4，其略低

于目标，谨慎的策略将被选择。在这个例子中，债券的权重最高（接近50%）。在这种情况下，模型暗示出目标不确定性的强度将会最小化。该模型依赖较低的但是更加确定的债券预期收益返回目标水平。如果事先的财富远低于目标（97.1），该模型意味着多于70%的股票和相对风险债券的更高比例（10.9%）。伴随着较强的低收益性不足，没有了谨慎策略的空间再次获得目标水平。如果平均获得财富为107.9，其接近于目标财富107.5，这是投资于美国资产的最高比例，股票为49.6%，债券为22.8%。美国资产与其对应的欧洲资产相比风险更大，由于投资组合财富接近于目标且风险没有起到较大作用，所以也是可以接受的。对于财富水平高于目标的，大多数的投资组合转向欧洲资产，相对于美国资产更安全。这个"决定"可以理解为维持获得较高财富水平的一次尝试。

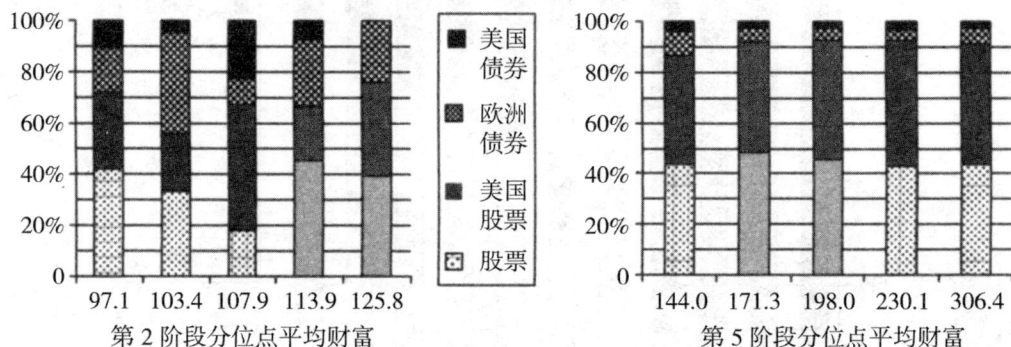

图14-4　第2阶段和第5阶段基于投资组合财富分位点的最优权重

资料来源：Geyer 和 Ziemba（2008）。

由最优解所代表的决策规则能够被用于实施是使用了下面再平衡策略的模型检验。考虑1992年1月—2002年1月的10年时间。该时期的第一个月我们假设财富依据第1阶段的最优解进行配置，如表14-4。投资组合在接下来的每个月的再平衡如下：基于所观测的美国股票收益波动识别当前的波动体制（极端、高波动和正常）。然后研究场景树找出当前波动体制相关的节点，并且拥有相同或相近的财富水平。来自节点的最优权重决定了再平衡决策。对于没有混合的 NA、TA、HA 情况，关于当前波动体制的信息不能被用于识别最优权重。在这些例子中，使用来自财富水平节点的权重尽可能与目前财富水平相近。表14-6 显示了全部样本和样本外时期2000年10月—2002年1月的统计描述。混合相关解假设的正态分布和 T 分布（NM 和 TM）与对应的非混合情况（NA 和 TA）相比提供了较低标准差的更高平均收益。与 TA 的10%相比，TM 平均收益为14.9%，说明优势是明显的。这个差异的 T 统计量为1.7，并在5%水平显著（单边检验）。使用历史分布和混合相关性（HM）产生了比没有混合（HA）更低的平均收益。在有约束的 TMC 情况中，全部样本的平均收益与没有约束的情况范围相同。这主要是由于相对更高权重配置的美国债券在检测期间表现优异，而股票表现糟糕。收益的标准差较低，主要是由于约束意味着较低程度的再平衡。

表 14-6　　　　　**使用最优场景树代表的决策规则的资产配置策略结果**

	全部样本 1992 年 1 月—2002 年 1 月		样本外 2000 年 10 月—2002 年 1 月	
	均值	标准差	均值	标准差
NA	11.6	16.1	-17.1	18.6
NM	13.1	15.5	-9.6	16.9
HA	12.6	16.5	-15.7	21.1
HM	11.8	16.5	-15.8	19.3
TA	10.0	16.0	-14.6	18.9
TM	14.9	15.9	-10.8	17.6
TMC	12.4	8.5	0.6	9.9

资料来源：Geyer 和 Ziemba（2008）。

　　为了强调 TM 和 TA 的不同，图 14-5 比较了来自两种情况再平衡策略获得的累积阅读收益以及购买和持有策略，假设 1992 年 1 月投资组合权重在检测期内固定在最优的 TM 权重。基于最优 TM 场景树的再平衡提供了巨大的收益，当比较购买和持有策略或者使用 TA 结果的表现时，再平衡不能解释不同的相关性和波动状态。

　　此种样本期内外的比较依赖于资产回报和检验时期。为从考虑状态相依相关性分离出潜在收益，接下来的控制模拟实验将会实施。考虑 1 000 个 10 年时期，其中 4 种资产的模拟每年收益假设具有表 14-3 的统计特征。其中 10 年中的一年期假设是极端时期，2 年期是相应的高波动市场，7 年期为正常市场。我们比较两种策略的平均年收益：（1）使用来自表 14-4 的 10 年期最优 TM 权重的购买和持有策略；（2）再平衡策略使用最优场景树的代表投资规则解释之前的样本期内外的检验。简单起见，假设当前的波动体制在每一期都知晓。两种策略的超过 1 000 次的平均年收益为 9.8%（再平衡）和 9.2%（购买和持有）。均值差异的 T 检验为 5.4，表明再平衡策略的高度显著优势，其挖掘了状态相依相关性的信息。为了比较，相同的实验使用有约束的 TMC 情况的最优权重重复进行。我们获得了相同的均值收益 8.1%。这表明该约束意味着不充分的再平衡能力。因此，相对于购买和持有，变化的制度并不能有效地利用以实现较好的收益。该结果也表明，从 1992—2002 年样本期的 TMC 再平衡策略相对较好的表现为正偏的，这段时期条件是比较有利的。

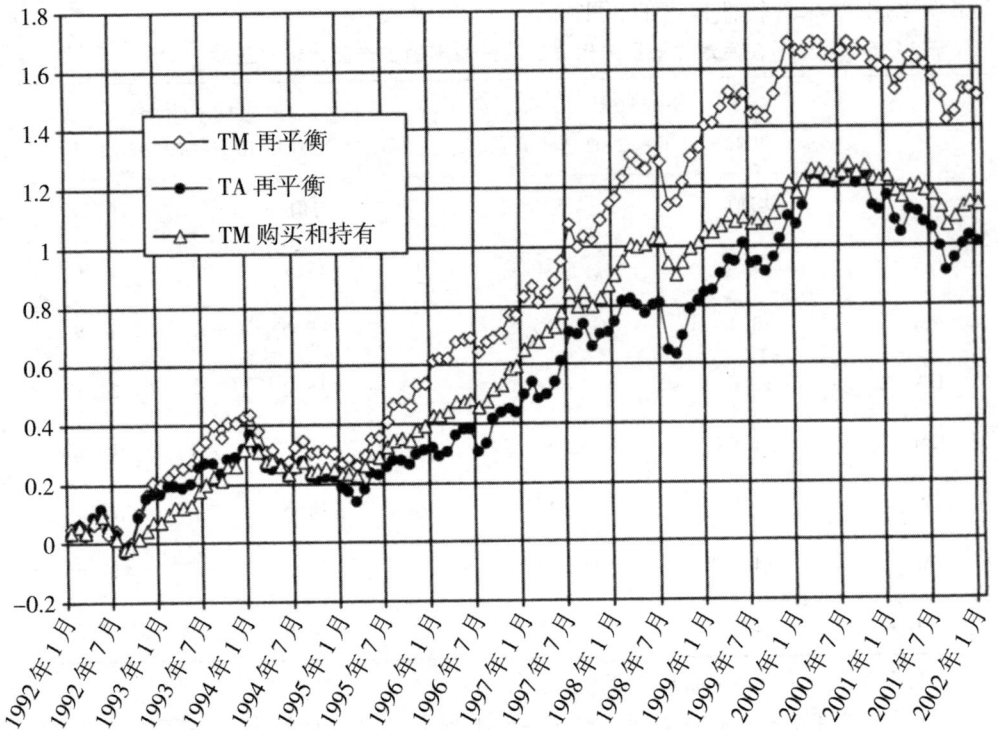

图 14-5　不同策略的累积月度收益

资料来源：Geyer 和 Ziemba（2008）。

14.5.1　总结

　　模型 InnoALM 提供了一个简单使用工具，旨在帮助奥地利养老基金配置委员根据变化的经济条件、不同目标、约束以及负债承诺来对不同政策选择的影响进行评估。模型包含的特征反映了实际的投资实践。这些包括多重场景、非正态分布、不同的波动率和相关性体制。该模型提供了一个对称的方式评估特殊政策变动事先的可能结果和实现的资产回报。这为政策变化提供了更大信心和更多理由，这些变动可能是有争议的，如与奥地利传统相比持有更高权重股票和更少权重债券的例子。

　　该模型在之前模型基础上进行了改进，涵盖了新的特征，如状态相依相关性矩阵。结果发现成功的关键是场景输入，尤其是均值收益假设。该模型有很多方式评估类似场景。考虑到更好的输入，政策建议可以改善当前的投资实践，并且给予资产配置过程更大的信心。下面为引自投资公司 Konrad Kontriner（董事成员）和 Wolfgang Herold（资深风险专家）的论断，其强调了 InnoALM 的重要实践：

　　从 2000 年的最初草拟开始，InnoALM 模型已经被投资公司运用——奥地利西门子公司。同时它也成了唯一持续执行，充分整合所有权工具在西门子 AG 世界范围内评估养老金配置的问题。此外，各种欧洲公司的咨询工程和西门子以外的养老基金已经根据 InnoALM 的理念实行。

使得 InnoALM 优于其他咨询模型的关键要素是它灵活适应个体约束和目标方程，结合具有广泛和深度的一系列结果，允许研究个体、负债和资产的路径依赖行为以及场景基础和蒙特卡洛，如双边的风险评估。

鉴于最近奥地利养老金监管变化，后者甚至具有额外的重要性正如对于资产和负债而言，机构对严格资产的放松管理可以证明其有足够的风险管理经验。因此，基于资产配置模型的场景的实施将会导致更加灵活的资产约束，这将会允许更高的风险容忍度，并最终取得更好的长期投资表现。

进一步来说，模型的一些结果已经用于奥地利的监管机构，以评估源于更少约束养老金计划的潜在风险。

参考文献

Campbell, J. Y., and L. M. Viceira. 2002. *Strategic Asset Allocation.* Oxford: Oxford University Press.

Cariño, D. R., T. Kent, D. H. Myers, C. Stacey, M. Sylvanus, A. L. Turner, K. Watanabe, and W. T. Ziemba. 1994. The Russell-Yasuda Kasai model: An asset/liability model for a Japanese insurance company using multistage stochastic programming. *Interfaces* 24, no. 1: 29–49.

Cariño, D. R., D. H. Myers, and W. T. Ziemba. 1998. Concepts, technical issues, and uses of the Russell-Yasuda Kasai financial planning model. *Oper. Res.* 46: 450–462.

Cariño, D. R., and A. L. Turner. 1998. Multiperiod asset allocation with derivative assets. In *Worldwide Asset and Liability Modeling.* ed. J. M. Mulvey and W. T. Ziemba, 182–204. Cambridge: Cambridge University Press.

Cariño, D. R., and W. T. Ziemba. 1998. Formulation of the Russell-Yasuda Kasai financial planning model. *Oper. Res.* 46: 433–449.

Chopra, V., and W. T. Ziemba. 1993. The effect of errors in mean and covariance estimates on optimal portfolio choice. *J. Portfolio Management* 19: 6–11.

Dimson, E., P. Marsh, and M. Staunton. 2009. *Global Investment Returns Yearbook.* London: ABNAmbro.

Geyer, A., and W. T. Ziemba. 2008. The Innovest Austrian pension fund planning model InnoALM. *Operations Research* 56, no. 4: 797–810.

Kallberg, J. G., and W. T. Ziemba. 1981. Remarks on optimal portfolio selection. In Methods of Operations Research 44, ed. G. Bamberg and O. Opitz, 507–520. Oelgeschlager: Gunn and Hain.

Kallberg, J. G. , and W. T. Ziemba. 1983. Comparison of alternative utility functions in portfolio selection problems, *Management Sci.* 29: 1257–1276.

Kusy, M. I. , and W. T. Ziemba. 1986. A bank asset and liability management model. *Oper. Res.* 34: 356–376.

Ziemba, W. T. , and J. M. Mulvey, eds. 1998. *Worldwide Asset and Liability Modeling*. Cambridge: Cambridge University.

第 15 章

个人资产负债管理模型

Marida Bertocchi, Vittorio Moriggia, and William T. Ziemba

本章我们创建了一个随机离散时间的最优模型,为个人资产/负债模型提供一个基础方法。在下一章中,我们将使用该模型来评估不同的个人和家庭终生资产负债形势,以确定他们实现目标偏好的机会并提供给他们资产负债组合的建议。由于资产和负债是随机的,不能准确地确定投资管理目标。该模型针对生命计划的特点及实现目标偏好机会的大小提出了相关建议。

模型的目标方程反映了预期收益和风险之间的权衡比例。在一系列的个人条件和制度条件的约束下,个人投资者通常根据他们的年龄、家庭组成、税收支付、不断变化的就业形势和其他因素致力于实现一系列中期的和长期投资的目标,并通过一个偏好方程表示。在参考 Mulvey (1996)、Berger 和 Mulvey (1998)、Mulvey 和 Thorlacius (1998)、Consigli (2007)。在 Kusy 和 Ziemba (1986)、Cariño 和 Ziemba (1998)、Cariño 等 (1994)、Cariño、Myers 和 Ziemba (1998)、Geyer 和 Ziemba (1998)、Hoyland 和 Wallace (2007)、Consigli (2007)、Wallace 和 Ziemba (2005)、Zenios 和 Ziemba (2007) 以及 Ziemba 和 Ziemba (2007) 等调查结果的基础上,我们将每一个差额目标与成本相联系,差额成本方程度量了不同程度差额的成本,通常选择凸的成本方程:目标波动越大,成本越高,即目标方程显示,边际惩罚会逐渐增加。

该模型提供了个人应该如何选择资产投资组合以实现收益目标,并弥补负债的现实策略。不论是短期还是长期投资目标,其风险和收益比例是平衡的。该投资组合模型要求资产配置的多样性,通过考虑包括极端情况的所有场景,防止个人投资者受到不利条件的影响,并且在正常条件下也表现良好 (Ziemba 2003)。

该模型使凹的风险规避效用函数最大化,这个函数是由终期的预期最终财富减去风险厌恶指数与不同时期个体目标波动有关的凸性惩罚总和的乘积的凸风险度量,并在最后时期使其机会资本化。

离散条件综合了计量经济学和随机模型,专家过去的数据建模和其他资源,代表了不同时期的可能收益和其他随机参数结果。Rockafellar 和 Ziemba (2000) 用公理的形式对凸风险的度量给予了证明。

使得

$t=0$，$\cdots$，T 为计划期的离散化

$\bar{t} \in \bar{T}$，$\bar{T} \subseteq T$，$\bar{t}$ 目标的时间点

$k=1$，$\cdots$，K 不同收入来源指数

$l=1$，$\cdots$，L 不同债务来源指数

$s=1$，$\cdots$，S 不同场景指数

$j=1$，$\cdots$，J 不同投资类别指数：$j=0$ 代表现金，$j=1$，$\cdots$，J_1 代表资产类别，$j=J_1+1$，$\cdots$，J 代表不同目标基金

$X_j^{init} = \alpha_{j0} \sum_{k=1}^{K} I_{k0}$ 为资产 j 初始持有（票面价值）

τ_j 为资产 j 的交易成本，$j=1$，$\cdots$，J_1

x_{j0} 和 y_{j0} 为资产 j 在 0 期的购买和销售（票面价值），$j=1$，$\cdots$，J_1 初始价格 p_{j0} 是场景独立的，$\zeta_{j0} = p_{j0}(1+\tau_j)$ 为购买价格，$\xi_{j0} = p_{j0}(1-\tau_j)$ 为销售价格

X_{j0} 为 0 期资产 j 价值，$j=1$，$\cdots$，J_1

z_0 为 0 期现金

d_{l0} 为 0 期债务类型 l，$l=1$，$\cdots$，L

W_0 为 0 期剩余财富或总财富

X_j^s 为资产 j 在 0 期场景 s 下的价值，其中 $X_{j0}^s = X_{j0}$

p_{jt}^s 为资产 j 在 t 期场景 s 下的公平价格，$j=1$，$\cdots$，J_1，$\zeta_{jt}^s = p_{jt}^s(1+\tau_j)$ 为购买价格，$\xi_{jt}^s = p_{jt}^s(1-\tau_j)$ 为销售价格

x_{jt}^s 和 y_{jt}^s 为资产 j 在 t 期 s 场景下的购买和销售，$j=1$，$\cdots$，J_1

r_t^s 为 t 期 s 场景下无风险资产短期利率，R_t^s 为 $(t, t+1)$ 期名义回报，其中 r_0 为一个已知常数

$\bar{r}_{jt}^s$ 为基金 j 在 t 期 s 场景下的短期利率，$\tilde{R}_{jt}^s$ 为基金 j 在 $(t, t+1)$ 期的名义回报，其中 $\bar{r}_{j0}$ 为一个已知常数

Ψ_{jt}^s 为资产 j 在 t 期 s 场景下的汇率，$j=1$，$\cdots$，J_1，注意 Ψ_{j0} 已知

f_{jt}^s 为资产 j 在 t 期 s 场景下的现金流，$j=1$，$\cdots$，J_1

d_{lt}^s 为负债类型 j 在 t 期 s 场景下债务（或负债），$l=1$，$\cdots$，J_1

d_t^{-s} 为 t 期 s 场景下的借入

d_t^{+s} 为 t 期 s 场景下的贷出

I_{kt}^s 为 t 期 s 场景下资源 k 的收入，其中对于每个 k 的 I_{k0} 是一个已知常数

inr_t^s 为 t 期 s 场景下的通货膨胀率

g_t^s 为 t 期 s 场景下的增长率

F_{jt}^s 为目标基金 j 在 $\bar{t}$ 期 s 场景下的值

B_{jt} 为目标基金 j 在 $\bar{t}$ 期的固定值

W_t^s 为 t 期 s 场景下剩余或总财富

α_{jt}^s 为 s 场景收入支付给资产 j 或现金乘余比例，α_{j0}^s 为场景独立的，即 $\alpha_{j0}^s = \alpha_{j0}$，通常 $\alpha_{jt}^s \geq \bar{\alpha}$，其中 $\bar{\alpha}$ 为一个参数

β_{jt}^s 为 s 场景下收入支付给目标基金 j（$j = 1$，$\cdots$，$J_1 + 1$）比例，β_{j0}^s 为场景独立的，即 $\beta_{j0}^s = \beta_{j0}$

γ_t^s 为 s 场景下收入支付消费的比例，γ_0^s 为场景独立的，即 $\gamma_0^s = \gamma_0$，通常 $\gamma_t^s \geq \bar{\gamma}$，其中 $\bar{\gamma}$ 为一个参数，$\sum_{j=0}^{J_1} \alpha_{jt}^s + \sum_{j=J_1+1}^{J} \beta_{jt}^s + \gamma_t^s = 1$，$\forall t$，s

π^s 为 s 场景的概率，$\sum_{s=1}^{s} \pi^s = 1$

第一阶段决策变量 x_{j0}、y_{j0}、X_{j0}、α_{j0}、β_{j0}、γ_0 为非负，满足保守持有的约束

$$y_{j0} + X_{j0} = X_j^{init} + x_{j0} \ \forall j，j = 1，\cdots，J_1 \tag{15.1}$$

以及现金流平衡

$$W_0 = z_0 + \sum_{j=1}^{J_1} \psi_{j0} \xi_{j0} y_{j0} - \sum_{j=1}^{J_1} \psi_{j0} \zeta_{j0} x_{j0} - \sum_{L}^{L} d_{l0} \tag{15.2}$$

其中，非负数变量 W_0 代表初始财富，$z_0 = \alpha_{00} \sum_{k=1}^{K} I_{k0}$，$\alpha_{00} = 1 - \gamma_0 - \sum_{j=J_1+1}^{J} \beta_0$，$I_{k0}^s$ 为场景独立的，即 $I_{k0}^s = I_{k0}$。

方程 15.1 和方程 15.2 不依赖于场景。

第二阶段关于投资组合再平衡的决策、取决于个人场景借贷或再投资的剩余。满足每期每种资产保守持有的约束，对于每个场景而言

$$X_{jt}^s + y_{jt}^s = X_{j,t-1}^s + x_{jt}^s \ \forall j，j = 1，\cdots，J_1，\ \forall s，t \geq 1 \tag{15.3}$$

同时每种场景每期的现金流平衡为

$$\sum_{j=1}^{J_1} \psi_{jt}^s \xi_{jt}^s y_{jt}^s + \sum_{j=1}^{J_1} \psi_{jt}^s f_{jt}^s X_{jt}^s + W_{t-1}^s (R_{t-1}^s - \delta_c) + d_t^{-s} + \sum_{j=0}^{J_1} \alpha_{jt}^s \sum_{k=1}^{K} I_{kt}$$

$$= W_t^s + \sum_{j=1}^{J_1} \Psi_{jt}^s \zeta_{jt}^s x_{jt}^s + \sum_{L=0}^{L} d_{Lt}^s + d_t^{+s}，\ \forall s，t \tag{15.4}$$

所有变量都是非负的，$\sum_{J=0}^{J_1} \alpha_{jt}^s = 1 - \gamma_t^s - \sum_{j=J_1+1}^{J} \beta_{jt}^S$，$d_0^{-s} = 0$。变量 d_t^{+s}，d_t^{-s} 描述了 s 场景下 t 期（无限制）的借/贷可能性，非线性传播 δ_c 为需要决策的模型参数。非零值 δ_c 解释了股票、债券和现金之间收益的不同。

下面的约束描述了基金和收入随时间产生的变化

$$F_{jt}^s = F_{jt-1}^s \tilde{R}_{jt-1}^s + \beta_{jt}^s \sum_{k=1}^{K} I_{kt}^s \ \forall j，j = J_1 + 1，\cdots，J，\ \forall t，\ \forall s \tag{15.5}$$

其中，$F_{j0} = \beta_{j0} \sum_{k=1}^{K} I_{k0}$ 为场景独立；

$$I_{kt}^s = I_{kt-1}^s (1 + inr_{t-1}^s + g_{t-1}^s) \ \forall k，\ \forall t，\ \forall s \tag{15.6}$$

强加下面约束条件，使得在 $\bar{t}$ 期基金 j 满足目标 j，

$$F_{jt}^s + D_{jt}^s \geq B_{jt} \ \forall j，j = J_1 + 1，\cdots，J，\ \forall s，\ \forall \bar{t} \tag{15.7}$$

其中，D_{jt}^s 表明当目标没有实现时，用于惩罚目标方程的非负差额变量。

最优化问题为使在计划期 T 期的最终财富的预期凹效用最大化

$$\sum_{s=1}^{S} \pi^s U\left(g_T^s\right) \tag{15.8}$$

结合（15.1）到（15.7）约束，所有变量的非负约束为

$$g_T^s = W_T^s - \lambda \sum_{\bar{t} \in \bar{T}} w_{\bar{t}}\left(\sum_{j=J_1+1}^{J} \mu_j\left(\prod_{t=\bar{t}}^{T}\left(\tilde{R}_{jt}^s\right)\left(D_{jt}^s\right)^2\right)\right) \tag{15.9}$$

其中，λ 为个体的风险规避，μ_j 为目标 J 没有实现的权重，$\sum_{j=J_1+1}^{J}\mu_j = 1$，$w_{\bar{t}}$，$\sum_{\bar{t} \in \bar{T}} w_{\bar{t}} = \bar{T}$ 为每期即期反映目标重要性的权重。

为减少多期随机线性规划模型的问题，我们通过分段线性凸风险度量近似差额平方项，代表与差额有关的成本方程，变量和约束为

$$D_{jt}^s = \sum_{m=1}^{M} D_{mjt}^s \; \forall j, \; j=J_1+1, \; \cdots, \; J, \; \forall s, \; \forall \bar{t} \tag{15.10}$$

$$0 \leqslant D_{mjt}^s \leqslant b_{mj} - b_{(m-1)j} \; \forall j, \; j=J_1+1, \; \cdots, \; J, \; \forall \bar{t}, \; \forall s, \; m=1, \; \cdots, \; M \tag{15.11}$$

其中，D_{mjt}^s 为与 m 分段的成本方程有关的非负目标差额，b_m 为第 m 个风险度量方程的（$b_0 = 0$）断点，M 为方程分段的数目。

因此，方程 15.9 变成

$$g_T^s = W_T^s - \lambda \sum_{\bar{t} \in \bar{T}} w_{\bar{t}}\left(\sum_{j=J_1+1}^{J} \mu_j\left(\prod_{t=\bar{t}}^{T}\left(\tilde{R}_{jt}^s\right) \sum_{m=1}^{M} c\left(D_{mjt}\right) D_{mjt}^s\right)\right) \tag{15.12}$$

其中，$c\left(D_{mjt}\right)$ 为相应分段 m 的边际成本。

在下面一章我们将使用该模型评估五种不同的个人和家庭理财室的退休策略：

1. 净财富 1 000 万美元以上的富人
2. 净财富 1 000 万美元以上不同个人不同税率和其他特征的富裕的家庭理财室
3. 净财富在 50 万到 500 万美元之间的中等家庭
4. 净财富在 50 万到 500 万美元之间的家庭理财室
5. 净财富在负债 50 万美元之内的穷人和低收入者

我们识别个人和家庭理财组别之间的如下投资策略，可以做出动态投资和其他选择。分别为：

■ 固定收入，包括国内债券（征税或者税收减免）和国外债券
■ 通货膨胀指数债券
■ 股票（国内或国际）
■ 新型市场债务和股票
■ 贸易
■ 对冲基金
■ 不动产（私人或商业）
■ 私人股票
■ 杠杆收购

- 实物资产
- 封闭式基金
- 交易型开放式指数基金（ETF）
- 限制股票
- 保险
- 有限合伙企业
- 公司和其他来源的非流动资产
- 家庭信托
- 现金

对于负债，我们考虑如下：

- 信用卡和短期负债
- 边际负债
- 商业不动产贷款
- 私人不动产贷款
- 无积累的股票承诺
- 强制退休承诺
- 保险承诺

在执行中，对于场景的生成（见 Dupačová、Consigli 和 Wallace（2000）），我们采纳了无风险利率演化模型（见 Bradley 和 Crane（1972）和 Vašíčiek（1977）），并通过固定不同价差将其他利率（通货膨胀率、增长率、基金率）与之相连。相同的策略被用于计算资产的购买和销售价格。我们将历史相关性用于资产价格收益。我们还可以构建更加复杂的场景，包括结合一个恰当的相关结构的复杂模型（Consigli2007）。我们使用基于历史数据的 GARCH（1，1）模型预测汇率波动，它也是一个预测 CBOT 波动的回归方程预测模型。最后，用 t 检验检验其显著性。

风险规避系数 λ 表示了 Arrow（1995）和 Pratt（1964）的绝对风险规避程度，它是依据个人或家庭理财室所属类别形成的固定参数。组别 1 和组别 2，激进投资者典型值 λ 值等于 2；对于组别 3 和组别 4，强制保守投资者 λ 值等于 4；组别 5 的 λ 值在 2 和 8 之间（Ziemba 2003）。

最终期限可能与退休时间或一些其他重要的未来日期一致。阶段的数量可能动态依赖时间期限的长度和我们需要处理问题的复杂性而变动。阶段越多越复杂。在 Bertocchi，Dupačová，Moriggia（2005，2006）的文献中对有关阶段的文献有一些提议和参考资料，尽管这些文献研究的问题决定了阶段的最优数目。

许多例子在文献中进行了报告，见 Bertocchi、Dupačová 和 Moriggia（2000）；Cariño 和 Turner（1998）；Fleten、Hoyland 和 Wallace（2002）；Kouwenberg 和 Zenios（2005）；Topaloglou、Vladimirou 和 Zenios（2002）；Ziemba（2007）；Consiglio 等（2009）参考文献显示了随机规划方法比购买和持有以及固定混合模型

更优越。

▌参考文献 ▌

Arrow, K. J. 1965, Aspects of the theory of risk bearing. Technical Report. Yrjö Jahnsson Foundation.

Berger, A. J. , and J. M. Mulvey. 1998. The Home Account Advisor™: Asset and liability management for individual investors. In *World Wide Asset and Liability Modeling*, ed. W. T. Ziemba and J. M. Mulvey, 634 – 665. Cambridge: Cambridge University Press.

Bertocchi, M. , J. Dupačová, and V. Moriggia. 2000. Sensitivity of bond portfolio's behavior with respect to random movements in yield curve: A simulation study. *Annals of Operations Research* 99: 267–286.

Bertocchi, M. , J. Dupačová, and V. Moriggia. 2005. Horizon and stages in applications of stochastic programming in finance. *Annals of Operations Research* 142: 63–78.

Bertocchi, M. , J. Dupačová, and V. Moriggia. 2006. Bond portfolio management, *via stochastic programming. In* Handbook of Asset and Liability Management, vol. 1. *Theory and methodology*, ed. S. A. Zenios and W. T. Ziemba, 305 – 336. Amstetdam: North Holland.

Bradley, S. P. , and D. B. Crane. 1972. A dynamic model for bong portfolio management, *Management Science* 19: 139–151.

Cariño, D. R. , T. Kent, D. H. Myers, C. Stacy, M. Sylvanus, A. L. Truner, K. Watanabe, and W. T. Ziemba, 1994. The Russell-Yasuda Kasai model: An asset/ liability model for a Japanese insurance company using multistage stochastic programming *Interfaces* 24: 29–49.

Cariño, D. R. , R. Myers, and W. T. Ziemba. 1998. Concepts, technical issues and uses of the Russell-Yasuda Kasai financial planning model. *Operations Research* 46: 450–462.

Cariño, D. R. , and A. L. Turner, 1998. Multiperiod asset allocation with derivative assets. In *World Wide Asset and Liability Modeling*, ed. W. T. Ziemba and J. Mulvey, 182–204. Cambridge: Cambridge University Press.

Cariño, D. R. , and W. T. Ziemba. 1998. Formulation of Russell-Yasuda Kasai financial planning model, *Operations Research* 46: 433–449.

Consigli, G. 2007. Asset-liability management for individual investors. In *Handbook of Asset and Liability Management*, *Volume* 2, *Applications and Case Studies*, ed. S. A. Zenios and W. T. Ziemba, 751–827. Amsterdam: North Holland.

Consiglio, A. , S. Nielsen, S. A. Zenios. 2009. *A Library of GAMS Models*. Chichester, Englang: Wiley Finance.

Dupačová, J. , and M. Bertocchi. 2001. From data to model and back to data: A bond portfolio management problem. *European Journal of Operations Research*134: 261–278.

Dupačová, J. , G. Consigli, and S. W. Wallace. 2000. Scenarios for multistage stochastic programs. *Annals of Operations Research* 100: 25–53.

Fleten, S. E. , K. Hoyland, and S. W. Wallace. 2002. Stochastic dynamic and fixed mixed portfolio models. *European Journal of Operations Research* 140, no. 1: 37–49.

Geyer, A. , and W. T. Ziemba. 2008. The Innovest Austrian pension fund financial planning model InnoALM. *Operations Research* 56, no. 4: 797–810.

Hoyland, K. , and S. Wallace. 2007. Stochastic programming models for tactical and strategical asset allocation study from Norwegian life insurance. In *Handbook of Asset and Liability Management, Volume 2, Applications and Case Studies*, ed. S. A. Zenios and W. T. Ziemba, 591–625. Amsterdam: North Holland.

Kouwenberg, R. R. P. , and S. A. Zenios. 2006. Stochastic programming models for asset liability management. In *Handbook of Asset and Liability Management, Volume 1, Theory and Methodology*, ed. S. A. Zenios and W. T. Ziemba, 253–304. Amsterdam: North Holland.

Kusy, M. I. , and W. T. Ziemba. 1986. A bank asset and liability management model. *Operations Research* 34: 356–376.

Mulvey, J. M. 1996. Generating scenarios for the Towers Perrin investment system. *Interfaces* 26: 1–13.

Mulvey, J. M. , and E. Thorlacius. 1998. The Towers Perrin global capital market scenario generation system. In *World Wide Asset and Liability Modeling*, ed. W. T. Ziemba and J. M. Mulvey, 286–312. Cambridge: Cambridge University Press, Cambridge, England.

Mulvey, J. M. , and S. A. Zenios. 1994. Capturing correlations of fixed-income instruments. *Mansgement Science* 40, no. 1: 1329–1342.

Mulvey, J. M. , and W. T. Ziemba. 1998. Asset and liability management for longterm investors: Discussion of the issues. In *World Wide Asset and Liability Modeling*, ed. W. T. Ziemba and J. M. Mulvey, 3–38. Cambridge: Cambrideg University Press.

Pratt, J. W. 1964. Risk aversion in the small and in the large. *Econometrica* 32, no. 12 (January-April): 122–136.

Rockafellar, T. , and W. T. Ziemba. 2000. Modified risk measures and acceptance sets. Working Paper, University of Washington (July) .

Topaloglou, N. , H. Vladimirou, and S. A. Zenios. 2002. Constructing optimal samples from a binomial latticea models with selective hedging for international asset allocation. *Journal of Banking & Finance* 26, no. 7: 1531–1561.

Vašíček, O. 1977. An equilibrium characterization of the term strucaure. *Journal of Financial Economics* 5: 177–188.

Wallace, S. W., and W. T. Ziemba (eds.). 2005. *Applied stochastic programming.* SIAM Mathematical Programming Society.

Zenios, S. A., and W. T. Ziemba, (eds.). 2007. *Handbook of Asset and Liability Management, Volume 2, Applications and Case Studies.* Amsterdam: North Holland.

Ziemba, R. E. S., and W. T. Ziemba, 2007. *Scenarios for Risk Management and Global Investment Strategies.* Chichester, England: John Wiley & Sons.

Ziemba, W. T., ed. 2003. *The Stochastic Programming Approach to Asset, Liability, and Wealth Management.* The Research Foundation of AIMR, Charlottesville, VA.

——. 2007. The Russell-Yasuda Kasai, InnoALM and related models for pensions, insurance companies and high net worth individuals. In *Handbook of Asset and Liabiliay Management, Volume 2, Applications and Case Studies,* ed. S. A. Zenios and W. T. Ziemba, 861–962. Amsterdam: North Holland.

第 16 章

个人资产负债管理模型的实施和计算结果

Marida Bertocchi，Vittorio Moriggia，and William T. Ziemba

在本章中，我们根据多期的场景情况构建最优的随机规划离散时间模型，进而提供跨期的个人资产负债动态模型的方法。考虑资产配置组合和负债情况，该模型能使我们评估不同个人和家庭生命期的资产负债情况，决定实现偏好目标的概率。由于资产和负债都具有随机性，因此并不能确定精准的目标。该模型给出的建议是与生命计划的特点以及实现这些目标的机会有关。

目标函数反映了预期最终财富和风险之间的权衡。在给定偏好函数、中间媒介、最终目标的情况下，受到包括年龄、家庭组成、所缴纳税收、工作环境变化以及其他因素等个人以及法规的限制，其最终目的是实现个人投资者目标。我们假设每个目标的短缺成本函数度量了不同类型下的短缺成本。根据凸成本函数，目标波动越大，违约成本越高。因此，我们增加了目标函数中的边际惩罚。

该模型主要是基于 Geyer 和 Ziemba（2008）以及本章节中所列出的其他参考资料。这些参考资料阐述了随着时间的推移，应该如何选择资产组合，以实现目标并偿还负债。要实现各时期目标以及长期目标，收益和风险应该是均衡的。该模型允许多样化存在，通过考虑包括极端情况在内的所有相关的场景，防止个人受到不利场景影响，并且其在正常情况下也表现良好。

该模型最大限度地提高凹规避风险的效用函数。该函数由预期的最终财富和凸风险度量组成。它是规避风险指数乘以各个时期与个人目标有关的特定波动的凸惩罚加权之和。

使用多期离散概率场景构建不确定性模型，代表了基于过去数据和其他来源的计量经济学和统计模型生成的不同时期的可能收益和其他随机参数模拟结果。这些场景近似于真实的基本概率分布。该方案的确立是模型成功的关键。相对于其他方法，多阶段随机规划模型性能更加优越。这是因为场景的模拟研究试图将未来经济和可能演变的金融环境包括在内。

我们以 50 万到 500 万美元的净资产为例，讨论一个典型的个体模型的实现。

最初假设个人利用以下资产进行投资：

■ 固定收益领域，包括国内债券（应纳税的或免税的）以及外国债券

■ 股票（国内或国际）

■ 现金

负债是：

■ 家庭开支

■ 保险承诺

为了测试模型，我们采用了无风险利率演变的场景生成模型，并通过不同的固定关系将其与其他比率（通货膨胀率、增速、基金利率）相关联。我们假设这些比率相互关联。在进行购买和出售资产价格建模的过程中，考虑它们之间的相关结构。我们在历史数据的基础上采用 GARCH 模型（1，1）预测汇率波动，它是根据芝加哥期货交易所波动的回归方程所推导的预测模型。试验结果显示投资者应在不同阶段进行不同投资，以使得风险调整后的预期最终财富的目标函数最大化。

风险规避系数 λ 表示 Arrow-Pratt 绝对风险厌恶程度，其动态地反映个人的偏好和风险态度。λ=4 的话表示适度保守的投资行为。

如下的情况是一个例子。我们假设一个 50 岁的人，他拥有 30 万美元的财富，年薪净值是 10 万美元，每年的房租收入净值为 18 000 美元，并且每年会根据通货膨胀和经济增长速度对这些财富进行调整。个人的时间跨度是 10 年。从现在开始的 5 年里，他们的女儿每年需要 2 万美元的大学学费以及生活费，一共需要 3 年。而以后 10 年的保险承诺需要每年缴纳 4 000 美元。最后的时间跨度恰逢 60 岁退休的时候。起初阶段数目就已经确定，即为通常的 2~6 个；对若干阶段的详细建议见 Bertocchi、Dupačová 和 Moriggia（2005 2009）。我们测试第 2 和第 6 阶段。如果确定为 6 个阶段即时间离散化为 0，1，2，4，6，10，这意味着第 1 和第 2 阶段时间长度为 1 年，第 3 和第 4 阶段时间长度为 2 年，第 5 阶段时间长度为 4 年。这反映了个人投资的再平衡战略，即在规划周期的最初每年调整一次投资组合，之后不再频繁做出调整。我们可以增加平衡阶段，即增加决策变量和最终计算的时间。

我们试图影响收益并且在一年内利用非连续复利计算。

我们利用 20-5-5-2-2 节点结构生成 2 000 个场景，并且提供了有关资产分配的详细资料，同时留有合理的计算时间。

为了呈现出不同的资产类别，我们使用以下的基准指标：

■ 国内固定收益为摩根大通政府公债指数（JPM GVI）

■ 国内股市为道琼斯工业平均指数（DJIA）

■ 德国股市为 DAX 指数

德国 DAX 指数和道琼斯工业平均指数的周收益率偏离正态分布。从 2000—2006 年的数据以及 2000—2009 年的数据来看，摩根大通政府公债指数没有通过基于 χ^2 测试的正态性检验（2000—2006 年的数据 $\chi^2 = 19.925$，2000—2009 年的数据 $\chi^2 = 16.168$）。正如表 16-1，尤其是表 16-4 所示，收益的数量级证实了第 5 章所陈述的内容。

表 16-1	2000—2006 年资产收益的统计特性		
	DAX 指数	道琼斯工业平均指数 （DJIA）	摩根大通政府公债 指数 USD
每周利润			
平均值（%，每年）	2.285	2.541	5.51
标准差（%，每年）	23.13	16.77	2.94
偏度	-0.1268	-0.6793	-0.6057
峰度	4.2405	7.6262	3.9586
年度利润			
平均值（%，每年）	2.378	0.939	6.321
标准差（%，每年）	35.012	16.457	2.676
偏度	-0.06108	0.81007	0.62617
峰度	1.79814	2.93566	1.70172

个人利用三类资产以及现金。收入用于现金、目标以及消费的比例应该存在最低标准。

有关指数收益统计特征的假设，是根据从 2000—2006 年以及从 2000—2009 年每周数据样本而得出的。表 16-1 为每周收益（折合为年收益率）的汇总统计。图 16-1 则是相关分布。

对于中长期规划模型而言，正如我们示例中的一年调整期一样，每周收益比例是不相关的。然而，我们更愿意采用取自于每周收益的年度数据。因为表 16-1 中包含年度收益数据的第二个面板具有观测值太少的特点。由于难以选择有关年度收益的合适参数分布，我们采用一种非参数方法来生成反映历史收益分布形状的随机样本。同样，也可以选择绘制 t 分布或偏斜 t 分布的随机样本，以更好地检验收益因素的显著性。

为了模拟单一资产的历史损益分布，我们将年度利润 r_t 标准化。因为我们打算采用的规划间隔长达几年之久，所以采用从每周数据得出的多重年收益率，而不是每周数据。模拟产生历史收益分布的因素计算如下。随机数 u 是从区间 [0, 1] 中的均匀分布中得到的，它被视为一个概率。相应的百分比 z 是根据标准化的利润推算出来的，例如 P（r_t<z）= u。在某一特定节点的随机收益是通过 z 乘以预先设定的标准偏差加上平均值得出的。这种方法不能得出比历史上观察到的收益更极端的值，这可能是在一些应用中存在的缺点。

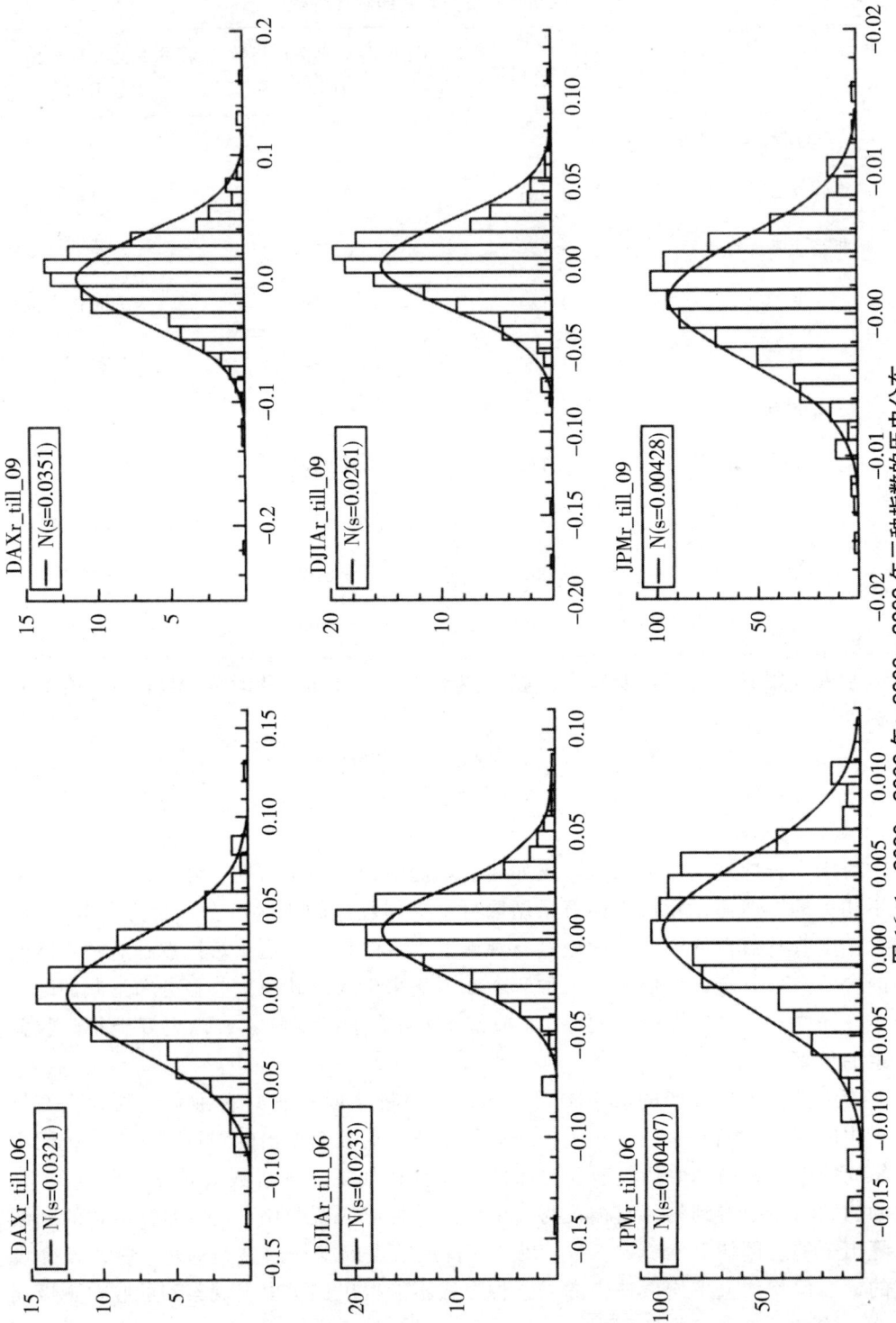

图16-1　2000—2006 年、2000—2009 年三种指数的历史分布

我们还指出，如果考虑一个更长时期的数据，比如从 1928—2009 年的数据，那么收益将会如何变化，见表 16-2。我们没有摩根大通全球债券指数的更长期的系列数据。Dimson 等（2009）报告称 1900—2009 年时期的收益率为 4.2%。

表 16-2 1928—2009 年间资产收益的统计特征

	DAX 指数	道琼斯工业平均指数 （DJIA）
每周利润		
平均值（%，每年）	8.261	6.434
标准差（%，每年）	23.87	20.06
偏度	−0.2828	−0.2722
峰度	6.0276	13.4473
每月利润		
平均值（%）	7.535	5.944
标准差（%）	21.84	18.78
偏度	−0.4938	−0.08145
峰度	3.8376	11.0931
年度利润		
平均值（%）	10.67	6.334
标准差（%）	25.77	19.88
偏度	−0.4506	−0.15205
峰度	2.6062	4.0776

2000—2006 年期间的收益率较低，这是因为 2000—2003 年期间发生了双重市场崩盘，之后 2003—2007 年之间有所恢复。

关于均值、标准差和我们例子中的相关假设见表 16-5，其都是基于表 16-3 的样本统计，2000—2007 年数据显示了更高的均值。

为了预测三类资产的收益，我们采用关于资产相关性和芝加哥期货交易所的波动率指数（VIX）的回归方程，其被认为是一个能够较好反映投资者情绪的指标。

我们通过利用每周的时间序列，计算移动平均数（周期为 34 周）来估计资产和芝加哥期货交易所指数波动之间的相关性。待估回归方程计算了表 16-4 中所出现的三种机制。

一旦确定了回归系数，我们就可以设定属于三种不同波动机制的预测场景

（详见 Geyer 和 Ziemba 2008）。

表 16-3　　　　　　　　　　　2000—2007 年间资产收益的统计特征

	DAX 指数	道琼斯工业平均指数 （DJIA）	摩根大通政府公债 指数 USD
每周利润			
平均值（%，每年）	5.35	3.67	6.09
标准差（%，每年）	17.52	16.77	3.08
偏度	−0.1680	−0.6877	−0.5375
峰度	4.3627	7.4922	3.8999
年度利润			
平均值（%，每年）	3.088	1.5836	5.68
标准差（%，每年）	29.904	11.342	2.8259
偏度	−0.5617	0.3839	0.3548
峰度	2.159	1.8336	3.8999

　　三种不同的机制及其设定的发生概率，相应的股票市场形势如下：

- 正常，当股票市场在 70% 的情况下是正常的
- 波动，当股票市场在 20% 的情况下是具有波动性的
- 极其不稳定，股票市场在 10% 的情况下是处于剧烈的波动模式

表 16-4　　　　　　　有关资产的相关性和芝加哥期货交易所波动率

指数的回归方程系数（每周收益；2000 年 7 月—2007 年 12 月；416 个观测值）

主体相关	常数	斜率	t 统计量	拟合优度
DAX-DJIA	0.735886	0.231468	6.17	0.113133
DAX-JPM	0.000615	−1.90436	−17.9	0.476864
DJIA-JPM	−0.0393277	−1.36044	−9.83	0.247316

表 16-5　　　　　　　　　2000—2007 年期间的标准差和相关性假设

		美国股票	欧盟股票	美国债券
正常 （70% 的情况下）	欧盟股票	0.75511	1.	
	美国股票	−0.22607	−0.26047	1.
高度波动 （20% 的情况下）	欧盟股票	0.79353	1.	
	美国股票	−0.36939	−0.47386	1.
极其波动 （10% 的情况下）	欧盟股票	0.82551	1.	
	美国股票	−0.48868	−0.65146	1.

芝加哥期货交易所指数的波动性分布：

■ 位于 70% 的正常范围中间的第 35 分位定义为正常市场。

■ 第 80 分位定义为波动性市场。

■ 第 95 分位定义为极其波动性的市场。

对应的三种不同机制的相关矩阵被用来生成资产收益情景。

针对每项资产，我们生成 n_t 标准化的随机数字 Z_{ti}。其中，n_t 是在 t 期间内的节点数，而为了不偏离历史资产收益，z 已经选择了上述程序。这些向量是用来填补 $n_t \times N$ 矩阵 Z。资产之间的相关性是通过乘以矩阵 Z 来建模，通过 Cholesky 分解相关的矩阵 C^j 以获得矩阵 Y^j，指数 j 为相应的三种机制之一。每个机制的节点数是由总的节点数 n_t 乘以三种机制的概率 p^j 所决定的。

每个资产的模拟总收益是通过每列 Y 乘以资产的标准偏差 i，并且加上资产均值 μ_i 得出的。而这些变量都经过计划周期 t 的长度 τ_t 所调整

$$R_{ti}^j = (1+\mu_i) \ \tau^t + Y_{ti}^j \delta_i \sqrt{\tau_t} \tag{16.1}$$

每个机制模拟的总收益在节点之间都是随机分布的。

我们构建了个人投资者的再平衡战略以假设不同阶段的数量。在表 16-8 中我们报告了单阶段解决方案（买入和持有的解决方案）的结果，第 1 阶段的两阶段解决方案为期 1 年，第 2 阶段则为期 9 年，以及 5-5-2-2-2 的节点结构产生 200 种场景，第 1、2 阶段的六阶段解决方案为期 1 年，第 3、4 阶段为期 2 年，第 5 阶段为期 4 年，以及其他 2 种节点结构：节点结构为 10-5-5-2-3 可以产生 1 000 种场景，而节点结构为 20-5-5-2-3 可以产生 2 000 种场景。图 16-2、图 16-3 和图 16-4 种显示了 100-5-5-2-3 的节点结构所生成的情况。

我们将 3 个月的伦敦银行同业拆借利率作为无风险利率。利用从 2000—2009 年期间的每周数据计算每周波动率。我们对滞后 30 天的 VIX 数据进行回归分析，并且得出了回归系数，如表 16-6 所示，用于生成预测无风险利率的模型是：

表 16-6　　　　伦敦同业拆借利率和芝加哥期货交易所波动率

指数的回归方程系数（每周比率；2000 年 7 月—2009 年 12 月；440 个观测值）

伦敦 3 个月波动率	回归系数	标准误差	t 统计	拟合优度
常数	-0.0023	0.000369	-6.22	0.0813
斜率	0.035597	0.001612	22.1	0.5268

$$dr_t = \mu d_t + \sigma_t dW_t \tag{16.2}$$

其中，dr_t 表示 1 周内间隔 dt 中的无风险利率变化，W_t 则是维纳过程，而 μ 则是 dr_t 的期望值。

通过模型和波动性估计生成了计划期内无风险利率的场景，如图 16-5 所示。

指数 1

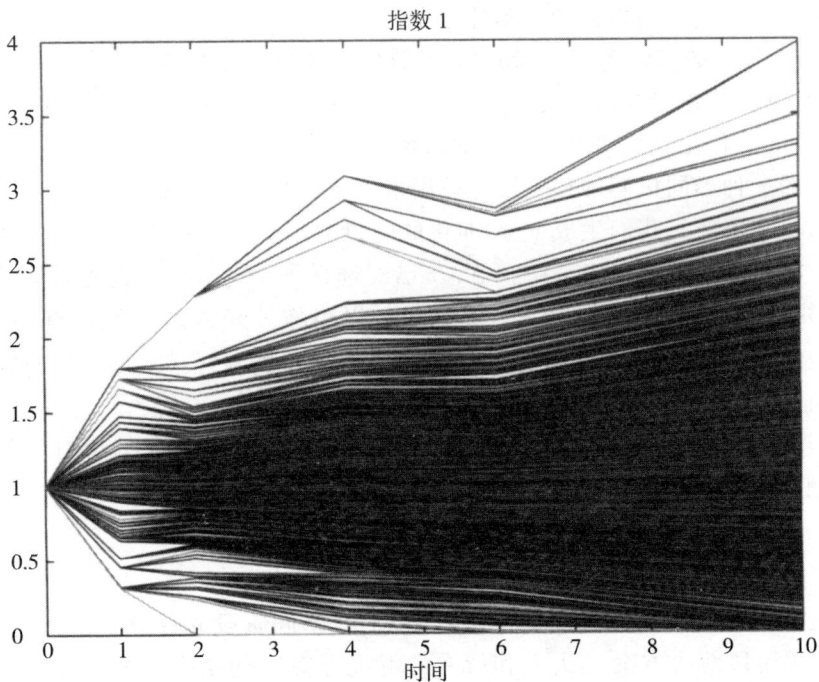

图 16-2　2006—2016 年 DAX 指数生成的场景

指数 2

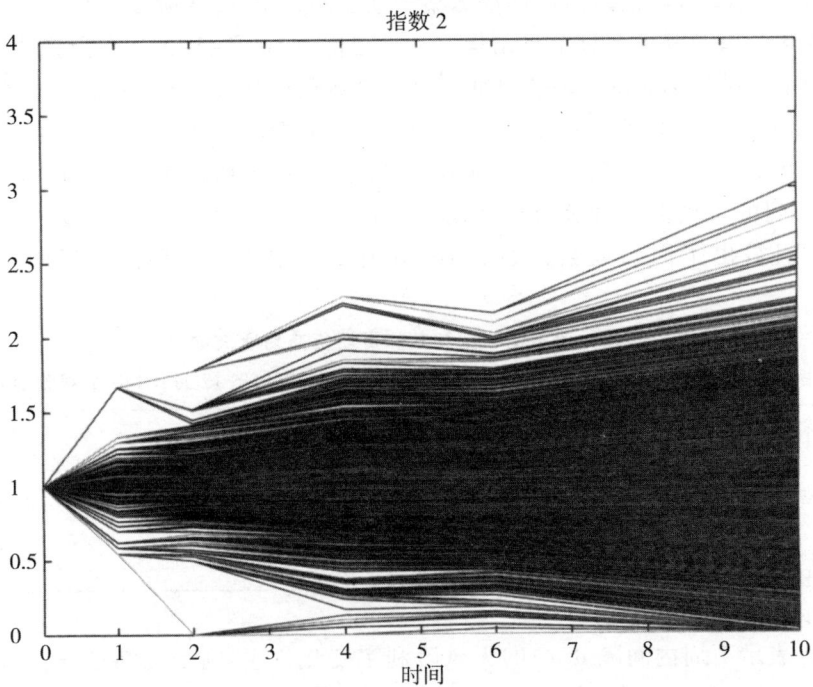

图 16-3　2006—2016 年 DJIA 指数生成的场景

指数 3

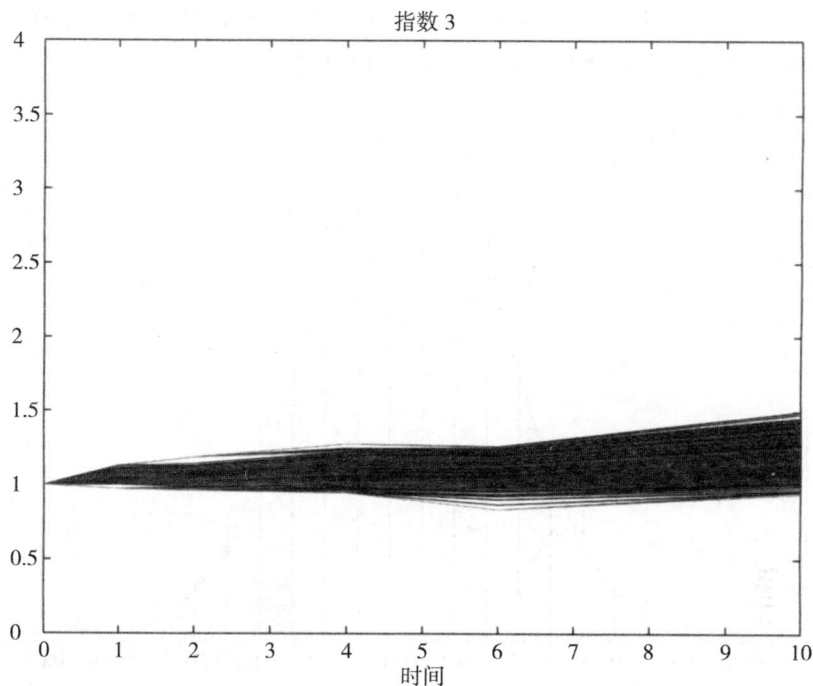

图 16-4　2006—2016 年 JPM 指数生成的场景

指数 1

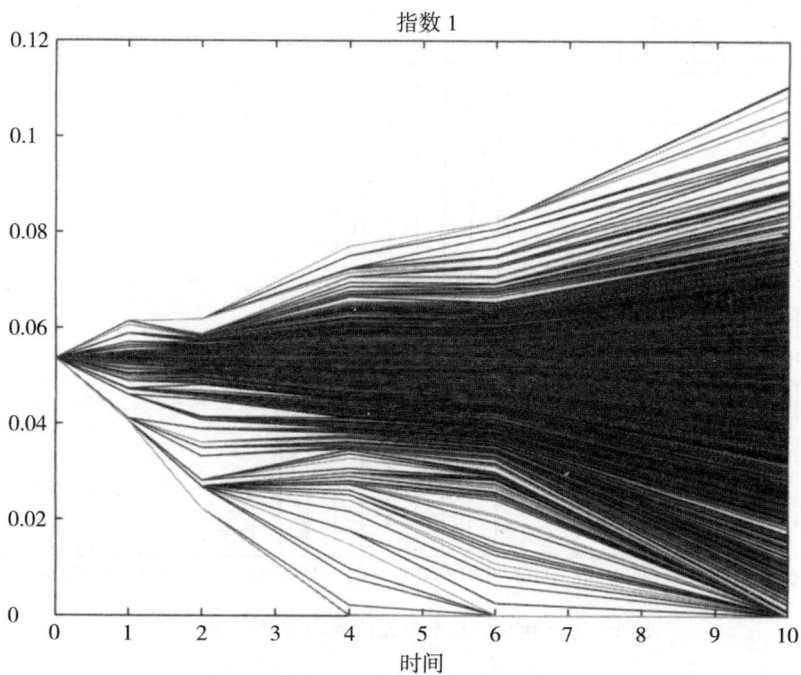

图 16-5　2006—2016 年无风险利率的场景

在 2000—2006 年期间，每周美元兑欧元的汇率都通过正态分布测试。然而 2000—2009 年期间却没有通过检验，参见图 16-6 和图 16-7。

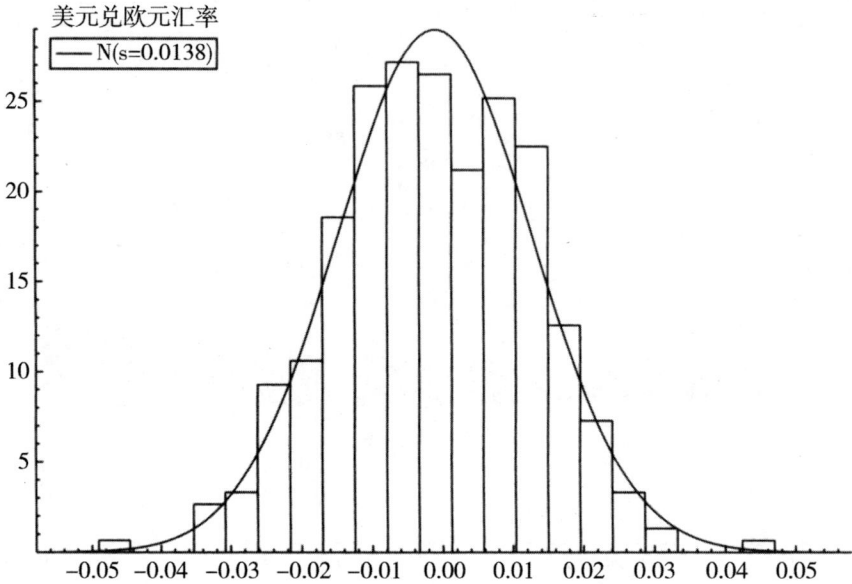

图 16-6　2006—2016 年无风险利率的场景（1）

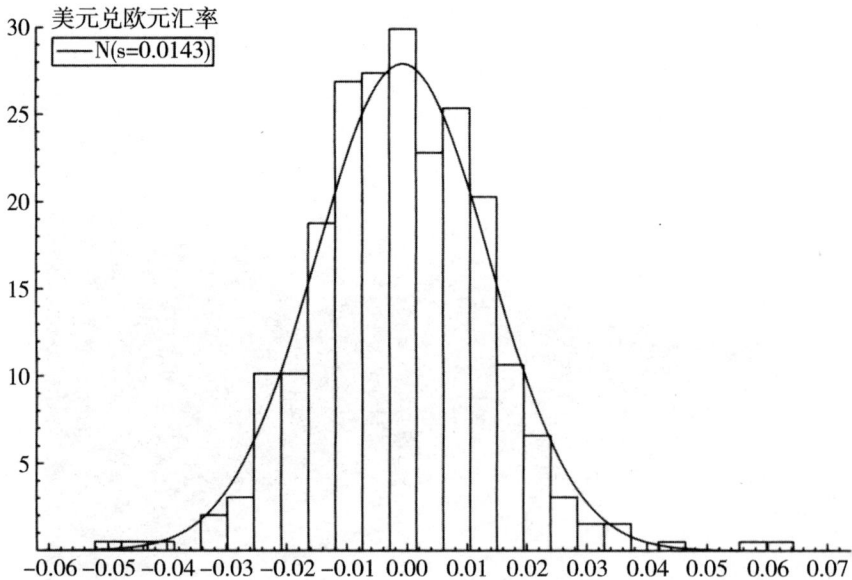

图 16-7　2006—2016 年无风险利率的场景（2）

为了预测汇率，我们采用了涉及汇率波动和芝加哥期货交易所波动率指数（VIX）的回归方程，参见表 16-7。

表 16-7　　　　　　　　　　美元兑欧元的波幅和芝加哥期货交易所波动率

指数的回归方程系数（每周比率；2000 年 7 月—2009 年 12 月；440 个观测值）

美元兑欧元的波幅	回归系数	标准误差	t 统计	拟合优度
常数	0.0629	0.00243	25.9	0.6041
斜率	0.17495	0.01050	16.7	0.3879

　　对于不断增加的阶段数目和不同数目的场景的 1 个阶段变量的值如表 16-8 所示。阶段的变化增加了问题的复杂性，当预期可以处置的信心出现时允许再平衡。对于 2 个阶段的情况，由于在封闭期存在高负债的事实，第 1 阶段的解决方案显示投资股票；当考虑到有足够数量的场景，这种行为类似于单个阶段的情况。6 个阶段的情况下，更多地使用信息，并且也会选择更加保守的投资方式债券。我们知道，股票指数的不同均值假设会影响投资者的行为。Siegel（2008）估计美国股市的长期均值为 8.3%。Geyer 和 Ziemba（2008）估计股权投资比例是 100%，当大约有 9% 的均值时，最优权重则是股票占 30%、债券占 70%。

表 16-8　　　　　　第 1 阶段最优变量和不同阶段数量的最优财富

（2000—2007 年数据用千美元表示）

第一阶段变量	单阶段	双阶段	六阶段
2 000 个场景			
美国股票（b/s）	341.78（b）	341.78（b）	1.00（s）
欧盟股票（b/s）	1.00（s）	1.00（s）	1.00（s）
美国债券（b/s）	1.00（s）	1.00（s）	341.71（b）
现金收入比例	0.31	0.31	0.31
不同目标收入比例（平均）	0.05	0.05	0.05
消费收入比例	0.01	0.01	0.01
最优财富	1 254.04	1 260.04	1 338.24
1 000 个场景			
美国股票（b/s）	341.78（b）	341.78（b）	1.00（s）
欧盟股票（b/s）	1.00（s）	1.00（s）	1.00（s）
美国债券（b/s）	1.00（s）	1.00（s）	341.71（b）
现金收入比例	0.31	0.31	0.31
不同目标收入比例（平均）	0.05	0.05	0.05
消费收入比例	0.01	0.01	0.01
最优财富	1 253.43	1 258.98	1 399.83
200 个场景			
美国股票（b/s）	341.78（b）	1.00（s）	341.78（b）
欧盟股票（b/s）	1.00（s）	1.00（s）	1.00（s）
美国债券（b/s）	1.00（s）	341.78（b）	1.00（s）
现金收入比例	0.31	0.31	0.31
不同目标收入比例（平均）	0.05	0.05	0.05
消费收入比例	0.01	0.01	0.01
最优财富	1 250.67	1 177.57	1 326.95

另外一个例子见表 16-9。Guglielmo Zimbini 是一个 50 岁高级律师，他供职于一家律师事务所（年度总收入约为 80 000 欧元，随着通货膨胀估计有所上涨）。他的妻子 Alessandra 是一名保险公司的职员（年度总收入约为 40 000 欧元，随着通货膨胀估计有所上涨）。他们住在意大利。家庭成员还有儿子 Cesare 和女儿 Maria。Cesare 是一名大学新生，专业是经济学和金融学。Maria 还是一名高中生。长远来看，Zimbini 一家不仅希望自己的财务状况和生活水平良好，同时也希望以后无论儿女选择何种职业，也都能够有良好的财务状况和生活水平。除了弥补在通货膨胀条件下子女最终继承的财产之外，这种投资组合（总净额为 600 000 欧元，其中股票为 15 000 欧元，债券为 285 000 欧元，银行存款为 300 000 欧元）必须至少负担得起 Cesare 大学学费的一半。在接下来的 4 年内，高达 10 000 欧元的住房抵押贷款债务必须每年还款 2 500 欧元。Zimbini 一家的财富定位良好，因此，他们处理风险方面的能力较强。Zimbini 一家具有风险规避的天性。他们在货币市场中一直持有很大一部分的流动资产。此外，Zimbini 一家不希望在任何一年内投资组合价值下降超过 10%。所以，他们愿意承担的风险低于平均水平（λ = 6）。

表 16-9　　　　　　　　　　　　　　Zimbini 的资产和负债数据

	课税标准	数值	现金流量
资产			
现金和有价证券		300 000	120 000
封闭式基金			
限制性股票		15 000	
债券		285 000	
保险			
有限合伙			
商业地产			
总资产		300 000	120 000
负债			
信用卡以及 ST			
贷款			
保证金贷款			
商业 R／E 贷款			
个人 R／E 贷款		10 000	
无积累基金			
负债合计		10 000	

Zimbini 一家的目标如下：

■ 购买一辆价值 30 000 欧元的新车（两年内）

■ 购买价值 400 000 欧元的第二套住房（未来 3 到 5 五年内，当 Cesare 大学毕业时）

■ 包括 Cesare 大学学费在内的每年费用达到 66 000 欧元（估计受通货膨胀的影响将会有所上涨）

■ 所需的年净收益率达到 1.5%

■ 预期年度通货膨胀为 2.0%

■ 每年净回报目标为 3.5%

Zimbini 一家的流动资金投资选项如下：

■ 重建他们的第一个住所需要 80 000 欧元（一年内）

■ 现金银行通货膨胀保值债券

除了上述所列出的 Zimbini 的流动资产，Zimbini 的多级时间跨度长达 20 年，并且必须服从国家税法。

以下的投资组合约束是积极的：

■ Zimbini 的第二所住房为他们的总净资产中非流动资产的一部分。他们已决定不将住房视为他们的积极管理的投资组合的一部分。如果有需要或者方便的话，第二所住房可以抵押贷款。

■ Zimbin 应对股票投资的风险有限（不超过 30%）。

对于不断增加的阶段数量和不同的场景数目，第 1 阶段中的变量值如表 16-10 所示。20 年期出现的新消息在 6 个阶段内表现稳定，并且建议是出售美国股票和投资于美国国债。这一结果不包括任何消费约束或者在第 1 阶段的现金，这就是为什么第二目标变得更加重要的原因。我们还可以为变量的值规定下限，对收入支出在现金、资产、目标基金和消费的比例进行管理（见表 16-11）。将消费的下限定为 0.1，目标基金定为 0.05，现金定为 0.0，资产定为 0.01。为了应对每年都需要巨大的房屋投资，β_{2t} 的最优值变得非常高。

表 16-10　　　Zimbini 的投资组合：第 1 阶段最优变量和不同阶段
数量的最优财富（使用 2000—2007 年数据的千欧元表示值）

第 1 阶段变量	单阶段	双阶段	六阶段
2 000 个场景			
美国股票（b/s）	15.00（s）	15.00（s）	15.00（s）
欧盟股票（b/s）	501.37（b）	503.5（b）	0（b）
美国债券（b/s）	282.87（b）	285.0（b）	219.13（b）
现金收入比例	0.0	0.0	0.0

第 1 阶段变量	单阶段	双阶段	六阶段
不同目标收入 1 比例	0.0	0.0	0.0
不同目标收入 2 比例	1.0	1.0	1.0
消费收入比例	0.0	0.0	0.0
最优财富	2 106.01	2 165.47	2 323.8
1 000 个场景			
美国股票（b/s）	15.00（s）	15.00（s）	15.00（s）
欧盟股票（b/s）	490.58（b）	219.15（b）	0（b）
美国债券（b/s）	272.05（b）	0.0（b）	219.13（b）
现金收入比例	0.0	0.0	0.0
不同目标收入 1 比例	0.0	0.0	0.0
不同目标收入 2 比例	1.0	1.0	1.0
收入消费比例	0.0	0.0	0.0
最优财富	2 126.1	2 175.68	2 462.85
200 个场景			
美国股票（b/s）	15.00（s）	15.00（s）	707.98（b）
欧盟股票（b/s）	0.0（b）	0.0（b）	0.0（b）
美国债券（b/s）	219.13（b）	219.13（b）	285.00（b）
现金收入比例	0.0	0.0	0.0
不同目标收入 1 比例	0.0	0.0	0.0
不同目标收入 2 比例	1.0	1.0	1.0
消费收入比例	0.0	0.0	0.0
最优财富	2 174.66	2 238.44	2 492.9

表 16–11　　　Zimbini 的投资组合：第 1 阶段最优变量和不同阶段数量的
最优财富（使用 2000&2007 年数据的千欧元表示值）

第 1 阶段变量	单阶段	双阶段	六阶段
2 000 个场景			
美国股票（b/s）	15.00（s）	15.00（s）	15.00（s）
欧盟股票（b/s）	0.0（b）	0.0（b）	0.0（b）
美国债券（b/s）	24.09（b）	87.3（b）	221.64（b）
现金收入比例	0.0	0.0	0.0
不同目标收入 1 比例	0.05	0.05	0.05
不同目标收入 2 比例	0.82	0.82	0.82
消费收入比例	0.1	0.1	0.1
最优财富	1 878.8	1 949.83	2 128.69
1 000 个场景			
美国股票（b/s）	15.00（s）	15.00（s）	15.00（s）
欧盟股票（b/s）	0.0（b）	0.0（b）	0.0（b）
美国债券（b/s）	48.52（b）	67.43（b）	221.64（b）
现金收入比例	0.0	0	0
不同目标收入 1 比例	0.05	0.05	0.05
不同目标收入 2 比例	0.82	0.82	0.82
消费收入比例	0.1	0.1	0.1
最优财富	1 898.67	1 960.8	2 260.83
200 个场景			
美国股票（b/s）	15.00（s）	15.00（s）	707.98（b）
欧盟股票（b/s）	0.0（b）	0.0（b）	0.0（b）
美国债券（b/s）	221.64（b）	86.49（b）	285.0（s）
现金收入比例	0.0	0.0	0.0
不同目标收入 1 比例	0.05	0.05	0.05
不同目标收入 2 比例	0.82	0.82	0.82
消费收入比例	0.1	0.1	0.1
最优财富	1 983.56	2 025.84	2 296.39

　　我们注意到必须生成足够数量的场景来获得可靠的解决方案，并且阶段数量要更加侧重于新消息的获取。我们提出的模型具有一般性的设定，即我们可以很容易地添加特别的约束来满足投资者的需要。

　　在我们的模型中，目标的作用是显著的。个人投资者能够根据所要达成的目标的重要性大小来调整投资组合策略。该模型能应用于各种不同的情况下，具有非常广泛的应用范围。我们仅仅举出了一小部分例子，还可以添加不同资产类别进行具体分析。如果想运行基于场景的程序，就有必要引入因子分析法以确定促使各类不同资产投资运营的主要因素。

▌参考文献▌

Bertocchi, M., J. Dupačová, and V. Moriggia. 2005. Horizon and stages in applications of stochastic programming in finance. *Annals of Operations Research* 142: 63–78.

Dimson, E., P. Marsh, and M. Staunton. 2002. *Triumphs of the Optimists*: 101 *Years of Global Investment Returns. Princeton*, NJ: Princeton University Press.

Dimson, E., P. Marsh, and M. Staunton. 2006. *The Global Investment Returns Yearbook*. Amsterdam: ABN-Ambro.

Dupačová, J., M. Bertocchi, and V. Moriggia. 2009. Testing the structure of multistage stochastic programs, *Computational Management Science* 143: 161–185.

Geyer, A., and W. T. Ziemba. 2008. The Innovest Austrian pension fund financial planning model InnoALM. *Operations Research* 56, no. 4: 797–810.

Siegel, J. 2008. *Stocks for the Long Run*, 4*th ed.* New York: McGraw-Hill.

第 17 章

结论

本书中，我们已就退休的一些关键问题做出阐述。当社会处于低利率且高风险股票和其他投资储蓄领域的时期，长寿与为此所需的成本之间是矛盾的。由于交易对方的风险较大，因此，长期年金以及其他资产都存在违约风险。与此同时，保健开支和其他成本不断上升。尽管增加工作时间很重要，但仍存在较高的失业率。

对某些人而言，良好的资产配置和适度债务是一个良好的状态。但是，即便作最乐观的估计，想要维持长达几十年的退休生活仍然有难度。2012 年美国、英国以及其他一些国家都面临着潜在的通货膨胀问题，这源于 2007—2009 年信贷危机所导致的巨额债务。

本书中的各章节都涵盖了这些问题。

第 1 章讨论了退休的关键问题。其中阐述了问题的根源来自于社会性愿望。社会性愿望是，希望老年人口在他们年老或不能工作时避免陷入贫困。当前社会人口结构在不断变化，其结果是需要以较少的在职员工来养活较多的退休人员。与此同时，在劳资谈判中，为了获取未来的养老金权益，现在是以较低的工资作为平衡的条件。第 2 章研究了有关退休的宏观经济成本，并突出了从 DB 计划向 DC 计划转变的重要性，这将使投资组合和长寿的风险从雇主转移到了强调退休者身上。第 3 章论述了各国退休安排的不同支柱（主要是经济合作与发展组织），以及它们正在如何转变以满足人口结构和经济政治的变化，以努力改善公司和退休人员的风险分布。第 4 章定义了不同资产类别，介绍了它们的历史收益、波动性、相关性、风险，以及它们如何用于退休储蓄。第 5 章探讨了 2007—2009 年的经济危机对退休资产的影响，以及未来退休趋势。

第二部分则是关于这些问题更深层次的分析。第 6 章表明一个人在拥有事业和住房之后，在中年时期投资倾向于股票。为体现这个方面，退休计划应是在个人处于艰难时期时可以安然度过而非是工作期间时刻稳定。第 7 章提出了一个可用于寿险和其他保险公司、养老基金以及其他组织的连续时间代际剩余管理的资产负债莫顿模型。利用该模型，我们可以计算资产负债融资比率方程的资产权重。第 8 章分析了从最终工资到职业平均工资转变的养老金计划。除此之外，还介绍了职业平均制养老金计划的一些优点，包括不同类型工人间的养老金公平改善和减少工资达到顶峰后没有动力继续工作的可能性等。第 9 章提出了一个随机规划模型以维持 DB

型养老金制度。它揭示了大量的 DB 计划的产业集中度问题以及养老基金问题的相互影响，汽车行业便是例子。政策模拟能帮助创建规则以挽救困境中的行业。第 10 章评估了利用资本市场衍生工具更有效率地应对强加在养老金和保险公司的长寿风险。而这正为市场提供了额外的容量和流动性，并且使其更加透明。第 11 章关注国家和州政府层面长期退休基金，其已经采用两种策略：增加个人缴费或为了提高净收益而增加风险属性。第 12 章讨论了与退休有关的资产分解的争论，包括自有公司股票、与住房有关的期权、年金、保险等等的风险和收益的一系列研究。

第三部分围绕方法框架下开展各种讨论。第 13 章讨论养老资产管理和专业投资者在长期成功投资中所得到的重要经验。第 14 章到 16 章提到一个多阶段随机优化模型用于评估长期资产配置，其中受到负债、政策、其他中间目标约束条件的限制。然而执行起来却是有难度的，该模型提供了一个考虑到未来各种可能情景的较好的规划方法。

此外，我们还得出以下结论。

1. 越来越多的养老金计划正在从有着稳定退休收入和福利的 DB 计划转变为受到变幻莫测市场影响的 DC 计划。考虑到 DC 计划的性质，DC 计划应该不再被称为养老金计划，而是应该被称作税收保护储蓄计划。这将有助于个人更好地为退休做准备，明确区别当前收入和递延收入，澄清计划中的所有权归属，有助于退休储蓄的改革。

2. 我们不应该规定退休年龄，而是重新考虑退休阶段。这要根据工作能力，逐步采用，并持续一段时间直到去世。这意味着回归于长期生命周期理论。如此一来，我们需要创造一种随着体力下降，仍可以持续下去的职业生涯。我们需要清楚地知道工资不可能会随着年龄的增长一直增加。20 世纪 80 年代，日本的法定退休年龄是 55 岁（没有社会保障和企业养老金），即使没有工作保障，工人也希望能以较低工资再次被雇用。

3. 总的退休消费只能来自当前现有产品的保障。当我们需要的时候，商品和服务必须到位。一些东西可以储存在冰箱里；你可以以一套付清款项的房屋来做准备……不过，你所想要购买的物品必须是来自现有的产出，如食品、医疗以及娱乐。退休者和在职者享受同样的商品、服务以及当时的国内生产总值。如果没有足够的商品来保证所有商品的价格合理，那么将会导致哄抬物价，引起严重的通货膨胀。

反过来，如果没有足够的现金储蓄以满足退休者提取养老金，一旦他们将资产转换成现金用于消费之时，退休者的资产将会迅速贬值。这反映了关系的另一方面；储蓄代表当前尚未被消费的产出！

4. 这意味着退休以现收现付制为基础进行筹资。起初社会保障是在现收现付制的背景下进行的。当时，在职工人的数量远远多于退休者，因此，该制度非常恰当。之后，大约从十多年前开始，分析人士开始担心人口老龄化。人口统计学可以对现在婴儿潮一代的未来二三十年的情况做出分析。例如，从现在到 65 岁退休所经历的迁移、死亡等等。从经济方面来讲，该估计具有非常高的可靠性！展望未来，我们不难发现人口年龄的分布情况由工人占比较大的比例转向退休者比例居多的情况。更多的退休者需要依靠在职工人的资助。这导致建立信托基金为将来的退休存钱（企业年金也出现类似的情况，公司经常将股票卖出，然后是更复杂的基金）。为此，社会保障的保险支付有所上涨。即便如此，人们仍然担心大约到 2050 年时，信托基金有可能会花光。所以，我们应该怎么办？已经过去 30 多年了。到现在为止，还没有对这些在职员工做出合理的解释。所以，我们还来得及转变为更好的制度。这是养老金的一个岔路口。

5. 节约固然是个好习惯，但是，经济学中却有一个节俭悖论，即如果每个人都突然开始节约，将会导致消费需求不足，那么旧式商品库存就会积累，最终随着需求量的减少，产量也将下降。当然，就会有员工失业。"准时制"的经济体更为滞后，人们不必等待积累库存，或者至少我们能想到汽车公司有许多尚未出售的汽车，猜想人们没有获得这个信息，所以这就是它们如何赚取数十亿之多的原因！

6. A 选项：金融储蓄让我们获得了什么？我们可以把这些储蓄基金视为凭证，其赋予我们在目前的生产中出价的权利。如果生产不足，将会导致通货膨胀。所以最好是储蓄。本书中大部分的章节都是关于如何在退休的市场中改善这些凭证。

7. B 选项：因此，用储蓄做点好事。金融机构应该努力支持将这些储蓄用来急救和投资；经济学家，真正的经济学家，必须收回"投资"这个词：它曾经意味着为了未来消费，使用当前产品作为厂房、设备、种子以及研究与开发等等。不幸的是，当我们将储蓄放在一边时，我们认为我们正在进行投资，但是仅仅只换来了几张纸。我们建议应当培训医生、护士以及护理人员，投资建设养老院和医院。我们必须进行研发和提高生产力。如此一来，退休便更容易实现。